JN123582

自由民権義士
岩田徳義

若井　正
Wakai Tadashi

風媒社

自由民権義士　岩田徳義　目次

〈第一部〉操觚者から民権家へ

〈第二部〉法律家から教育者へ

〈研究ノート〉脱兎　宮本千萬樹―長谷川昇氏の問に答えて―

第一部

操觚者から民権家へ

古今東京名所（筆者所蔵）
尾張町の恵比すや・布袋屋呉服店

はじめに

三河岡崎藩出身の岩田徳義は、地元岡崎の允文館同門の土屋光春（岡崎明大寺町）志賀重昂（岡崎康生町）の名士（岡崎名誉市民）と比して、彼の名前や事蹟は全く知られていない。

「岡崎市史」の記述中にも、わずか七行のみに留まり、岩田の生涯の軌跡を知る筆者は、何故、郷土の偉人が歴史の中に埋没し掘り起されないのか極めて、残念であった。

隣市の知立では、明治初期、岩田と伴に自由民権運動に携わった内藤魯一が、田原では村松愛蔵が市教育委員会で、それぞれ歴史的人物遺産として顕彰され、市民の中で郷土の誇りとして生き続け、再評価されている。

岡崎が生んだ岩田徳義の事蹟は、彼らと比肩して〝勝るとも劣らない〟資質を持つものであるにも拘わらず、岡崎市民の人々に忘却されている事実に、筆者は忸怩たる思いを抱いていた。

この理由に、次の三点が挙げられる。

①岩田は、明治五年以前に岡崎を転出し、明治九年名古屋の「愛岐日報」入社までの約五年間の履歴が、全く抜け落ちていた事。

自由黨員岩田徳義肖像「自由党史」
（筆者所蔵）

②岩田の活躍の場が地元岡崎になく、他所の名古屋・岐阜・東京にあり、最終的に東京で死亡、語り部となるべき後継者もなく、東京麻布学館内の岩田図書館の資料類は、大正一二年の関東大震災や昭和二〇年の東京空襲で焼失したと推測される事。

③岩田の資料や刊本類があった可能性がある「岡崎町立通俗図書館」（大正元年岡崎門前町に設立）は、愛知県三大図書館（他は名古屋・豊橋）として圧倒的蔵書量を誇っていたが昭和二〇年七月一九〜二〇日の岡崎空襲で焼失した事。

このため、現岡崎市立中央図書館は、岩田が生涯において、大量の刊本著作類を書き残しているのにも拘わらず、一冊の原本も収蔵されてはいない。

それ由（ゆえ）、岩田徳義は岡崎市民に知られる事も無く、市教育委員会も岩田に関する宣伝活動もできえず、全く岩田の事蹟について、触れる事さえできえなかった。

国立国会図書館を除いて、東海地方で比較的、岩田関係本が充実しているのは岐阜県立図書館だが板垣岐阜遭難事件、或いは木曽三川の薩摩義士を中心とした収集のきらいが強く、正面から岩田を捉えておらず、余所者（よそもの）視線上にあると言えるだろう。

では、岩田の操觚者（そうこしゃ）として、民権運動家としての苦節の生涯、或は岩田の魂はどこに帰結したらいいのだろうか……。岩田が晩年、教育事業を展開した東京「麻布学館」の跡地（岩田同所で死亡）には、現在六本木ヒルズがそびえ建ち、華やかそのものである。

勿論、この場所に岩田が情熱を燃やした痕跡は、（港区役所図書館や麻布図書館）全く残存することなく岩田の安住の地にふさわしくない。

旧岡崎市立図書館（岡崎市所蔵）

「やはり、彼の故郷の生誕地福寿町至近にある岡崎市立図書館に帰し、土屋光春や志賀重昻のように顕彰していくのが筆者のなすべき行為、役割りではないのか。」

筆者は、これまで岩田研究の発表の場を、名古屋・岐阜の研究会に求めて来たが、本来ならば、地元岡崎にこそ必要性があったのではないかと自省した。

本稿では、理由①に挙げた岩田の謎の前史についての解明を試み、併せて岡崎市民の一人一人に岩田徳義という岡崎藩の下級士族の生き様を知っていただきたい。

ところで、かの板垣退助の、岩田に対する評価は、次のようなものであった。

板垣退助監修「自由党史」上・下巻二冊（明治四三年三月）の巻頭には、過去功労功績のあった自由党員約四五〇名の写真が並んでいる。

まず上巻頭首を飾る一番目の写真は自由党総理板垣をさし置き党員外の西郷隆盛を掲載、板垣の西郷崇拝の心情が読みとれる。

二番目に板垣が、そして明治七年建白書署名を板垣と共に連名した後藤象二郎・副島種臣・江藤

伯爵板垣退助撰
自由黨史
豫約發行趣旨及内容見本
發行所 東京 五車樓

板垣退助監修
自由黨史 上巻
東京 五車樓藏版

板垣退助監修
自由黨史 下巻
東京 五車樓藏版

（上）自由党史 内容見本（筆者所蔵）
（下）自由党史 上巻・下巻（筆者所蔵）

新平・由利公正・古沢迂郎（滋）・小室信夫・岡本健三郎（何故か奥宮正由の写真はない）と続き、なんと二〇番の序列に岩田徳義の写真が掲載され、〝別格扱い〟としている。

因みに植木技盛・内藤魯一の後、村松愛蔵の前である。

すでに内藤魯一は、地元知立市歴史民俗資料館において「没後百年記念企画展」が、村松愛蔵も地元田原市において「村松愛蔵展」が開催された。

筆者は、岩田没後（大正一三年八月三〇日）百年の二〇二四年八月に岡崎市立図書館において岡崎市主催「岩田徳義没後百年記念企画展」開催を希求するものであり、できれば、岩田第二の故郷岐阜市でも同様の「企画展」が開催されれば幸甚と考えている。

（追記）

筆者は、これまで漠として不明だった岡崎の岩田出生邸宅を、同市居住の中川朗子氏、尾崎珠美氏のご縁とお力添えで発見特定でき、麻布学館所在については、岩田門下生東京麻布の梶川誠志堂ご子孫氏にお世話になった。

また、岡崎市美術博物館堀江登志実氏、岡崎地方史研究会会長嶋村 博氏、幹事森光明氏には、岩田の生地岡崎の歴史に誘っていただいた。

新史料発掘に際しては、小牧市図書館長山田 久氏、レファレンス兼岩佳世子氏に随分、お世話になり刺激を頂戴し研究の深化ができた。

最後に、難解なる「岩田文書」解読については、小牧近世文書研究会々長篠田徹、酒向道夫両氏に大いなる力をいただいた。

深く深く感謝申し上げる。

令和三年六月三〇日稿

これまで多くの諸先生諸氏の方々に、ご指導ご教示いただいた。これまた深謝多謝である。（順不同・敬称肩書き略）
長谷川昇、家永三郎、原口清、手塚豊、田崎哲郎、住谷悦治、村上貢、水谷藤博、秦達之、河地清、日比野元彦、稲田雅洋、森下肇、後藤一成、建部恒二、村瀬円良、青木健児、船戸政一、丸山幸太郎、伊藤克司、堀部満、横山真一、遠山佳史、泰基、和田実、伊奈利定、木村多津子

ご子孫の方々にもお世話になった。

内藤泰彦、村山冣甫、荒川定明、庄林正雄、山田修二、後藤正美、能勢国市、早川ご子孫様、本田政俊、伊藤家子孫様、曾我部金二、林由是、浅見専一郎、大野利海、藤吉正基、泰文堂、海星堂、椙川誠志堂、松應寺、風媒社

史料収集及び史料提供にあたり次の関係諸機関の協力をえた。（順不同・住所略）
国立国会図書館・東京大学明治新聞雑誌文庫・東京都公文書館・明治大学図書館・一橋大学図書館・青山学院大学間島記念図書館・慶應義塾大学福澤諭吉研究センター・京都大学附属図書館・同志社大学図書館・早稲田大学図書館・立教大学図書館・東京都立中央図書館・東京都港区麻布図書館・国立史料館・国立公文書館・学習院大学図書館・法政大学図書館・東京大学史料編纂所・岐阜大学附属図書館・愛知大学郷土資料研究所・愛知県図書館・名古屋市鶴舞中央図書館・岐阜県歴史資料館・岐阜県博物館・岐阜県立図書館・岐阜市立図書館・鹿児島大学図書館・秋田県立図書館・岡崎市中央図書館・豊橋市図書館・豊田市立図書館・田原市博物館・明治村・岡崎市役所・釧路中央図書館・北海道公文書館・函館市博物館・岐阜日々新聞社・中日新聞社・北海道新聞社・豊橋市役所・岐阜市役所・東三地方史研究会

なお、今度、写真資料の大発見が三つあった。

一つは、宮本千萬樹（釧路中央図書館発見）、あと二つは、岩田徳義と鈴木才三（筆者発見）。感無量である。

第一章　岡崎時代

広重画　五十三次名所図会「岡崎やはぎのはし」（筆者所蔵）

1. 帰郷

江戸時代、岡崎は日本最長の大橋「岡崎やはぎのはし」があり、橋の東の八帖町は八丁味噌で有名で城中に東海道が通っていたという。広重画に岡崎城が見え、その北に岩田の住んだ福寿町があった。

今、筆者の手元にある「岩田徳義翁小伝」と「岩田徳義戸籍・除籍・改製原戸籍全五通」①によれば、岩田は愛知県三河岡崎藩岡崎福寿一四番士族で、歴史的景観地区岡崎城下の福寿町に生まれた。

岡崎矢矧之橋（筆者所蔵）

旧岡崎城「岡崎あれこれ」（岡崎市所蔵）

「三河は元と徳川家康の生国丈に自尊の気風は人民間にも伝はり所謂参河武士参河万才…」岡崎は、自尊独立の精神に満ちている。②

現在は、区画整理されているが、岡崎公園リブラ北の材木町三丁目信号北の旧尾崎益太郎の隣家に居住③（明治四〜五年くらい）していた。

大正三年一月六日京都伏見での「薩摩義士表彰」の帰途、約四五年ぶりに岡崎福寿町の旧邸を訪れた岩田は、往事を偲び万感の思いを込めて、次の三首を詠んだ。[4]

わが郷里岡崎の家をたずねて

故郷の家居ぞ今になつかしき見る物ごとに心引かれて

植置きし庭の草木のさながらに昔のさまを語り顔なる

庭に生ふる草木は今に残れるもたづぬるひとの俤もなし

この時、岩田六九歳。

顧りみれば、維新変革の荒波という理不尽な理由で、失意や屈辱が入り混ったやるせない気持ちを内包したまま、住み慣れた郷里[5]岡崎を去り、豊橋—（上京）—名古屋—岐阜—（入獄）—（上京）—岐阜—東京へと彷徨した苦節の生涯であった。

岩田は、回顧する。

「全く世間では、私を以て生へ付きの岐阜県人と認める人ばかりであって岡崎生れの者であることは知りません。

それゆへ私の知己朋友は、却って此濃国（注＝美濃国）なる第二の故郷に多くて肝心なる生国（注＝岡崎）にはありません。

乍併、今度漫遊の帰途（注＝京都伏見薩摩義士表彰）、殆ど四十余年間にて郷里（注＝岡崎）へ立寄ることとなり、

大正三年於郷里岡崎舊邸撮影岩田徳義（筆者所蔵）

恰かも浦島子の感が致します」⑥

四五年ぶりに岡崎駅に帰郷した岩田を、待ち出向かえてくれたのは、旧邸隣家居住の良友かつ支援者の尾崎益太郎をはじめ数一〇名の同志であった。⑦

「（大正三年一月）八日……倉岡君（注＝名古屋通俗図書館長、倉岡勝彦）……汽車場（注＝名古屋駅）まで見送りて告別……之よりして吾が郷里岡崎に向んす……四十余年を隔て故郷を音信る……同駅（注＝岡崎）の停車場に至るや嘗て余が隣家にて最も親みある尾崎益太郎氏等数十名の出迎あり……是より急に車を馳て吾が出生地たる福寿町に至る……尾崎氏に導れて旧家に至る。今や此家に住するの人ありて懇に之を保管す、絶て破損の憂なし。唯見る庭前に植付ある樹木の森々として生ひ茂り、小池碧く水を湛へて落葉の散り布くものあるは、樹木泉水言はずして其音を語れる……」

尾崎益太郎子孫の中川朗子氏⑧の話によれば、

「昔の福寿町には、武家屋敷の家並があり、各屋敷内に庭と池があり、幼少期の十歳頃にお友達と一緒に庭で遊んだ楽しい思い出があります。昭

岡崎の土地宝典昭和八年（岡崎市中央図書館所蔵）

和二十年七月十九～二十日の岡崎空襲の焼夷弾で岡崎中心部の連尺町や康生町は焼えてしまい、火は私の家福寿町まで達し（岩田徳義の家も）尾崎家まで焼えてしまいました。私の家にあった資料や刀、槍など全て焼失しました。」

郷里に帰り感無量の岩田徳義は、

「余は長へに之を記念とするがために、別に写真師を徴して庭前の実況を撮影せしめたりき」の写真[9]に、朗子氏は、感慨深げであった。

岩田の旧懐談は続く[10]。

「……独り室の東隅にある小窓の辺こそは、余が日夜に机を其下に置きて勉強せし所にして、今猶存しある小窓の障子骨にして一二本折れたるありて、糊もてそをば繕へるものあるは、正さしく旧時四十余年前の俤をして其昔を語れるものなるべし。猶其小窓を打明けて庭前を眺めつつ読書に耽りたることなど想ひ遣れば、昔の名残の自ら推忍ばれぬものありき。然かも毎年寒三十日、終夜眼を廃し、風雪凛冽肌骨将に凍んとするの時、纔かに一杯の濁酒に酔を買ひ、且読み且眠り、苦学吾を忘れて前途の目的を遂んと志せしも正しく此小窓の下にてありしかを思えば、百感交々胸裡に集りて言ひ難きものありき。」

朗子氏の夫中川平八郎氏の名は、岩田の麻布学館支援者の東郷平八郎[11]からいただきましたとの事で、尾崎益太郎、姉せいの子稲葉正雄もまた内藤魯一の子内藤乾蔵と共に、同じ支援者として「麻布学館建築寄付人名」に散見でき岩田の良き支援者であった。[12]

国鉄岡崎駅「岡崎あれこれ」（岡崎市所蔵）

岩田の帰郷は、脳病を患う体調不良の中だったが、岩田の生涯最高の凱旋帰国となった。⑬尾崎益太郎と旧邸探訪後、町内有志主催の談話会には一百余名が参加、続いて懇親会が開かれ談論風発和気藹々、翌日、尾崎宅静養、一〇日岡崎公園に至り以て藩祖映世公（本多忠勝映世大明神）の廟に謁し、岡崎駅から帰京したという。⑭

註

① 「岩田徳義翁小伝」大正七年一一年一七日（初版）、大正一〇年三月（再版）、（筆者所蔵）
「岩田徳義戸籍簿」（筆者所蔵）
「関口議官巡察復命書」中の嘉永六年三月五日生まれは誤り
② 鍵谷龍男「未来の面影」（筆者所蔵）
③ 松崎豊三郎「昭和八年岡崎市土地宝典」岡崎市中央図書館所蔵
④ 「麻布学館々報」第七巻第七号
⑤ 岡田洋司「岡崎の歴史と文化」愛知学泉大学「岡崎学―岡崎を考える講座」２００８年1月12日
⑥ 「麻布学館々報」第六巻第五号
⑦ 「　同　」第七巻第七号
「郷土文化」四〇巻第三号「名古屋通俗図書館」研究ノート加藤参郎
⑧ 中川朗子氏聞取り調査（昭和九年生八七歳）令和三年六月九日岡崎市福寿町尾崎珠美氏宅にて。
中川朗子氏「書簡」（六月一七日付）尾崎益太郎氏大正九年一一月二日没（行年五五歳）
「岩田徳義氏の写真、どうしても私が小さい頃遊んだ尾崎家の庭にそっくりです。庭石の配置など、私の記憶にあるものです。」

⑨「麻布学館々報」第一一巻第一一号（筆者所蔵）
⑩「　同　」第六巻第五号
⑪「　同　」第一〇巻第一〇号（筆者所蔵）
⑫「　同　」第七巻第七号
⑬「　同　」第六巻第五号
⑭「　同　」同
　岡崎駅については、鈴木重一「岡崎地方史話」（筆者所蔵）に記載がある。

2. 出自

岩田は、弘化三年八月二一日生まれ、大正一三年八月三〇日死亡（七九歳）[1]

岩田出生の二カ月後、奇しくも岩田と「明治一二年の盟約」[2]を交し、愛知・岐阜両県に分れて自由民権運動を主導した内藤魯一[3]が（一〇月六日）福島藩家老三二〇石内藤豊次郎長男として、かたや上級士族、かたや岡崎藩（本多家々臣の列にあり）下級士族として出生している。

堀江登志実氏の分析によれば、「本多家分限帳」[4]に「岡崎藩士岩田家は、岩田金六郎にはじまる岩田弥五右衛門家の系譜が記されており、この系譜によると、同家の歴代の諱は、在義、在栄、在直、臺在、在光である。この系譜は十九世紀前期までしかないので、岩田徳義は名記されておらず、たぶん、これ以降のこの家の人物でしょう。江戸後期で高五十石とある。」

岩田徳義の幼字は初之助、長じて文蔵、後に徳義。[5]

祖父は勇治、祖母は秀。

岩田の気象（性格）について次の記述がある。

「……漢学を修めたり。而て先生（岩田）の学を勉るや、敢て章句を屑とせずして大義に通ずるを旨とし、志す所は仁義忠孝の道を踏で古人を期するにあり。サラバ先生が篤実温厚深く自ら誡め、義に臨で凛然奮ふべからざるの気象は、至性の然らしむるものと漢学の素養に由るものならん」

といい、岩田徳義、生涯の矜持は「至誠一貫」である。

岩田幼にして父母死亡。「家長没し嗣子十五歳未満の時、家禄を没収される」⑥定めにより奉還無禄扱いにあった。

允文館同門の志賀重昂も岩田も幼にして父母を失なうという、同様の境遇にあった。

「重昂先生は僅か六歳の時にお父さんを亡くされましたので、一時は、当時は幕府瓦壊の際でありますし、士族はみな困憊する時でありましたので、非常にお困りになったやうであります。まだ当時は維新……過渡期でありますが、旧藩では子供が十五歳未満で父が亡くなるとその家を没収する……重昂先生はまだ十五歳未満であり……藩からの知行は停止されて非常にお困りになった……」⑦

明治八～一〇年の士族名簿（抄）⑧によれば、志賀重昂は「奉還無禄」とあり、同門の土屋光春との経済格差がみうけられる。

士族名簿（抄）一八七五～七七年　明治八～一〇年

第十六区一小区康生町１８５番借地居住

元岡崎県士族

岩田の筆跡（筆者所蔵）

実父亡志賀熊太長男
養父存悌橘　通称錬蔵事
奉還無禄　志賀　重昂
明治八年一月十二年五月
明治五年四月十五日悌橘隠居跡家督相続
明治七年五月ヨリ東京府下寄留守引受人
十大区一小区康生町165番地　志賀鉄馬印
元禄九石八斗　第十大区一小区八幡町二十
五番地住
内五石奉還　元岡崎県士族
養父存土石　通称斉吏
永世禄二十石四斗　士族　土屋　光春
明治八年一月二十六年六月
明治三年七月廿七日土石隠居跡家督相続明治
五年四月ヨリ東京府下寄留守引受人十大区一
小区康生町七拾八番地　望月一郎印

岩田もまた、志賀同様の生活レベルにあったと思われる。

「……先生（岩田）の家元と下士にして禄薄きがゆへに、家道貧迫更に書を購ふに由なく、窮苦訴ふる所なし。」（「自叙伝」）

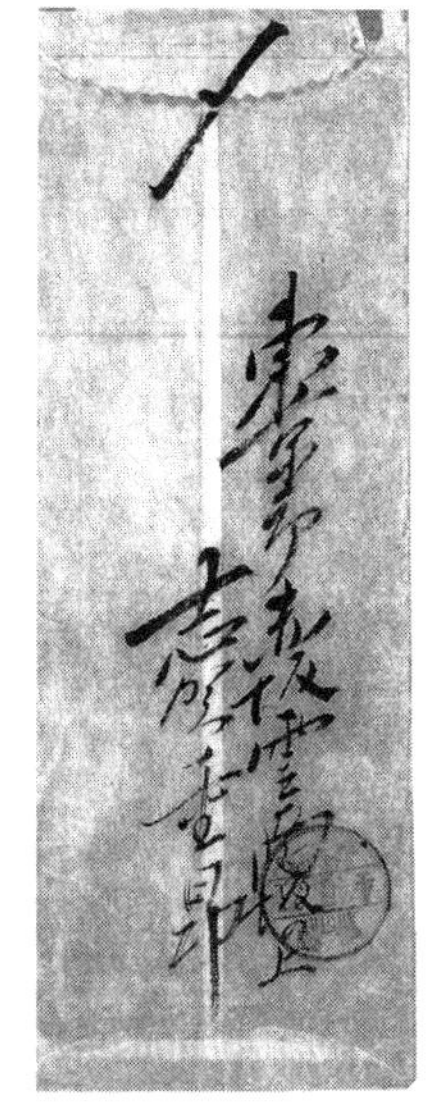
志賀重昂書翰
（筆者所蔵）

明治三〇年一月発刊「山水叢書　河及湖澤」
政教社（筆者所蔵）

幼少期の岩田の様子を「麻布学館」後援者佐々木文一（岐阜県代議士・可児市伏見出身）は、次のように評している。⑨

「館長岩田先生ハ徳川氏発祥ノ地タル三河国岡崎城下ニ於イテ弘化三年に生ル。

家世々岡崎藩士（注＝本多家家臣）タルヲもっテ幼少ヨリ武術を錬磨セラレシト勿論常ニ孔孟ノ学ヲ欣慕シ日夕研鑽怠ラズニ及デハ既ニ経史百家ノ書ヲ読破シ特ニ国史ニ精進シテ勤皇ノ志厚ク」

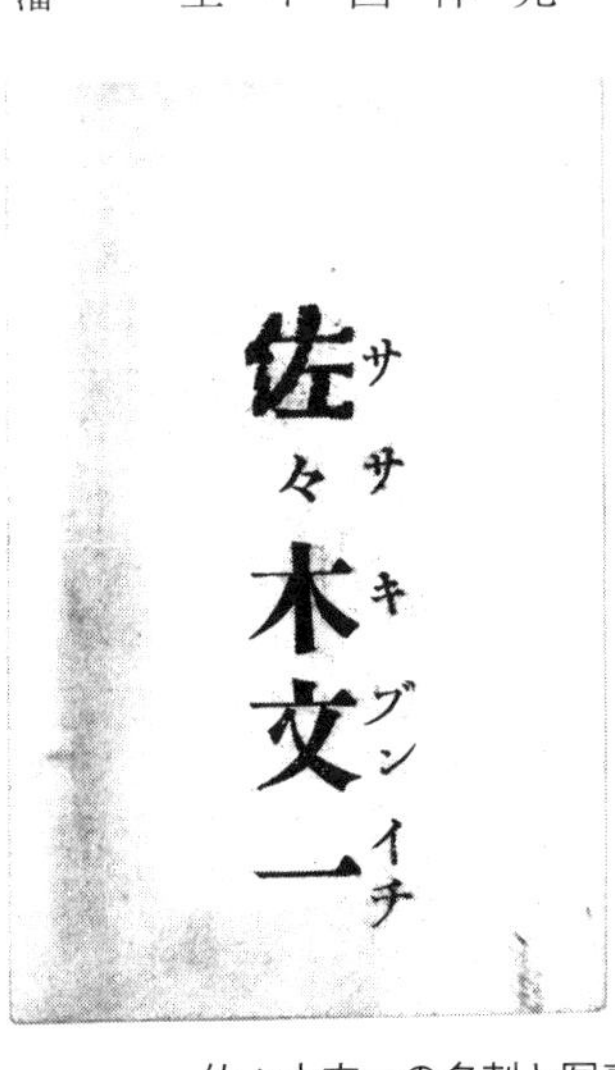

佐々木文一の名刺と写真（筆者所蔵）

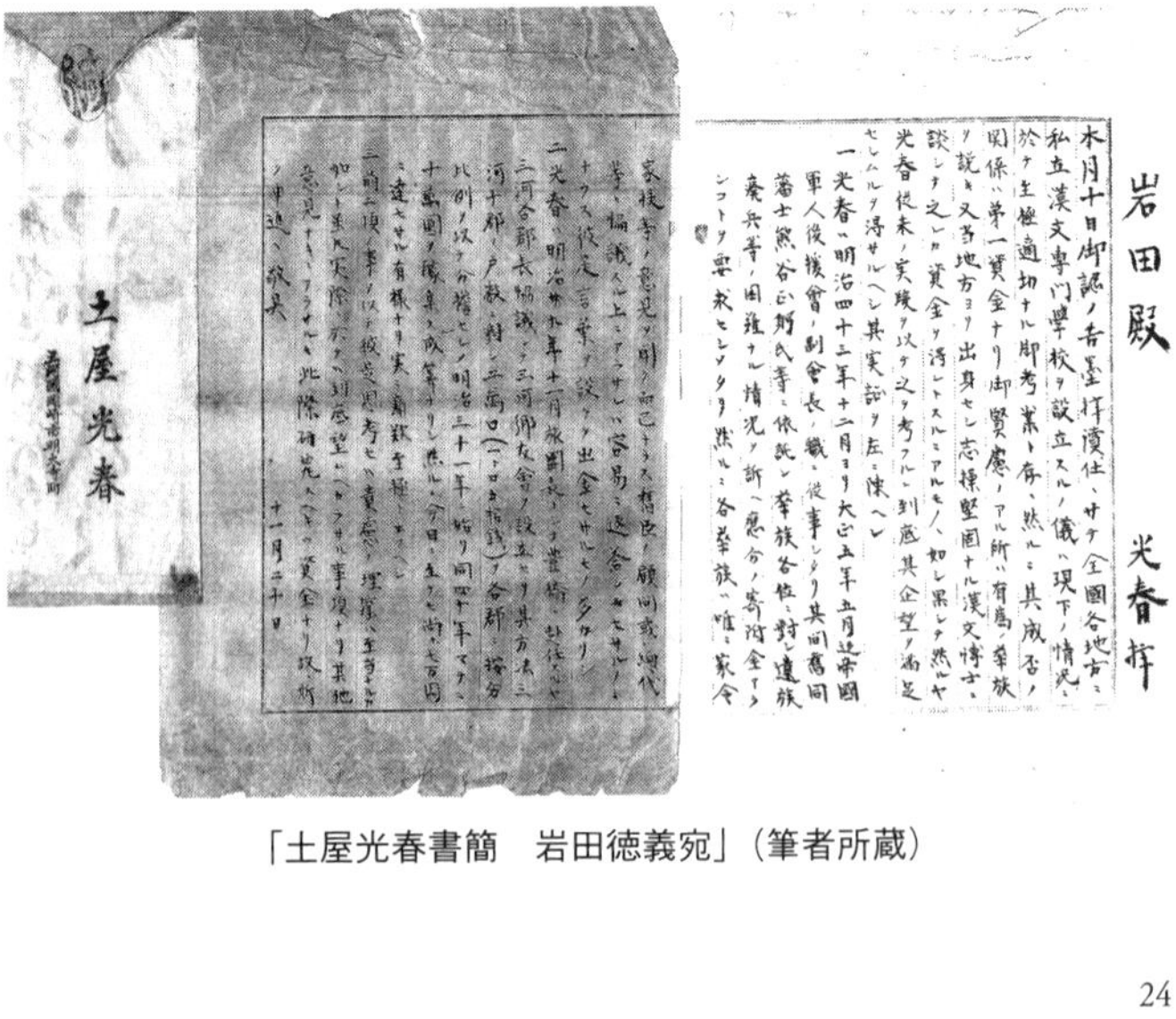

「土屋光春書簡　岩田徳義宛」（筆者所蔵）

代々下級藩士の岩田家では、祖母秀が初之進に厳格な家庭教育をし、岩田の終身の銘符は、「立身行道、揚名於後世、以顕父母孝之終也」であり、岩田は祖父母を親恩と言う。

「……況や朝夕に奉事せる老母は夙に不帰の客となりて……ア、父母鞠育の恩山嶽猶低し、余が之に対するの孝義や、宜く身を立道を行ひ、名を後世に著して以て祖先を辱めざるの務を為すべきなり……」⑩

岩田の親恩の情があふれ出ており、後々の岩田の生涯の基礎となるべき思想形成の原型を、ここに見る事ができる。

師恩に志賀悾堂、曽我耐軒二人を挙げ、特に安政元年以降、岡崎藩に来遊し定着した俊才曽我に影響を受けた。（天恩・君恩で四恩）

曽我の允文館正式登用は、明治二年設立時だが、それ以前から曽我家塾には、岩田等藩士子弟が学んでいた。

藩校允文館設立以前の藩の塾主⑪

学術教師　漢学　松下源之進（鳩台）・辻五左衛門・山下唯右エ門・志賀熊太（悾堂）・曽我大三郎（耐軒）の五人

生徒　約二〇〇人（藩子弟のみ）

授業　四書五経・作文・歴史

教授職員掌教　曽我大三郎（耐軒）

「余が七・八歳の時、始めて師に就き大学の書を習い四書の素読をした。書を読むことも習うも、資性どどん毎に人に後る。

然れども唯だ阿母督学の厳なると、自ら学を好めるのゆへにより、日夜只管奮励したりき、然るに如何せん、当時余が家極めて貧にして書を購ひ得ざるがために頻りに手内職をなし、以て僅かに得たる小金によりて漸く

幼童入学の図（筆者所蔵）

書を需め、或は時々人より書を借来りて之を写取り、以て勉強の助としたものである。」[12]

一二～一三歳頃には、「文選」の全部を熟読し、「孝行」にも親しんだという。

岩田入門の允文館は、翌三年廃校するが、その性格は、曽我が概則を規定、当初三科併立（国学・漢学・洋学）を目標としたが、漢文（筆道）一科のみ教授、八カ条の漢学条規規定により漢学指導の理想をめざした。[13]

「王政維新の際、…（志賀）悾堂先生初め門下の健児等、之を以て義に背くの甚しきものとなし、悲憤慷慨相率ひて藩を脱し、門人小柳津要人、玉置政治氏等の一派及び同藩……の諸氏は、皆潜行して函根の佐幕団に投じたが、門人土屋光春氏等の一派は却て西行伏見に入って密かに官軍の偵察に任じた。……」[14]

といい、岩田が、どちらの派に属したか否か幕末維新時の動きは不明である。

では、維新前の岡崎藩と岩田家の関係はどうだったのか。

岡崎藩は家康生誕地の譜代だが、藩財政に苦慮、

曽我耐軒の碑（随念寺）

允文館の松「岡崎あれこれ」（岡崎市所蔵）

代々倹約体制下にあって貧窮化した多くの武士世帯が内職する訳だが[15]、まさに岩田家のような俸禄の劣る（知行停止等による）下級武士がこれに当該する。

岩田一七～八歳（文久三～元治元年）頃に岡崎藩小役人（御勘定見習役）に取り立てられるが、下級士族の苦しい暮らしぶりは、相変らずであった。[16]

「一ヶ年の給金僅かに壱両、それに当時お家倹約の折から此壱両に対して二朱を引去られるものであるから、実際頂戴するのは三分二朱しかなかった。何を以て衣食の助となすことを得ん、況んや学資に供するの由なきを」「然も勤務に従事する身となるからに、自ら内職の時間を奪はれたものである。

乃ち勤務の時間はいつも大抵正午までにて、一時間ほど休息したる後、再び家を出て師の許へ通ふたものである」[17]

それでは、維新後の岩田家の暮らしは、どう変貌していったのか。

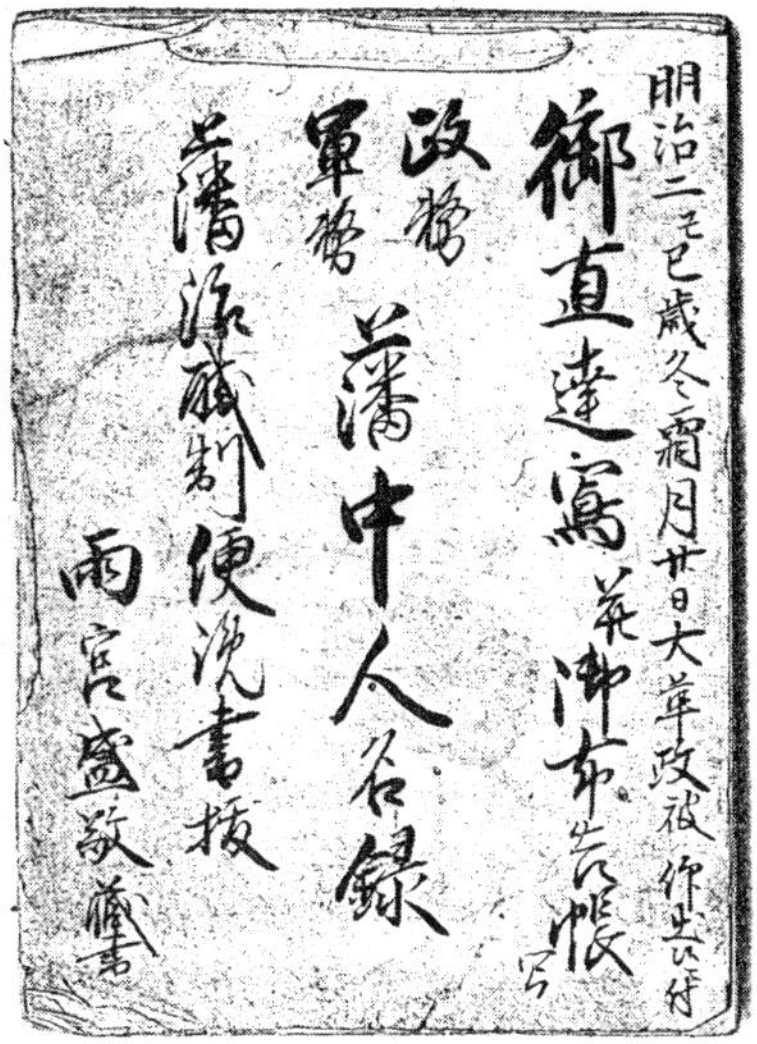
明治二己巳歳冬霜月廿日大革改被仰出候付
御直達寫 並 御布告帳
政務 藩中人名録
軍務 藩治職制 便覧書抜
雨宮盛敬蔵書

藩中人名録　藩治職制（吉田家所蔵）

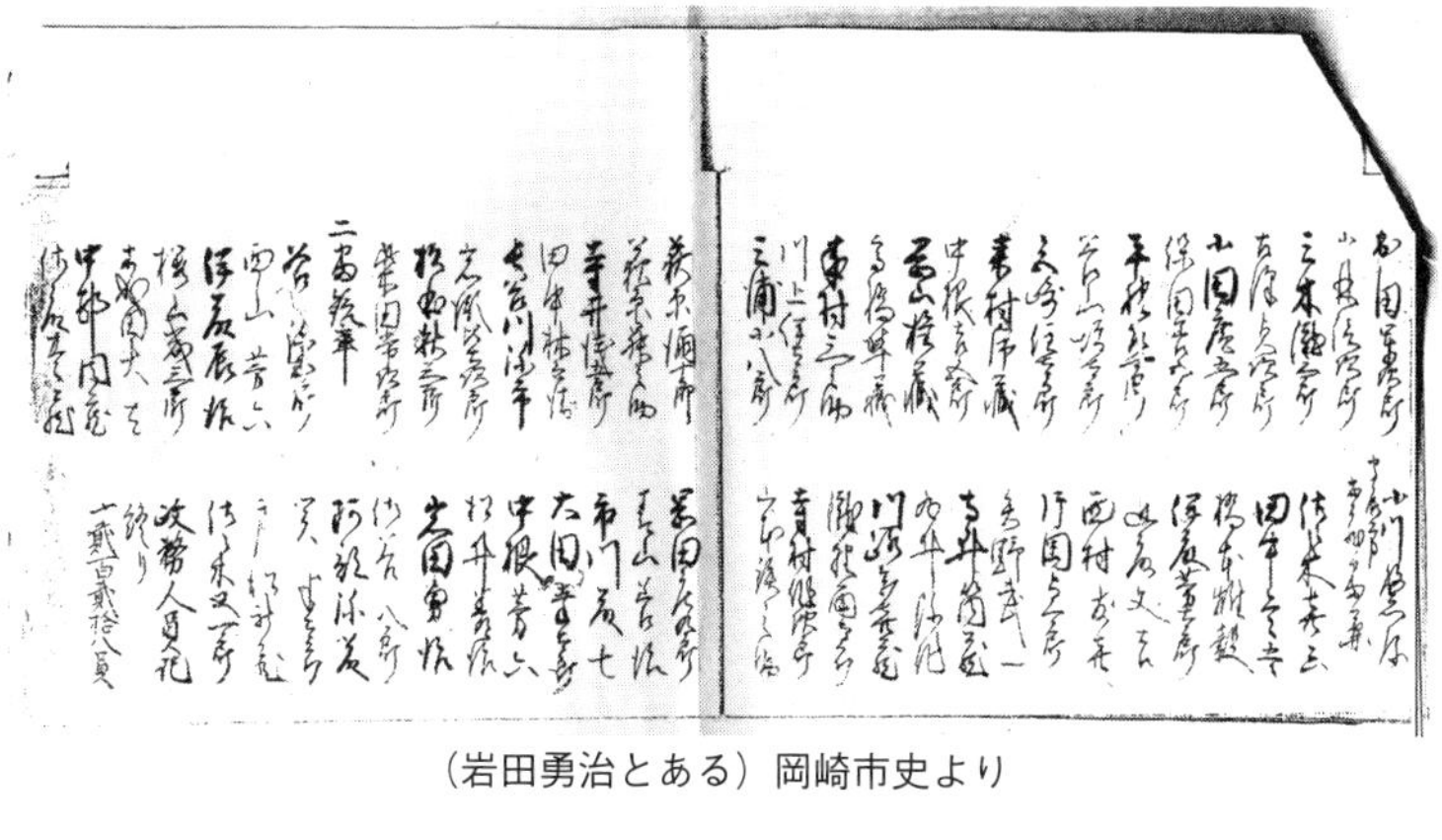

（岩田勇治とある）岡崎市史より

明治二年「岡崎藩治職制」[18]によれば、岡崎藩士は、政務と軍務に大別、政務総人員二百二十八名、一等～七等に振分けられている。

祖父勇治は、政務七等守辰方土蔵番兼に任命され、同職二六名中二〇番目記載、総員全体では二二八名中二二二番目記載。因みに、一等職禄は三〇～一五俵、七等の勇治は（軍務・砲手に文蔵の名）職禄記載は無しである。

すなわち、階級的ヒエラルキーによる岩田家の窮乏生活は如何ともしがたい状況下にあり、岩田徳義は、塗炭の苦しみの中にいた。

更に、明治四年の版籍奉還・廃藩置県により、小藩の岡崎藩は、今まさに自主廃藩或いは帰農商かという自壊的方向性の選択を突きつけられ、岩田は、当時を次のように回顧する。

「……我国維新改革に際し、士族還禄の一事に就て……嘗て武士たりし者は、祖先累代の禄食に衣食して、絶て心労力役の業を執ることなかりを以て、即政治上の請負仕事を為すより、他に技能なかりしものなり、然共一度廃藩置県の大令降りて其常職を解れ、適宜に農民たり、商工業たるべき途に皈せしむべき大改革に遭遇するや……」[19]

「（岡崎藩）士各其方向を定るの機会に遭遇す」

藩主本多忠直は、藩知事罷免され上京、本多忠胤は、帰農願を申出るなど、混沌たる時代の至来に、岩田は郷里岡崎福寿町を去る。[20]

「苦辛惨憺……勿論維新当時に於ける旧藩士等の窮乏は、独り先生（志賀）の一家ばかりではなく、会々家禄奉還金を資本に帰農帰商した者も所謂る士族の商法で、大概は失敗に終り……」[21]

その後の岡崎藩士族の凋落ぶりについては、「岡崎市史」史料等[22]でも窺い知れ、日本全国の士族の解体が始まった。

たとえば、岐阜の小藩、加納藩の場合でも岡崎藩同様、下級士族は悲惨な状況下にあった。

「私は（小木曽旭光）……岐阜県稲葉郡長森町大字細畑（現各務原市）に生れた。……半里西には加納町（現岐阜市）……傘の産地として有名な所である。昔は加納宿（中仙道）……維新前は永井家の領地で、小さいながらも沓井の城が聳えていたので、今も尚其の城址やお濠が残っている……」[23]

この加納藩もまた維新改革期の荒波にのまれ、田辺礼次郎ら一〇名の下級士族らは家禄奉還し公債金を元手に出資金を得、「士族の商法」へ方向転変を余儀なくされる苦渋の決断に至った。勿論、旧加納藩主、知事一家は、加納を離れ、東京へ「お帰り切り相成」る事は藩士の誰もが承知していた。[24]

廃藩置県後、一方で地租改正、他方で秩禄整理が進められ、この時の被害者は、耕作農民（小作）であり、旧武士（特に下級士族）であり、後の士族の西南戦争や、農民の地租改正反対一揆等の起る原因となる。

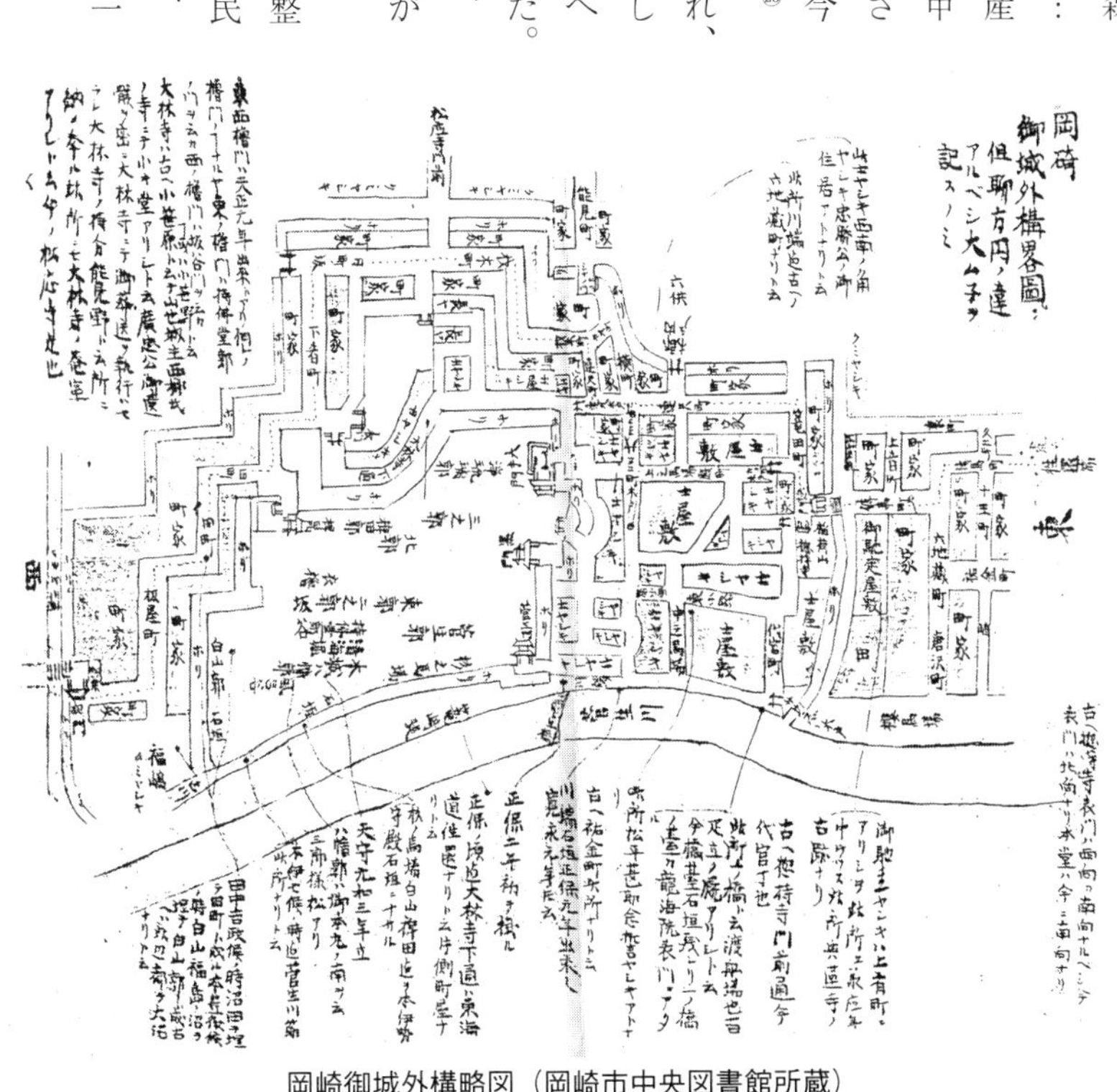

岡崎御城外構略図（岡崎市中央図書館所蔵）

註

①「岩田徳義戸籍簿」(筆者所蔵)

②「内藤魯一文書」長谷川昇氏所蔵

③「内藤魯一自由民権運動資料集」知立市教育委員会

④堀江登志実氏(現岡崎市美術博物館副館長)

⑤「岩田徳義翁小伝」(筆者所蔵)

⑥後藤狂夫「志賀重昂先生」(筆者所蔵)

⑦「風景」第一〇巻(六月号)第六号(筆者所蔵)
志賀重昂先生記念号
中村和之雄(岡崎市立図書館)「志賀重昂先生とその家系」

⑧「岡崎市史」史料編
「志賀重昂と郷土岡崎」長坂一昭　岡崎地方史研究会
「志賀重昂書翰」大正四年五月三〇日付(筆者所蔵)
「四恩の解義」岩田徳義論説は、麻布学館々報第七巻第七号中にある。(天恩、君恩、親恩、師恩)

⑨「麻布学館々報」第一〇巻第一〇号(筆者所蔵)

⑩「法律研究会雑誌」(明治二八年六月一七日)第四号

⑪「岡崎市史」史料編　旧藩主本多忠敬取

⑫「岩田徳義翁小伝」(筆者所蔵)

⑬旧岡崎藩学制允文館関係史料「日本教育史」「愛知県偉人伝」県郷土資料刊行会(筆者所蔵)

⑭後藤狂夫「志賀重昂先生」(筆者所蔵)※小柳津はその後丸善の社長となり岡崎の名士となっている。

⑮　斉藤修「武士と手代—徳川日本の正社員—」日本労働研究雑誌
⑯　「麻布学館々報」第七巻第七号
⑰　「岩田徳義翁小伝」（筆者所蔵）
⑱　「藩中人名録（吉田家文書）」岡崎市史
⑲　岩田徳義「文明之利器」
⑳　「戸籍」（筆者所蔵）
㉑　後藤狂夫「志賀重昂先生」（筆者所蔵）
㉒　「岡崎市史」史料編（次の史料に詳しい）
明治五年壬申五月「額田県士族告諭」
　同　　七月「管内士族平民心得書」
明治七年　　「家禄遅給ニ付嘆願旧岡崎県士族」
明治八年　　「家禄未還分の奉還についての督促状」
㉓　小木曽旭光「自叙伝　逆境に苦闘して」（筆者所蔵）
㉔　西村覚良「田辺家三代記—加納藩下級武士の日記を読む」（筆者所蔵）

第二章　豊橋時代

雨の呉服町（明治末期）（豊橋市所蔵）

岩田の移り住んだ札木町は豊橋の吉田城すぐ南にあった。

ここで自叙伝『岩田徳義翁小伝』と『板垣岐阜遭難録（再版）』①中に記載された「余が前半世紀の歴史」を、じっくり精査しよう。

「区々として郷里に安ず、村夫氏（注＝村の学者）たるを免れず、且今は已に先人（注＝父母）の喪をも終れり、宜く他国に出て驥足を伸ぶべきなり」と岡崎を去り、いきなり名古屋の愛岐日報社主筆になったとある。

しかし、筆者の戸籍調査によると、岡崎から豊橋へ転居（注＝新発見）しかる後、名古屋から岐阜に移住するのである。

何故、岩田は、自叙伝に、この事実を一言も触れる事なく欠書にしたのか、極めて不思議である。

多くの自叙伝は、自己都合により己の暗部（生業を含めて）を記述したがらない傾向がみられ、結果、成功譚、美談史に仕立て勝ちと言える。

筆者は、あえて岩田が記載しなかった理由は、貧窮生活にもがき苦しみ雌伏せざるを得なかった自身の暗部、或いは「武士の一分」②という士族のプライドと推測する。

しかし、この時期こそが、後々の岩田の操觚者（ジャーナリスト）或いは民権家・教育家への重要な礎となっていて、豊橋時代の人間関係、特に田原藩との接点には注視すべき点が多いだろう。

明治四～五年頃、豊橋（三州吉田藩）に入った岩田の様子はどうだったのだろうか。

岩田の転居先は次の通り。

渥美郡豊橋札木町士族大塚光治郎二男入籍③

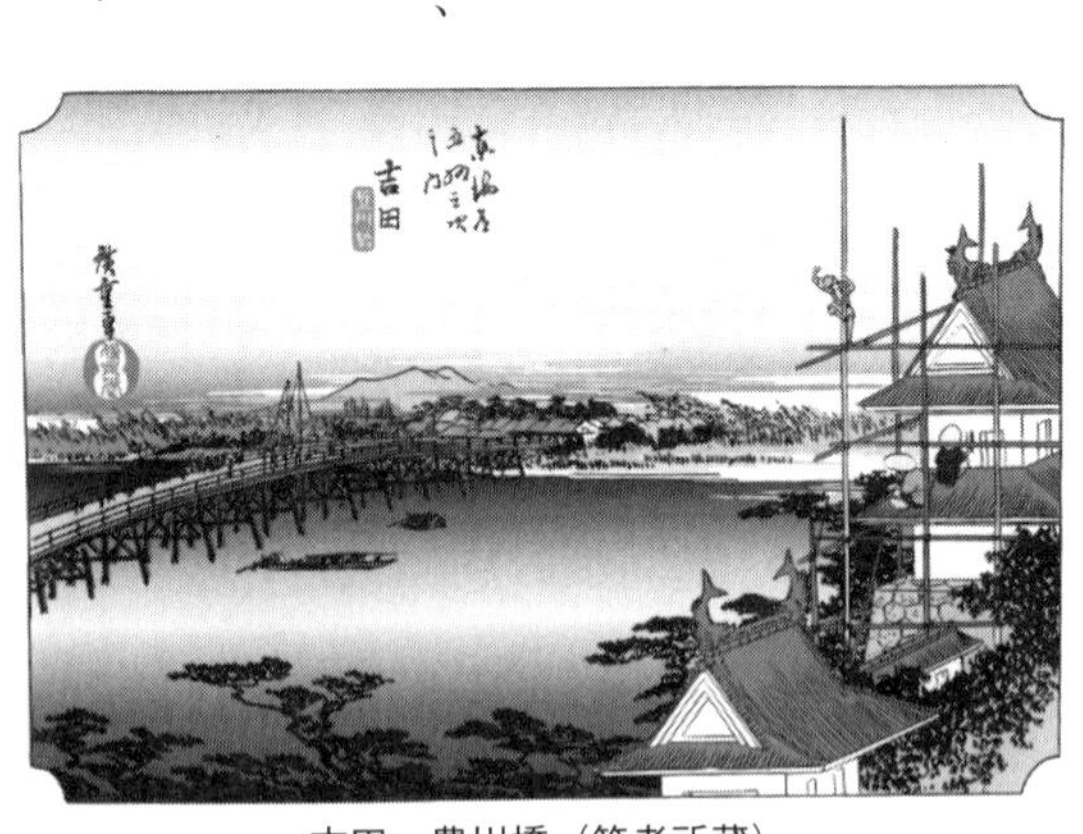

吉田・豊川橋（筆者所蔵）

養子となり豊橋に転居していたのだった。

この時期、流行した養子の目的の一つが、徴兵免除にあり、例えば資産階級は代人料二七〇円を払い代人を立てたり、庶民は血まなこになって養子先を捜したり、分家したりしている。

岩田の場合、これには該当しないと推定される。いずれにしても、岩田が後年岐阜で撰挙立候補条件基準を満たすため、岩田姓を松田に変更した養子のケースとは、明らかに異なる。

この豊橋で岩田は、どう生きたのだろう。

岡崎城から八丁（八七〇ｍ）離れている事から命名された八丁は、豊橋中央部に位置し、北は（吉田城）今橋町、東に旭本町、西に関屋町、南に札木町と呉服町、曲尺手町、鍛冶町が並ぶ。

その八丁三十六番邸に遊佐発[4]が、八丁の西の関屋町には村雨案山子、彼らの南の札木町（宿場町）に岩田徳義が引越ししてきた。

三者は、わずか五〇〇ｍ徒歩一〇分圏内に位置する事になる。[5]

混沌とする維新非常時下において、地縁・血縁関係ほど頼りになるものはないだろう。

同じ没落士族同志どのような関わりを持ちえたのだろう。

札木通り（岩田がいた）（豊橋市所蔵）

八町通（昭和初期）（「豊橋市政50年史」豊橋市所蔵）（遊佐発がいた）

明治一四年六月二二日村松愛蔵「自由党懇親会集員録」⑥

渥美郡豊橋関屋町　村雨案山子
札木町　西川由次
旭　町　加藤平吉
八　丁　遊佐発
宮下町　関口　良
〃　遊佐千萬喜
八　丁　寺尾清廉
〃　加治千萬人
豊橋村　藤森彦男
〃　井沢寿一
田原村　村松愛蔵
〃　鈴木文孝

関屋町の武闘派村雨案山子（村雨吉三郎）は、姻戚春田道三郎と共に戊辰戦争時、吉田藩脱藩士彰義隊に参加⑦後豊橋自由党の中心メンバーとなり、地元関屋町百花園にて板垣懇親会（明治一五年三月）を開催している。

その同志、八丁の遊佐発は田原の村松愛蔵の親戚にあたる。⑧（村松と鈴木才三は親戚）

その村松⑨は、地元田原で鈴木才三⑩に英語を学び、その鈴木の招聘で岩田は愛岐日報に入社し、村松も後、同

吉田城下町図（愛知大学郷土研・和田実氏作成図）

社に入社していく。「飯田事件」入獄後、憲法発布の大赦により出獄した村松は、扶桑新聞社主の鈴木才三の招きで同社主筆となっている。

岩田が同社に招聘された理由は、社主鈴木が、田原三山（渡辺崋山、伊藤鳳山、鈴木春山）の一人、鈴木春山（蘭学・兵学者）の孫で同藩と交流のあった近郷三河吉田藩の豊橋に居住していた事にもよるだろう。

鈴木春山について次の記述がある。

「鈴木春山は田原藩士にして、医を業とせしが、凡庸なる医士にあらずして、博く漢籍に渉猟したのみならず、夙に蘭学を修め、西洋各国の事情に通暁し、三兵活法、兵学小識等の訳述あり、常に華山先生を賛助して、大いに功ありと云ふ」⑪

「春山の意志は……幕末の非常時を救はんとする経世憂国に志があるので、先づ藩老と謀って伊藤鳳山を招いて、成章館で子弟の教育をやらせ、先輩渡辺華山

村雨案山子の墓
（豊橋市飯村墓地）

遊佐　発

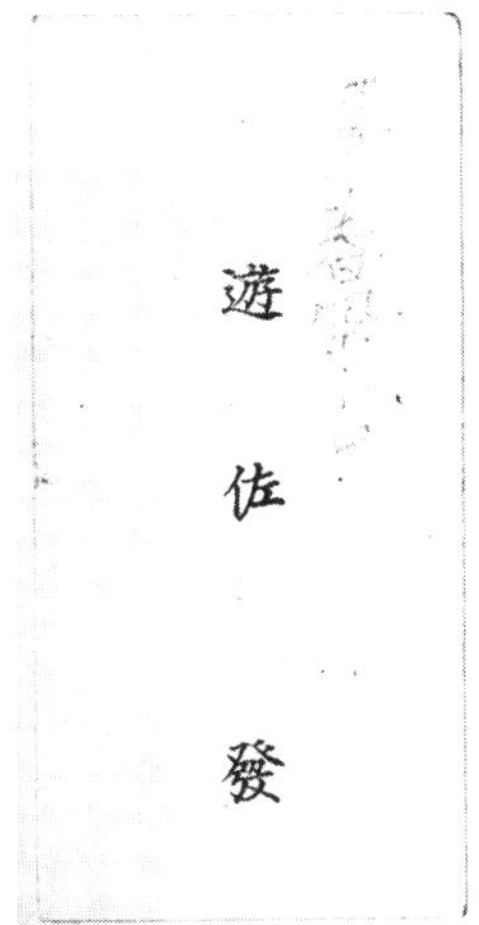

遊佐発の名刺（筆者所蔵）
名刺に（豊橋市）本町春風舎と書いてある。明治二八年遊佐は春風舎から「広告新聞」発刊。

白井菊也校閲
遊佐發編輯
板垣君口演
征韓民權論
勇退雪冤錄　全
明治十五年六月

白井菊也校閲・遊佐発編集
「勇退雪冤録」
明治一五年六月（筆者所蔵）

吉田初三郎「金華山」（筆者所蔵）

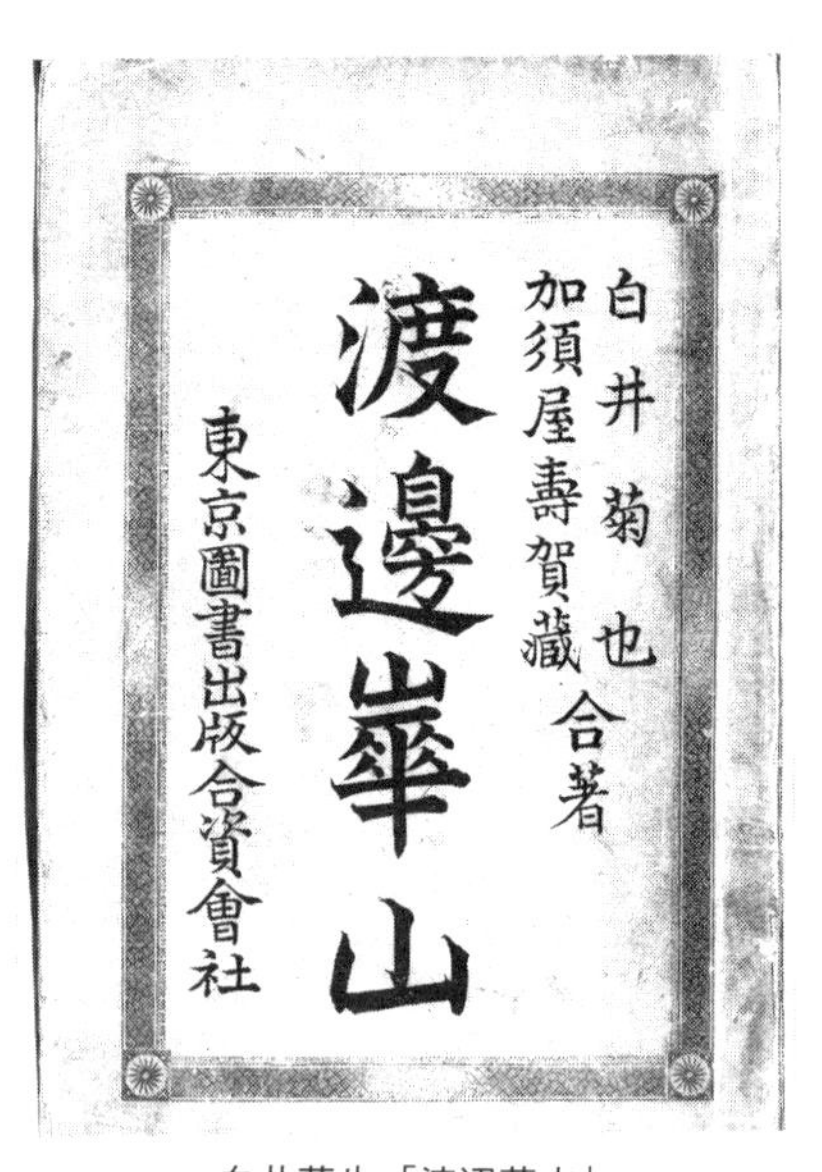
白井菊也
加須屋壽賀藏 合著
渡邊崋山
東京圖書出版合資會社

白井菊也「渡辺華山」
明治三〇年二月二五日（筆者所蔵）

と結び其の片腕となって居ります。鳳山は出羽酒田の人で……華山・春山・鳳山、之を田原の三山と申します。……」

岩田の号の対山（たいざん）は、板垣遭難の地、岐阜稲葉山（稲葉山は金華山とも言う）に対面した麓（ふもと）の岐阜市富茂登村（注＝岐阜市岐阜川原通り）に住んだ事にも一因するが、岩田が豊橋居住時代の、田原三山の華山を意識し、号したものと考察する。

今、微かながら、岩田――（豊橋グループ）村雨・遊佐等――（田原グループ）村松・鈴木等の繋がりが見えてきた。

旧藩（岡崎・吉田・田原）の地域の枠組を超越した、地縁、血縁等による人的繋がりは、無視できず、維新の抑圧に鬱積した士族パワーは、どこへ向かっていくのだろう。

岩田にとって豊橋への転居は、上京への契機或いは、福沢諭吉への憧憬を促す地域性を手に入れた。

田原の鈴木才三は勿論ながら吉田藩士にも福沢と深い関わりを持つ者は多くいた。[12]

下級藩士中村道太（なかむらみちた）は、慶応二年に福沢のもとを訪ね指導を受け、明治五年には福沢の推挙により丸善（丸屋商社）に入社。

丸屋は明治二年福沢門下の早矢仕（はやし）有的（ゆうてき）が創業、洋書の輸入販売をしている。（岡崎藩士小柳津要人（おやいづかなと）も慶應義塾に学び丸善の後の社長となっている。）[13]

中村は、福沢翻訳の「帳合之法（ちょうあいのほう）」をもとに経営に応用した。

丸善には中村を慕って豊橋出身者が多く入社し社員八六名中一七名、

中村道太（豊橋市）

阿部泰蔵（豊橋市）

早矢仕有的（豊橋市）

創業当時の丸善商社

赤煉瓦建築の本社屋（明治43年竣工）
「日本の書店百年」より　尾崎秀樹・宗武朝子　㈱青英舎

約二〇%が豊橋出身だった。

穂積清軒の弟寅九郎も慶應義塾に学んだ。八名下吉田村の阿部泰蔵（あべたいぞう）も同門下生で、中村貞吉は、福沢の娘里子と結婚している。阿部光子氏の「阿部泰蔵研究ノート」によれば、

「…略…慶応四年再び東京へ出て鉄砲州時代末期の福沢塾に入塾して福沢諭吉の門下生となった。…略…」⑭

大森修氏は、豊橋と福沢諭吉の関係性について次のように指摘されている。⑮

「豊橋人が果たして閉鎖的で、後進性の保守人士ばかりであったであろうか。恐らく、そうではあるまい。豊橋人士の開明の窓口は専ら福沢諭吉に依存していた。

早くも明治九年、吉田藩医阿部三圭の養嗣子であった阿部泰蔵は、福沢門下生として世に出で、文部省から米国へ派遣されている。……（略）……福沢とは門下生とも友人ともいえる関係にあった吉田藩の上士である中村道太は、……（略）……豊橋地方での開明派の最先進者であった。……」

このように、豊橋（岡崎）と福沢との関係は緊密であり、岩田の上京への動機の一つに、福沢思想への接近があったのではないかと思われる。

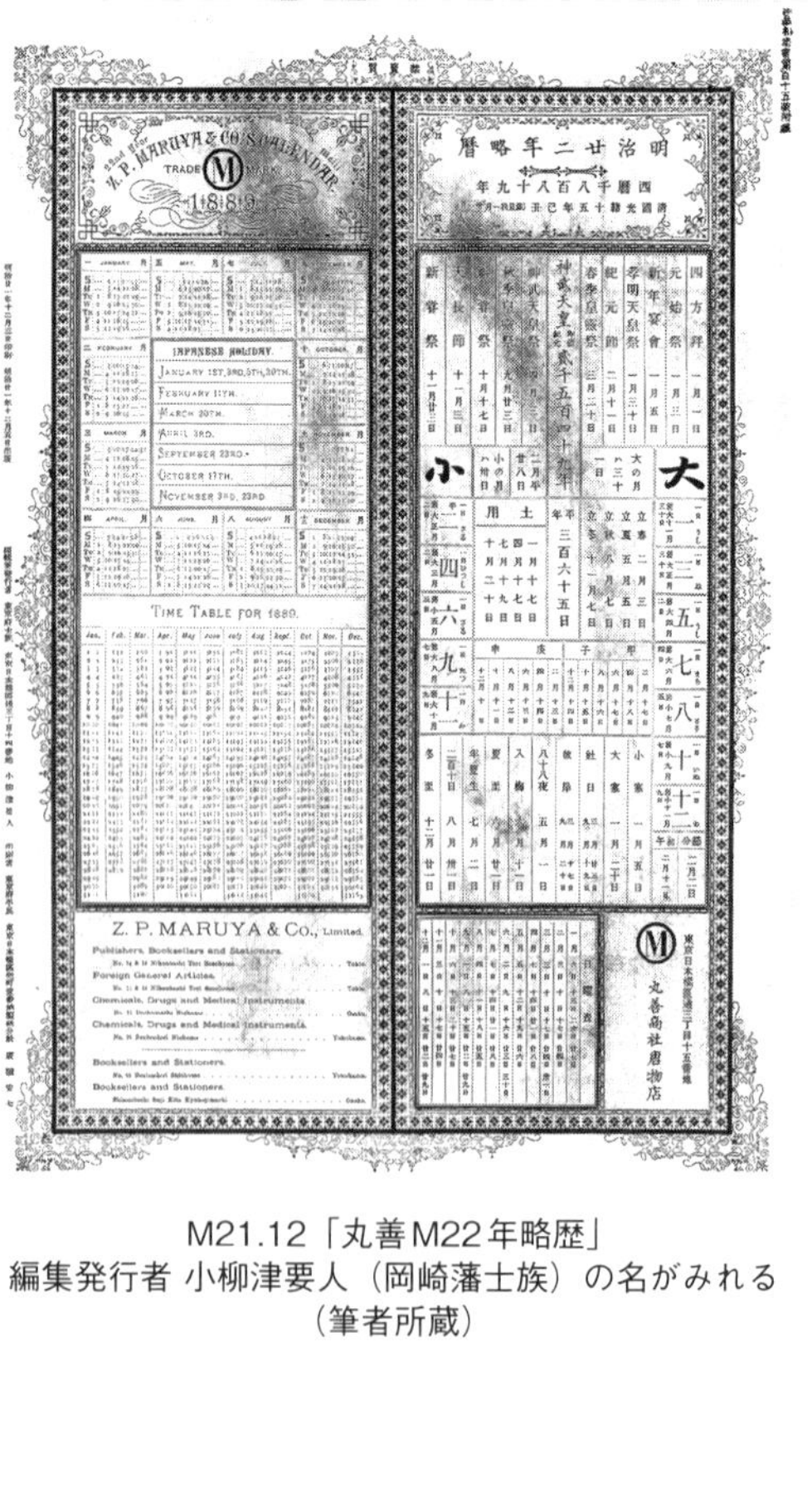

M21.12「丸善M22年略歴」
編集発行者 小柳津要人（岡崎藩士族）の名がみれる
（筆者所蔵）

註

①「板垣伯岐阜遭難録」再版（筆者所蔵）

②佐藤弘弥「武士の一分」論（映画）
――清貧の思想をめぐって――

③「戸籍」（筆者所蔵）
岩田入籍先の大塚光治郎は、「豊橋市史」の「吉田藩分限帳」「豊橋藩士族卒役名録」「豊橋藩官員履歴」等に散見できず不明。

④「板垣君口演征韓民権論勇退雪冤録全」
白井菊也校閲遊佐発編輯（筆者所蔵）

⑤和田実「城下町の賑わい三河国吉田」愛知大学綜合郷土研（札木町は、東海道三十四番吉田宿の中心街で、本陣、脇本陣、問屋場等吉田宿の旅籠の大部分があった。）

⑥鈴木清節「三河憲政史料」（筆者所蔵）
（鈴木は吉田藩士の二男、明治九年元田原藩士の家に養子に入り、田原学校で学ぶ。後、名古屋新愛知新聞の記者になる。）

関口良については、「豊橋藩官員履歴」有。
一、任豊橋藩権大局　明治二年十一月七日
一、生産掛兼山林開墾掛申付候事同年同月
一、免本官　明治五年二月四日（「豊橋市史」）

⑦田崎哲郎「吉田藩脱藩彰義隊参加者をめぐって」愛知大学紀要一九七六

⑧ 「豊橋市史」、田原市博物館木村氏調査
藤川要「西洋兵学の開祖鈴木春山先生」
鈴木春山（才三の父）は「村松愛蔵の伯母にあたるあつ子を娶て四女を生んでをります。」とある。

⑨ 小川原正道「村松愛蔵における信仰と政治」慶応大学法学部研究会二〇一二

⑩ 「鈴木才三書簡」村松愛蔵（明治四二年と四三年の二通）、田原市博物館所蔵
加藤克己・石川洋一「田原藩」（筆者所蔵）
田原の歴史―自由民権運動に参加した人々平常展（平成二二年二～三月）

⑪ 白井菊也「渡辺華山」（筆者所蔵）　田原には名山、蔵王山がある。

⑫ 久住祐一郎「三河吉田藩」（筆者所蔵）

⑬ 長坂一昭　岡崎地方史研究会

⑭ 阿部光子「私の研究ノート」東三地方史研究会

⑮ 大森修「明治期における豊橋人の海外体験」
「郷土豊橋を築いた先覚者たち」「丸善社史」
尾崎秀樹・宗武朝子「日本の書店百年」

⑯ 加藤平吉は板垣東海道遊説の際、岡崎まで出張し（三月二二日～二三日）、岡崎六地蔵桝吉の「懇親会」の板垣演説筆記を残している。また明治二三年頃札木町西川由次と旭町の加藤平吉は「民の心」という月刊紙を発刊。
（みどりや主人新聞スクラップより）松井弘氏所蔵　岡崎地方史研究会長嶋村博氏紹介
※小野芳水記者の名前で（新聞名不明）
「明治十五年岡崎で板垣伯の獅々吼　随念寺の演説会と桝吉の懇親会」の題で記事が残る。

第三章　上京時代

小林清親「日報社」の画　明治八年頃（筆者所蔵）

1．遊学

東京銀座四丁目に林立した新聞社中、東京日日新聞社の看板が中央にみえ、日報社社屋をとらえている。銀座の景色を表現していて尾張町付近には新聞社が競合し、花形職業であった。岩田の住んでいた芝中門前の至近距離にある。

明治四〜五年になると、知的インテリ士族層の小池勇①や村松愛蔵②等は東京に遊学、田原の鈴木才三も廃藩後、開成学校や慶応義塾に遊学する。

また、岩田の允文館同門の土屋光春（明治五年四月）③や志賀重昂（明治七年五月）も前後して遊学、豊橋や岡崎出身の知識人の多くが東京の文化的活動に携って行ったと言う。

当時（明治五年頃）の地方遊学熱を、大島宇吉（名古屋自由党）は、こう言っている。④

「……之等日進月歩の形勢は、翁（大島）の雄心を強く刺激したが、家政上の責任者たる翁は、家事を

品川の汽車（筆者所蔵）

品川停車場八ツ山付近「東京名所図会芝区の部」明治三五年二月二八日（筆者所蔵）

擲つことを許されない境遇に在り、已むなく燃立つ胸を抑へて自制に自制を加へ……」上京を我慢した程東京への遊学熱の高まりがあった。

たとえば櫻池学校（聚星館々長吉岡保道）の「学庭拾芳録」中にも群馬県や岩手県など地方出身者の生徒名を散見できる。（現東京千代田区立千代田小学校）⑤

一方、東京内における学塾の盛況ぶりを「日新真事誌」も記事にしている。⑥

「近頃……英学幼年学校開業以来卒士族ヲ始め農商工者……入学スル者ハ一日ヨリ多ク」

この明治六年当時は、都市知識人の学習結社（明六社、三田講談会等）への入門が多く

「……今日国家ニ望ム所ハ私学ノ盛昌ナルニアリ今府下私学ノ盛ナル變則ヲ以テ鳴ル者ヲ慶応義塾ト

福沢諭吉「愛国民権演説家百詠選」
（筆者所蔵）

自由黨時代の大島翁
「大島宇吉翁伝」
（筆者所蔵）

慶応義塾三田キャンパス三田演説館
（東京都港区三田）（筆者所蔵）

云ヒ正変弁ヒ盛十者ルヲ進文学社ト云フ自余ノ学校昨是今非其存亡謀ルヘカラス夫レ慶応義塾ナル者ハ人皆其学制教則ヲ知ル余近頃進文学社ニ投轄シ其学制教則ノ方法ヲ観ルニ英人二名独人一名ヲ雇ヒ正則ハ文部省外国語学教則ニ照準シ變則ハ英ハ修身経済書独ハ舎密礦山学等ノ諸事ヲ懇ニ教授シ、……」⑦

岩田も、岡崎、豊橋での有形・無形の知識思想の受け入れのみに満足できず、新知識の吸収に、明治七年頃上京していく。

愛知県岡崎士族　東京芝中門前寓岩田徳義とある。（現東京都港区大門三丁目）

当時の東京私塾中、福澤諭吉の慶応義塾⑧の可能性が濃厚と考えられる。（鈴木才三は維新後東京に出て慶應義塾に学んだ。）

岡崎藩時代の私塾通学二里（八km）に比すれば、

「師の許（注＝曽我塾）へ通ふ……その里数二里許（八km）適々酷暑炎熱耐え難きの候、漸く一本の扇子をかざして日光をおおうのみであって中々苦し。今の学生が学校通ひに悠々緩々と電車乗をなすような譯でない」⑨

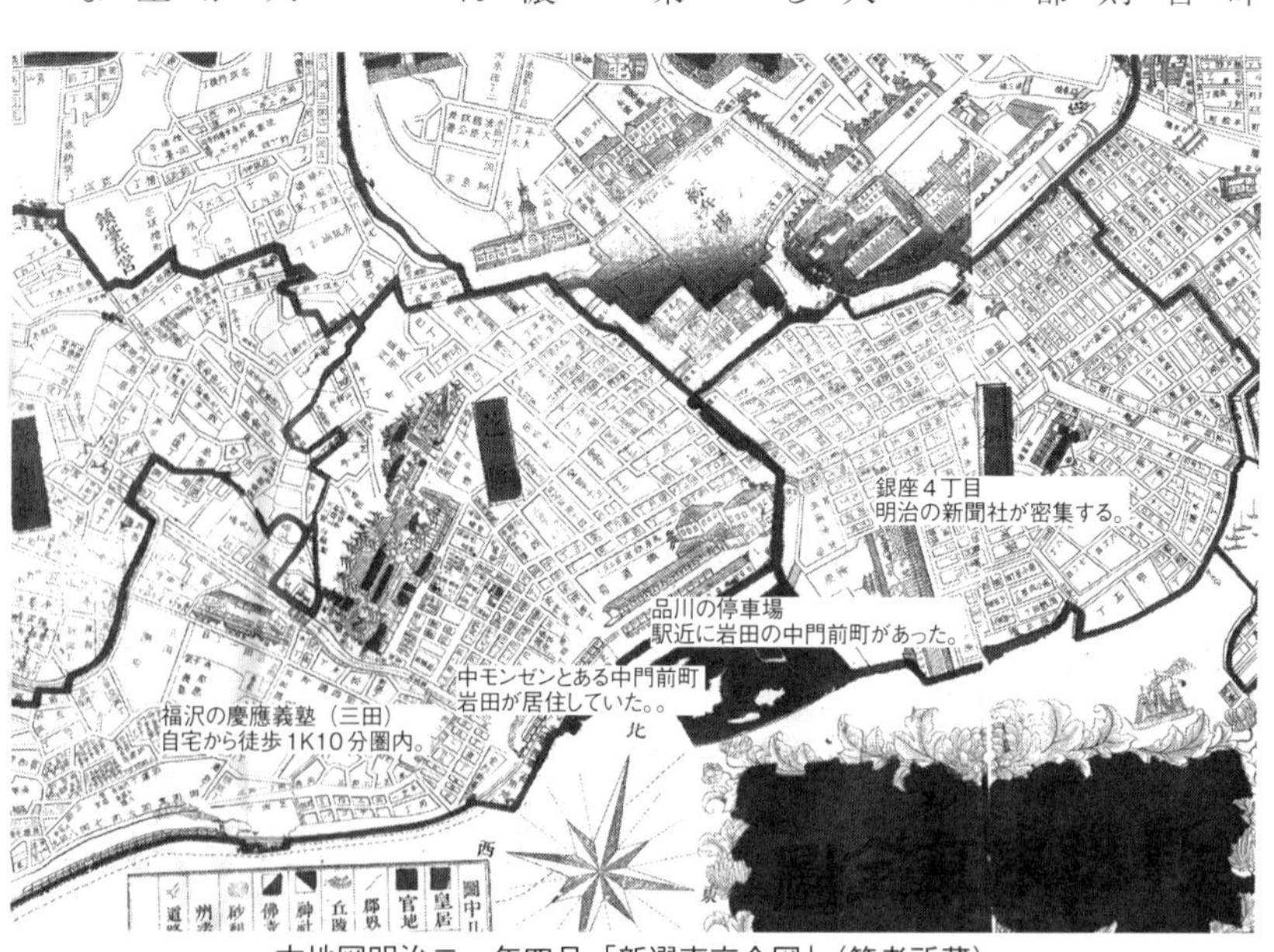
銀座４丁目
明治の新聞社が密集する。
品川の停車場
駅近に岩田の中門前町があった。
中モンゼンとある中門前町
岩田が居住していた。。
福沢の慶應義塾（三田）
自宅から徒歩1K10分圏内。

古地図明治二一年四月「新選東京全図」（筆者所蔵）

植木技盛「自由党史」（筆者所蔵）

副島種臣

江藤新平
「自由党史」（筆者所蔵）

自宅から三田までの徒歩二km三〇分圏内の距離は、岩田にとって問題外であろう。（古地図参考）

慶応義塾入門の確定はできなかったものの東京で、岩田の学んだ思想の一つに福沢があると思われる。

例えば、同時期、上京した植木技盛（うえきえもり）は、板垣家に（東京）に住み込み独学の方法を、読書と、講演会の出席に求めている事が、彼の日記に（三田演説会にかかさず出かけて行き自己啓発したと）克明にしるされている。

「板垣退助の蔭法師（かげぼうし）の如く、秘書官の如く、鞠躬尽力（きくきゅうじんりょく）、輔弼翼賛（ほすけよくさん）せるものは即ち植木技盛其人なり」と言わせしめた。

岩田も植木も同時期に思想家としての大成のため、極めて決定的かつ重要性を持つ原体験をしている。植木や岩田にとって、福沢が三田の慶応義塾に開設（明治八年）した「三田演説館」は、刺激的であったと思はれる。

更に、明治一四年には、福沢は塾外の演説会場の必要性を感じ「明治会堂」（木挽町）を開設、演説会の聖地としている。

そもそも維新政府による封建制解体と三大改革により、岩田ら旧来の士族は特権を剝奪（はくだつ）され、なおかつ急激な貧窮化に不平不満を内包している。

板垣は「佐賀の乱」の江藤新平に対し、次のように語っている。

「江藤君が東京を去りたるは、明治七年一月十三日にして其前夜即ち十二日の夜は、副島君の邸に於て愛国公党同盟の調印会あり、江藤君と共に予も参会したるに、会既に散じ、予も亦帰らんとするに方り、江藤君と副島君は、板垣氏は家近ければ今暫く留まられたしとて予を抑留し、佐賀子弟の不穏の事情を語り、之が勃発を未前に防がんが為め、両人共に急に帰県せんとするの意あるを告げたるより、予は其不可を論じ、若し両君にして国に帰らば、騎虎の勢を成し、恰も薪に油を注ぐが如く、遂に底止する能はざるに至るべきの虞ありと為し、切に之を戒めたるに、然らば一人だけ帰国すべしとて、遂に江藤君の帰国を見るに至れり。然れ共同夜江藤君は将来相提携して民権自由の論を以て立つべきことを誓約し之に調印したるものにして、是を以て見るも佐賀の暴挙の決して江藤君の本意のあらざりしを知るに余りあるべし。」⑩

武力に訴え士族反乱に向かう武闘派（佐賀の乱、西南戦争）或いは、西欧近代化思想を学び、操觚者（新聞・雑誌）私塾（慶応・明治学舎）結社、代言人等に向かう都市民権派に分流するが、後者に思想的影響を与え、民権運動そのものに正当性を持たせたのは福沢（代議政体論・天賦人権論）だろう。

福沢曰く「反乱士族は知力乏しく無分別で腕力も……挙動は稚劣で人望も得られない」

士族反乱に批判的な福沢は、成功の可能性はないと言い、政権（軍事、

福沢諭吉「分権論」「通俗民権論」（筆者所蔵）

福沢諭吉

外交）と治権（地方の治安維持、教育）を分ける福沢の「分権論」や「通俗民権論」等の出版が相次ぎ、思想が浸透していく。

「西洋より輸入せる民権自由の大主義を通用するに漢籍に発する武士的忠愛の熱血を以ってせん」[11]

三河武士岩田に限らず当時の知識インテリ層は、福沢思想に傾到していき、岩田もまた、自由民権の空気を吸っただろう。

岡崎に滞留すれば、村夫子（学者）への道もありながら、あえて上京した岩田はこれからの生業についてどう考えたのだろうか。

かの福沢諭吉もまた操觚者（「時事新報」）であった。

福沢の操觚者としての姿を、「明治評論」は次のように紹介している。

「福沢諭吉翁の教育家たるは世既に定論あり。余も亦翁が教育に於ける成功の偉大なるを認む。然れども翁は新聞記者として寧ろ適当なる資質と技倆とを有せり。故に最も善く翁の感化を受けたるものは、現に新聞社会に従事し、若しくは一たび新聞記者と為れるもの多し。翁が明治年間に発表せる意見文章は、概ね新聞的趣味を帯はざるなく。例へば「西洋事情」は海外通信にして、「時事小言」は好個の新聞論説なり。翁は「時事新報」を起すの前、既に新聞記者の思想を以て日本の文明を指導し、新聞記者の思想を以て日本の文明を指導し、新聞記者の感情を以て三田の塾生を薫陶せり。実に天生の大新聞記者なり。」[12]

福沢思想への憧憬もさる事ながら、生活に苦慮する岩田にとって、やはり自分の能力に適合した分野の文筆をふるう仕事以外には考えられず、新聞＝操觚者への道に魅力を感じたろう。

新聞記者収入は他の職業と比較して、かなり恵まれていて、岩田に限らず知的インテリ士族の多くが興味津々であった。

（明治十四年）巡査初任給六円、（明治十九年）小学校教員五円の当時に、月給四〜五十円の収入で、主筆クラスは、更に高収入であり、新時代の花形の職業であった。魯文が「仮名読新聞」主筆になった時四十円で、仮に校閲者でも月給に相当する収入があったという。⑬岩田が、岡崎時代の篤学した能力を発揮できうる天職の発見、それが新聞であり、自己主張できる知的生産性のある操觚者という新職業であった。

假名讀新聞

仮名読新聞第一号明治八年十一月一日（筆者所蔵）

いろは新聞

各新聞論説摘要

仮名垣魯文の「いろは新聞」（筆者所蔵）

註

① 片桐芳雄「愛知県の民権派教育雑誌『学事新報』について」東海近代史研究八号
村上貢「自由党激化事件と小池勇」（筆者所蔵）

② 日比野元彦「愛知県自由民権運動関係史料」―村松愛蔵書簡の紹介―東海近代史研究四号

小川原正道「村松愛蔵における信仰と政治」慶応義塾大学法学研究会二〇一二
③「士族名簿（抄）」明治八～一〇年「岡崎市史」
④「大島宇吉翁伝」新愛知新聞社（筆者所蔵）
⑤明治一〇年七月三〇日聚星館々長吉田保道（筆者所蔵）
⑥「日新真事誌」明治六年九月二八日～の内四部　一〇月一七日付録付（筆者所蔵）
⑦「評論新聞」慶応義塾同窓会ノ形況幷評（明治一三年六月六日付）（筆者所蔵）
「学庭拾芳録」吉岡保道（筆者所蔵）
⑧吉家定夫「豊岡藩と慶応義塾」
慶応義塾福澤研究センターに入門（在籍）調査依頼、結果不明。
鈴木才三については、田原市博物館の木村氏にご教示いただいた。
⑨「岩田徳義翁小伝」（筆者所蔵）
⑩「社会政策」第二号　明治四四年五月一日発行、社会政策
雑誌社「江藤南白を悼む」板垣退助（筆者所蔵）
⑪坪内隆彦「自由民権運動と崎門学」
⑫鳥谷部銑太郎「明治人物評論」（筆者所蔵）
⑬興津要「明治新聞事始め」（筆者所蔵）

2. 操觚者への胎動

それでは、明治元年頃からの新聞事情と岩田の操觚者の胎動について触れよう。①

幕府が倒壊する時期に佐幕派の人々によって刊行されたものが、明治元年（慶応四年）頃に、いわゆる近代新聞紙

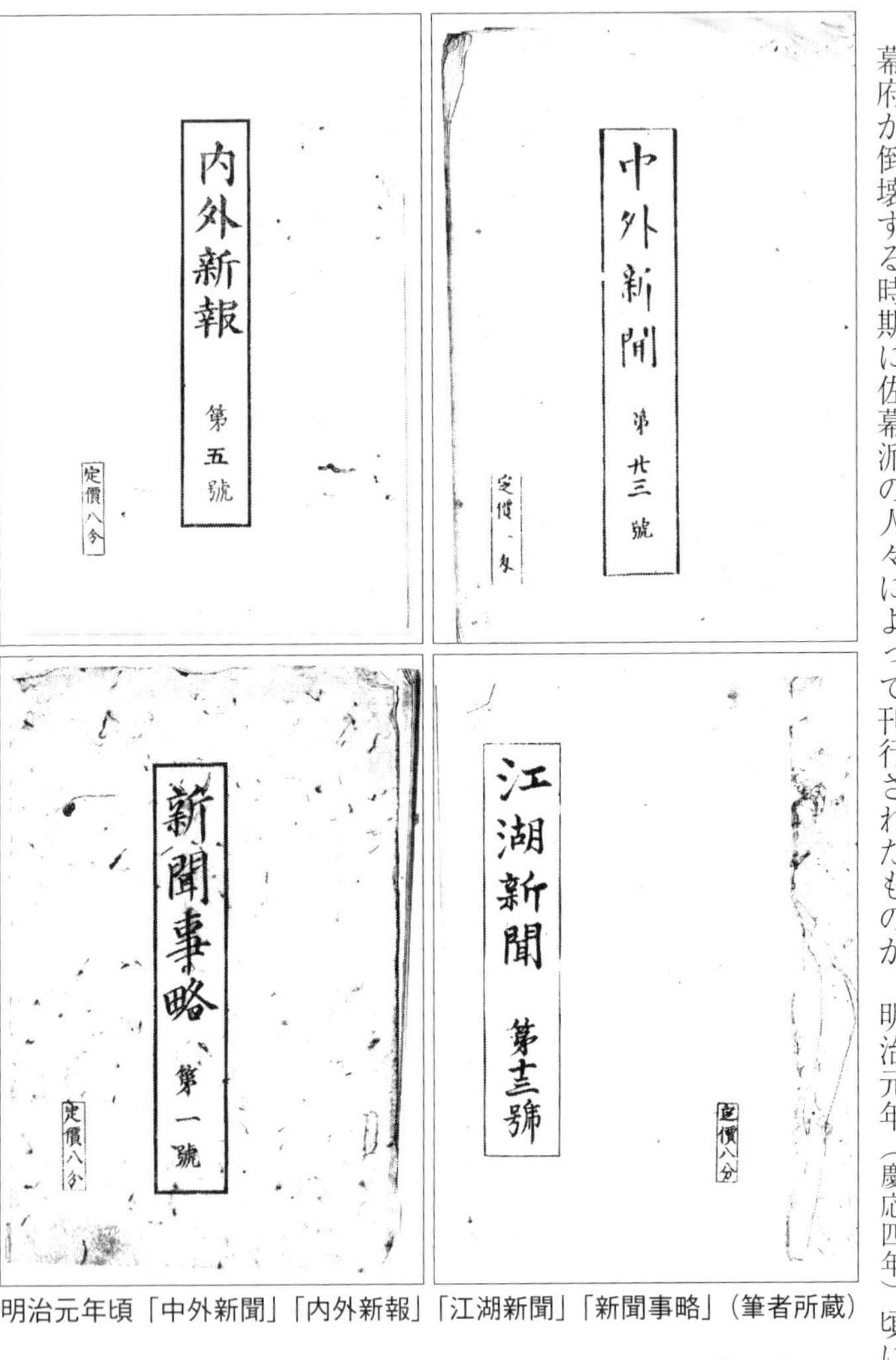

明治元年頃「中外新聞」「内外新報」「江湖新聞」「新聞事略」（筆者所蔵）

の先駆ともいうべき啓蒙的報道を中心とする新聞が東京に出現する。②

　ちなみに、筆者の手元にあるものだけでも柳河春三の「中外新聞」、橋爪貫一の「内外新報」、福地源一郎の「江湖新聞」、撤兵会の「新聞事略」等がある。

　この内、「中外新聞」「江湖新聞」はともに佐幕的傾向が強く、「江湖新聞」第一六号の強弱論は新政府の切諫（せっかん）とな

り福地源一郎は二〇日余の獄中生活を強いられるという、近代ジャーナリズムにおける筆禍第一号となった。

この佐幕的な新聞の流行に反応した新政府は放任できえず、佐幕派新聞は終熄した。

新政府は内乱鎮定と共に、明治二年民間新聞の発刊を許可する。

東京日々新聞（筆者所蔵）

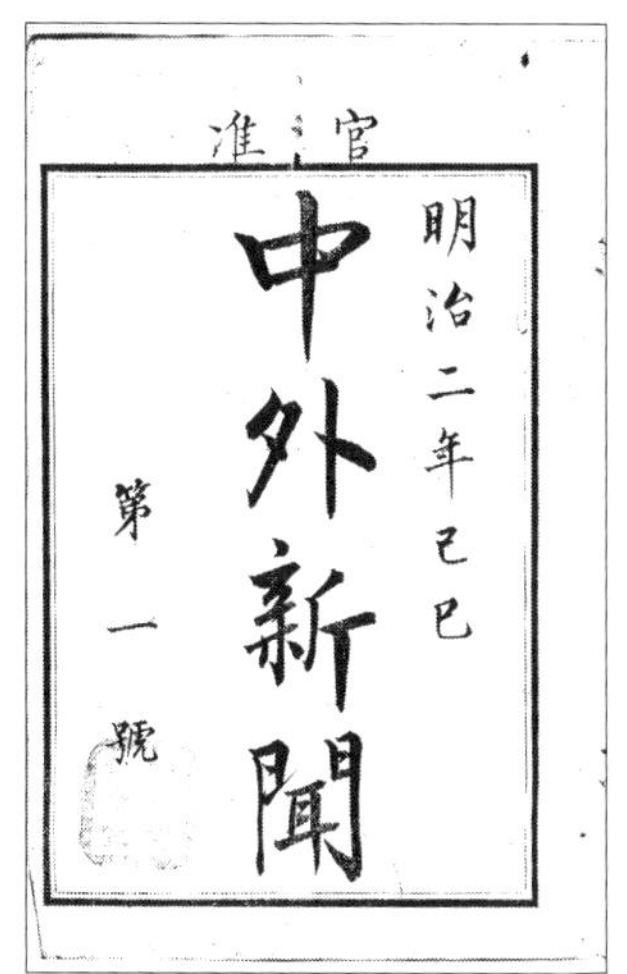

明治二年柳河春三の「中外新聞」（筆者所蔵）

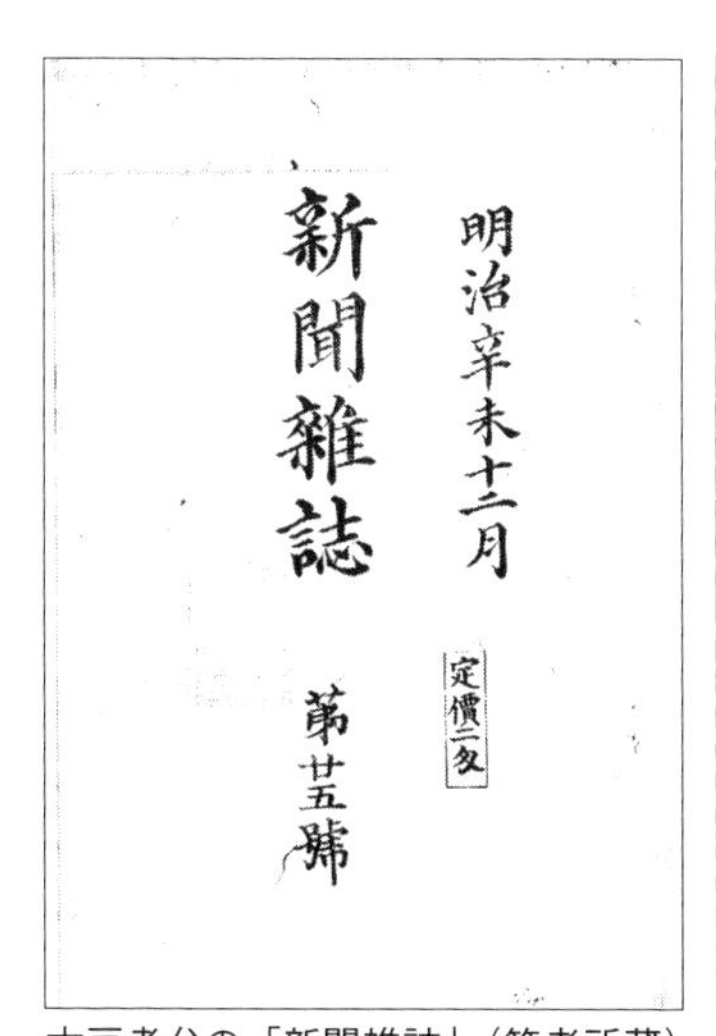

木戸孝允の「新聞雑誌」（筆者所蔵）

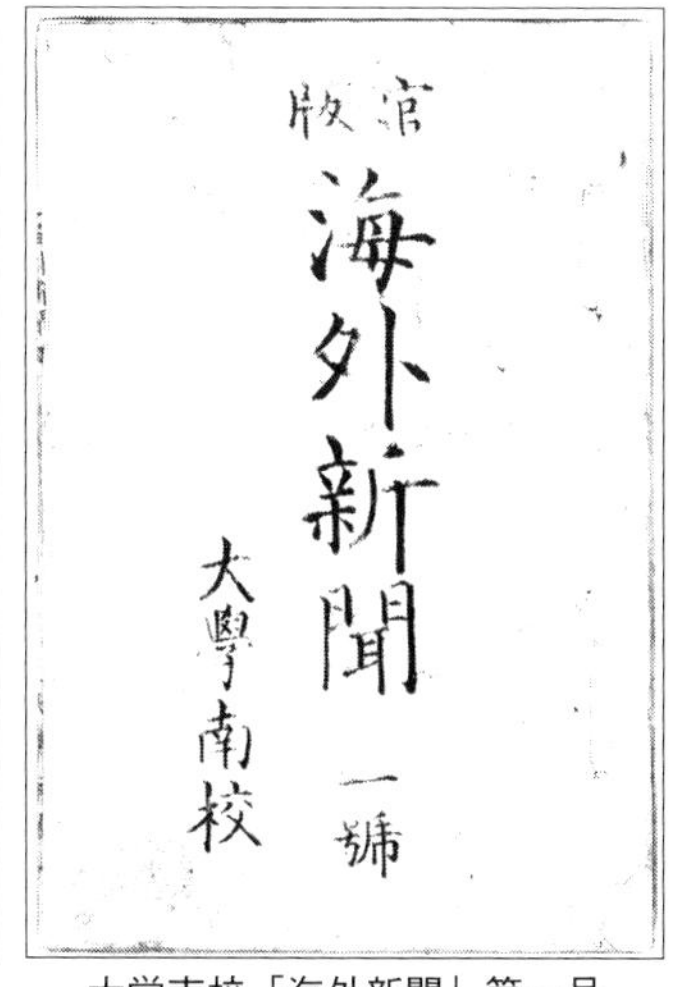

大学南校「海外新聞」第一号（筆者所蔵）

二月には、柳河春三が「中外新聞」復活、他紙等の発刊も続いた。残念ながら、同紙は柳川の病死（肺結核）をもって廃刊になり低迷する。

明治四～五年には、ようやく近代新聞が発刊、筆者手元にある木戸孝允（主任山県篤蔵）の「新聞雑誌」のちの「あけぼの」「東京曙新聞」あるいは、「東京日々新聞」「郵便報知新聞」、これに続いたのが、英国人ジョン・ブラックの「日新真事誌」がそれである。

雌伏の時を経た岩田が、明治七年一〇月二四日愛知県士族、東京芝中門前寓岩田徳義（東京寄留）として、突如登場する。ちなみに、増上寺移転に伴い門前町となり、増上寺門前地のうち中通りにあるので、その名になったと言う。

この明治七年に意味がある。

明治近代新聞社が、東京銀座界隈に雨後のたけのこのように誕生し、岩田の芝中門前（現港区）から至近の距離にあり、かなりの刺激的光景であったろう。

岩田は頂度、三田と銀座の間に居住していた事になる。

明治40年頃 東京日々新聞社外観絵葉書
（筆者所蔵）

明治一七年広重画「日報社」（筆者所蔵）　明治四〇年日報社

この頃、新聞紙が旧来の官政主導（大学南校＝後の東京大学法文学部）から、いわゆる政論新聞への転化が始まり、先鞭につけたのが、「日新真事誌」である事は、周知の通りである。

当時の新聞界の状況と岩田の関係について把握していこう。

明治八年六月、悪名高き讒謗律、新定新聞紙条例が布告、前述の「東京曙新聞」編集長末広重恭の筆禍を皮切りに後一〇年末までに処刑者延一〇〇人を超す言論恐怖時代ともいうべき惨状を呈する。③

同年九月「評論新聞」第二〇号に詳しい。④

「　近時

　八月七日曙新聞編集長末広重恭君ハ本年七月二十日同二十九日ノ曙新聞第五百三十一号同三十九号へ新聞條例ヲ論スル投書ヲ載スルニ付罰金二十円禁獄二月の公裁ヲ受ケ同十二日日々新聞編集人甫喜山景雄君ハ本年七月三十日ノ日々新聞第千八十二号ニ林氏ノ投書ヲ掲載シ教唆スルニ止ルノ廉ヲ以テ罰金十円禁獄三十日ノ処断ヲ受ケタリ同十八日報知新聞ノ編集人栗本鋤雲君ハ同月四日ノ報知新聞社説ノ義ニ付キ度々法庭ニ喚出サレシ

成島柳北の絵（筆者所蔵）
「愛国民権家演説家巨詠選」

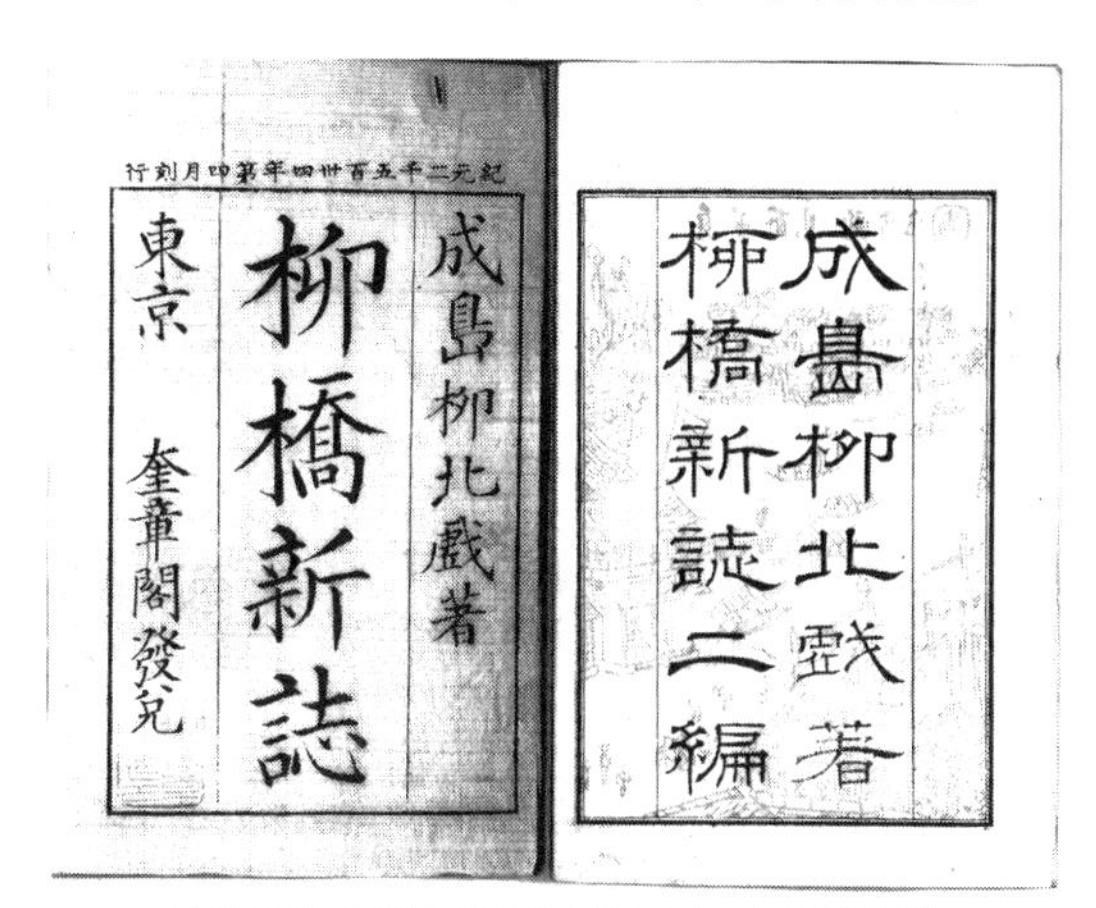

成島柳北「柳橋新誌」明治七年（筆者所蔵）

ニ遂ニ犯触ノ廉ナク御構ヒナシト申渡サレタリ同二十日曙新聞編輯長末広重恭君七月五日曙新聞第五百十七号ニ高橋矩正子ノ投書ヲ掲載セシニ付又々罰金十円禁獄一月ノトコロ一罪先キニ処断ヲ経ルヲ以テ不諭ニ付セラレタリ投主ノ高橋矩正君ヘ法庭ニ喚出サレシニ病気ニテ御断リヲ申セシカハ同月十九日小警部丈山政吉君医宮徳斉君ヲ同道ニテ高橋君ノ病体ヲ験察アリシトナリ同二十八日朝野新聞編輯長成島柳北君ハ同月九日朝野新聞五百九十一号ノ論説條例ニ触ルルノ廉ヲ以テ禁獄五日ノ処決ヲ受ケタリ同三十一日報知新聞編輯長代理ノ岡敬孝君モ本年七月二十六日報知新聞第七百三十一号小幡氏新聞条例ヲ論スル文章及ヒ信州松本住窪田氏口述スル地租改正ノ論ヲ掲載スル科ニ付罰金十円禁獄一ヶ月公判ヲ受ケタリ」

明治八年度　「朝野新聞」成島柳北他八名
　九年度　「愛知新聞」音羽清逸他三七名
　一〇年度　「愛岐日報」岩田徳義他一〇名

第1表　集思社グループ操觚者処罰録
（鈴木清節「三河憲政史」より）　〈著者作成〉

（評論新聞）			
M8・9・4	横瀬　文彦		罰金5円
M9・1・21	小松原英太郎	禁獄2カ年	—
〃　1・29	山脇　巍	〃　1カ年	—
〃　1・29	横瀬　文彦	〃　3カ月	罰金50円
〃　3・2	西川　通徹	〃　3カ月	〃　50円
〃　3・8	東　清七	〃　4カ月	〃　20円
〃　3・8	中島　勝義	〃　2カ月	—
〃　3・8	満木　清繁	〃　2カ月	—
〃　3・8	岡本清一郎	〃　2カ月	—
〃　3・12	柴田　勝又	〃　3カ月	罰金30円
〃　3・12	田中　直哉	〃　1カ月	〃　20円
〃　3・28	中島　富雄	〃　1カ年	—
〃　3・28	高羽　光則	〃　2カ月	—
（中外評論）			
M9・9・22	高橋　克	禁獄3カ月	—
〃　11・6	松川　杢蔵	〃　3カ月	—
（文明新誌）			
M10・4・4	田中　捨蔵	禁獄50日	—
（草莽事情）			
—	—	—	

明治一〇～一二年度　記者ら六〇名

合計全国で百余人を数えると「操觚者処罰録」は伝えている。なかでも集思社グループは他紙と比して激烈であった。「国政転変論並評」「圧制政府転覆すべき論」「専制政府は其の労苦特に甚しく国民の意向に応じて政法を改正すべきの説」など過激な文を掲載したため、投獄者は後を絶つ事なく、第一表の通り明治八～一〇年にわたり余多の処罰者が出た。

集思社の系譜は、「評論新聞」→「中外評論」→「文明新誌」→「草莽事情」である。

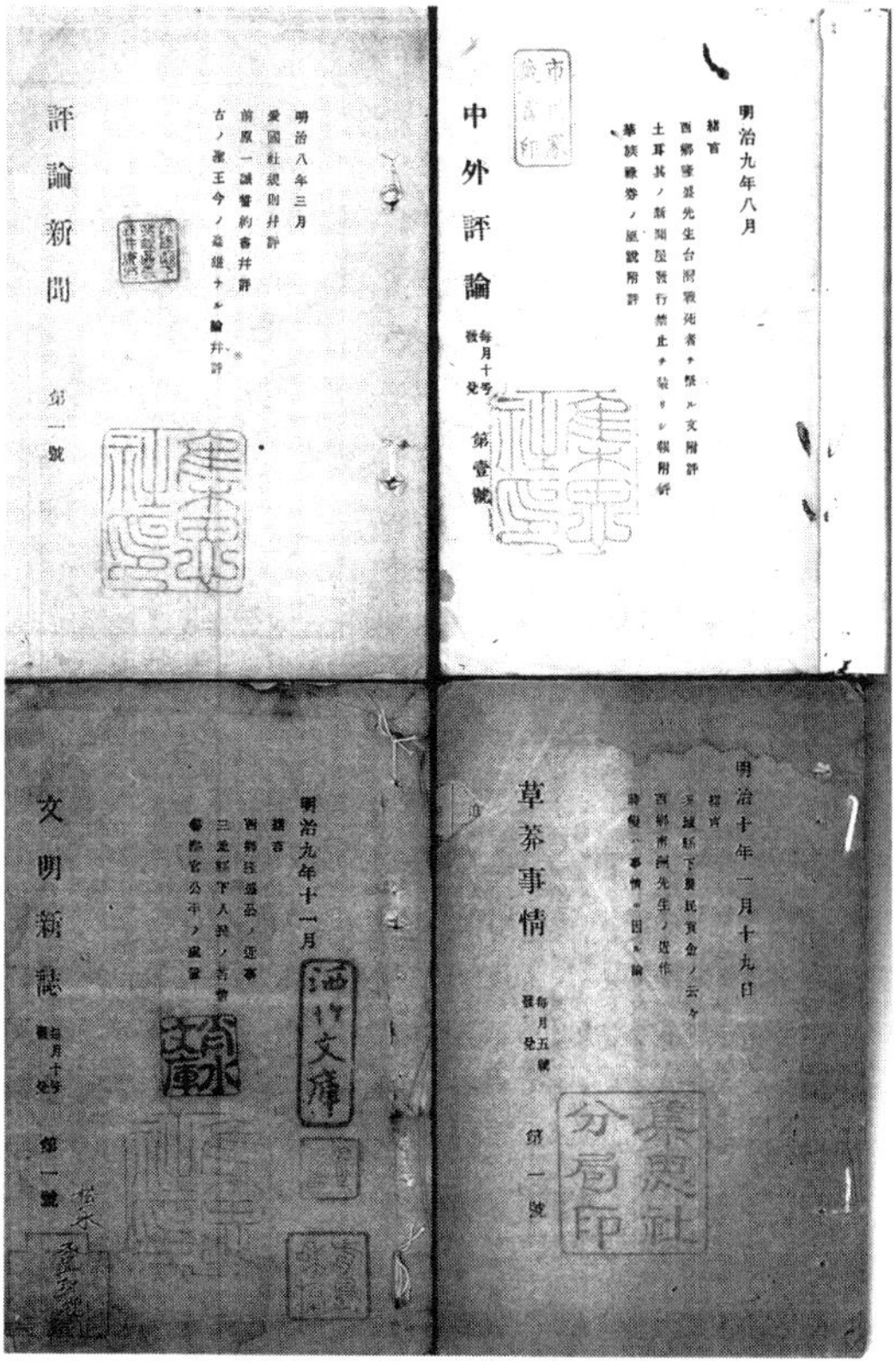

集思社グループの新聞（筆者所蔵）

例えば、植木枝盛は「郵便報知新聞」への投書（猿人君主）のため獄中生活を明治九年三月一五日から五月一三日まで送るが、この時なんと艮下第二一号入獄者に後に愛岐日報で岩田と同志となる愛知の宮本千萬樹⑤（華謡新聞編集長）がいた。

同房に「評論新聞」の田中直哉・東清七（華謡新聞世話方）がいて植木の入獄を契機に宮本は東と共に第二一号へ移

管、ここには「朝野新聞」成島柳北、「評論新聞」岡本清一郎・柴田勝又、そして入獄まもない植木という、まさに錚々たる面々がいた。⑥

宮本は、「采風新聞」への投書の一文をめぐって入獄したが、「華謡新聞」第四号に、

「嗚呼我宮本（注＝千万樹）小松二君ノ為ス所ノ如キハ……二君……急激ナル言論ヲ以テ政府ノ罪因トナリ獄中ニアルコト幾旬ナリシモ客月限満チ再ビ娑婆ニ出ルヤ……華謡新聞ノ社ヲ開キ……顧フニ其獄中ニアルヤ糞桶ノ悪臭ヲ嗅ギ苦楚ヲ嘗ルモノ数月ナリト雖トモ胸中自ヲ雄壮ナル膽力アリテ苦中ノ苦トモ思ハズ…期満チテ娑婆ニ出ル……」

獄中生活で、宮本は「評論新聞」「采風新聞」の反骨隆々たる文筆家や民権家植木技盛らと同じ運命の獄中体験を送った。

また、「湖海新報」紙⑦「新聞記者獄中ノ詩歌并評」や「中外評論」紙には「新聞記者獄中の詩」が連続的に掲載されている。

第2表　他の新聞紙操觚者処罰録（鈴木清節「三河憲政史」より）

〈著者作成〉

（朝野新聞）			
M8・8・28	成島　柳北	禁獄5日	—
M9・2・13	〃	〃　4カ月	罰金100円
〃　2・13	末広　重恭	〃　8カ月	〃　150円
〃　11・18	大久保鐵作	〃　3ヵ月	〃　20円
M10・5・10	小原　元房	〃　1カ月	—
M13・12・23	内田　誠成	〃　6カ月	罰金50円
（あけぼの新聞）			
M8・2・7	末広　重恭	禁獄2カ月	罰金20円
〃　10・31	坂井喜三郎	〃　1カ月	—
〃　12・28	長谷川　孝	〃　2カ月	罰金200円
（采風新聞）			
M9・1・20	加藤　九郎	禁獄3か月	—
〃　2・23	本木　貞雄	〃　2年半	—
〃　2・28	矢野　駿男	〃　10カ月	罰金100円
〃　3・12	杉田　定一	〃　6カ月	〃　30円
〃　3・14	中島　泰雄	〃　2カ月	〃　20円
（郵便報知新聞）			
M8・8・31	岡　敬孝	禁獄1カ月	罰金10円
〃　12・28	藤田茂吉	〃　2カ月	〃　200円
〃　3・15	岡　敬孝	〃　1年半	〃　300円
〃　8・18	牧田庸夫	〃　5カ月	〃　80円
M13・4・7	亀山篤郎	—	〃　100円

この「中外評論」はさきに発禁となった「評論新聞ノ旧社員等ガ興設スル」性格を持ち、「同年九月東京尾張町二丁目六番地集思社」とある。

手元の資料中、第五号、一七、一八、二六号に獄中詩がある。

第一七号には、杉田定一が掲載されている。

「旧采風社編輯長杉田定一氏ハ満期出獄後転シテ本社ノ員ニ列シ更ニ磨練シ来ル所ノ義膽ヲ表シ益々慷慨奮励以テ力ヲ本社ノ事ニ致サントス今同氏獄中ノ詩ヲ録シ併セテ之ヲ江湖諸君ニ報ス

自由ノ真理鑄ル精神ヲ。碌々豈為ランヤ卑屈民ト。已矣言論無用ノ耳。一刀只合ニシ斃ス姦臣ヲ　詠史

二十余年夢裏ニ消ス。更ニ無シ一事ノ記スル功標ニ。男児不ンハ奏セ驚―天業ヲ。恐ル取ランヲ英雄地下ノ嘲ヲ　獄中雑吟

下駕メニメ長風ニ破ヲ壮瀾ヲ。可ンヤ堪フ獄裏久ク偸ムニ安ヲ。半宵感慨蹴テ衾起ツ。月色如ク霜ノ入テ牖ニ寒シ　同　」

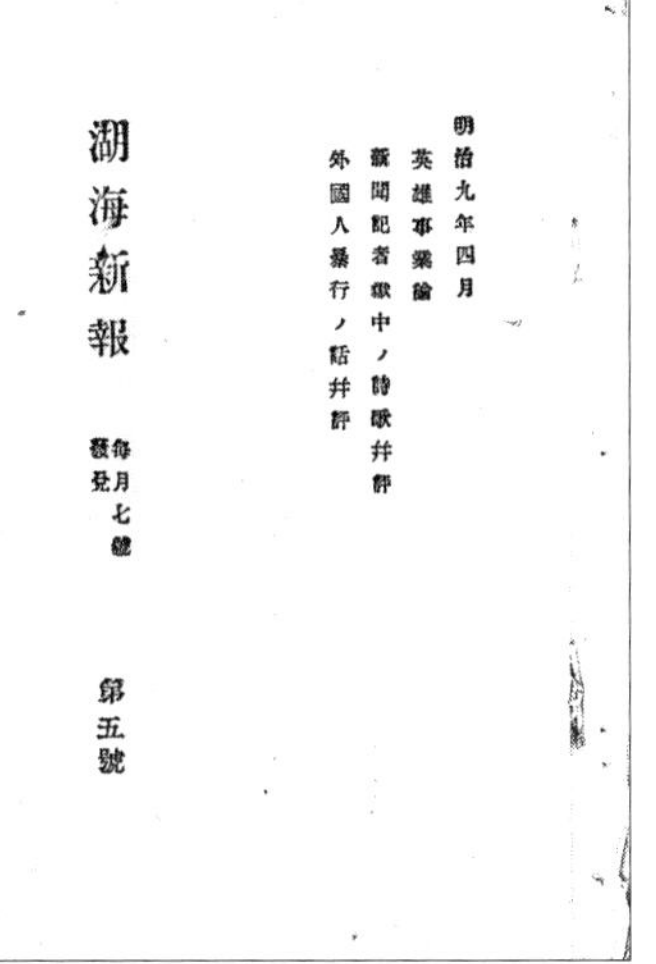

湖海新報
明治九年四月
英雄事業論
新聞記者獄中ノ詩歌幷評
外國人暴行ノ話幷評
毎月七號發兌
第五號

湖海新報
明治九年六月
日本帝國亡滅セントスルノ徴效ヲ論ス
毎月七号發兌
第九号

「湖海新報」（筆者所蔵）

この「中外評論」も二八号で発禁、「文明新誌」となり発刊するが四一号にて発禁終了する。⑧

岩田は、その宮本の感性・理論を同じ操觚者同志として情報共有できたのは実に大きく、この時期、岩田はインテリ民権士族同志間で多くの知名と知己を得たと思慮される。

操觚者の発端となる新聞投書が三本ある。

1「日新真事誌」明治七年一〇月二四日付
2「郵便報知新聞」明治八年二月二三日付
3「東京曙新聞」明治八年八月八日付

岩田の操觚者の胎動は、この時期、明治七～八年頃と見ていい。

東京での知識吸収という受動的行動にあき足らず、積極的に自己の考えを発表する三本の「投書」行動は、岩田の純粋な自己主張が見られ世論に訴えるものといえる。

投書の結果、原稿料収入も生じ、生活貧窮者の岩田にとって生活・学資の補助ともなり一挙両得かつ、自分の天職の道に気づき、明らかに操觚者への道を意識している。[9]

これらの大新聞への投書採用は、岩田が無名の一地方智識人から、一流の操觚者と比肩する立場となり著名となる事を意味している。

板垣らの「民撰議院設立建白」（明治七年一月）が、「日新真事誌」に掲載され、大きな反響を呼び、全国に民撰議院の早期設立を求める運動が燎原の火の如く広がるが、その同紙に岩田は注目しているのである。

東京の新聞界の論戦たけなわの明治七年にあって十中八～九紙が、政論新聞化する中で、官権派新聞は「東京日々新聞」であり、民権派新聞は

左院御用
官許
日新真事誌
貌刺屈社中

「日新真事誌」明治七年一〇月二四日付
（筆者所蔵）岩田徳義とある。

「日新真事誌」「郵便報知新聞」「東京曙新聞」「朝野新聞」「横浜毎日新聞」等であった。

岩田投書三紙は、東京の大新聞で、バリバリの民権紙である。

岩田の投書は、いずれも政府に対立的新聞に採用されており、その内容は藩閥政府の非を鳴らし、批判的姿勢に満ちたものであった。

「日新真事誌」から始まる三本の「投書」内容をじっくり見てみよう。

「投書」内容については、1、2ともヤフー投書家氏の解説に詳しいので引かせていただいた。[10]

1は近代日本新聞の先駆けとなるブラックの「日新真事誌」への「投書」である。[11]

明治五年発刊の同紙は、明治七年「板垣退助の民撰議員建白書」を掲載した事で有名だが、ブラックが外人の治外法権の地位を利用し忌憚（きたん）のない自己主張を展開したため、新政府に批判的言論もあり、民権派として当局から危険視されていた新聞である。

「目下、日清両国の間に事あらんと欲するに際し…（中略）今日の勢、必ず一戦せざるを得ず」

同年の台湾出兵ののち、日清両国が戦端を開くか否かという一触即発の交渉を行っている最中であった。

当時の多くの士族がそうであったように、岩田もこの問題には多大な関心を払っていた。岩田はこのように日清の戦争は避けられない情勢にあると考えていた。

続けて岩田は「彼れ（清国）は大国なりや我は小国なり」と力の差がある事を認めながらも「上下の臣民、各其義務を尽くす」ことで対抗できるとやや精神論めいた議論を展開する。

だが、この一週間後、日清両国の交渉は妥結し、岩田が予想したような事態に至らなかった。

2は、明治五年発刊の「郵便報知新聞」で、前島密（まえじまひそか）の発案により創刊された。後、栗本鋤雲（くりもとじょうん）や、古沢滋（ふるさわしげる）、藤田茂（ふじたも）

吉らが入社、民権派新聞中再有力紙となった。1の四カ月後の明治八年二月の「投書」である。なお、古澤は「日新真事誌」に寄稿していたが、明治六年「郵便報知新聞」主筆になっている。⑫

「巡査規則の疑問」と表題し、内容は、新政府の違式詿違条例について論じている。同条例は、立小便禁止等、今日の軽犯罪法に当るもので、(江戸から明治初めまで)人々の普通の行為や風俗の多くを禁止した。

古澤滋「自由党史」所収

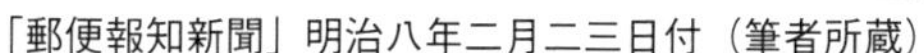

「郵便報知新聞」明治八年二月二三日付(筆者所蔵)

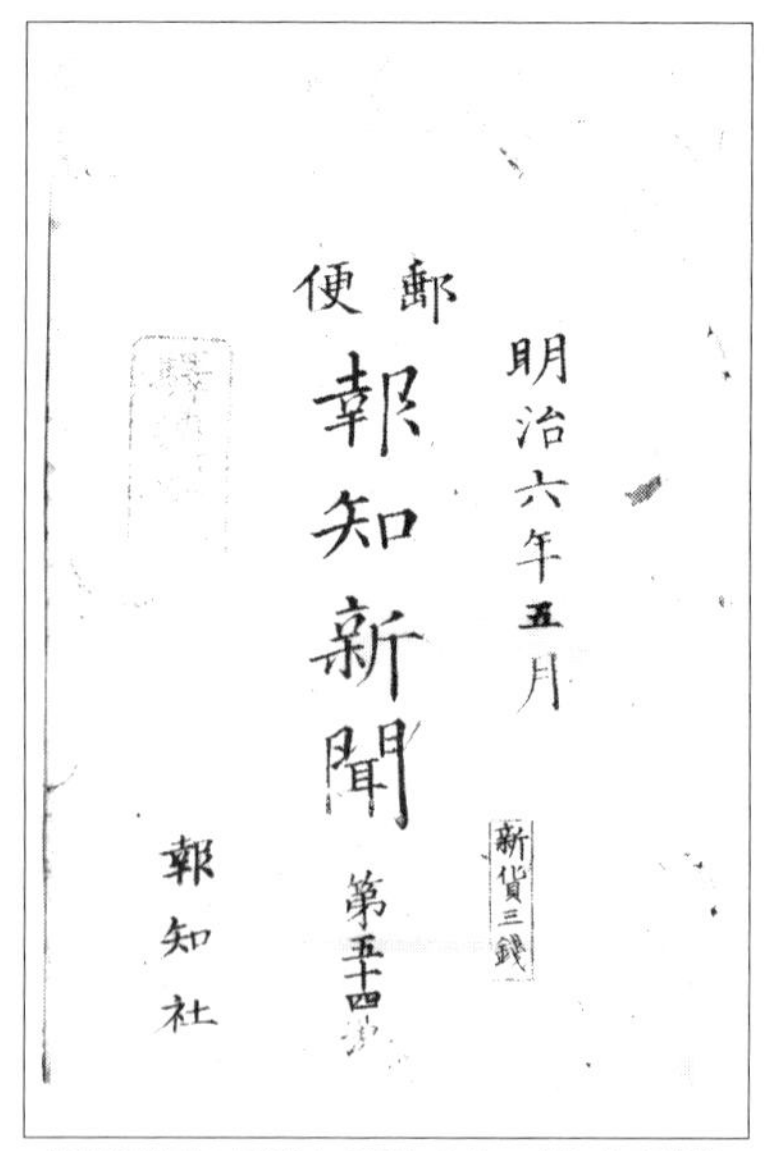

郵便
報知新聞
明治六年五月
第五十四號
新貨三錢
報知社

「郵便報知新聞」明治六年(筆者所蔵)

栗本鋤雲「愛国民権家百詠選」(筆者所蔵)

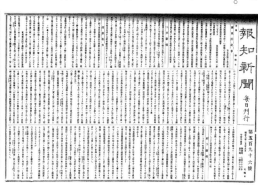

同条例に基づき取り締った巡査に対し、岩田は「現今巡査司掌する処の違式詿違の犯罪を取扱ふ上に於て、

少しく疑ひなき能はず」。要は、「判任官其他の士民」は「警官屯所に誘引拘留」されるが、「勅奏任官華族の輩」に対し「僅かに此を咎むるも、其名刺を取るに過ぎざるのみ」と、「是れ其疑惑の釈然たるを得ざる処なり」と不公平な差別行為に異議を唱え、このような特権的扱いが存在する事で、国民が上下一体となって「国力強固」「民治安寧」を実現することも不可能となってしまうのだ、という岩田の主張が書かれている。

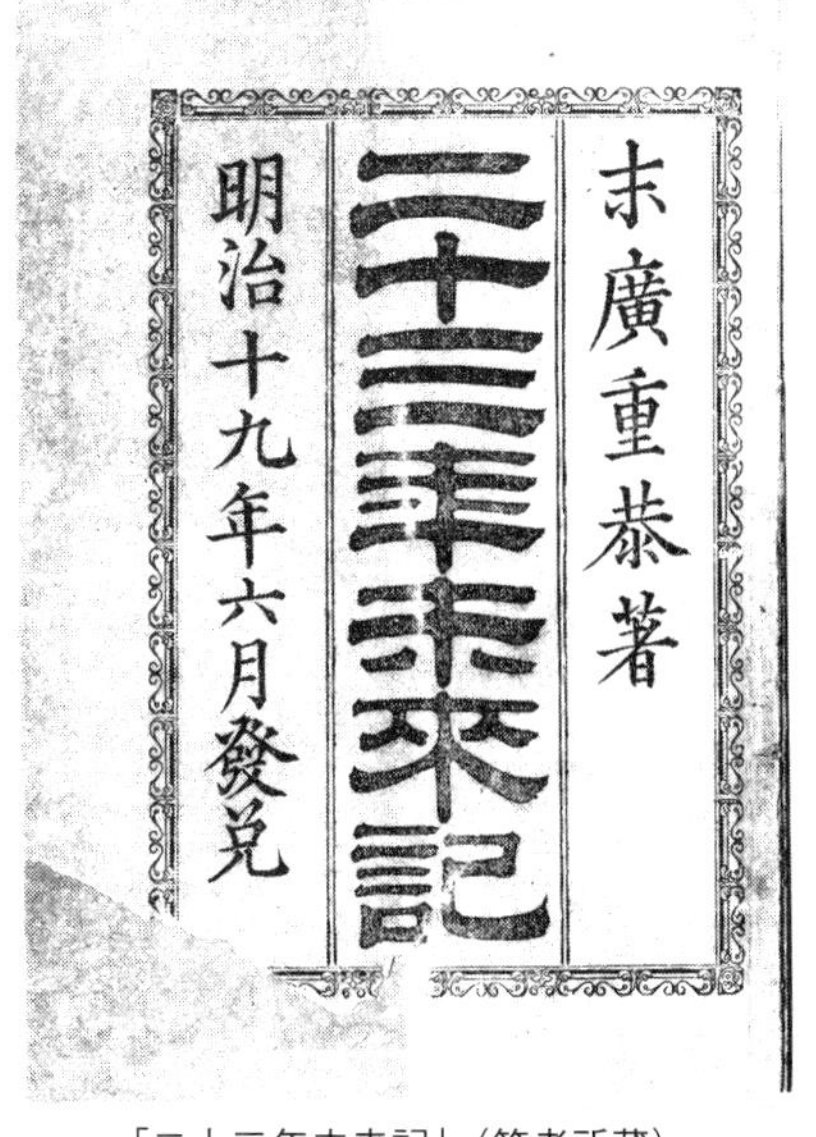

「二十三年未来記」（筆者所蔵）

3「東京曙新聞」は明治四年五月木戸孝允が山県篤蔵をして発行させた新聞だが、後「あけぼの」「東京曙新聞」と改題、明治八年四月、末広重恭（鉄腸）が入社し尖鋭な民権論を展開した。この末広の記事に対し、八月四日東京裁判所刑事課に呼び出しがあり、他紙でありながら「評論新聞」は末広擁護の論陣を張った。⑬

「　近時

明治八年八月四日我政府曙新聞編輯長末広重恭（注＝鉄腸）ヲ東京裁判所刑事課ニ呼ヒ出シタリ

……文明ノ諸国ニ於テハ新聞記者ヲ法廷ニ引キ之ヲ糾弾スルカ如キハ最モ重ンスル所ナリ……我大政府ニ於テモ猥リニ新聞記者ヲ逮捕シ脛忽之ヲ処刑スル事ナキハ明カナリ今回末広君ノ法廷ニ呼ハル、ヤ……末広君ノ

末広重恭「自由党史」

如キモ自ラ好テ条例ヲ犯シ刑辟ニ陥ルモノニアラス……」

なお、同紙は明治八年三月発行～九年七月発行禁止、海老原穆主宰の集思社で急進的政治批判雑誌である。

特に過激だったのが、「湖海新報」と「評論新聞」で、「評論新聞」は「中外評論」そして「文明新誌」更に「草莽事情」（杉田定一編集長）と名を変え、発禁、出版をくり返していった。

ところで、岩田の「東京曙新聞」に掲載された「鄙言一篇」[14]と題する一文は、投書でなく「寄書」になっている。

この寄書と投書では、意味あいを異にしており、寄書は、依頼原稿というプロの仕業である。東京曙新聞から「寄書」依頼が存在する事実があるならば、岩田は明治八年八月当時すでに、投書家から寄書＝操觚者としての道を歩んでいた事になる。やはり、明治九年愛岐日報（愛知日報）立ち上げの際、「同社招聘」との記載が自叙伝中に残されている理由が明白となった。

長文だが、資料紹介しておきたい。

「　鄙言一篇（東京曙新聞）

道ヲ行フ者此ヲ有道ト謂ヒ道ヲ誤ル者此ヲ無道ト謂フ有道ヲ賞スルハ政府至当ノ職分ニシテ無道ヲ罰スルハ止

東京曙新聞

明治八年八月八日　毎日刊行　第五百四十八號

「東京曙新聞」M8・8・8付（筆者所蔵）

ムヲ得ザルニ出ルナリ天下誰カ其美徳ヲ掲ルヲ好シテ其罪悪ヲ罰スルヲ好ム者アランヤ是則天地至公ノ大道ニシテ人我一般ノ通情ナリ然ルニ予今日愛知県一覧表ヲ取テ之ヲ撿スルニ同表ノ額面ニ掲ル事左ノ如シ

（賞賜ノ部）銀盃九木盃四十五人員総計七十九人金圓総額七十二円五拾銭

（賑恤ノ部）棄児三十五人養育米一石貳斗一合以上賞賑ニ係ル者ナリ

（罪罰ノ部）入牢男二百三十九女廿六人。出牢男百五十九人女十六人。現員男四十八人女三人。刑目。阿三百十三人。病死廿五人。贖二百五十三人。収贖百四十人。閏刑三十九人。除族二十四人。絞罪四人斬罪三十六人。梟一人人員総計九百四十三人。贖金千二百十六円五十銭。懲役入徒。男六百三十九人女七十人。出徒男四百四十三人女四十六人。現員男三百五十七人女三十八人

（盗難ノ部）強盗。押込ニ遇フ者百戸。附火ニ遇フ者二戸。追剥ニ遇フ者三人。殺サレシ者二人。疵ヲ受ケシ者八人。奪ハレシ金貳千百四十九円余。奪ハレシ衣類六百五十五。奪ハレシ雑品三百十七。竊盗。盗ニ遇フ者二千四百十二戸。盗マレシ金六千十二円余。盗マレシ穀七拾一石八斗一弁余。盗マレシ雑品一万二千二百七十一。盗マレシ衣類九千九百二十二。捕縛。強盗五十一人サン賊。竊盗六百八拾一人以上重罪ノ部ニ係ル者ナリ別ニ表面小記スル者アリ表中載スル処ノ旧高反別及ヒ歳入出戸籍人口刑罰賑恤等ノ如キハ明治六年中ノ調査賞典ハ同年二日迄ヲ記入シ其他多ク本年一月ノ調ニ依ル云々悚然トシテ驚キ潸然トシテ涕潸々トシテ下ル者アリ鳴呼夫レ何為ソヤ身ニ若楚ヲ受テ心ニ快カラザルノ場ニ趨ル者如此ノ夥クシテ俯仰心ニ愧ナク逐生安楽ノ道ヲ勉ムベキモノ僅々タルヤ其原因ノ何クニアルヤニ至リテ予輩鄙眼ノ敢テ臆測スベキニ非ザルナリ謹テ太政維新ノ初メ我皇帝陛下親ヲ天地神明ニ盟ヒ玉ヒ辱ク民間ニ詔刺シ給フ処ノ五箇條ノ御誓文ヲ拝講スルニ其一ニ曰上下応ヲ一ニシテ盛ンニ経倫ヲ行フベシト勅意深遠ニシテ綏愛ノ厚恩肝ニ銘シ骨ニ徹シ天下ノ人民タルモノ何以テ之ニ報センヤ国家文治隆興ノ運ハ已ニ此時ニ粲然タリ然ルニ今日ニ際シテ国体ノ転変民治ノ風情遂ニ此ノ如キニ至ル鳴呼悲ベキカナ抑モ今日吾国政府ハ精ヲ励マシ治ヲ求メ盛ンニ其政刑ヲ設テ切ニ其治蹟ヲ求ムト雖トモ如

何センヤ其端緒未ダ挙ラスシテ其実功未タ見レザル者何ゾヤ惟フニ人民不智ノ致ス処カ将タ政教ノ未ダ其宜キヲ得ザルモノアルニヨルカ予輩今日田野ニ屏居シテ一県ノ政務ハ少シモ此身ニ関係スル所ロニアラズト雖トモ苟モ此国ニ生レ此治下ニアルモノハ区々ノ衷情自ラ発生セザルヲ得ズ三善清行曰ク一郷可以知天下予ノ憂フルトコロハ特リ愛知県ニ止マラズ蓋シ此ヨリ大ナルモノアルナリ敢テ天下ノ同志ニ告ク

　愛知県岡崎福寿町廿九番地住　岩田徳義」

同紙寄書の内容は、維新後の愛知県一覧表についての岩田の見分である。

（賞賜の部）（賑恤ノ部）（罪罰ノ部）（盗難ノ部）等の具体的数を示し、維新以降、愛知県のみならず全国的に改良、改革されてはいないのではないかと、政府の非を「天下ノ同志ニ告ク」ものである。

なお、寄書者岩田の住所が次のようにある。

愛知県岡崎福寿町廿九番地住　岩田徳義

生地の住所が福寿十四番士族であるから、上京後、岡崎の地に一時的に帰還したか、旧住所を使ったのだろうか。

寄書題の鄙言の鄙はひなびた、鄙として田舎っぽいさま、場所をさし、岡崎から東京への発信とも推測できる。

岡崎允文館時代の篤学ぶりや豊橋での情報収集力等がここに結実した事になり、いわば、操觚者修業とも言うべき上京時代を終え、明治九年一一月岩田は「自叙伝」通り名古屋へ出張る。

註

① 西田長寿「明治時代の新聞と雑誌」（筆者所蔵）
興津要「明治新聞事始め」（筆者所蔵）

② 「明治の雑誌展」東大明治雑誌文庫（筆者所蔵）

③ 清木清節「三河憲政史料」（筆者所蔵）

④「評論新聞」明治八年九月第二〇号（筆者所蔵）
⑤「華謡（はなうた）新聞」明治九年八月二日付
第二・三・一八・二〇・二四号（筆者所蔵）
⑥家永三郎「植木技盛研究」（筆者所蔵）
⑦「湖海新聞」明治九年四月第五号
第五・九号（筆者所蔵）
⑧塩出浩之「評論新聞ほか集思社定期刊行物記事総覧」政策科学・国際関係論集
⑨石堂彰彦「1870年代における大新聞投書の属性分析」成蹊大学文学部紀要第五〇号
⑩なお、投書内容の分析は、ヤフー投書家に詳しい。（「愛知投書家file005」岩田徳義二〇一九年四月二〇日）
⑪「日新真事誌」（筆者所蔵）
⑫「郵便報知新聞」明治六年八月二日〜一〇月一九日付の内一九部（筆者所蔵）
⑬「評論新聞」明治八年三月〜八月の内、一・一四・一六・一七・一八・一九・二〇・二九・一〇〇号の九冊（筆者所蔵）
「名家演説集誌」第一号明治一四年七月の中に末広重恭演説あり（筆者所蔵）
⑭国立国会図書館
「東京曙新聞」明治八年八月八日付
「明治の新聞・雑誌展」主催東京大学明治新聞雑誌文庫（筆者所蔵）

第四章　名古屋時代

名古屋長者町風景（服部鉦太郎「明治の名古屋」泰文堂）

1．愛岐日報と西南戦争

岩田は名古屋城南、長者町の近く宮町（現中区）の愛岐日報社に入る明治九年、岩田三〇歳の年に初めて新聞に携わった。

名古屋宮町貳丁目十九番地「愛岐日報」社主鈴木才三の聘に応じ、同社に入社したのは「愛知日報」（主筆鈴木）を「愛岐日報」と改題直後の一一月一一日である。①

当初「愛知日報」は大口六兵衛、鈴木才三、天野忠順②らが記者であったが、県印刷御用達中川利兵衛が金主であったという。

筆者所蔵（別表）の愛岐日報紙によれば、明治一〇年二月西南戦争勃発後から、その詳報の掲載を確認でき、主筆岩田の関心事になっている。

六月中旬頃には、編集長は鈴木から岩田徳義に変更、責任ある論説には民権や立佐立志社の名を散見、岩田の筆力の高さが知れる。③

明治一〇年七月四日付、愛岐日報記事について青木健児氏は、次のように分析された。④

『征台ノ役・江華の紛紜・江藤ノ変・前原ノ乱さらに「今年ニ至ッテハ薩賊ノ暴動」かく「外患内憂相踵ヒテ而シテ止々」ないのでは開明政府　賢明有司とは言えない。「極論スルニ至レハ今ノ政府ハ圧制専断ノ政ヲ以テ人権ヲ束縛シ一二有司カ暴逆不法ノ処置ヲ以テ天下国家ヲ軽視スルモノ」と言えよう。

「抑国体ヲ一変シ制度法律ヲ改革シ其他凡百ノ事業ヲ振作興起セシモ

名古屋城の兵士たち（串田藤正氏所蔵）

ノハ是レ実ニ外面ノ名儀ニ渉(わた)リテ未(いま)タ国民一般ノ結合力ニヨリ組織賛成セシモノ、実ニ非ス」と維新より「僅々(きんきん)タル十年以内ニアッテ」「古今内外ノ史乗ニ照シテ」その例を見ない程の速度で進められた上からの近代化の皮相を衝き反政府の立場を明にしている。』

「愛岐日報号外」明治一〇年六月三日付
第一回内国博覧会　岐阜伊奈波神社（筆者所蔵）

同年一〇月、岩田は保護税説を論じた廉に依り、禁獄二ケ月、罰金一〇円に処せられている。

ところで、鈴木が岩田を同社に招聘したのは、三河豊橋時代の因縁と岡崎時代の曽我門下生の篤学ぶり、なおかつ東京での操觚者投書活動歴の実績を評価しての事であろう。

宮本との同期入社か、あるいは、前後の入社なのか判明しないが極めて近い。

「愛岐日報」への改題は、岐阜県有志懇請によるものだが、

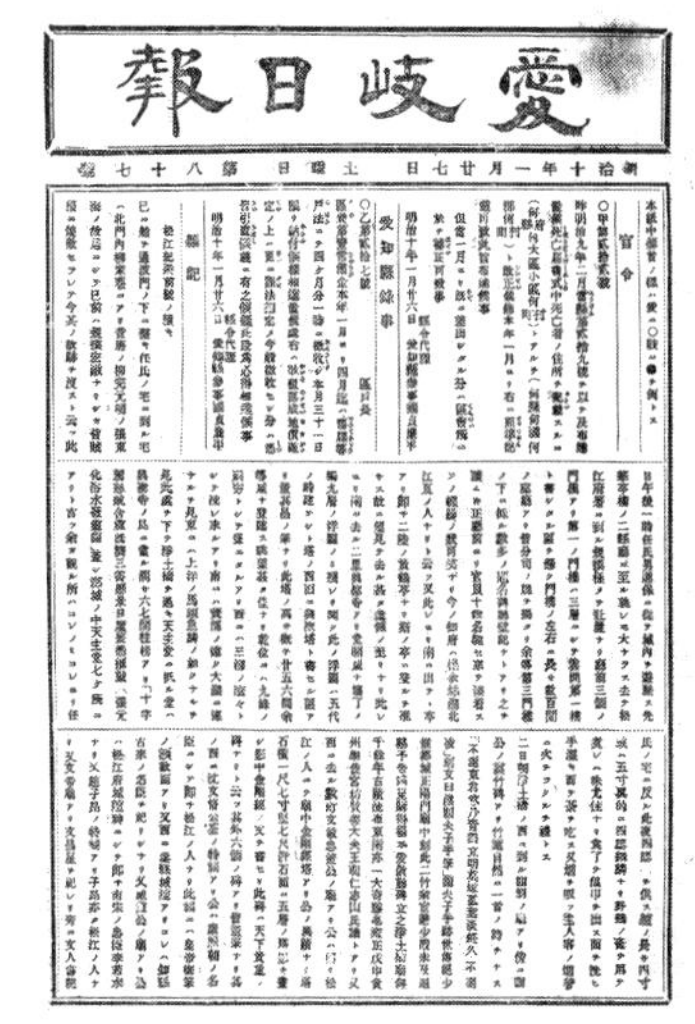

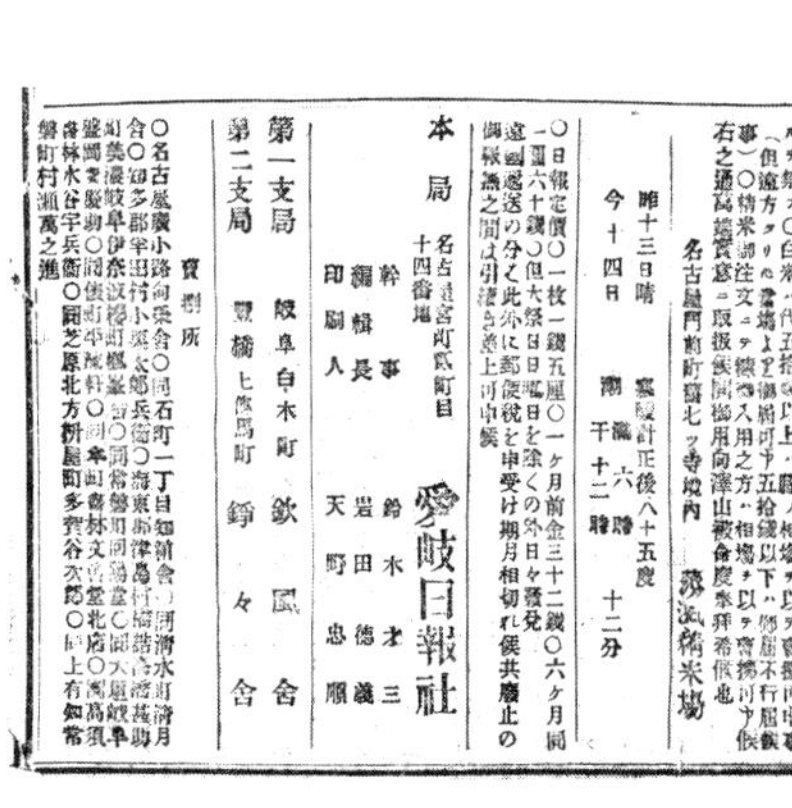

本局　愛岐日報社
幹事　鈴木才三
編輯長　岩田徳義
印刷人　天野忠順
第一支局　岐阜白木町
第二支局　豊橋七軒町　錚々舎

「愛岐日報」（筆者所蔵）
編集長岩田徳義とある。

「次号より愛岐日報と改称し社説を初め寄書の六ヶ敷をも別冊となし本報は雑報を多くしますから尚些ながら御ひいきを仰ぎます。」

岩田の卓抜した筆力を見込した社説の増大と販路拡大を目標に、本局を同地に、第一支局を岐阜太田町（春陽社）第二支局を岩田居住していた豊橋札木町近く上伝馬町（錚々舎）に置いた。

この愛岐日報社は、愛知・岐阜両県中、最も早く自由民権思想を抱いた、いわば自由民権運動のメッカであり、岩田退社後には、編集長兼印刷長に「飯田事件」の八木重治が、村松愛蔵、川澄徳次、「静岡事件」の小池勇、広瀬重雄、村上佐一郎ら民権運動の筋金入りの猛者が育っていった。

明治九年「愛岐日報第四一号付録」には、いち早く「民権論」と題する論説が掲載、後に岩田は同社の社風を「爾来、侃々愕々の議論を以て自由民権の真理を講じられき」と回想する如く、自由民権思想を入社を契機に体得、天賦人権思想の洗礼を受け民権家としての半生を決定づけた。

愛岐日報に携わった民権家たち「自由党史」所収

自由闊達な愛岐日報社の社風は、三河田原藩で培った祖父春山ゆずりの社主鈴木の啓蒙・開化的気風によるものであり、同社の初期の潮風は「三河の土佐」田原藩の影響もある。（鈴木は嘉永元年生、明治四三年歿）⑤

「春山は弘化三年五月十日……四十六歳の壮年を以て没しました。……養子（国府宮神宮五男）……二世春山……三代目を才三と申して……祖父

印刷人 天野忠順「愛知週報」第7・10号（筆者所蔵）

愛岐日報社　名古屋宮町弐丁目十四番地　〈著者作成〉

日　付	主筆	編集長	印刷人	
M9・11・11付	鈴木才三			
M10・1・27付		鈴木才三	天野忠順	
M10・2・中頃	岩田徳義	鈴木才三	（兼）鈴木才三	
M10・6・3（号外）	〃	鈴木才三	早坂　豊	
M10・6・28		岩田徳義	天野忠順	（幹事）鈴木才三
M11・10・7		新井真砂輔	天野忠順	（〃）　〃
M11・11・17		〃	〃	（〃）　〃
M11・12・19		（編集長兼印刷人）鈴木才三		
M12・6・19		（　〃　）　〃		
M13・7・18付		八木重次	（兼）八木重次	
M13・7・28付		（仮）　〃	（〃）　〃	
M13・8・11付		（仮）山田良弼	杉本幸家	
M13・8・12付		〃	〃	
M14・7・28付		川合壽郎		
M14・8・9付		広瀬重雄	田中文二郎	（主理）中川善郎
M14・10・27付		田中文二郎	山田良弼	（〃）　〃
M15・3・8付		〃		
M15・6・29付		（仮）鈴木琴吉	村松愛蔵	
M15・8・30（号外）				
M15・10・21付		鈴木昇平	（兼）鈴木昇平	（幹事）渡辺松茂

＊愛岐日報の前身、愛知日報はM8・8・23宮町2丁目で創業、M9・1「愛岐日報」となった。

春山の性質を承け抱負の人であり、経綸の人であり、建設の人でありました。明治十二年（注＝明治八年頃か）に名古屋（愛岐日報）に来て、一生を新聞事業に投じ名古屋に於ける操觚界の元老株と仰がるる人……扶桑新聞の社長であった」⑥

「……扶桑新聞支局は名古屋の本社が漸次経営困難となり、社長鈴木才三氏は名古屋では相当に其名を知られた名望家であり、其子息春臺氏は慶応義塾出身の人格者と称せられていたが、個人経営の不可能を知って他へ譲り渡すこととなった……岐阜支局も此際断然閉鎖することとなり……」⑦

鈴木才三の愛岐日報は、明治初期の愛知県に自由民権の生命を脈々と流れ続けさせ、気丈な反骨精神を貫いた「愛岐日報」から、宮本を中心とする愛知県初の民権政社「羈立社」が生まれ、また、内藤や村松の手による明治一四年の「私擬憲法草案」も愛岐日報紙上に掲載されたものである。

板垣政談演説土佐玉水屋（筆者所蔵）

壮年時代の板垣伯
「板垣退助君略伝」
（筆者所蔵）

「板垣君近世紀聞」（筆者所蔵）

鈴木才三が幹事になったのは、手元にある愛岐日報によれば、第一回内国勧業博覧会（明治一〇年一〇月三日号外）の直後で、編集長を岩田徳義に任せ、「幹事、鈴木才三」の名がみえる。

翌明治一〇年、岩田が同社主筆になるや勃発した征韓派西郷隆盛の「西南戦争」（二月一五日）全国的関心を呼び、特に不平士族層は動揺、更に同六月には、立志社が「国会開設等の建白書」提出するなど混乱した。⑧

板垣は「暴力を用いて民権を拡張せむとしたるに非ず。飽く迄も言論を武器として正正堂堂国民的運動によりて所志を貫徹せむことを期せり……」と主張する。⑨

また、一方新政府は対西郷軍の兵力募集等の国民徴兵の動きもみられ名古屋県庁では、⑩

「……旧名古屋藩撃剣師範士族原彦四郎、同新見虎雄両人愛知県庁戸籍課へ呼び出され、旧門弟五十名宛引率至急戦地へ出張すべしと……一応旧門弟共へ申聞の上お請申上べし……」

国民徴兵の新軍隊を主力に西郷軍に立ち向う。

熊本の国友重章は西郷軍佐々友房部隊に属し転戦している。

地方各地でも西郷決起については動揺が走り、嶋村博氏によれば、岡崎藩士松井信敬（康生町みど

村田新八

篠原國幹

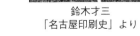

鈴木才三
「名古屋印刷史」より

西郷隆盛

桐野利秋

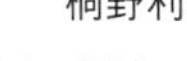

「西郷南洲先生傳」（筆者所蔵）

りや松井弘氏祖父）や今井知義らは、西南戦争に西郷軍抜刀隊として参戦、戦死したという。[11]

あるいは加茂郡太田町の林小一郎は「奮ふて此国難に殆んと欲し大に国民義勇軍を募集する。」とある。[12]

岐阜の本多政直は、

「西南の役には壮士二十五名を募り、島森友吉と共に従軍を願出たが許されず……」[13]

等、各地の志士たちは混乱する。

西郷のニュースは、士族層のみならず、国民が注目している。例えば一地方の美濃国加茂郡下蜂屋村農民「坂井家文書」中に、明治一〇年九月二五日付西郷隆盛等戦死の電

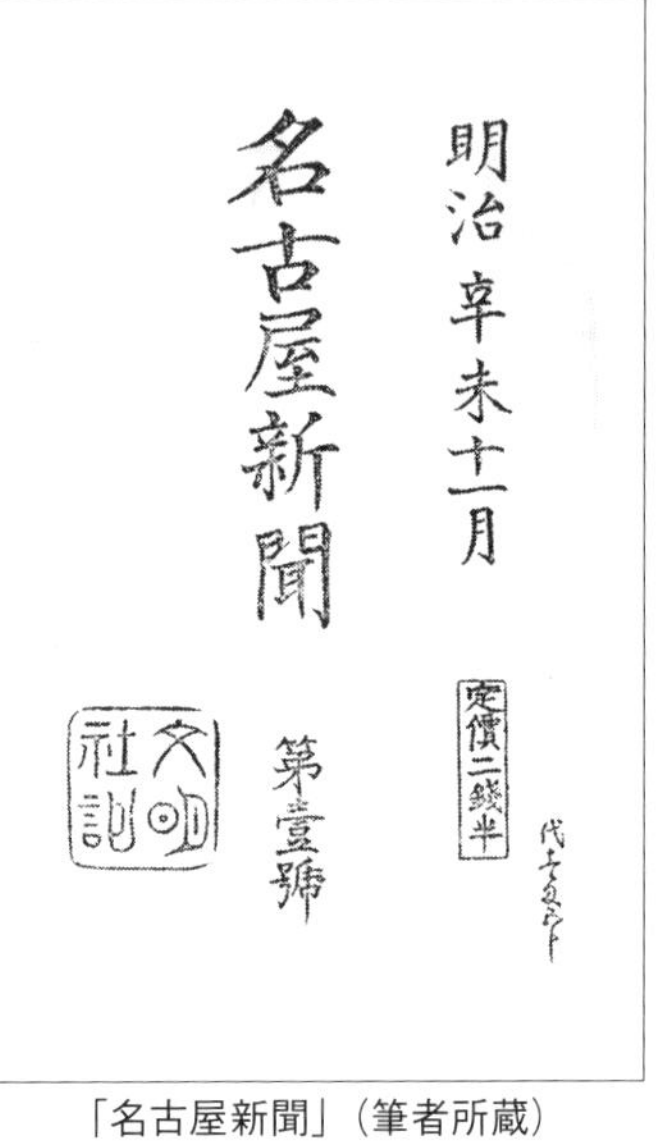
明治辛未十一月
名古屋新聞
定價二錢半
第壹號

「名古屋新聞」（筆者所蔵）

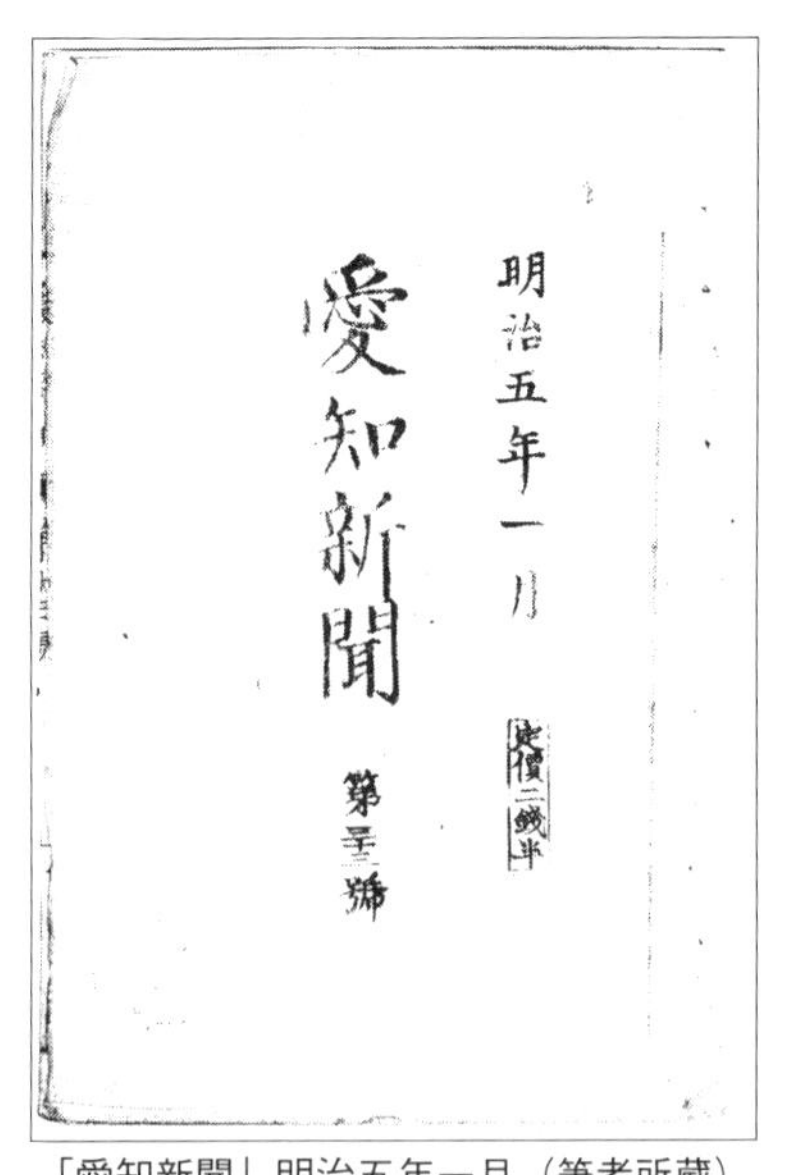
明治五年一月
愛知新聞
定價二錢半

「愛知新聞」明治五年一月（筆者所蔵）

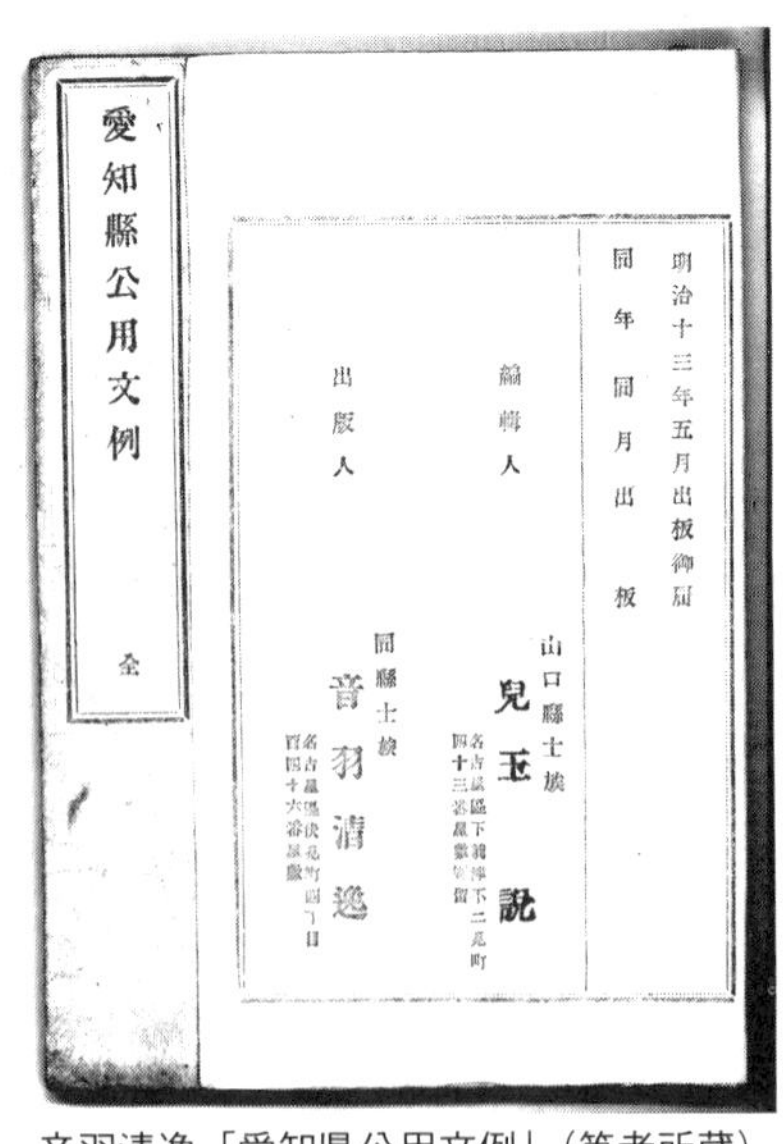
愛知縣公用文例　全

明治十三年五月出版御届
同年同月出版
編輯人　山口縣士族　兒玉説
出版人　同縣士族　音羽清逸

音羽清逸「愛知県公用文例」（筆者所蔵）

文（クマモトケンよりギフケン宛）一通も残存し、西郷に対する関心度の高さを窺う事ができる。

岩田は「於是平余や論壇に立て禿筆を奮ひ、深く大義名分の存する所を説て、尾三両国人心の方向を一途に帰せしめたりき」と操觚者の力量を余すところなく発揮、これまでの発行紙数四～五〇〇部から約三倍の一二〇〇～一三〇〇部に伸張させた。⑭

ところで筆者は、最近、岩田徳義の貴重な新史料を入手した。

愛知新聞　名古屋本町三丁目　愛知新聞社　〈筆者作成〉

期　　間	編集長	印刷人
M9年9・10・11・12月	(編集長攝理)音羽清逸	田中隼之亮
M11年6・7・9月	(　〃　)山本太一郎	〃
M12年7・8・10・11・12月	村松山三郎	音羽清逸
M13年1・10・11・12月		
M15年5・6月	(仮)白井菊也	音羽清逸

「愛知新聞」第三一〇号（筆者所蔵）

西南戦争最中の四月に、岩田は地元名古屋の他紙の「愛知新聞」に「寄書」を投稿している。（岡崎岩田とあるが実際は名古屋居住。）

この愛知新聞の前身は、明治四年一一月創刊の「名古屋新聞」で、県庁との関係は密で御用新聞ともいえよう。後、明治一三年「愛知新聞」の一部の人々の手で「官報雑誌」と題する、法令布達の伝達を主とする定期刊行物を発刊した。

岩田の寄書をとりあげた観点から言うと、当初「愛知新聞」にも反官的主張があった⑮が、明治一六年二月〜六月頃同社記者白井菊也は「官権の臭味を帯び」た事で退社している。（愛知日報記事）

同紙主筆は、明治九年度「操觚者処罰録」中にある音羽清逸（山口県士族、当時名古屋区伏見町四丁目一四六番屋敷居住）で、彼の息のかかる「愛知新聞」への寄書依頼は、操觚者同志の繋がりもさることながら、岩田の力量を評価しての事と考えて良い。（音羽は後、明治一三年「愛知県公用文例」出版人）

小池勇も音羽の「愛知新聞」と関わりをもっている。（小池勇自叙伝）

「……名古屋に移テ……愛知新聞ノ社長音羽氏ト約シテ其客員トナリ、専ラ論説雑録等ヲ筆ス……後チ……愛岐日報社に入リテ編集ヲ担当ス……」⑯

また音羽清逸の愛知新聞は本局は名古屋本町三丁目

支局は名古屋大須二王門前一升舎にあった。

三州岡崎上伝馬町　盛文舎

「愛知新聞」第三一〇号明治一〇年四月一三日

寄書

読近時評論有疑　岡崎　岩田徳義稿

「……頃日近事評論第四十八号ヲ取テ一読スルニ及テ甚タ其疑ヲ解セサルモノヲ拈出シタリ蓋シ其事何ソヤ鹿児島叛党征討略記第六ト記セルノ部是ナリ然トモ其冊子中別ニ一紙ヲ挿ミテコレカ云々ヲ記セル社告ニ由リ畧其次第ヲ知ルニ至レリト雖ドモ我輩ノ特ニ疑ヲ質スル処ノ一点トナスモノ他ナシ蓋シ其條件中ニ記セル一段ニ於テ特ニ警視局ノ忌諱ニ触シテコレヲ抹滅ニ屬セシモノハ果テ何等ノ事実ヲ掲載セシモノナルヤ更ニ其痕跡ヲ認ムル事能ハサルヨリ疑團愈凝結シテコレヲ解ク能ハス戦地の実情其探偵ヲ遂ント欲シテ爰ニ其路ヲ失フモノニ

似タリ因テ一紙半片破滅ノ間ニ於テ遂ニ百思千愁ノ想ナキ能ハス惟フニ独リ此條条中ノ一段ヲ抹滅セシモノハ果テ国安ニ妨害アルモノカ将タ人民ニ災禍ヲ醸セルモノカ否カサレハ則仮令警視局ノ特権ヲ有スルモ操觚者ニ向テコレカ権義ヲ奪フノ理ナルカヘシ果テ然ラハ朝ニ常典ノ在ルアリ宜クコレヲシテ禁獄ニ付スヘク罰金ヲモ命スヘシ然ルニ遂ニ其儀ナクシテ其命令ヲモ下ササル処ヲ見レハコレ全ク記者カ筆删ノ誤謬ニ出ルモノカ其間甚々隠曖ニ渉リテコレカ事由ヲ判定スル事能ハス遂ニ天下ノ耳目ヲシテ一片ノ疑惑ヲ此ニ置カシムルモノニ至レリ

過日右大臣岩倉公ノ名ヲ署シテ以テ其筋ヘ達セラレシモノヲ見ルニ「鹿児島県暴徒征討云々ニ付無根ノ伝説等妄ニ新聞紙ニ掲載不相成ト見ヘタリ」然則苟モ今日天下ノ文壇ニ昇ッテ刀等ヲ握リ戦地ノ実況ヲ探リテコレヲ衆人ニ広告スルノ上ニ於テハ無根ノ伝説等ハ固ヨリコレヲ掲載スル事能ハサルモ果テ共事情ヲ得ルモノニ至テハ仮令政府ノ忌諱ニ触レ人心ノ影響ニ関スル処アルモ宜ク其筆鋒ヲ曲ケ其意見ヲ屈シテ進退依違コレヲ曖昧ノ所業ニ付スヘカラサルヘシ若シ夫レ否ヲスシテ一時朝旨ヲ迎ヘ相違ニ媚ヒ併テ世ヲ欺キ人ヲ騙スモノノ如キハ則コレヲ操觚者ノ真面目ト謂ヘカラス遂ニ彼幇助者流ニ陥ン事ヲ恐ルルナリ

故ヲ以テ我輩ノ特ニ今日ニ望ム処ノモノハ他ナシ柳コノタビ官賊戦争ノ始末ヲ記載スルモノニ於テハ唯宜ク其有リノ儘ノ事実ヲ写録シテ決テ其間ニ萃飾ヲ加ヘ想像ヲ措ク事ナカラシメハ却テ天下衆人ノ心ヲシテ能ク其方向ヲ一途ニ帰セシムルモノニ至ンカ且夫レ一勝一敗ハ固ヨリ兵家ノ常ニシテ深ク異ムニ足ラスコレカ為其全局結尾ノ如何ヲ認メ難シ盖シ

我輩カ愛国ノ衷情ヲ以テ切ニ希望スル処ノモノハ爰ニ一戦ノ凱歌ヲ唱ヘテ以テ忽チ将卒ノ心ヲ怠ラサランヨリハ寧ロ敗衄ヲ招クノ余ニ於テ固ク胃ノ緒ヲ結ハシムルニアルノミ……」

長くなった。

岩田の操觚者魂が、よく伝わる一文である。

内容は、西南戦争に対して操觚者の中立性と真実の伝達の在り方、そして操觚者岩田の姿勢や方向性を主張している。

要は、操觚者たるもの、新政府の提灯持ちになり下がる事なく、提灯記事を書かず真実を伝える操觚者であれ、という事だろう。

岩田は、西南戦争と西郷に対しコメントする。

「余が翁を（西郷南州）を尊信すること殊に甚きのゆへにより、嘗ては明治十年西南戦争の際に方てや余は実に愛知県名古屋に出て、愛岐日報の主筆と為り居りしを以て、大義名分の存する所によりて翁の挙動に反対し正々堂々の論戦に由りて禿筆を振ひ、以て大に之を攻撃したりき」⑰

西南戦争に対し操觚者としての中立性を保ちつつも、前述の福沢の思想と同様――「士族反乱」に批判的立場――つまり武力に訴え士族反乱に向かう武闘派よりも、板垣らの立志社の「国会開設等の建白書」提出等の民権運動の流れを肯定する武力否定派といえる。

しかし、かの板垣退助同様、（自由党史巻頭写真に西郷隆盛を掲載している）「平素南州を信すること深く之を崇拝して措かず」岩田は、同年九月二四日西南戦争で自刃した西郷南州に向け一首詠う。⑱

惜まれて散りし櫻は散りてのち猶世にこそは惜まれにけり

註

① 「愛岐日報」明治九年一一月一一日付

② 木村慎平「嘉永、安政期の尾張藩」によれば、天野忠順（尾張藩寄合組）は、嘉永四年十月二三日、西洋砲術の稽古を受ける願いを提出認可、城代御用人、上田常刀の元を訪れた（諸用留）とある。

③「愛岐日報」明治一〇年六月三日付（筆者所蔵）
岡崎中央図書館には、「愛岐日報」の一部が所蔵されている。

同紙中、外骨の名印が押してあるが、恐らく宮武外骨の事と思われる。実に貴重な資料といえる。

昭和七年四月古書店「手塚書店」から岡崎市が購入したもので、個人売主倉島の押印もある。

また瀬木氏という人からの寄贈もあり興味深い。
④青木健児「岐阜県に於ける自由民権運動」岐阜史学二八・二九号
⑤「名古屋印刷史」新聞印刷のはじめ
⑥藤川要「西洋兵学の開祖鈴木春山先生」
⑦小木曽旭光「自叙伝　逆境に苦闘して」（筆者所蔵）
⑧「愛知新聞」明治九年一〇月三日付（筆者所蔵）
⑨池田永馬「板垣退助君略伝」（筆者所蔵）
⑩「愛岐日報」明治一〇年四月一一日付
⑪岡崎地方史研究会々長嶋村博氏のご教示による。
⑫「濃飛日報」明治二三年六月二五日付（筆者所蔵）
⑬「岐阜県史」通史編近代下
⑭「六兵衛前世の夢」（中日新聞五〇年史）
⑮西田長寿「明治時代の新聞と雑誌」（筆者所蔵）
⑯村上貢「自由党激化事件と小池勇」
⑰「麻布学館々報」第九巻九号
「余が前半世紀の歴史」再版（板垣伯岐阜遭難録）（筆者所蔵）

「岩田徳義翁小伝」（筆者所蔵）

⑱「麻布学館々報」第七巻七号「西郷南州」岩田は「西南戦争」と西郷隆盛に対する見解の差異がある。なお、岩田は後、徳川薩摩という過去の歴史的藩閥の立場を超越し、大正六年西郷の鹿児島薩摩義士祭典に招かれ「講演会」を行っている。

2. 羈立社

不平士族の武力闘争が終り、新たに民権運動の二大武器、すなわち言論と新聞による反政府闘争が始まる訳だが大島宇吉は、当時の様子を①次のように語っている。

「明治十年二月西郷の挙兵が伝はるや、敬慕の情抑へ難く、同志を糾合して将に西郷の傘下に馳せ参ぜんと……これを許さず遂に断念……そして時勢の進退に伴ひ民撰議員開設の必要を痛感……運動に参加せんとの志……」

武力闘争よりむしろ言論と新聞による闘争――操觚者岩田の闘いが始まる。②

西南戦争一カ月後の一〇月二九日、岩田は彼の「保護税説」の同社社説により愛岐両県中、最初の新聞弾圧、すなわち新聞紙条例第十二条抵触の廉で禁獄二カ月、罰金一〇円を科されたのである。③

「第十二条④

新聞紙若しくは雑誌雑報に於て人を教唆して罪を犯さしめたる者は犯す者と同罪其教唆に止まる者は禁獄

宮本千萬樹
（釧路中央図書館蔵）

大島宇吉
「大島宇吉翁伝」
（筆者所蔵）

五日以上三年以下、罰金十円以上五百円以下を科す」

よって岩田の出獄は、同年一一月末という事になり、最初の受難であるが、後に発刊停止などの抗争をくりひろげた「愛岐日報」にとっても初体験である。

民権運動の二大武器、言論と新聞の内、岩田の軸足は新聞＝操觚者に置いている。

事実、明治一〇年になり、福沢らは、「三田協議会」民撰議院設立の急務を説き、操觚界の情勢も各紙立ち、百花(ひゃっか)繚乱(りょうらん)の光景を呈し、地方における自由民権運動は益々熾烈(しれつ)となった。⑤

しかし、岩田の名前は、いまだ愛知県自由民権運動家の中に出てこない。（鈴木才三はむしろ経営の方に興味があらしい）

「明治一〇年頃より、内藤魯一、村松愛蔵…（略）…宮本千萬樹らの民権家が中心になり同志の糾合に努める。未だ統制ある団体結社を結べず随時随時に同志会合し準備工作を進めつつあった。」⑥

なかでも岩田の同志、集思社グループ出身の宮本千萬樹(みやもとちまき)（東京府士族）の存在は秀逸だった。

後の尾張地方初の民権政社「名古屋羇立社(きりつしゃ)」の中心的メンバーとなり、岩田の「新聞」活動に対して宮本は言論を武器とした「演説会」活動を中心とした。

新聞紙条例、出版條例等で処罰を受けた操觚者や民権家らは、集会での政談演説をしていくが、正に、宮本は、処罰後も新聞雑誌よりも演説中心の行動に傾斜している。（写真、新発見）

明治一〇年一一月一三日の記事（愛知新聞）

「門前町の天寧寺……演説会を催され……氏にはチト去り難き訳あって岐阜へ移られ、跡は、菅生泰三さんが引受け……宮本氏……時々……岐阜より顔を出されます由」

明治一一年一月一五日の宮本の演説会⑦の記事も、その活動を伝えているが、やはり岩田は見当らず操觚者の域は超えてこない。

翌一一年六月、岩田は「愛岐日報」投書の筆禍の巻きぞいで、禁獄三〇日、罰金二〇円、七月頃出獄したと思われる。

こうした動向を検討してみると、岩田は専ら操觚者の方向に、そして宮本はアジテーター的性格を持ち、専ら演舌者の方向にいるように思われる。

東京で同じ民権の空気を吸い、ほぼ同期くらいに「愛岐日報」入社していた二人は、社主鈴木のもと暗黙的に、民権活動の棲み分けしていたのだろうか。

愛岐日報	外部（演舌会）担当	宮本千萬樹	弁士
（社主　鈴木才三）	内部（新聞発刊）担当	岩田徳義	操觚者

明治一一年四月、板垣退助らが「愛国社」再興を計り、七月愛知県春日井郡地租改正反対一揆（福沢の倹約思想に影響された）⑧が起きるという政情不安の中、出獄直後の岩田の愛岐日報社へ一人の男が訪ねて来た。

三河知立の民権家内藤魯一である。

「余ハ是ヨリ大阪ニ往（ゆ）キテ愛国社再興ノ事ニ尽力セントス」

まさに九月一一日開催、愛国社再興第一回大会の直前の事だった。

「岩田の政治意識の目ばえは、明治十一年愛国社再興の頃より、夙に板垣伯の主導する自由主義に賛成して窃かに心を国事に寄するもの」

岩田は内藤と初めてドラマチックな会見をし、愛国社再興という基本線での意見の合致をみた。

「……親愛ナル内籐魯一君ハ……余（注＝岩田）ガ名古屋ニアリテ愛岐日報ノ編輯（へんしゅう）ニ従事セル時、君（注＝内藤）飄然（ひょうぜん）来リテ余ヲ訪ハレ興ニ政見ヲ執テ相談ス主義殆（ほとん）ド一致ス君余ニ謂（いい）テ曰ク余ハ是ヨリ大阪ニ往（ゆ）キテ愛国社再興ノ事ニ尽力セントス還（かえっ）テ再ビ議スル所アラント……余ノ君ニ交ル実ニ此事ヲ以テ始メトス……」⑨

まさに、大阪愛国社再興第一回大会（明治一一年九月一一日）直前の劇的出会いである。

これが、後、操觚者岩田から民権家岩田への転機となる瞬間だった。

この「主義殆ド一致ス」とは、武力によらない国会開設を目的とする愛国社路線に基づく民権活動を意識している。

内藤魯一

明治一一年九月「愛国社」再興会議前に、地方結社が、続々誕生してくる。

愛知県は、この再興会議に、三河交報社から内藤魯一、村松愛蔵の「恒心社」、名古屋から宮本、岩田らの「羈立社」が誕生し、そこで両結社の愛知県代表として宮本千萬樹が立った。

当該メンバーは主力は士族層で、農民は大島宇吉ぐらいで⑩

「当時に於ては新時代に順応せんとする浄々たる自由民権に偏心酔する者の多くは旧藩士の階級に限られ、一般農工商階級は殆ど無関心（我関せず焉の態度）であった。」

また、内藤が愛知県代表でなかったのは、内藤が福島出身であり、宮本が愛国社員への顔ききだった事にもよるのだろうか。それとも政治経歴の差だろうか（植木と交流のあった宮本が主導権をとったのだろうか）。

この時期の名古屋（羈立社）の状況は、宮本の大会報告によく出ている。⑪

拾弐番　宮本千萬樹

「愛知名古屋の実況　名古屋我輩同志ノ結合ハ僅（わず）カニ八―九名位ニテ結社ノ体裁未（いま）タ備（ソ）ナハラズト雖（いえど）モ此ノ愛国社へ幾分ノ資本ヲ出ス事ハ必ズ担当スヘシ、且（かつ）年ニ両三度ノ大会ニモ出会スト雖（いえど）モ何分人数少クシテ結社ノ為メニ諸々（もろもろ）ニ奔走スルヲ以テ当時常ニ委員ヲ出シ置ク事ハ出来カタシ」

とりあえず未組織ながら参加の第一回大会となった。

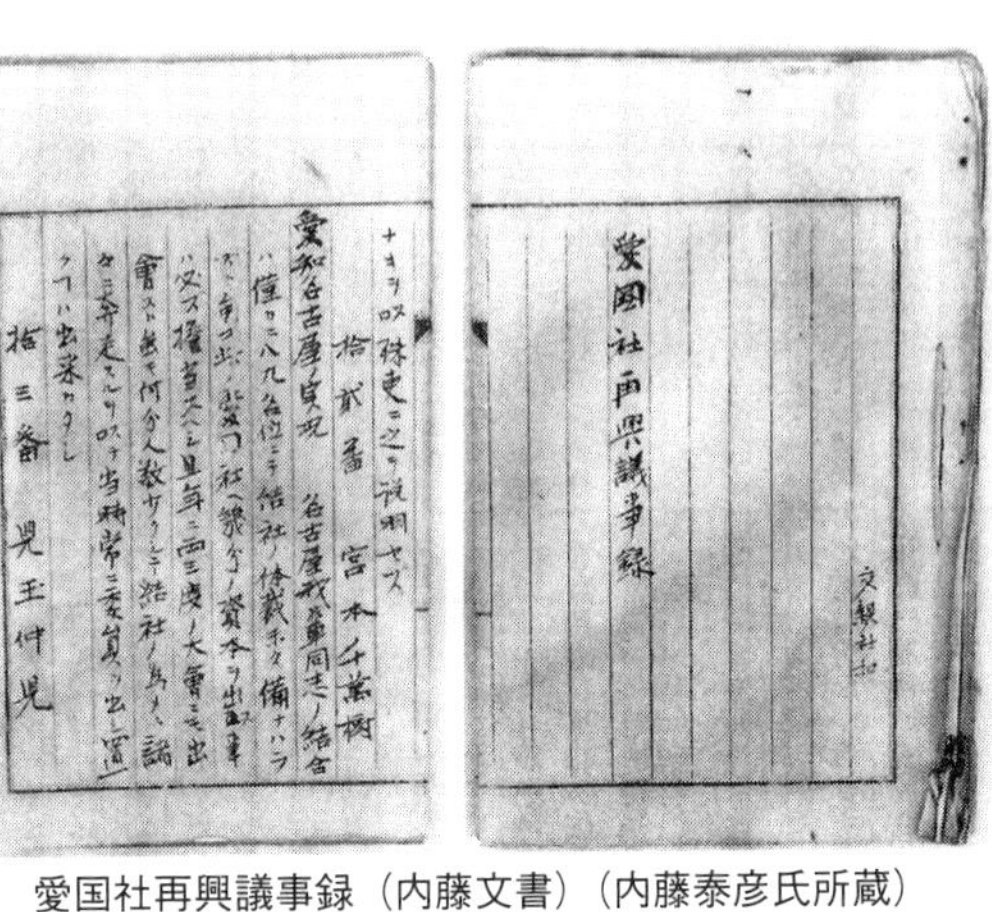
愛國社再興議事錄

愛国社再興議事録（内藤文書）（内藤泰彦氏所蔵）

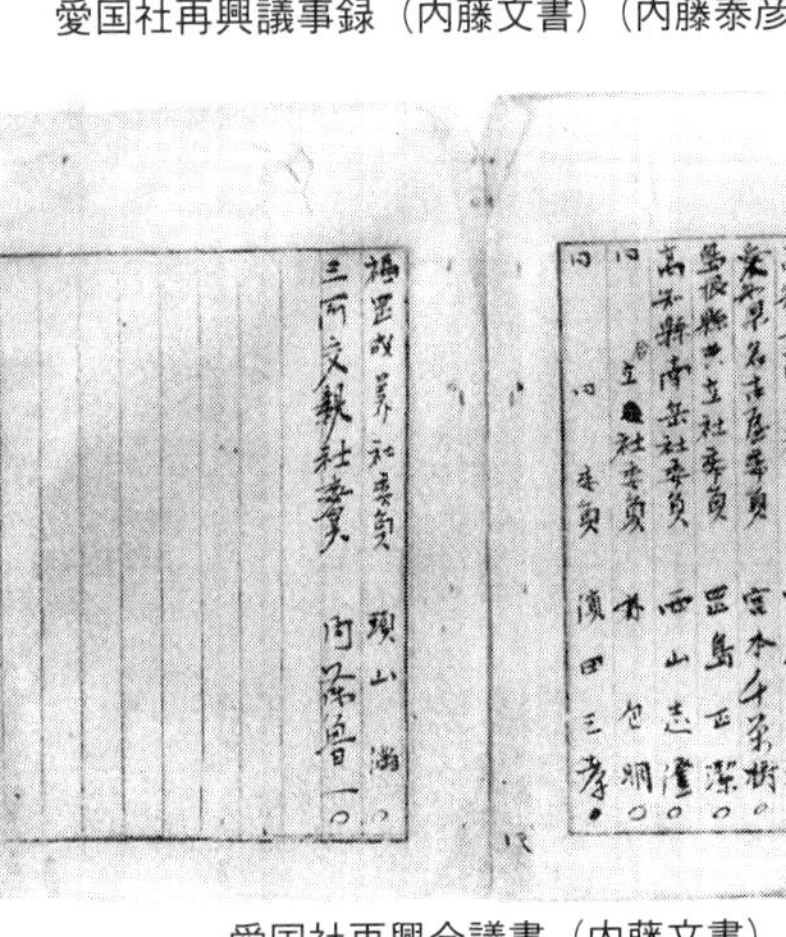
三河交親社委員　内藤魯一

愛国社再興合議書（内藤文書）

同大会で愛知県の実質的リーダーの内藤は、愛国社路線にのって、地域分け指導者の必要性や愛国社への資金拠出――分担金のため、尾張、三河、濃飛（岐阜）の人材を求める。⑫

尾張は宮本、三河に内藤、未出席の濃飛（岐阜）代表に人材を求める。

大会帰国後「再び議スル所アラン」⑬とは、（政社創立についての具体的協議）この部分をさしている。

岩田と内藤は大会前に約束した愛岐両県の民権運動の具体的構想の打合せをし、次回の明治一二年三月の第二回大会に向けて動き始めた。

今までの一操觚者の立場から、民権活動家への転変がみてとれる。

十一年末「羈立社」立ち上げと共に、愛岐日報社を退社したのは、何よりの証左だろう。

未成熟の「羈立社（きりつしゃ）」の立ち上げである。⑭

明治十二年二月十八日付「羈立社趣意書」⑮があるが、同趣意書作成、提出したのは、専ら岩田の力によるだろう。

覊立社創立趣意書

夫レ一家ノ幸福ヲ保ツ者ハ父子兄弟相親愛シテ苦楽相與ニスルニ由ルナリ。一国ノ安全ヲ得ル者ハ各自人民相交際シテ緩急相救フニ由ルナリ。若夫レ一家ニシテ父子兄弟ノ間ニ不和ヲ生ジ相争闘スルニ於テハ　一日ノ能ク其生ヲ聊ス可ラズ。一国ニシテ各人民ノ間ニ交際ノ道ヲ断テ相扶持匡救セザルニ於テ　一日モ能ク其便福ヲ受ク可ラザルナリ。然則一家ノ幸福ヲ保ント欲セハ　父子兄弟相親愛ヲ以テ苦楽相與ニセザル可ラズ。一国の安全ヲ得ント欲セバ各自人民相交際ヲ以テ緩急相救ハスンバアル可ラサル也。

我邦古来未曾有ノ一大改革ニ際シ封建ヲ廃メ郡県トナシ　大ニ旧規古制ヲ一変シタル者ハ　専ラ各地ノ人民ヲシテ広ク交際ノ道ヲ開キ互ニ相交際シ相親愛シ各々其方向ヲ一ニシテ以テ全国一致ノ体裁ヲナサシムルニ在ル也。然ルニ今日ノ形勢ト人心ノ如何ニ就テ竊ニ之ヲ窺ヘハ　大ニ痛歎スヘキ者アリ。今ヤ各地ノ人民相互ニ支離分裂シテ各々其方向ヲ異ニシ単歩孤立唯夕自箇一身ノ私利ヲ顧ミ他人ノ利害国家ノ安危如何ニ於テハ毫モ痛痒ノ感覚ナキカ如ク　然リ人情ノ軽薄ニ趨リ風俗ノ頽廃ニ赴キタルモノ其弊実ニ言フニ忍ヒサルモノアリ。於是乎交際ノ道稍ク疎薄ニ親愛ノ情全ク解散シ　全国岐レテ一致ノ体裁ヲナス事能ハサルニ至レリ。如此ンハ天下ノ元気萎微衰弱ヲ復タ振フ可ラサルニ至ラントス。豈悲ムヘキニアラスヤ。是ヲ以テ我輩同志ノ士敢テ自ラ率先シテ一社ヲ創立シ　県下ヲ始メ各地ノ人ト広ク交際ノ道ヲ開キテ　永ク其交誼ヲ失セス　専ラ信義ヲ重シ廉耻ヲ崇ヒ共同一致終始青誓ヲ守リ　以テ或ハ文学ノ道ニ従事シテ其志操ヲ粋励シ　或ハ商売工業ヲ開テ其鴻利公益ヲ起シ　以テ文明開化ノ実ヲ挙ケ　上ハ我　天皇陛下ノ尊栄ヲ増益シ我日本帝国ノ福祉ヲ昌隆ニシ　下ハ各自人民ノ権利ヲ伸暢シ　一身一家ノ幸福ヲ享有セント欲ス。然リト雖モ凡ソ一大事業ヲ就シ一大目的ヲ達セント欲セハ　敢テ一人一箇ノ克ク為シ得ヘキニ非ス。必スヤ共同一致結合集成シテ始メテ其志ヲ達スルヲ得ヘシ。而テ若夫交際ノ道広カラサレハ結合集成スル能ハス。親愛ノ情厚カラサレハ共同一致スル能ハサルナリ。故ニ我輩同志専ラ交際ノ道ヲ開キ　親愛ノ情ヲ厚フシ　協和同心一致合力　智識アル者ハ智識ヲ労シ　財力ア

ル者ハ財力ヲ用ヒ　彼此相助ケ相補ヒ耐忍シテ挫ケス　奮励シテ撓マス　自主自由不羈特立以テ人間本分ノ義務ヲ尽スアラント。是レ我輩等ノ此社ヲ創立スル所以ノ趣意也。

明治一二年三月、内藤の「交親社趣意書」と共に「羈立社趣意書」も提出される。[16]

全て、明治一二年三月の第二回大会を意識しての行動だろう。

同大会には、愛知県から「三河交親社」名古屋から「名古屋羈立社」が出席し、とりあえず間に合ったのだった。[17]

次回第三回大会（明治一二年一一月）に向けて、実質的活動が展開された。

岩田・宮本・内藤の三者合同による「演舌会」活動が主力となり、組織力の強化――（メンバーの拡大・資金の充実）――を企図した。

宮本の名前が各政談演説会にみられる。

明治一二年四月五日　岩田、宮本、内藤[18]
〃　四月八日　岩田、内藤[19]
〃　四月二五日　宮本、内藤[20]
〃　五月五日　宮本、岩田[21]

「羈立社演説会規則」

愛岐両県の初期政社創立関係図（筆者作成）

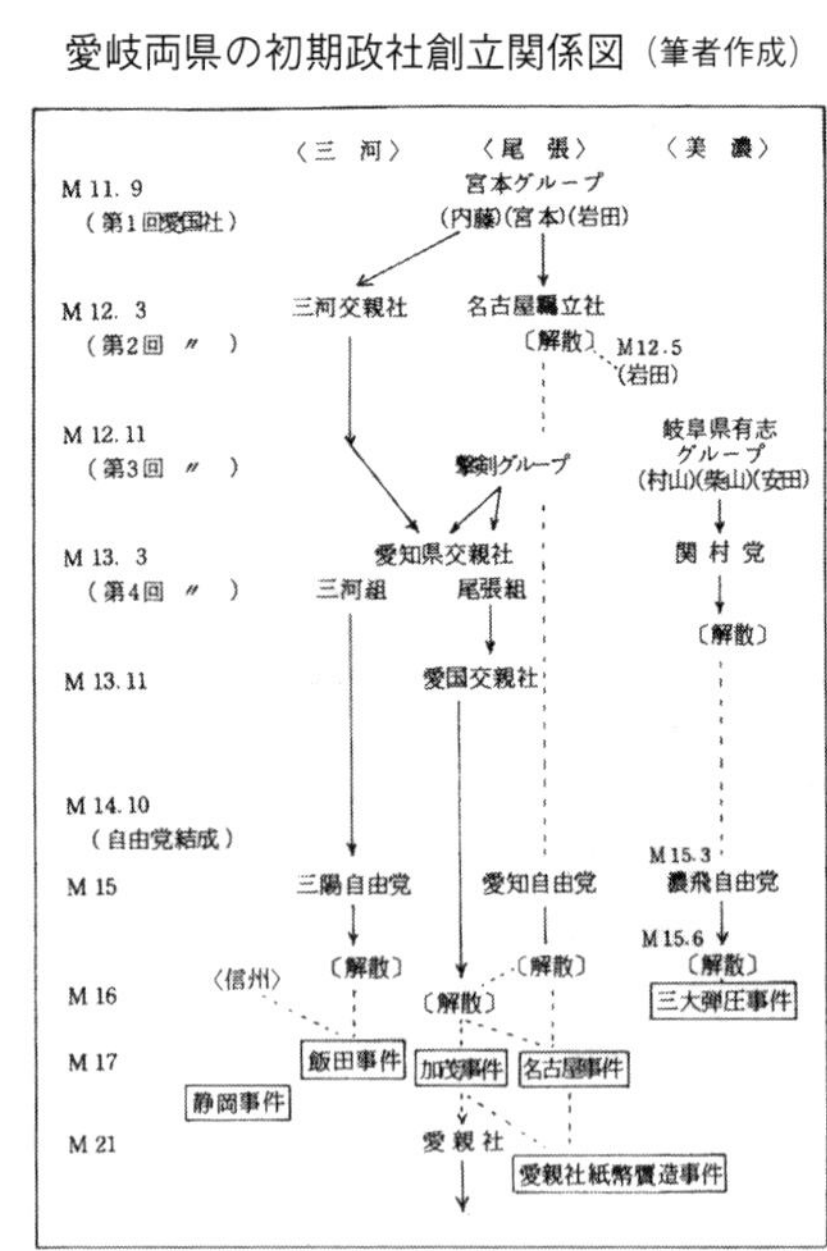

第一條　本会ハ羈立社員ノ與ニ協同合議シテ之ヲ創設シタル者也
第二條　本会ヲ設ルノ趣意タルヤ同志相與ニ集会シテ其学術ヲ研究シ其智識ヲ進達シ以テ専ラ(もっぱ)世ノ開明ヲ裨補(ひほ)シ人ニ利益ヲ與ヘント欲スル也
第三條　演説ヲナス者ハ専ラ謹慎ヲ主トシ誠実ヲ旨トシ軽躁浮薄ノ態(サマ)ニ渉(わた)ル事アルベカラズ
第四條　猥(みだり)ニ国体ヲ誹(そし)リ政法ヲ議スル事アルベカラズ
第五條　聊(いささか)タリトモ自己ノ私心ヲ挟ムテ他人ヲ誹謗スル等ノ事アルベカラズ
第六條　演説者ハ本社員ノ外ハ会場ニ臨席加入(りんせきかにゅう)スル事ヲ許サズト雖(いえども)時トシテ之ヲ差許(さしゆる)ス事アルベシ　但其人ノ挙動ト其言論ノ如何(いかん)ニ由(よっ)テ之ヲ謝絶スル事アルベシ
第七條　演説シタル所ノ趣意ハ独リ其会場ノミニ止ムルヲ欲セザレバ之ヲ筆記(ひっき)騰論(とうろん)シテ本社ニ於テ発行スル雑誌ニ編輯(へんしゅう)シ広ク之ヲ世ニ発行シテ同好ノ士ニ頒(わか)ツベク或ハ各社ノ新聞紙ニ寄送(きそう)スル事アルベシ

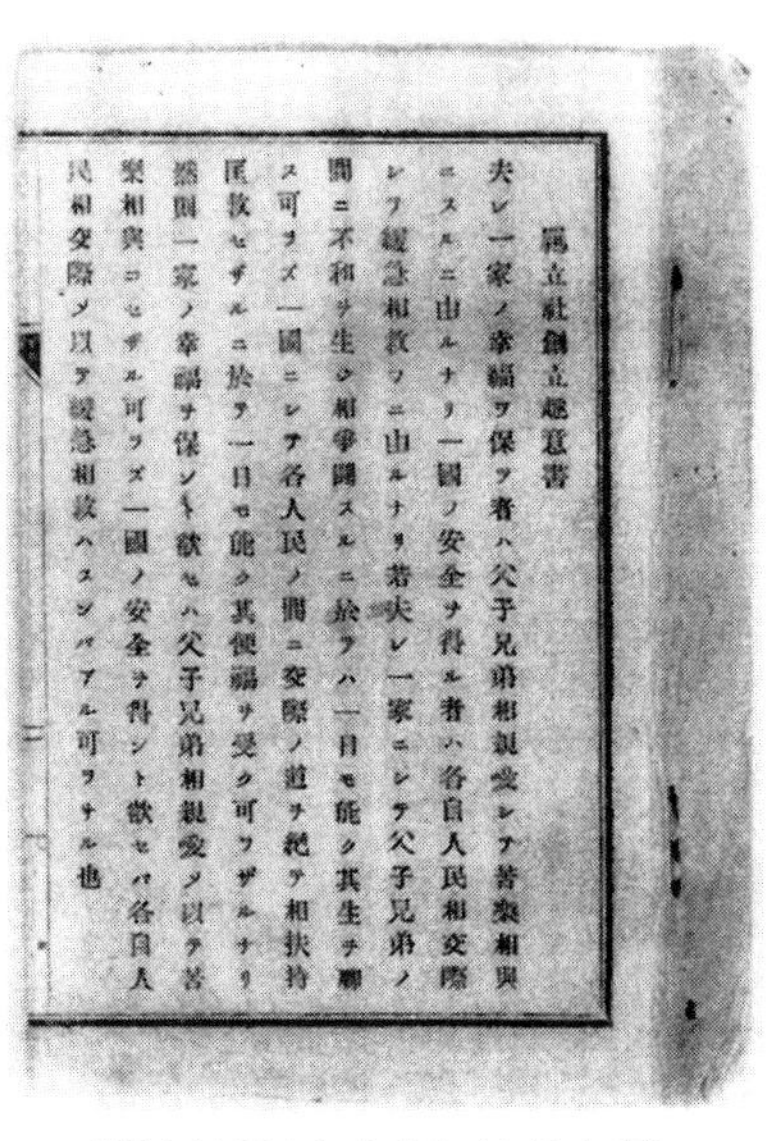

羈立社創立趣意書

夫レ一家ノ幸福ヲ保ツ者ハ父子兄弟相親愛シテ苦楽相與ニスルニ由ルナリ一國ノ安全ヲ得ル者ハ各自人民相交際シテ緩急相救フニ由ルナリ若夫レ一家ニシテ父子兄弟ノ間ニ不和ヲ生シ相爭闘スルニ於テハ一日モ能ク其生ヲ聊ス可ナズ一國ニシテ各人民ノ間ニ交際ノ道ヲ絶テ相扶持匡救セザルニ於テ一日モ能ク其便福ヲ受ク可ラザルナリ然則一家ノ幸福ヲ保ント欲セハ父子兄弟相親愛シ以テ苦楽相與ニセザル可ラズ一國ノ安全ヲ得ント欲セハ各自人民相交際シ以テ緩急相救ハズンバアル可ラサル也

「羈立社創立趣意書」（内藤文書）

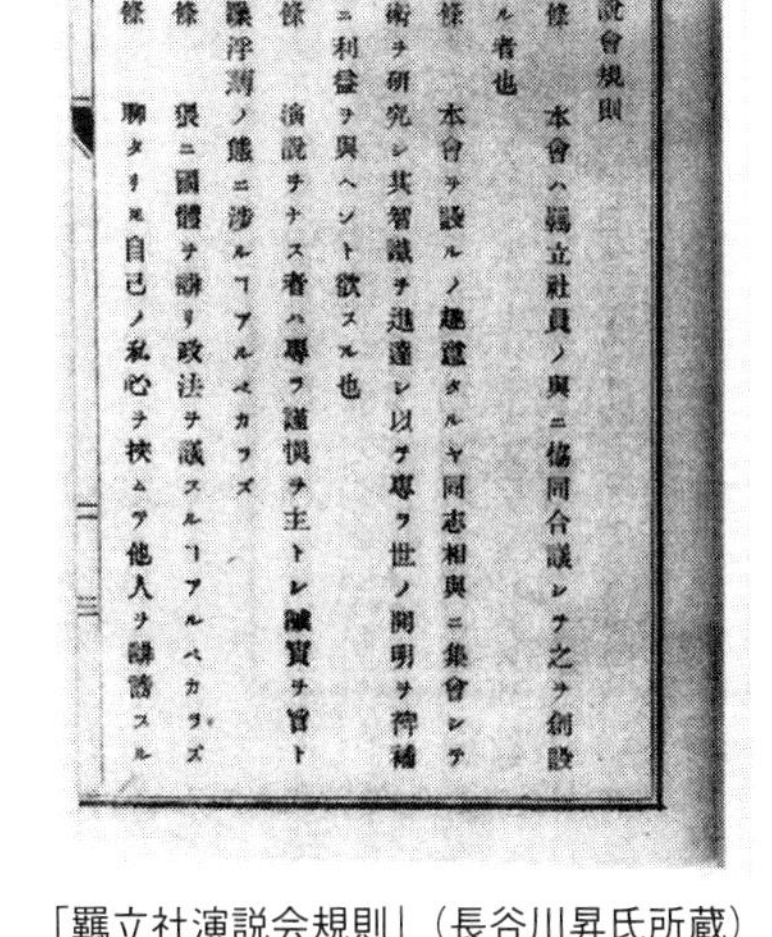

演説會規則

第一條　本會ハ羈立社員ノ與ニ協同合議シテ之ヲ創設シタル者也
第二條　本會ヲ設ルノ趣意タルヤ同志相與ニ集會シテ其學術ヲ研究シ其智識ヲ進達シ以テ專ラ世ノ開明ヲ裨補シ人ニ利益ヲ與ヘント欲スル也
第三條　演説ヲナス者ハ專ラ謹慎ヲ主トシ誠實ヲ旨トシ軽躁浮薄ノ態ニ渉ルヿアルベカラズ
第四條　猥ニ國體ヲ誹リ政法ヲ議スルヿアルベカラズ
第五條　聊タリトモ自己ノ私心ヲ挟ムテ他人ヲ誹謗スル

「羈立社演説会規則」（長谷川昇氏所蔵）

第八條　演説会ハ毎月前ノ日曜日ヲ以テスベシ但
　時間ハ午后一時ニ始メ五時ニ終ルベシ

第九條　一旦演説会ヲ創設シタル上ニ於テハ勉テ
　耐忍持重ヲ守ッテ真誠着実ヲ旨トシ之ヲ永
　久ニ維持保続シテ後来ノ盛大ヲ期スベシ

（会場禁止ノ目の部分は省略した。）

第三回大会に向け、内藤、宮本、岩田らは次の一手を打つ。

従前の打合せ通り、尾三濃（飛）の地区担当を三河内藤、尾張宮本、濃（飛）岩田の棲み分けとした。

「内藤魯一君評伝」によれば、㉒

「……十二年の秋季……同志の大会（注＝第三回大会）……全国旧図の五畿七道を第八区に分割し、各自誘説の受持区域を定めて大に同志者を糾合せん事に努めたり……君（注＝内藤）東海及び関東地区の開発を以て任せたり……」

内籐は同年愛国社の幹事となり、愛岐両県の民権活動を取りしきる。㉓

岩田の入岐阜を契機に宮本の「羈立社」㉔は資金面の脆弱もあり瓦解、宮本が抜け落ちた後の名古屋・三河を内藤魯一が主導していく事になる。

では、宮本ら羈立社創立メンバーは、どこに流れ、各々それぞれの道を模索していったのだろうか。

まず、岩田が内藤との明治一二年の盟約に基づき、五月名古屋を離れ入岐阜し「岐阜新聞」発刊、民権運動に、八月萱生奉三は「栃木新聞」記者に（一二年三月に「英国文明史」発刊バックル＝伯克爾＝原著）（「西先生論集」萱生奉三編、

土居光華・萱生奉三「英国文明史」（筆者所蔵）

土井光華評）㉕、鈴木麟三が三河国八名郡（現新城市）能登勢村に帰省、同年戸長、以後県会、衆議院議員になっていく。㉖

鈴木麟三「八名郡史」
（筆者所蔵）

宮本千萬樹については、不明な点が多く、謎の人物であったが、岩田同様、操觚者（華謡新聞編輯長）から民権運動（羈立社）に関与し、明治一二年九月の「愛知新聞」によれば

「当地にて民権論を拡張に尽力せしが兎角思ハ敷召集の出来ぬので放念……」

その後、不明だが、明治一五～一六年頃に北海道移住し、釧路初代郡長を約七年経歴。釧路の行政に多大な貢献をし、今現在、釧路には宮本の功績を称え、宮本町が実在する。㉗

羈立社グループ各自のその後の出所進退に関して、それぞれの生業（なりわい）も含めて様々な相違があるものの明治初期に活躍した民権志士達の思いは、一定の評価に値し、特に宮本千萬樹の羈立社瓦解後の生き様は筆者の興味を魅く。㉘

註

①「大島宇吉翁伝」新愛知新聞社（筆者所蔵）
②拙稿「岐阜県初期自由民権運動史」東海近代史研究第四号
③「読書新聞」明治一〇年九月二九日付
鈴木清節「三河憲政史料」（筆者所蔵）
④「大島宇吉翁伝」新愛知新聞社（筆者所蔵）
⑤「　同　」同　（同　）
⑥「　同　」同　（同　）
⑦「愛知新聞」明治一一年一月一五日付

⑧ 河地清「尾張之国春日井郡四十二ケ村倹約示談」にみる福沢諭吉の「倹約」思想　東海近代史研究第七号
⑨ 「内藤魯一文書」長谷川昇氏所蔵
⑩ 「文明之利器」一二号明治二四年八月二〇日　一周年祝辞内藤魯一　国立国会図書館所蔵
⑪ 「大島宇吉翁伝」新愛知新聞社（筆者所蔵）
⑫ 「内藤魯一君評伝」「自由民権運動資料集」知立市教育委員会（筆者所蔵）
⑬ 拙稿「岐阜県初期自由民権運動史」─岩田徳義と内藤魯一との関係を中心に　東海近代史研究第四号
⑭ 「内藤文書」長谷川昇氏所蔵
⑮ 「愛知新聞」明治一一年十二月二四日付
⑯ 「愛岐日報」明治一二年二月一八日付「内藤文書」長谷川昇氏所蔵
⑰ 「愛知新聞」明治一二年三月一九日付
「交親社創立趣意書」明治一二年三月二日
「内藤魯一自由民権運動資料集」（筆者所蔵）
「自由民権運動と崎門学」坪内隆彦
玄洋社の中野正剛は「明治民権史論」中に、「当時相前後して設立せられし政社中、其最知名のものを奉くれば、熊本相愛社、福岡玄洋社、名古屋羈立社、参河交親社、雲州尚志社、伊予公立社、土佐立志社等…」
⑱ 「愛知新聞」明治一二年四月八日付
⑲ 「　同　」明治一二年四月一五日付
⑳ 「　同　」明治一二年四月二五日付
㉑ 「　同　」明治一二年五月四日付
㉒ 「内藤魯一君評伝」知立市教育委員会（筆者所蔵）

㉓ 長谷川昇「愛知県自由民権運動史」東海近代史研究

㉔ 後藤一成「羈立社の研究」東海近代史研究第五号
長谷川昇「愛知県自由民権運動史」東海近代史研究二・三・五号に詳しい

㉕ （筆者所蔵）

㉖ 「八名郡史」小牧市立図書館

㉗ 「釧路郡史」（筆者所蔵）

㉘ 拙稿「脱兎宮本千萬樹」

第五章　岐阜時代

長良川の風景（明治期）（筆者所蔵）

1．岐阜新聞と岐阜県演説会

一　岐阜新聞

岐阜金華山を曲って流れる長良川の風景はのどかで、夏は鵜飼いでにぎわう風光明媚な場所に岩田は移住する。

岩田と内藤の「明治一二年の盟約」がここにある。

「……其後十二年ニ方リ余カ（岩田）名古屋ヲ辞シテ足ヲ岐阜県下ニ入レントスルニ臨ミ君ハ（内籐）余ニ……曰ク岩田君……余ハ君ニ対シテ……一言スベキ事アリ君ハ元ト愛知県ノ出ニシテ此ヲ去テ岐阜ニ越カル余ハ福島ヲ辞シテ……愛知県ニ致ル……冀クハ君ハ是ヨリ濃飛二州ノ野ヲ開拓シテ自由民権ノ種子ヲ繁殖セラルベシ……魯一ハ尾参両国ヲ以テ任セント……與ニ手ヲ分チテ国事ニ狂奔スル……」①

この明治一二年の岐阜県の状況はどのようだったのか、岩田は次のように言う。

「明治十二年の交、天下の有志が頻々踵を接して国会請願をなすに際し我県下人民のみは誰一人として国会請願に及ぶものはなく国家の安危休戚を視ると猶ほ隣人の疝に等しく絶て痛痒相関すなきの有様は実に慨嘆に堪ざる所なりし是以当時国会請願者其人なきは我岐阜県と沖縄県のみなりとの世評を招きし程なりし……」②

岩田が民権の種子をまき、挿秧しようとするには美濃の土地柄は、極めて難し

明治四四年岩田徳義追悼ノ辞（内藤文書）（長谷川昇氏所蔵）

いところであった。

岩田と岐阜新聞に携わった鍵谷龍男も言う。

「美濃は封建時代大小諸侯旗本の知行所最も其国中に多く各封彊域気習を異にし鎖国自ら守るの陋習は啻に各藩々のみならず封内の民心亦之に相倣ひて溝渠一線の内外を争い閾外一歩を容る、を許さず井蛙の天地自ら大なりとして安分姑息時勢の如何に注意する者なかりしは維新後此国に文明世界の風潮進動を見ざる所以なり……」③

同年「名古屋ヲ辞シテ足ヲ岐阜県下ニ入レ」入岐阜した岩田は、内藤との盟約に基づき、操觚者と民権家の二つの顔を持つ事になる。

「名古屋にある新聞にして愛岐日報の名を負ふは太た面白らず、吾は是より寧ろ愛知県を去りて岐阜県に入り、新たに彼地に於て岐阜新聞を起し、以て大に濃飛二州の野を開拓して自由民権の種子を繁殖せしむべし……岐阜新聞を発行し、自ら操觚の任に膺りて民権の勢力を拡張せり」④

後、岩田の「麻布学館々報第一〇巻一〇号」でも語っている。

「明治十二ノ交、我ガ岐阜県ニ入リテ新聞社ヲ創設シ、以テ大ニ正義公論ヲ唱導シ民権自由ヲ呼号ス」

岩田の岐阜での居住所は、資料で散見するに、岐阜上竹町、下竹町、今小町等がみられる。

明治一八年四月には厚見郡岐阜上竹町壱番地　士族　書籍販売業（明治一八年九月一九日東京京橋区日吉町一九番地北田正董方に転居するまで）とある。

長良川の風景（明治期）（筆者所蔵）

そもそも三河岡崎藩士の岩田が、いきなり岐阜に入って民権の種子を繁殖し、岐阜新聞の簡易な立ちあげは難しい。増てや入岐阜を勧言した内藤（福島出身）にも岐阜人脈はない。

岐阜とのパイプは、まずもって愛岐日報紙の新聞ルートから始まった。岐阜の印刷所、出版関係や売捌所等から発生し、地元在地で萌芽している知識層との接触から初まる。

入岐阜前後に発刊した「米利堅(あめりか)合衆国政体并国会規律全」（明治一二年五月）の表紙・奥付を検討すれば、すでに「岐阜新聞」発刊以前に岐阜の啓蒙知識人グループとの交友があった。

次の三名が岩田の岐阜での良き理解者（後には、分流していく。）であったろう。井上伴二の序文、出版人馬島維基(まじまこれもと)（厚見郡岐阜米屋町六番地）、鍵谷龍男(かぎやたつお)等がそれである。彼らは「英風新聞」の流れを維持し、印刷所の深萱印行も同様の交流がある。⑤

同書序文に、井上伴二との良好な関係をみる。

岐阜新聞社長井上伴二の書翰（筆者所蔵）

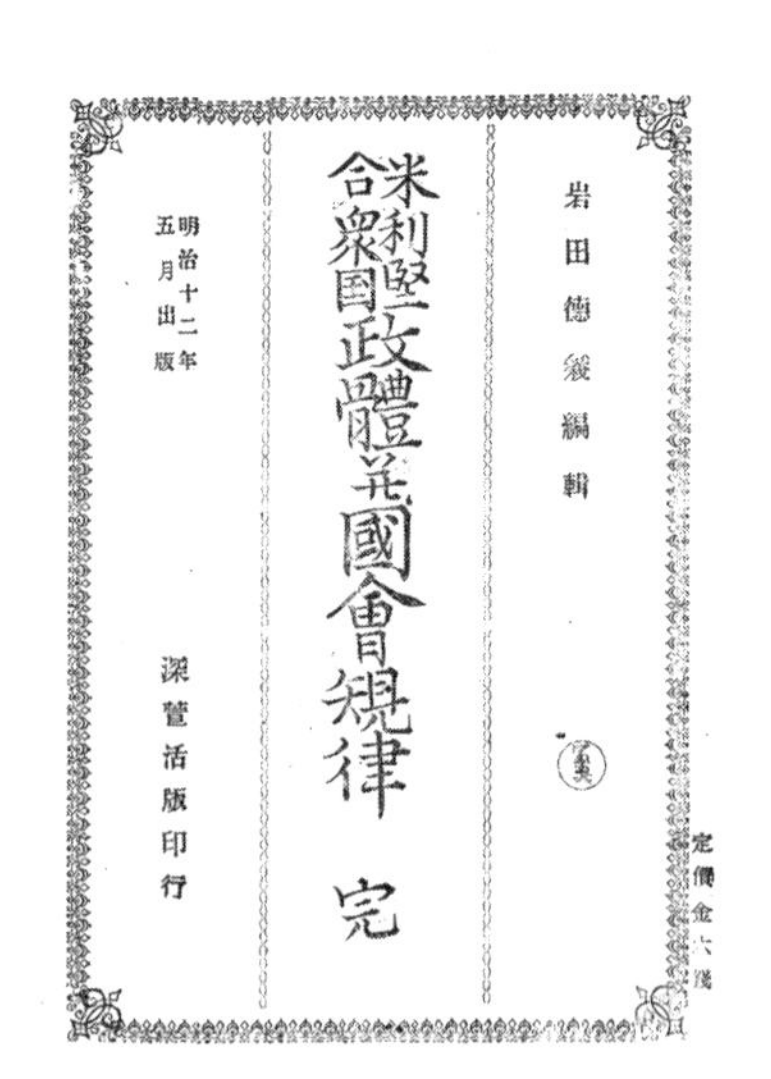

岩田徳義編輯

米利堅合衆国政體并國會規律 完

明治十二年五月出版

深萱活版印行

定價金六錢

明治十二年五月十三日御届
同　五月廿一日出版

編輯人　愛知縣名古屋區南鍛冶屋町三丁目七十三番屋敷　士族　岩田德義
出版人　岐阜縣厚見郡岐阜米屋町六番地　平民　馬島維基
發賣所　岐阜米屋町　英風新聞社
同　米屋町　三浦源助
名古屋木町二丁目　冉田報恩舍
同　風月堂

岩田徳義「米利堅合衆国政体并国会規律」（筆者所蔵）

「……頃日良友岩田徳義君一稿ヲ懐ニシ予ニ示シテ曰斯書ハ英人弗勤徳力馬丁氏ノ原書ニ基テ編纂スル者ニシテ近日印刷ニ付セントスト展テ一見スレバ……」

この井上伴二⑥は岐阜県本巣郡春近村（現本巣市春近）出身、岐阜新聞を岩田と共に立ち上げ、後の岐阜日々新聞社長。この春近村出身者には蘭方医井上齢碩の長男井上秀斎がいて、春近の自宅で寺子屋を開設、後上京神学生となり（明治の伝道士）と言われ名古屋教区の礎を築いている。

馬島維基刊本一覧　〈著者作成〉

M8・5	「皇国地名一覧」
M9・11	「日本略史字類」
	「郡区町村編成法・府県会規則・地方税規則　三法類聚」
M12	「岐阜県会議日誌」第1－5号

馬島維基「皇国地名一覧」（筆者所蔵）

明治七年第五月新彫
國井清廉著
官許
政體論
上篇
岐阜書肆
東崖堂發兌

国井清廉「政体論」（筆者所蔵）

「英風新聞」岐阜県史より

馬島維基[7]は、別表の通り各種の刊本を発行し、鍵谷龍男と共に、岐阜新聞発刊前まで、英風新聞を発刊し、明治一二年六月八日一八号まで継続、本局は厚見郡富茂登村神道中教院においた。この周辺のグループが岐阜知識人達であった。

この中教院には、国井清廉[8]もいて「政体論」（明治七年）を発刊している。また高木真陰「神葬私考」（明治四年）、明治七年一月には高木真陰著、井上伴二校「ヨミコエノシルベ」が発刊されている。

次の県庁文書は、英風新聞廃刊後、岐阜新聞印刷への営業届出願書[9]である。

深萱印行の深萱盛一郎と英風新聞の馬島維基が「米屋町にて営業仕度」とある。

岐阜新聞社本局は、まさに岐阜米屋町十番地にあった。

御願

深萱盛一郎活版開業以降格別之御保庇ヲ蒙リ印刷御用相勤罷有日処過般馬島維基モ該業相開キ尓来和親協議ヲ遂ケ今般双方合一シ米屋町ニ於テ営業仕度日ニ付テハ嚮キニ盛一郎請負期限中御約定申上置日趣ハ今後更ニ馬島維基ニ於テ負担シ履行可仕ハ勿論聊不都合無之様大切ニ取扱可申夫ニ付暫ク場所モ相隔リ日間該事務ニ慣レ日者一名日々御庁ヘ為詰合諸般御用承リ御差閊無之様可仕日間何卒前件情実御扱量被成下御許客之程奉願日也

明治十二年六月十三日　馬島維基㊞

深萱盛一郎㊞

岐阜県令小崎利準殿

明治一二年五月二四日「岐阜新聞発行ノ趣意并広告」[10]が出、発行人は岩田と井上伴二、翌六月二二日、井上（本巣郡春近村平民）鍵谷龍男（可児郡久々利士族）渡辺松茂（岡山県士族）らと岐阜新聞社設立、岐阜県初日刊紙「岐阜新聞」第一号を発刊した。

「回顧スレハ昨十二年六月今日ハ恰モ我カ岐阜新聞第一号ヲ刷出シタル日ニ中レリ、始メ我カ社長井上伴二及県下教育新聞ノ社主岩田徳義ノ諸氏等相謀リテ将ニ当地ニ於テ一ノ新聞ヲ開業セント欲スル也」⑪

岐阜新聞発行趣意書は、次の通り。

岐阜新聞発行ノ趣意并広告［深萱印行］

世ノ開明ニ趣キ人智ノ上進スルニ従テ新聞紙ノ缺ク可ラザルヤ爰ニ言ヲ俟タズ故以英国ニ於テハ新聞紙ヲ以テ四大権ノ一ツニ置キ又西人一般コレヲ指シテ以テ伝道師ト称スルニ至ル其ノ新聞紙ノ効徳ヲ賛成スルモノ宜シク如此ナリ矣抑我国維新以還日尚ホ浅シト雖新聞紙ノ発行陸続踵ヲ次ギ今ヤ三府三十五県大抵其挙ナキモノ稀ナルニ至レリ実ニ盛ナリト謂ツベシ矣然ルニ独リ我岐阜県下ニ於テハ未ダ嘗テ一新聞ノ設アルモノヲ見ズ於是乎漸ク東京諸新聞ヲ始メ隣県ノ愛岐日報等ヲ購求シ得テ之ヲ読ミ以テ聊カ時勢人情ノ如何ヲ窺知スルニ過ギズ然カリ而テ却テ我県治ノ如何我土地風俗ノ如何ニ於テハ之ヲ詳知スルニ由ナク従テ更ニ痛痒ノ感覚ナキモノノ如ク然カリ矣且夫レ我ノ他ニ輸出スル者ナクシテ他ノ輸入ヲ我ニ仰キ恬然顧慮セザルモノノ如キハ抑モ何ノ心ゾヤ苟も我岐阜一県ノ面目ヲ他ニ輝カサント欲セバ我県下ニ全然タル一新聞ノ備ヲナシ是ヲ以他ニ拮抗シテ一方ニ雄飛シ互ニ之カ鋒ヲ交ヘテ勝負ヲ其間ニ争ヒ以テ彼ノ我ニ輸入スルノ道ヲ絶チ我ノ彼ニ輸出スベキノ術ヲ務メザル可ラズ然ルニ県下人民ノ眼目遂ニ此ニ着セザルモノハ実ニ悲ムベキニ非ズヤ且ツヤ本県ノ布令諭達ハ其役所々々ニ達スルノ道アリト雖未ダ新聞紙ノ迅速之ヲ伝フルカ如クナルヲ得ズ殊ニ今回県会ノ挙アリト雖前ニ所謂県下嘗テ一新聞ノ設アラザルヲ以テ其会議ノ始終ヲ弁知スルニ由ナク頗フル隔靴掻痒ノ想アリテ猶ホ暗夜ノ如ク然カリ矣却テ百里外ナル東京新聞ニテ我県会ノ如何ヲ知ルノ情況ニシテ所謂燈台元ト暗ラク我鼻毛ヲ人ニ抜カルル者ヲ免レズ誠ニ遺憾トスベキモノニアラズヤ是ヲ以テ我輩二三ノ有志者奮発率先ノ岐阜新聞ヲ発行スル事ニ着手シ即チ本月廿日ヲ以テ其筋ヘ出願シタレハ其許可ヲ得ルハ想フニ来六月初旬ニ在ルヲ察ス其手続既ニ如何ナルヲ以テ来月中旬ヲ俟チ本紙発行ノ挙アラント欲ス然カリ而テ爰ニ我輩等カ目的ヲ定メテ此業ニ従事スル上ニ於テハ飽迄耐忍勉強終始其志ヲ変ゼズ以テ充分ノ力ヲ悉クシ畢生ノ精神ヲ注ギ千挫屈セズ万折撓

マズ此薬ト共ニ起キ此業ト共ニ斃レ是以一ハ県下一般ノ幸福ヲ完クシ一ハ以テ我輩等カ本分ノ義務ヲ尽サント欲ス乎今日創業ノ艱難苦辛ハ実ニ言フ可ラザル者アリト雖将来ニ至テ完然良美ノ好結果ヲ奏シ我岐阜県下ヲシテ三府三十五県ノ上ニ冠絶タラシメ本紙ノ聲価ヲシテ四境ニ博セシムルニ至ラハ亦実ニ愉快ノ事ナラズヤ依テ願クハ県下同胞諸君我輩等ガ微志ヲ諒察シ共ニ與ニ其力ヲ添テ県下ノ幸福ヲ迎ヘ併テ弊社ノ盛大ヲ謀ラルヽ事アハラ幸甚

岐阜新聞社発起人

岩田　徳義

井上　伴二

明治十二年五月廿四日

（虫くい有）郵送便のため、印紙がみられる。筆者所蔵の（写真）岐阜新聞はこの後二カ月廃刊となる。

なお、岩田の「岐阜新聞」は、別表の通り同名の「岐阜新聞」とは全く別物で、杞柳社や有漸社の手によるもので、明治六～八年にかけて発刊された。

新聞創業期の頃から、馬島や深萱の名は①②に見られ、岐阜新聞には①②③と相違はあるが絡んでいる。⑫

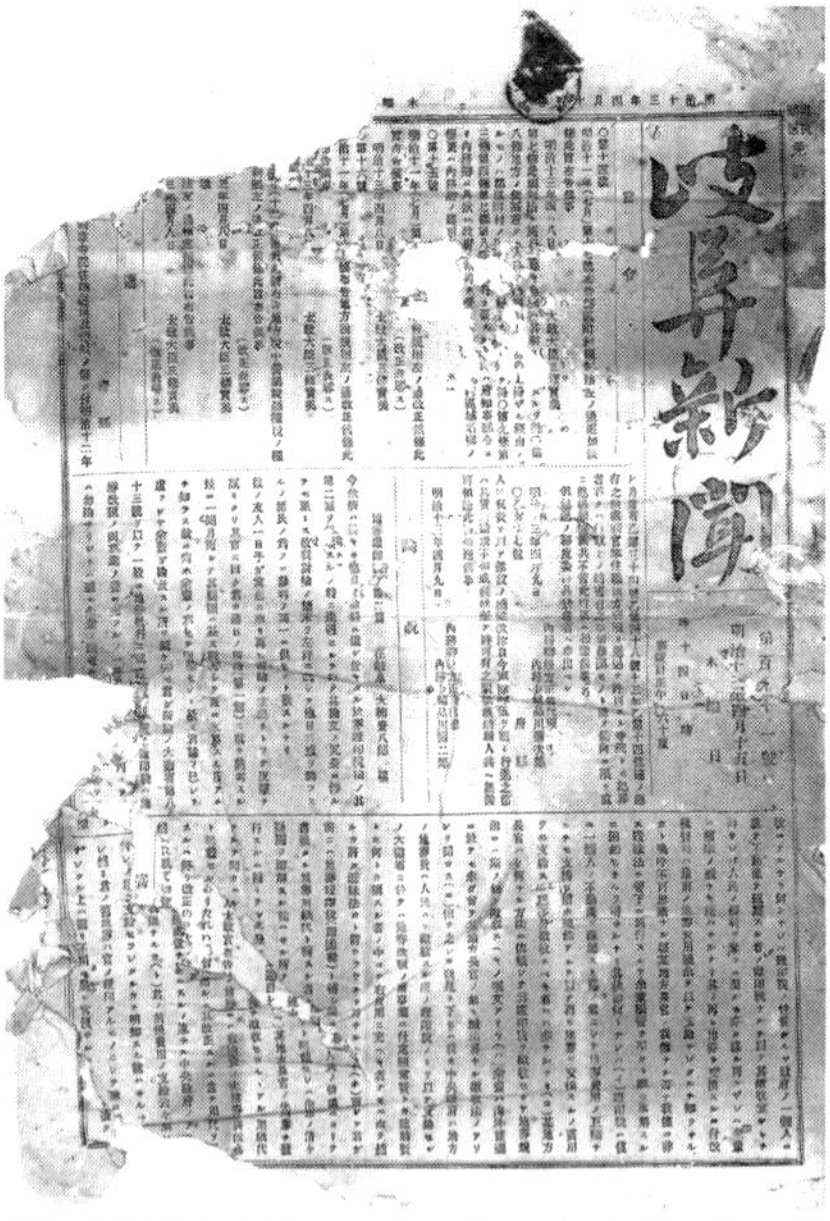

「岐阜新聞」明治一三年四月一〇日第一九一号
（筆者所蔵）

①	M6・4	「岐阜新聞」（第一次）	杞柳社
	～ M7	廃刊	
	M7・1	「岐阜新聞」（第二次）	杞柳社
②	M7・10	「岐阜新聞」	有漸社
	～ M8・5	廃刊	
③	M12・5・24	「岐阜新聞」	発起人岩田徳義・井上伴二

同名の岐阜新聞（筆者作成）

鍵谷龍男は、岐阜中教院での英風新聞（持主馬島維基）での編集長であった。

岐阜県史によれば、「宇内に冠絶する我神教の萎靡たるを欺き」発行した一種の宗教新聞であったが、殆んど宗教臭を感じさせない。

「その主旨教義にありと雖も、世事人情に切迫し、民間実用に適するを目途とす、従前濃飛両国新聞紙なし、本県県会の如きも議場の状況報告されず、牛蛙（ぎゅうあ）の住地に聞ゆるなき」⑬

有様を正すことを目標としたものであった。

鍵谷について次の記載がある。⑭

「……君曽て東都の奇傑成島翁の門に入り、……

岐阜新聞　紀元二千五百三十三年　明治六年　第六號　定價二錢半

杞柳社「岐阜新聞」明治六年
（筆者所蔵）

苦学以て……自ら第二の柳北翁を以て任ずるの意あり、其の磯北を号とする……君……「未来之面影」なる小説を著して……君の閲歴を……忽ちにして教官、……新聞記者……官吏……其新聞記者たる……君は実に県下の鼻祖なり……」

鍵谷は、岐阜日々新聞主幹の後明治二〇年五月中旬、上京している。同年一〇月一五日司法省任裁判所書記叙判任官六等、月俸三拾円下賜大審院詰命せられたりとある。⑮

同社同僚の渡辺松茂の経歴は、岡山県士族で「鉛槧（えんざん）（注 文筆に携わる）ヲ以テ業トス」来岐後、井上、岩田の聘に応じ岐阜新聞に加わり、退社後、「美濃新聞」改題後の「濃飛新報」へ、「岐阜日々新聞」合流後、「愛岐日報」記者・幹事となる。⑯

渡辺松茂訳本　〈著者作成〉

年月日	訳本
M21・9・16	スウヰントン氏「英文典真譚」
M23・	マコーレー「印度開国略史」
M24・	「幼年修身はなし」
M27・	「尋常高等　増補開発記事論説文」
M28・	亜比斯尼亜国王子刺西拉斯経歴史
M33・	原書全訳 ニューナショナル第5リーダー直訳

渡辺松茂明治二一年九月一六日
スウヰントン氏「英文典真譚」（筆者所蔵）

鍵谷龍男「未来之面影」（筆者所蔵）

「……渡辺松茂ト云者アリ鉛槧ヲ以テ業トス曽テ岐阜ニ来リ岐阜新聞社ノ聘ニ応シテ其記者トナル今又去テ同地ナル美濃新聞社ニ転シテ編輯ヲ任ス茲ニ該社主某氏松茂等ト相謀リ其新聞ノ紙面ヲ陪大ニシ其体裁ヲ改良シ且ツ之カ表題ヲ濃飛新報ト改称シ大ニ濃飛二州ノ人民カ為メニ裨益ス……」⑰

二〇年代は原書の訳文を中心に、名古屋の新聞記者の経歴がある。プロの文筆家といったところだろう。

これまでの各氏各紙の事跡をまとめると、別表の通りとなる。

まとめてみよう。

明治啓蒙期の明治六～七年に第一次、第二次岐阜新聞では馬島維基や深萱盛一郎が立ち上げるが中断する。

明治一二年「英風新聞」が中教院の高木真陰や国井清廉等の影響をうけつつ馬島が社主となったが、同年六月ごろに廃刊。六月二二日の第三次岐阜新聞創刊にあたり、岩田・渡辺の他所者操觚者に地元の中教院グループの井上伴二や鍵谷龍男らが合流し、発刊となったが、多分に両者の接点となったのは、馬島だろう。

しかし、本来、新聞発刊目的の相違は埋まる訳もなく、民権を標榜する岩田と英風新聞社以来神道系流れの鍵谷ら

主要2社の発行部数（岐阜県史より）　〈著者作成〉

	12年	13年	14年	15年
岐阜新聞	29,186	80,914	41,622	
岐阜日々新聞			99,655	260,877
美濃新聞		14,690		〈廃刊〉
濃飛新報		135,000	43,000	〈廃刊〉

主な岐阜期初期新聞の流れ（5人の係わり）　〈著者作成〉

	M6	M7	M9～M11	M12	M13	M14	
馬島 維基	「岐阜新聞」杞柳社	「岐阜新聞」有漸社		英風新聞 6/8 廃刊 ↓ 6/22 発刊			
鍵谷 龍男				→ 岐阜新聞		岐阜日日新聞	華山新誌 →
井上 伴二				→ 岐阜新聞	→（合）	→ 岐阜日日新聞	→
渡辺 松茂				→ 岐阜新聞	英風新聞 →（改題）→ 濃飛新報 →	岐阜日日新聞	愛岐日報 →
岩田 徳義			（M9.11入社～M11.11退社）	→ 岐阜新聞	6月頃退社		
			愛岐日報 →	幼稚新聞 →	教育新聞		内外教育新聞

との共存は当然、異和感があり、他所者の岩田そして渡辺松茂も退社していく。

民権に対する温度差は、どうしようもなく、岩田の民権活動は、苦難の道を歩む事になる。

岩田は「然リ而テ其間社員岩田氏ヲ始メ往々異議ヲ挟ンデ退社……」（岩田は社主井上との意見対立により）した。岩田の岐阜新聞はわずか一年翌一三年六月に廃刊となった。⑱

岐阜県新聞界の主流は明治一三年以降は、井上の「岐阜新聞」改題後の「岐阜日々新聞」系と「美濃新聞」改題した「濃飛新報」（新発見）系の二社競合体制が一四年まで継続していく事になる。

なお、筆者手元の「濃飛新報」⑲によれば、社主は河合繁右エ門、編集長は渡辺松茂、印刷長は片野小十郎、本局靭屋町、明治一四年二月二日には入社編集事務員原田晋、片貝正晋を迎えている。

発行部数において主流二社は、一三年当初「濃飛新報」が「岐阜新聞」を圧倒していたものの一四年に入るや二社は「有志者の協議により二種の新聞を合一」し「岐阜日々新聞」⑳となった。

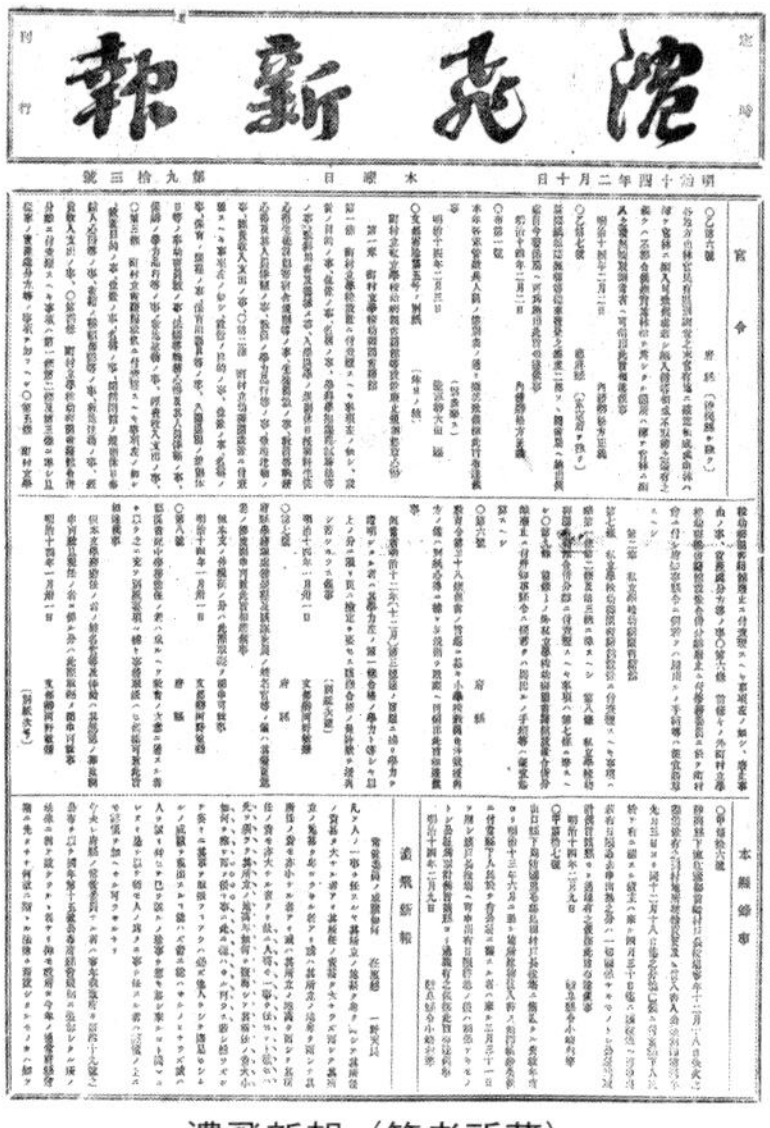
定時刊行
濃飛新報
明治十四年二月十日　木曜日　第九拾三號

濃飛新報（筆者所蔵）

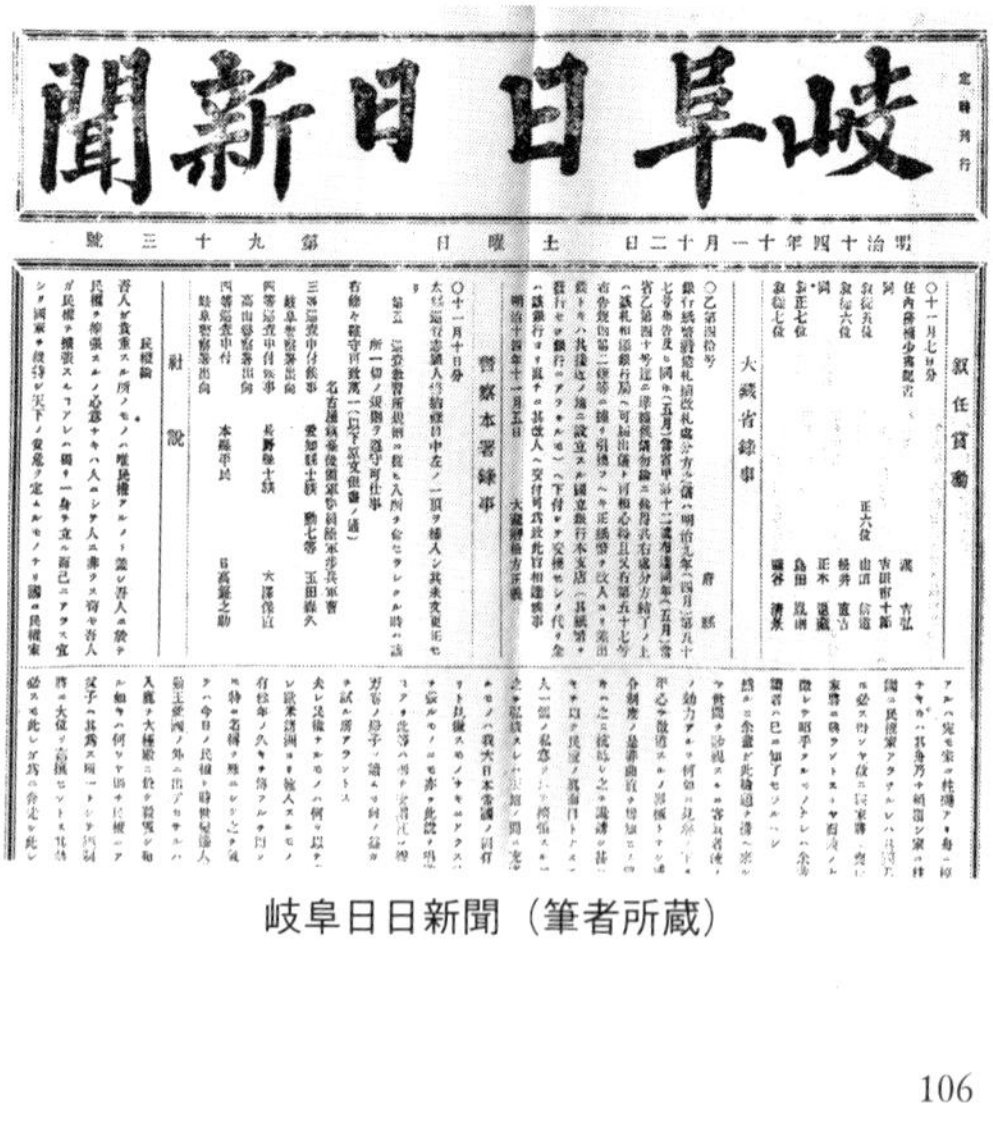
定時刊行
岐阜日日新聞
明治十四年十一月十二日　土曜日　第九十三號

岐阜日日新聞（筆者所蔵）

岩田の新聞活動　〈著者作成〉

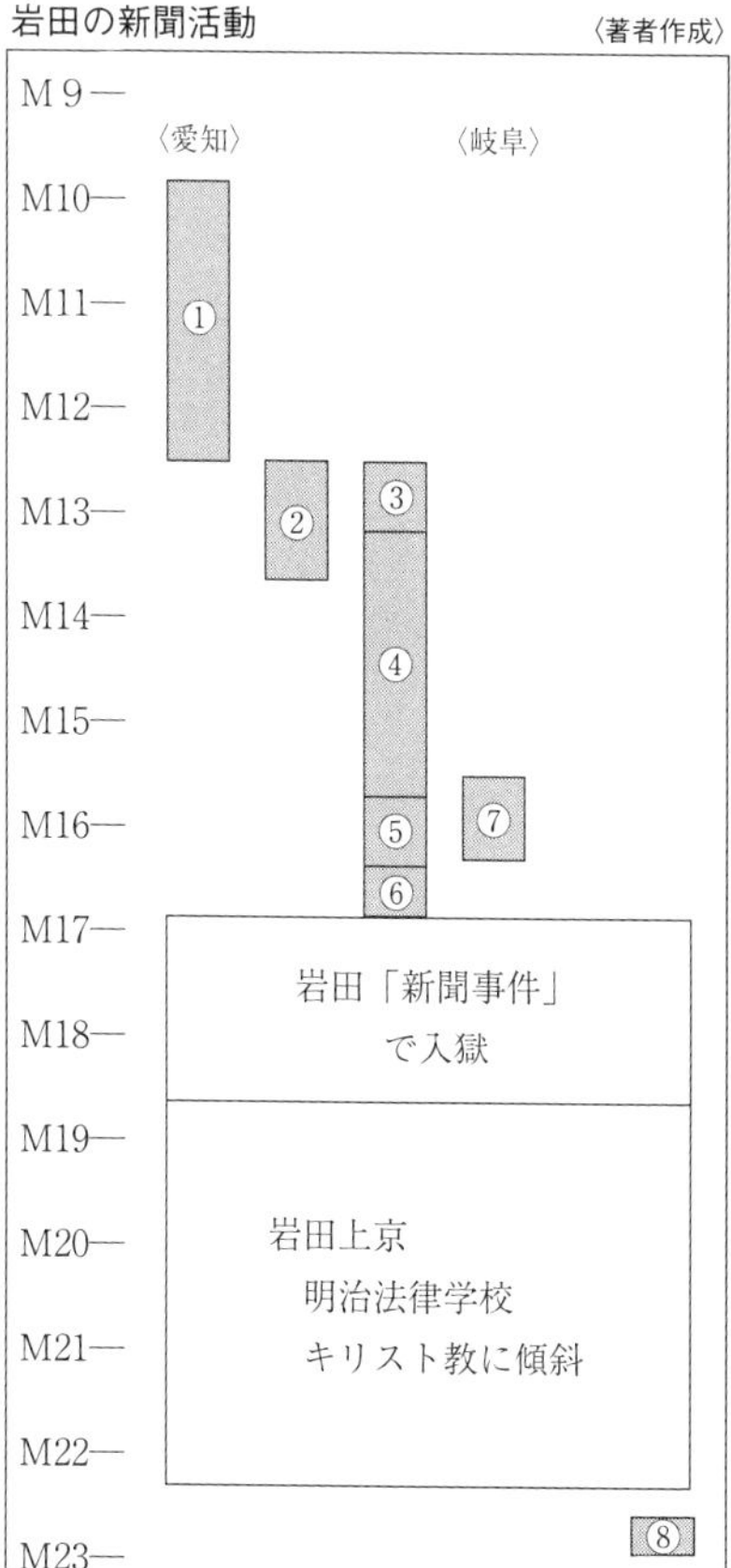

「愛岐日報」「岐阜新聞」「濃飛自由新聞」「岐阜日々新聞」「濃飛日報」「自由新聞」『岩田徳義翁小傳』『関口議官巡察復命書』『県統計書』『新聞目録』から筆者作成

教育新聞　〈著者作成〉

M13・１・19　28号
M13・２・９　30号（破）
仮本局
岐阜米屋町10番地　教育新聞社
持主編輯
兼　印刷　岩田徳義

支　局	岐阜米屋町	三浦源助
	薩州鹿児島旭通	藤井三代治
	笠松本町	玉井忠造
	恵那郡岩村	有隣堂
	岐阜太田町	春陽堂
	ヒダ高山	坂田加造
	三州岡崎連尺町	本屋小文司
	郡上郡八幡	斉藤佐平
	大垣岐阜町	岡安愛助
売捌所	郡上八幡	石崎正鵠
	武儀郡関村	文會堂
	石津郡高須	水谷卯兵エ
	恵那郡明知村	森井彦十郎
	加納本町	尾関二平
	三州西尾中町	川島富重郎
	名古屋本町	吉田道雄
	名古屋本町	魁真堂

岩田自身は、岐阜新聞退社後、独自路線を貫き、地元紙と関わる事はなかった。

なお、「大垣新報」について、岩田関与と過去論文に記述したが、明治一五年一月に「岐阜日々新聞」を退社した渡辺権次郎が編集長になっている。主幹は県会議員脇坂文助、堀部義徳両氏主幹とある。（訂正したい。）㉑

この流れは幼稚新聞〜教育新聞〜内外教育新聞へと引き継がれ後の「岩田の新聞事件」になる。

定価、毎日曜日発行、半年二六度発兌、

一部一銭五厘、半カ年前金定価三拾七銭

明治九年名古屋の「愛岐日報」㉒にはじまり、入岐阜した明治一二年の「岐阜新聞」㉓「幼稚新聞」「教育新聞」「内外教育新聞」「内外教育新誌」

さらに濃飛自由党機関誌「濃

飛自由新聞」、大垣での「大垣新報」、出獄後二〇年代の「濃飛日報」と実に改題を含め合計すると八紙を数えることができる。（筆者作成）

岩田の新聞名 〈著者作成〉

	新聞名	岩田の携った時期	発刊部数	所蔵
①	愛岐日報	M9・11～12・5	日刊約千部	中日・東大・愛知図書館・岡崎図書館・筆者
②	岐阜新聞	M12・6～13・6	日刊約3～8万部	東大・筆者
③	幼稚新聞	M12・7～13・1	月刊約5千部	東大
④	教育新聞	M13・1～15・8	週刊約2万部	東大
⑤	内外教育新聞	M15・9～16・4	月刊（二回）三千部	岐阜歴史資料館
⑥	内外教育新誌	M16・6～16・9	月刊（二回）	未見
⑦	濃飛自由新聞	M15・6～15・10	日刊約百部	岐阜県博物館
⑧	濃飛日報	M22・7～22・8	日刊約8～15万部	東大・筆者

註

① 「内藤魯一文書」長谷川昇氏所蔵
「明治四四年八月追悼ノ辞　岩田徳義」内藤死亡明治四四年六月二九日（六十六歳）

② 「文明之利器」明治二五年一月、第一六号

③ 鍵谷龍男「未来の面影」明治二〇年（筆者所蔵）
児玉桑次郎「濃飛名誉人物評」（筆者所蔵）鍵谷は「開智新聞」によれば大本教（皇道神道）で留学生にとある。

④ 「岩田徳義翁小伝」（筆者所蔵）

⑤ 「米利堅合衆国政体并国会規律」（筆者所蔵）

⑥「井上伴二書翰」（筆者所蔵）
⑦馬島維基「皇国地名一覧」（筆者所蔵）
⑧国井清廉「政体論」（筆者所蔵）
⑨「県庁文書」（青木健児氏ノート）（筆者所蔵）（県立旧蔵「明治十二年文書部雑款」の十二号）
⑩「岐阜新聞発行趣意書」岐阜県歴史史料館所蔵（明治一二年五月二四日　棚橋家文書）
⑪「岐阜日々新聞」明治一三年六月二二日付
拙稿本「岐阜県自由民権運動史料集」（昭和六〇年一一月発刊）―明治初期岐阜日々新聞記事抜粋―
⑫「県庁文書」（青木健児氏ノート）（筆者所蔵）
⑬「岐阜県史」近代　上
⑭児玉桑次郎「濃飛名誉人物評」（筆者所蔵）
⑮「岐阜日々新聞」明治二〇年一〇月一九日付
⑯「愛岐日報」明治一五年一〇月二日付
⑰「濃飛新報」寄書明治一四年二月六日付（筆者所蔵）
⑱「岐阜新聞」明治一三年六月二二日付
⑲「濃飛新報」（筆者所蔵）明治一四年二月分　計十一部
⑳「岐阜日々新聞」明治二〇年八月二〇日付
㉑「　同　」明治一五年一月一九日付（筆者未見）
㉒「愛岐日報」（筆者所蔵二八部）
㉓「岐阜新聞」（筆者所蔵一部）明治一三年四月一五日付一九一号

二　岐阜県演説会

岩田の入岐阜の目的の新聞発行は、とりあえず着手した。この五月にもう一方の目的である「演説会」にも着手している。

「皆様にも五承知の通り当地演説会は一旦中止したりが今度愛知より岩田徳義氏が来られて大層此事に尽力され有志も追て加入する由なれば、不日盛大に成るで五座らう……」①

明治一二年一一月の第三回愛国社大会には岐阜県から三名の有志グループが参加。

この時の事情は、板垣伯遭難記念祭（昭和二年四月）の村山照吉の追懐の弁に詳しい。②

「回顧すれば、明治十二年土佐の愛国社から県下の有志者へ檄文を送って来た、夫れを手にして大阪の会合に馳せ向ったのは自分と関の柴山忠三郎と東濃では岩村の安田節蔵との三人であった。

勿論夫れは期せずして先方で落合った訳なれど代表を選む事に成ったから三人協議の上、取敢へず柴山を挙げ我々は影に居て働くと云ふ段取をつけたが、此会合の結果翌十三年に国会開会の願望書を上り、時の政府へは土佐の片岡健吉、河野広中氏等総代となり請願書を提出したのであって我々の代表柴山も調印し、ここに濃飛自由党の起源を見るに至った。」

柴山に関しては、現在も筆者は手掛りさえ得る事ができない。安田につい

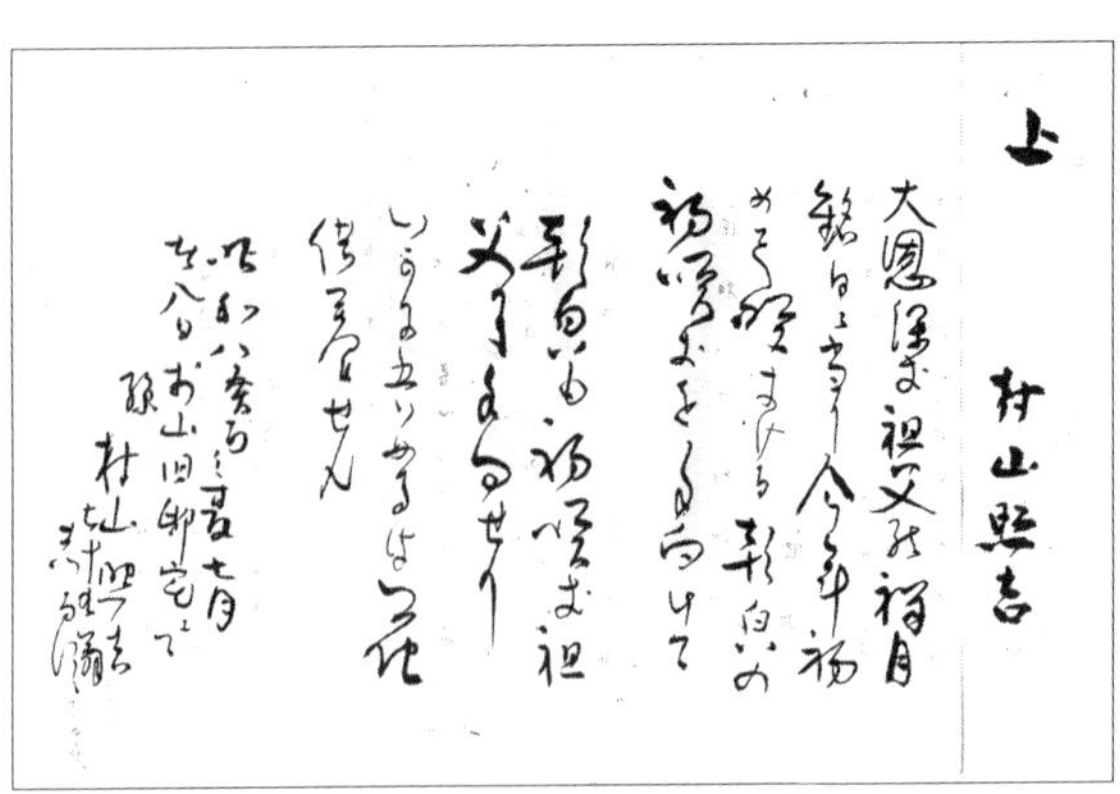
上
村山照吉

村山文書（村山最甫氏所蔵）

てもっと知りたい。

第四回大会（明治一三年三月）には二四名の賛同者を獲得し岐阜県初民権結社「関村党（せきそんとう）」結成し、愛知県を一本化した内藤魯一の「愛知県交親社」と共に参加する。

岩田は、この関村党の創立に寄与し、「岐阜演説会」という組織を、羈立社流の方策をもって作りあげる。

明治一三年四月、関村党第一の運動方策の演説会が実現する。

岩田の「岐阜県演説会規則」の全文を見よう。③

岐阜県演説会規則

第一条　本会ハ同会者協同合議シテ之ヲ創設スル者也

第二条　本会ヲ設クルノ趣意タルヤ同志相与（とも）ニ集会シテ其学術ヲ研磨シ其智識ヲ発達シテ国家ノ公益ヲ謀リ人ニ利益ヲ与ヘント欲スル者也

第三条　本社員タラント欲スル者ハ演舌者ト聴衆ノ間ヲ論セス苟（いやしく）モ世ノ公益ヲ謀ルヘキ篤志ノ人ハ総テ之ヲ許スヘシ

第四条　演説会ノ本社ヲ岐阜町一箇所ニ設ケ県下各地ニ分社ヲ置キ其開会ハ毎月二回ト定メ初メノ日曜日ト后ノ日曜日ヲ以テスヘシ但正午ニ開場シテ午后四時ニ閉場スヘシ

第五条　本社員タル者ハ各記名調印シテ之ヲ証スヘシ但演舌社員人名簿ハ別ニ社中ニ備置クヘシ

第六条　本社分社ノ間ハ彼此相往来交通シテ与ニ一般ノ公益ヲ謀ル事アルヘシ

第七条　毎日本社々員ヨリ会場人費トシテ一員ニ付金十銭ツツヲ差出スヘシ但本金額ノ外ニ於テ寄附スヘキ人ハ幾分タリトモ随意タルヘシ

第八条　本社員ノ内其社々ニ於テ社長一名幹事二名ヲ備置クヘシ但毎会ノ庶務ヲ取扱ヒ社員ノ出金ヲ預置亦其

仕払ヲナスカ如キハ幹事ニ於テ之ヲ務ムヘシ

第九条　幹事ニ於テ醵金出納簿シ製シ置キ社中金貨出納一切ハ専ラ謹慎ヲ主トシ誠実ヲ旨トシ軽躁浮薄ノ体ニ渉ル事アル可ラズ

第十条　（欠）

第十一条　聊タリトモ私心ヲ挟ムテ他人ヲ誹議スル等ノ事アル可ラス

第十二条　演説シタル処ノ趣意ハ独リ其会場ノミニ止ムルヲ欲セサレハ之ヲ筆記騰録シテ一ツノ雑誌ヲ編輯シテ演舌雑誌トナシテ但原稿ハ各分社ヨリシテ本社へ向ケ差送ル事トナシ本社ニ於テ之ヲ取捨折衷シテ雑誌ニ編輯スルノ手続ヲナスヘシ

第十三条　常会ノ外臨時演舌会ヲ開ク等ノ事アレハ其手続ヲ以テ社員エ漏ナク通知スル事ヲ務ムヘシ

第十四条　本社ノ規則ニ於テ変更改則スル等ノ事アレハ其手続ヲ以テ社員へ通知スヘシ

第十五条　一旦本社ヲ創設シタル上ニ於テハ之ヲ永久ニ維持継続シテ干途頽敗ノ事ナキ者トス

明治十三年四月　岐阜演説社

次の一覧表④は、岩田参加の演説会であるが、伊奈波国豊座演説会では、岩田の他に三河内藤、尾張の宮本が応援弁士として登場している。

演説会の第十二条「演説…一つの雑誌…」の演説雑誌発刊については、

末広重恭「二十三年の夢」（筆者所蔵）
内藤魯一と中島信行、後藤象次郎、大井憲太郎

六月企画出願するが、資金的理由で実現できず、やむなく既刊の「教育新聞」紙面上に掲載するとし[5]同紙が政治性を帯びる契機となる。

この演説会は、奏功したとは言えず、関村党は、不参加（第二回大会）のまま、全国レベルの国会期成同盟運動から脱落していく。

まるで愛知県の羈立社が愛国社第三回大会に不参加のまま脱落・瓦壊・解散の命運をたどって行ったように、その姿がオーバーラップされるのである。

この時期の岩田の資金難のエピソードがある。

筆者所蔵の岩田文書中の一つに、岩田の生活が苦しかったため、なんと入岐阜当時に発刊した「米利堅合衆国政体并国会規律全」の表紙を、手作り封筒として作成使用し、書簡としている。

瓦解した関村党から、岩田は教育新聞を基軸とした（教育新聞主催）「政談外演説活動」に舵を切った節がある。

拡知社[6]等にも散見できるが、例えば、岩田の具体的演説会開催の手法を伝える史料がある。

東濃加茂郡太田村の懇意の林小一郎始めに二郡五町一二名に及ぶ回状形式の書状で、政談外学事諸般演説会とし、対象者を教員戸長学務委員他有志者の集会とし、オルグ活動組織員拡大を中心としている。[7]

（右上、中央上・下、三カ所に教育新聞社印有）封筒（欠）年不明だが、明治一三年三月一日と推測される。

M13　岩田の演説会一覧（出典 岐阜日日新聞）

〈筆者作成〉

1	5月12～13日	可児郡兼山村演説会
2	5月20日	伊奈波国豊座演説会
3	6月11日	拡知社演説会
4	7月11日	石津郡安養村演説会
5	10月10日	大垣善性寺演説会

政談演説会（岐阜県史より）

	演題		演説		解散		禁止		
	認可	不認可	度数	人員	全会	結社	管内	全国	結社
明治14年	220	?	30	27	2	—	—	—	—
15年	330	77	43	70	4	—	2	—	—
16年	115	—	27	63	3	—	—	—	—
17年	137	9	24	42	1	—	—	—	—
18年	48	4	11	21	1	—	—	—	—
19年	237	3	29	165	4	—	2	—	—
20年	327	33	33	185	7	—	2	—	—
21年	380	135	62	235	11	—	2	—	—
22年	795	95	108	508	14	—	4	—	—
23年	733	4	171	621	4	—	1	—	—

「各位倍(ますます)御清泰拝賀(ごせいたいはいが)候、陳者（注＝岩田）平生御疎遠ニ経過候段、〇〇御用可被下候、扨(さて)陳者兼テより希望罷(まかり)在(あり)候東濃各地連合演舌、開会仕度ニ付テハ此度態々(わざわざ)御照会申上候、先般依頼之演舌ト〇〇趣ヲ殊ニシ、此度ハ政談外学事諸般之演舌トシテ、広ク教員・戸長・学務委員其他有志人之集会シテ随意演舌ト仕度、右ニ付テハ、兼テ西濃諸郡ニ設有之拡知社員(こうちしゃいん)中ソレ〳〵、人ヲバ拙者共ニ同行可仕、開会ハ大抵来月五六日頃ト期シ度、依テ御同意被下候ヘバ、右時日ヲ初トメ各地順序ニ連合大会ヲ企度、各君篤(とく)ト御示談被下候上、本月廿日迄ヲ期シ、拙者方迄御返事賜リ度、此段及御照会候也

尚御順番回達被成下、御取纏(とりまとめ)ノ上御返事希上候也

三月一日　岩田徳義拝

加茂郡太田村

林　小一郎殿

林新右衛門殿

可児郡中村

田中惟信殿「三月六日午前八時郵便着相認　同午前九時多田君へ差上」

御嵩駅

多田嘉代一郎殿　「拝見仕候」

兼山村

藤掛文平殿　「拝見仕候」印

藤掛万平殿　「拝見仕候」印

岡田清八殿　「拝見仕候」㊞

加茂郡細目村

林小一郎（岐阜県史）

「藤掛文平文書」（筆者所蔵）

千村晋二郎殿　「拝見仕候」（千村の上と殿の下に教育新聞社印有）
神宝山量信殿　「拝見仕候」
水谷弥右衛門殿　「拝見仕候」
加藤兼行殿　㊞「拝見仕候」
松浦礼造殿　㊞「拝見仕候」

なお、欄外に次の文章あり。

〔註、政談外の演舌ニハ、別ニ認可ヲ経ズ□直ニ開会不苦、又何人ヲ問ハズ其場ニ入リ直チニ演舌致スモ妨ナシ〕

拡知社は、最初橘良平（安八郡蛇池村）が発起、「専ら世務を諮詢し知識を交換するの旨趣」を以て演説社創立の見込であったが、集会条例の影響を受け、方針の変更を余儀なくされている。⑧

「全く政事に干渉せざる演説即ち法律、農業、教育、経済の四目を本として些かも政事に論及せざる一種特別主義の演説社を結成したるもの」

東京の交詢社の如きものと言われ、演説よりも実務従事中心とし、六月には、拡知社方針は集会条例外の事の演説と決定している。

同社の創立は、明治一三年五月頃で一五年七月頃解散する。

岩田は、拡知社方針に準拠しつつ、別表の通り拡知社寄りに活動を展開していく。

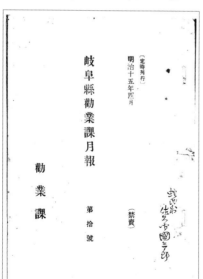

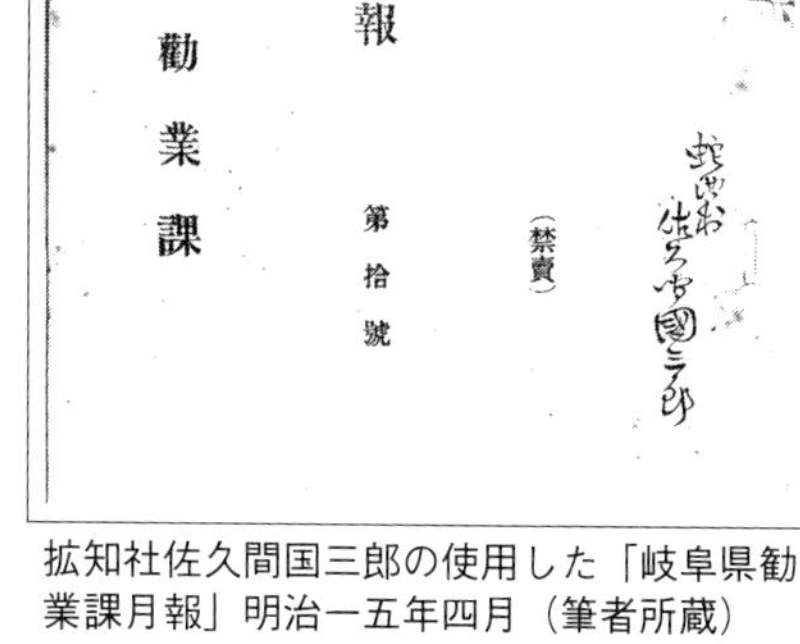
〔定時刊行〕
明治十五年四月
（禁賣）
岐阜縣勸業課月報
第拾號
勸業課

拡知社佐久間国三郎の使用した「岐阜県勧業課月報」明治一五年四月（筆者所蔵）

「我輩同友カ演説シタル論壇ヲ筆記シテ之レヲ雑誌ニ登録シ以テ広ク同好ノ士ニ頒(わけ)タニタメ既ニ該雑誌発行ノ免許ヲ得テ登兌セントスルニ際シ這回(げんかい)拡知社ヨリ照会ニナリ爾来該社ノ演説及ヒ広ク諸家ノ韓説(かんせつ)ヲ本紙ニ登録スル事ニ決約ス依テ暫ク雑誌発行ヲ止ム爰ニ此事世人ニ報道ス⑨

明治十三年七月　教育新聞社主岩田徳義」

こうした岩田の地道なオルグ活動にも拘わらず、「明治十三年～十四年の交に方てや、天下(てんか)器々(きき)として国会開設の請願を為すものの多きを致し、其勢恰(あた)かも決河(けっか)の如し」という全国的昂揚の状況下にあって、遅々として進展せぬ岐阜県民権運動に対し、各新聞より攻撃的指摘を受ける。

「我岐阜県下ト他府県ト差異アル所ノ者ハ未タ曽テ願望或ハ建言書ヲ差出サンカ為メニ団結セシモノ、有無ニアリ」⑩

M13　拡知社演説会（岐阜新聞より）　〈著者作成〉

M13・5・9	羽栗郡東方村 (中島芳右エ門方) 聴衆一百人余	橘　良平「かみの説」「遺伝の説」 鍵谷龍男「開知の案内」「怨望論」 渡辺権治郎「岐阜県殖産の説」
M13・5・22	中島郡沖村	高木笹之丞「人民の心得」 黒田誠郎「治水優先論」「戯演補実」 棚橋直三郎「独立心と協力心の千繋」 棚橋五郎「勉励に因て造化秘蘊を洩らす」 寺倉央造「団結論」 橘　良平「演説の説」
M13・6・13	安八郡蛇池村	例会
M13・7・11	石津郡高須村 安養坊	（客員）岩田徳義 河合繁右エ門 佐久間国太郎
M13・10・10	大垣船町善性寺	佐久間国三郎「事業の艱難」 黒田誠郎「何物乎無用の長物」 渡辺権次郎「再び物価の騰貴を論す」 本間重慶「変遷論」 佐久間玉三郎「輸入防禦論」 岩田徳義「教育談」 井上伴二「拡知社の主意」

「他府県下人民ニ対シテ汗顔(かんがん)ス可シ」[11]

「美濃、飛騨の二州は人民因循卑屈の者多く、殊に政治上の思想などは絶えて無き程なるを以て、先年全国の志士が国会請願の挙ありし時、之に加らざるは唯岐阜県と沖縄県とのみなりとの世評を買いし位なり」[12]

これが岐阜県の実態であるが、それ以上に岩田の前に大きな敵がいた。福島の県令三島通庸(みしまみちつね)と双肩の民権嫌いを自負する岐阜県令小崎利準の存在である。この小崎の性格を物語るエピソードについて、山田永俊が語っている。[13]

「……勝野猪八（濃飛日報記者）……は明治二十三年我国最初の国会選挙の行はれた後、時の県令小崎利準が投票権を放棄したといふので、部下や人民には棄権すべからずと訓示しながら、自ら棄権するは不忠の臣である。国賊である、須らく小崎県令の首を刎ねて金華山頂にさらせという論文を掲げて官吏侮辱罪というので……その時新聞は……発行停止を喰った。当時は新聞に対する監督権を知事がもっていたので、濃飛日報は前後十五六回の発行停止を喰ひ……実に弾圧のひどい時代であっ

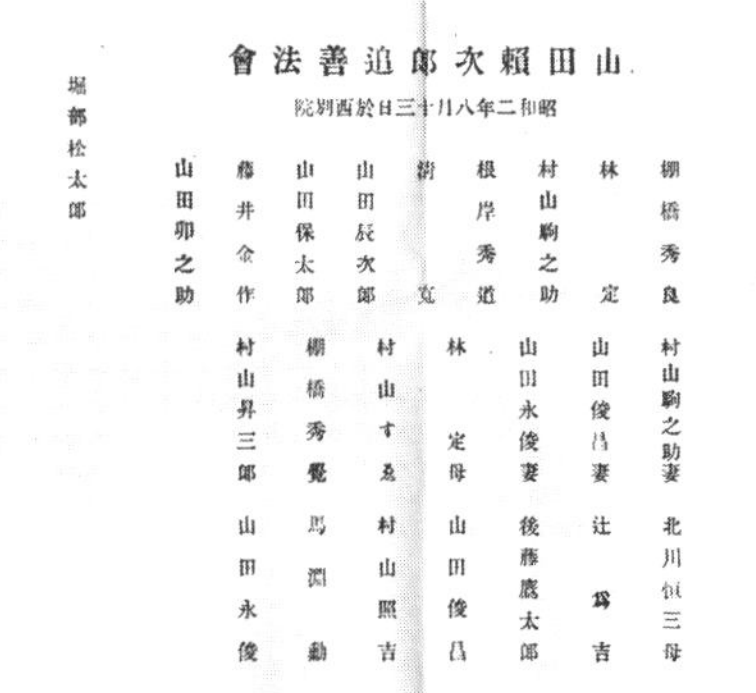

山田頼次郎追善法會

昭和二年八月十三日於西別院

山田頼次郎

棚橋秀良　林定　村山駒之助　根岸秀道　諸寛　山田辰次郎　山田保太郎　藤井金作　山田卯之助

村山駒之助妻　山田俊昌妻　山田永俊妻　林定母　村山すゑ　棚橋秀覺　村山昇三郎

北川恒三母　辻爲吉　後藤鷹太郎　山田俊昌　村山照吉　馬淵勳　山田永俊

堀部松太郎

「山田頼次郎」追善法要（山田修二氏所蔵）
昭和二年岐阜西別院にて

た。」

明治二七年四月一八～一九日付の両日に掲載された山田頼次郎の具申書（自由党総理板垣伯）によれば⑭

「……抑も我岐阜県はさきに小崎利準なる老猾知事あり、性質極めて狡猾にして阿諛に長じ、人民を視る事、芥の如く欲を貪る事、豚の如く、而かし、警察署と曰ひ、裁判所と曰ひ郡役所と曰ひ町村役場と曰ひ有りとあらゆる官衙法衙及び各地方に於て苟も財産家の聞へある者は豪農家豪商家を問はず、皆悉く籠絡して己れの味方と為し、以て上に対しては飽迄讒諂面諛を用ひ下に対しては力を極めて壓虐を行ひ、以て自由党の発達を妨害したり、否独り、自由党の発達を妨害したるのみにあらずして県下一人も自由党員無からしめん事に努力したり、故に当時にありては一人にても自由主義を奉じ民権論を唱ふる者あれば大に之れを壓抑し甚しきに至りては、彼の己が手中に籠絡したる警察権と裁判権を濫用して罪なき清廉の潔士を謂はれなく縲絏の裡に苦しめたる事例、鮮なからず、故に当時県民は大に利準の施政に恐を抱き誰一人自由の大義を唱ふる者なかりしが、当時に当り独り屹然として自由の大義を唱道し知事が益々虐待すれば、いよいよ振ひ知事がいよいよ毒計を流せば益々勇んで以て県民の幸福を謀り県民をして自由の民たらしめんと計画したる者は、寔に松田徳義（注＝岩田）氏一人ありたるのみ……」

県令小崎利準の岩田徳義を中心とする自由党員への暗黙的しめ付けが、すでに始まっていた。

註

①　英風新聞明治一二年五月二三日付
②　「内国通信」昭和二年四月八日付（明治三六年創刊）
③　「岐阜県演説会規則」岐阜新聞明治一三年五月一一日（広告）
④　「岐阜新聞」明治一三年五月一八日付、六月一九日付、六月二五日付、七月一五日付、一〇月三日付
⑤　「　同　」　同　　六月一九日付、七月二二日付
⑥　横山真一「濃飛共立議会の結成とその活動」岐阜近代史研究創刊号
⑦　「美濃加茂市史」明治一四年三月一日付
⑧　「岐阜新聞」明治一三年五月一三日付
⑨　「　同　」　同　　七月二二日付（広告）
⑩　「　同　」　同　　五月二三日付
⑪　「　同　」　同　　一〇月三日付
⑫　「朝野新聞」明治一六年二月九日付
⑬　「濃飛日報」切り抜き資料（村山最甫氏所蔵）
⑭　「岐阜日々新聞」明治二七年四月一八～一九日付

2. 濃飛自由党と濃飛自由新聞

一　濃飛自由党

明治一四年九月、あまりの低落ぶりに見かねた自由党創立委員で東海道・関東・東北の地方遊説を主に活動する沼間守一が岐阜に入った。

「板垣伯岐阜遭難録」によれば、

「沼間守一氏の県下に漫遊して民権説を鼓吹するあり、余（岩田）大に欣で之を機会なりとし、与に岐阜稲葉国豊座に於て政談演説会を開き、以て盛んに自由民権の主張すべき大義と国会開設の急務なるべき理由とを述べ、以て切に県下人民に向て之を醒覚したりき。」①

同年一〇月初旬、岩田は厚見、方県、安八、大野、岐阜の有志を加納町に会し「加納町会議」を遂げ、県下五郡の士族層の代表者として同月一〇日東上した。②

そもそも板垣来岐、「板垣退助君演説会」構想は当初、本多政直（厚見郡岐阜白木町）と伊藤

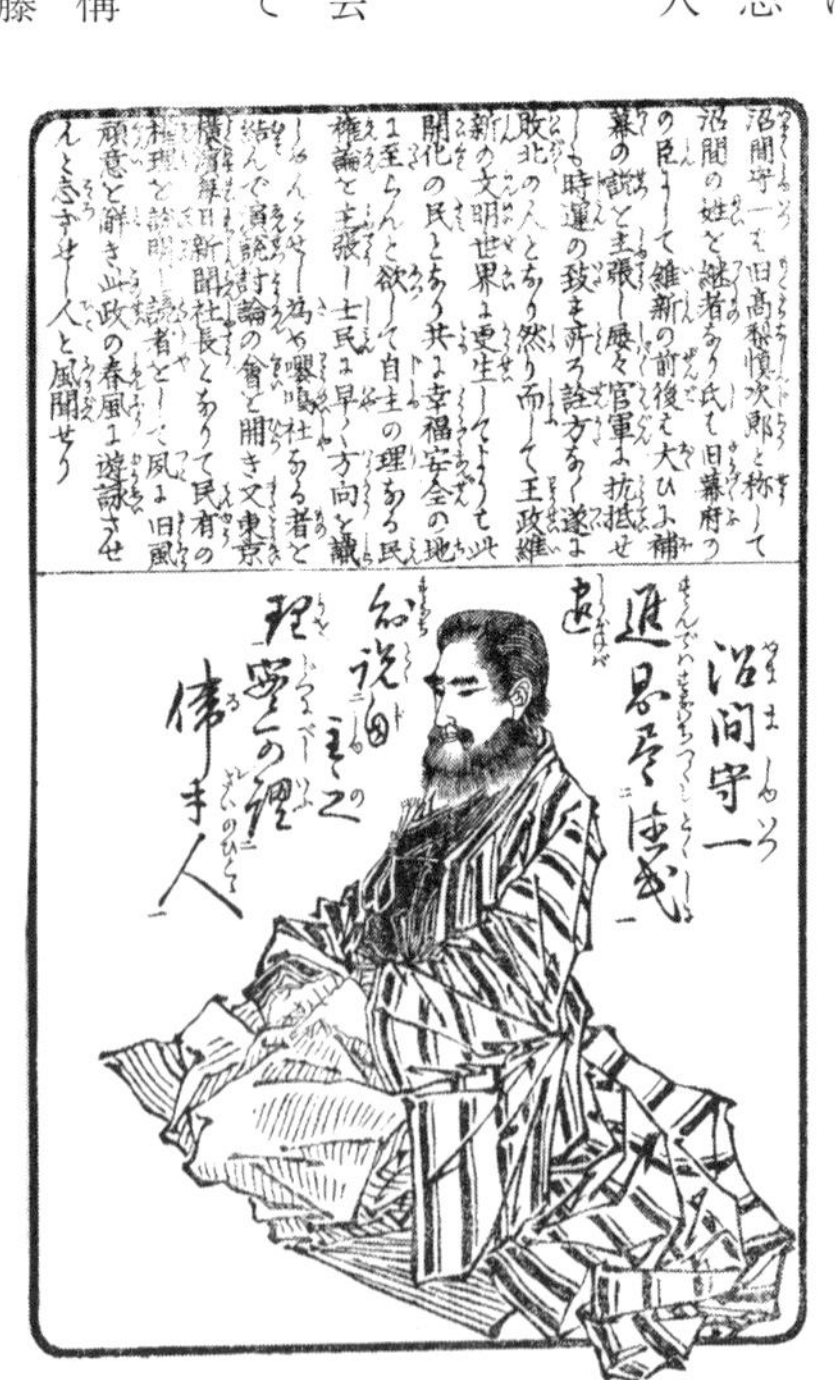

沼間守一（「愛国民権演説家百詠選」）
（筆者所蔵）

一蔵（同郡今泉村字美江寺町）が発起し、「一社設け入社金一人一円で三万人募集し、其金円を費用として……聘（へい）し演説会を開く見込み……」とあったが、賛同者無く立ち消えたかにみえたが同構想は、「加納町会議」に引き継がれ、士族層代表の岩田に託された。③

『今也天下の大勢已に定り、立憲政治半ば吾が掌中に歸せり、是より大に爲すべきの目的は他なし、乃ち専ら地盤を固めて官權に拮抗すべき實力を養ふにあり、依て先づ吾が岐阜縣民の心を奮起せしむるには板垣總理を迎て一大運動を試るに若かずと』④

岩田が満を持して東上、参加した同年同月一八日の大会は「自由党」創立という画期的大会となり、岐阜県から岩田と早川啓一、愛知県からは内藤を筆頭に（西尾）太田松次郎、（岡崎）相馬政徳、（田原）村松愛蔵、（名古屋）荒川定英、庄林一正、渋谷良平らであった。

東京に自由党本部を設け、各地に地方部設立する事になるが、一四年一〇月国会開設の詔が下り、その六日後、全国単一民主主義政党「自由党」が創立、岩田、早川はこの時点で自由党へ入党（党員

本多政直（本多家所蔵）

井生村樓演説會之圖　明治一四年一〇月二五日自由党懇親会（筆者所蔵）

伊藤一蔵（伊藤家所蔵）

名簿）する。

在京の岩田は、岐阜県自由民権運動の隆盛を渇望し、「加納町会議」の懸案事項、板垣来岐工作に成功し、意気揚々と一二月に帰岐した。

この成功の理由の一つに、次のエピソードも一因となったのだろうか。⑤

「――渡辺甚吉君より五百円――

明治十四年十月初旬、余は厚見、方県、大野、岐阜の有志十余名と加納町に会した。その時集った重なる者、本多政直、伊藤一蔵、後藤秀一、横山一二、服部佐橋、日根野直人、守屋泰良、能勢元造等の人々でその総代には余が選ばる丶事となった。而して余の東上に際し従来一面識もなかりし岐阜の富豪渡辺甚吉君から一通の書状が到来した。何の用かと思って中を抜くと、其の時分伯の組織せる自由出版会社の挙に賛同するの余り、金五百円を寄附したいから同会社へ貴君の手より伝達されたし、との事であった。余は深く渡辺氏の篤志に感謝し、上京後伯に面会して其書状を示すと伯も非常に喜ばれた。尤も此自由出版会社は中江兆民の手に管理されて間もなく廃絶に帰した為め、此話は実現に至らず、其時の書翰のみ未だに余の手許に残って居る。」

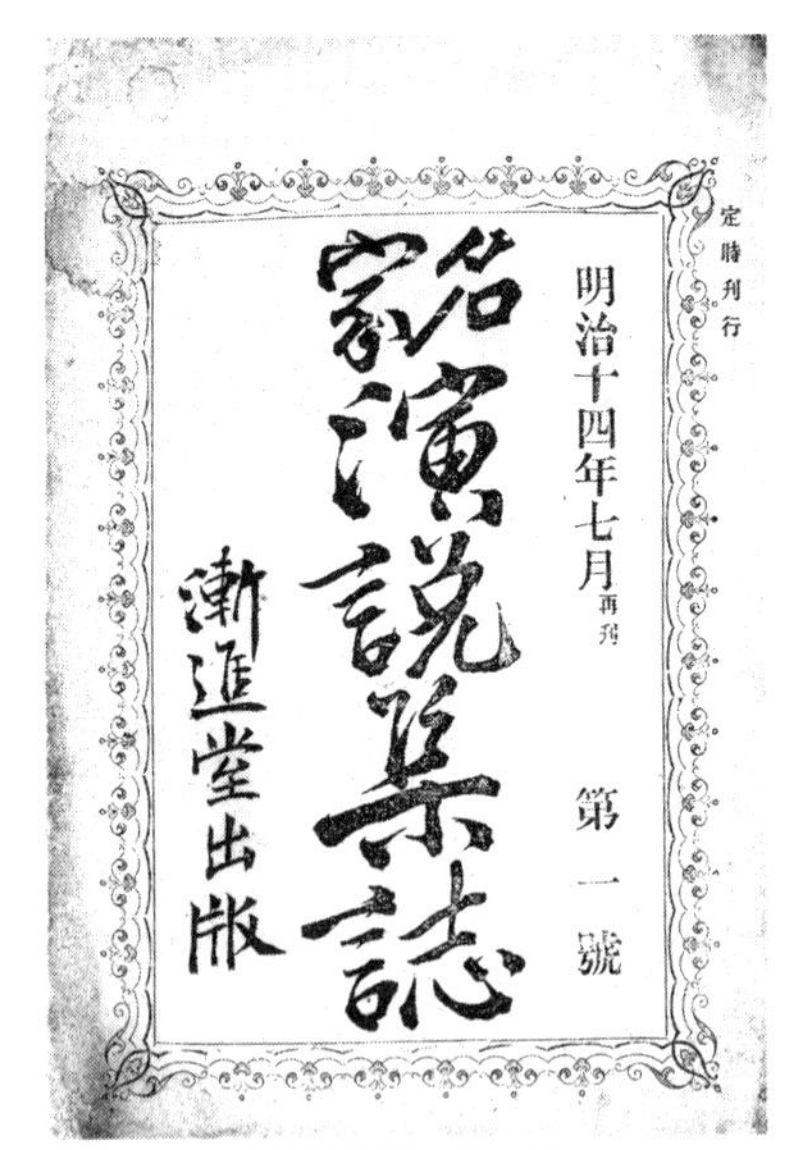

名家演説集誌第一号
明治一四年七月一日（筆者所蔵）

渡辺甚吉「官民之宝鑑」
（筆者所蔵）

しかし、帰岐した岩田を待ち受けていたのは、同志の熱狂的歓迎でなく、もろくもくずれ果てた「加納町会議」組織崩壊であった。

「然而して余が久ふして家に歸るや、數年來窮途に立ちたるの末、從來の生計茲に全く倒れて更に策を講ずるの餘地なく、況や一旦結合せし有志は四分五裂して復び収集し難く、加ふに俗論囂然として反對者盛んに起り、殆ど四面楚歌の聲を以て余の身邊を圍めり、ア、志士の艱難頗る言ふに忍びざるものありき。」⑥

東京では、明治一五年初に福沢らが明治会堂を東京木挽町に開設し、民権の炎は燃えさかっているのに拘わらず岩田の岐阜の状況は、あまりに皮相的であった。

そもそも、この軟弱な岐阜県人の気質について、三河武士岩田にはどう映っていたのだろうか。

「我岐阜県下濃飛二国の現状は就て之を視るに県下人民の如きは特に政治思想に乏しくて卑屈因循に安し絶て進取活発の気力自治独立の精神なきは日本全国他の府県に多く其比を見ざる所にして……」⑦

また、岩田は、低迷する岐阜県自由民権運動について、次のように語っている。

明治会堂（東京築地木挽町）（筆者所蔵）　後、明治一五年には福沢らによる明治会堂が東京木挽町に開設された。（本表紙の絵は、その内側の様子をとらえている）

「明治十四年至て県下五郡有志の団結始めて成たるを以て予不肖委員の任を負むて上京したるより爰に広く天下の有志と連絡し遂に会同盟約して共に将来の事を議し爾后漸く自由党の組織を我県下に見るに至れり然ども如何せん我県下人民の如きは豫て卑屈柔情にして進取活発の気象に乏しく従て政党団結の如きも他の府県に比せば甚力甚た微弱にして萎靡振はざるの状態は甚た遺憾とするものたりき」⑧

組織再構築のため、徒手空拳、岩田は激しく動く。

「我県人民の迷夢を醒して将来に為すあるの策を講ぜんには、宜く非常活発の運動を試るに如かず」⑨

帰岐後、早々一二月中「大野、池田両郡過日巡回し、一団結トなりて大ニ時到レリ……」⑩

取りまとめ、一月には各有志者に書面にて、

「…何度已ニ自由党夫新聞ノ発行ニモナリ且近々板垣氏来遊ノ報歴モアリタリ、且私事ナガラ深ク御依頼申タル事モアリ……」⑪

と激を飛ばし、明治一五年早春、解体した組織再建＝自由党盟約第一条の地方部設立と板垣来岐下工作のため活発な運動を展開する。

特に板垣演説会ルート地を重点拠点とした。

孤軍奮斗する岩田に対し、一月二五～二六両日愛知県丹羽郡稲置村（現犬山市）で開いた「政談演説会」に岩田招聘の因縁をふまえ、愛知自由党は「党中より委員を撰挙し…我県下濃飛両国へ慥からず派出する」⑫ことに決議、岐阜岩田支援

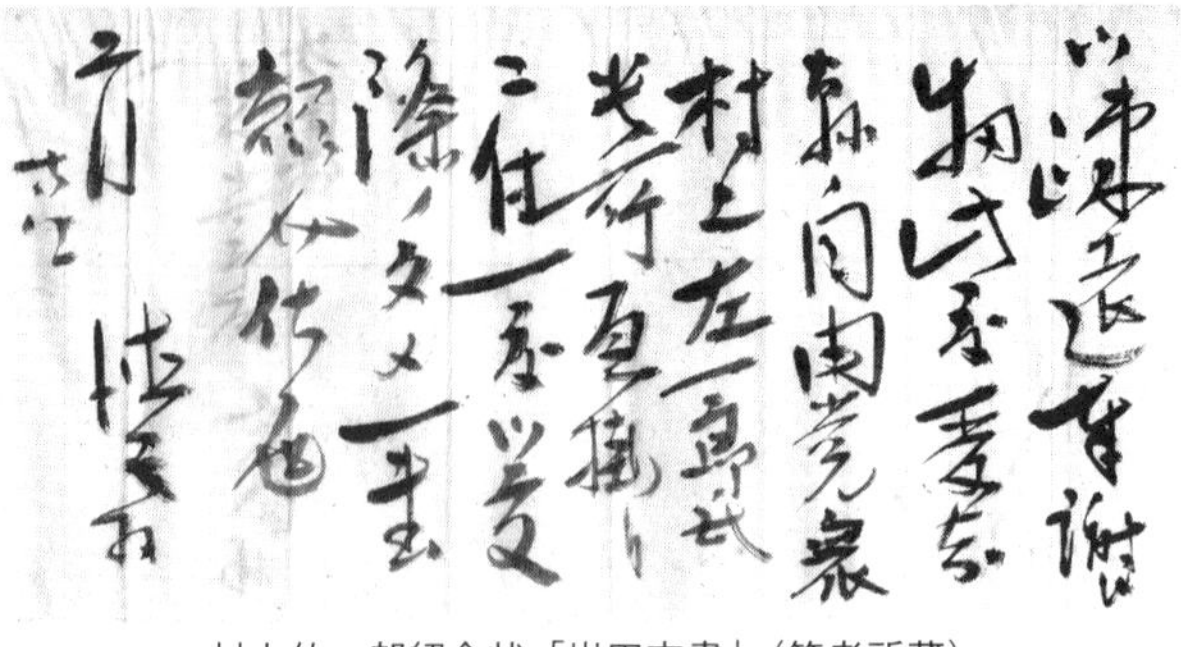

村上佐一郎紹介状「岩田文書」（筆者所蔵）

闘争は、自由党本部幹部内藤魯一の胆入り案件となり、本部を三州知立に置いた。

内藤自らが陣頭指揮に当り二月二〇日から恵那郡岩村へ出張、二二、二三両日の「政談自由演説会」の演説に従事し同会は盛会を極めた。⑬

支援闘争を展開したのは、内藤の他、広瀬重雄、村上佐一郎、小池勇らの愛岐日報グループで、例えば村上佐一郎は二月二六〜二七日の厚見郡岐阜町演説会後、二月末から三月にかけて東濃方面への支援活動に向かった足跡を確認できる。

「……此度(このたび)愛知県自由党衆(とうしゅう)村上左一郎氏貴所通掛(とおりかか)リニ付、一度ご交
際ノタメ一書紹介仕候也……」

と岩田は、各有志者に紹介状を送っている。⑭

岩田上京中、休刊だった「教育新聞」も立ち上げ「……此度拡ク株主及外社員ヲ募リ発行致ニ付……」政治性を帯びていく。⑮

「先キニ上京自由党盟約ヲ終リ帰県致候ニ付テハ今後東京自由党本
部ヨリ諸般ノ通信及県下党中一般ヘノ報道ハ追テ地方本部設置候迄
拙者手許ニテ取扱候間此段党中ニ報ス
明治十五年一月　岩田徳義」

同紙は「定税逓送(ていぜいていそう)ノ儀ニ付」暫時休刊になりながらも一月一一日に第二号発刊「一カ月五回ノ割合」にて発刊（岐阜今小町四番地岐阜新聞社）された。⑯

その後、別表の通り二〜三月にかけて、板垣遊説ルートの東濃地区（多治見・岩村）や岐阜地区近郊で「政談演説会」を活発化させた。

M15．2〜3の自由党系政談演説会

月　日	場　所	演　説　者
2月7〜8日	山県郡高富村	岩田徳義
2月9〜10日	武儀郡上有知村	岩田徳義
2月22〜23日	恵那郡岩村	岩田徳義・内藤魯一
2月24日	山県郡高富村	
2月26〜27日	厚見郡岐阜町	岩田・広瀬重雄・村上佐一郎
3月4〜5日	山県郡高富町	大野斉市・広瀬重雄 三上七十郎・大野梁滋 藤吉留吉・内藤魯一 山田頼次郎・兼松兵吾
3月11〜12日	土岐郡多治見村	広瀬重雄・小池勇

〈岐阜日々新聞・愛岐日報・関口議官巡察復命書より筆者作成〉

例えば、太田会場では、地元祐泉寺を借入れ、四日伏見、五日太田で一会を開催、しかる後、地方部設立の意欲を示し、加茂郡自由党地方部立ち上げを誘導している。⑰（実際は四月四日太田懇親会のみの一回、加茂郡自由党は不成立）

これらの、政談演説会を契機に、岩田の目途とする最重要拠点から二月中旬頃から郡部組織として「山県郡自由党」「岩村自由党」等の郡部自由党が誕生した。

これを基盤に、板垣来岐直前の三月中旬、県内各地の郡部代表有志者が岐阜に集結、とりも直さず念願の「濃飛自由党」が誕生した。

「公然党ヲ日々称スルニ至リタルハ漸ク昨今ノ事ナリ」⑱

濃飛自由党盟約⑲

第一章　吾党ハ天地ノ公道ニ基キテ正理ノ存スル所ヲ明カニシ飽マテ自由民権ヲ拡充シテ社会一般ノ幸福ヲ全クスヘシ

第二章　吾党ハ我日本国ヲシテ富強文明ノ地位ニ進メテ独立不羈ノ体面ヲ全クシ世界各国ニ凌駕シテ其光栄ヲ輝カス事ヲ務ムヘシ

第三章　吾党ハ先ツ専ラ濃飛二国ノ人民ト一致団結ヲナシ推テ日本全国ニ於テ吾党ト主義目的ヲ共ニスル者ト一致団結シテ吾党ノ目的ヲ達スヘシ

第四〜十七章　（欠）

第十八章　吾党ニ於テ目今起ス業務ハ如左

一　濃飛自由新聞ヲ発行シテ大ニ自由ノ主義ヲ拡充シ之ヲ党衆内外ニ頒チテ広ク其気脈ヲ通シ以テ一般ノ公益ヲ謀ル事

一　濃飛二国ニ於テ盛ンニ演説討論ヲナシ其演説討論シタル所ノモノヲ以テ濃飛自由新聞ニ記載シ以テ智識交換ノ益ヲ謀ル事、但、演説討論会ヲ開クトキハ必ス国法ニ従ッテ行フヘシ

一　政治法律ヲ研究シテ深ク学術智識ヲ練ル事

一　大イニ武術ヲ励ミテ一般ノ元気ヲ振起セシムル事

現在、盟約書の第四章から第十七章は欠如して不明であるが、明治一五年七月七日、「濃飛自由党」解散後の旧同党幹事早川啓一に対する大垣警察署「同党の組織・性質等の尋問に対する回答」[20]を付き合せれば、ほぼその大枠を把(とら)えることができる。

早川啓一と大垣警察署の問答は次の通りである。

（問）㊟大垣警察署

濃飛自由党カ団結セシハ何等ノ為カ蓋シ政治ヲ講談論義スル為ニハアラサルヤ、該党ニ於テ名簿ヲ備ヘ置キヌハ郡部ヨリ本部ヘ対シ党衆ノ名簿ヲ送呈スルハ何ノ要アルヤ、党中ヘ加盟スルトキ資金ヲ出スハ何等ノ費ニ充ツルヤ、毎年一回大会議ヲ開キ主意ハ如何ナル場合ヲ云フカ、不破郡赤坂村始メ各所ニ於テ濃飛自由党岩田徳義ガ開会スル演説会ハ該党ノ演説ナルヤ、濃飛自由新聞社ト濃飛自由党員トノ関係及ビ該社新聞社員ハ大ニ政党ノ内ヨリ選抜スルヤ

（答）㊟早川啓一

濃飛自由党ヲ団結セシハ政治ヲ講談論義スル為メニハ無之盟約書第一章ニ明記スル処ヲ目的トシテ団結シタルモノニ有之候、党中ニ名簿ヲ備ヘヌ郡部ヨリ本部ヘ党衆ノ名簿ヲ送達スル儀ハ其党員加除増減ヲ明カニセン

早川啓一
（早川家所蔵）

為メニ有之候、毎年一回大会議ヲ開クハ党中役員ノ改撰年内ノ費用ヲ予定スル儀ニ有之候、不破郡赤坂村ヲ始メ各所ニ於テ演説シタルハ濃飛自由党ノ演説会ニハ非ス党中ニアルモノ等ガ為シタル演説ナリ最モ当時認可相成タル届書ニ因テ顕然タル儀ニ有之候、濃飛自由新聞社ハ濃飛自由党トハ其区分ヲ異ニスルモノナリ、故ニ新聞社ハ党内党外ヲ論セス株主タラント欲スル者ニハ之ヲ許可スル儀ニ有之亦社員ヲ党員ノ内ヨリ選抜スル等ノ規則モ無之候、右ノ如クニシテ濃飛自由党ハ政談結社ノ目的ニアラズ政治外ノ冀望ヲ達セントスル者ニ有之候。

同党の第一、二条には団結の目的が明記されてその組織図は次のようだった。

濃飛自由党組織図

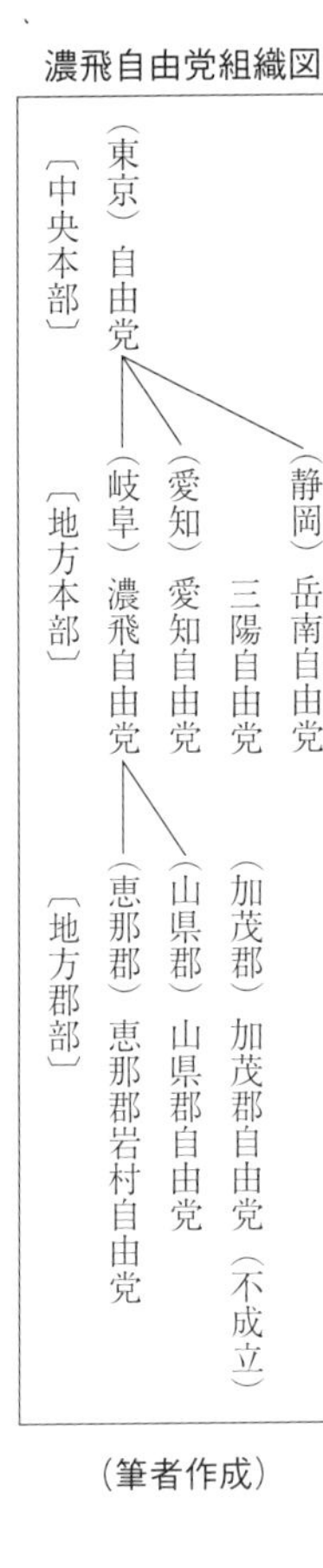

（筆者作成）

「党中ニ名簿ヲ備ヘ、又郡部ヨリ本部ヘ党衆ノ名簿ヲ送達スル儀ハ其党員加除増減ヲ明カニセン」ため、名簿を備え、党員の把握を行った。㉑

同党の運営費は、「党中ヘ加盟スルトキ加盟金トシテ金一円ヲ差出ス儀ハ之ヲ積金トシ其利子ヲ以テ本部費用ニ当テ」㉒ていた。もし余金あれば「党員学資ニ充ツルモノ」とした。

予算並びに役員改撰は、年一回の同党大会議で決するという極めて民主的内容である。

しかし、同党は他の「愛知自由党」や「三陽自由党」に比して、組織力は脆弱と見るべきで、同党の特徴は、板垣来岐のために急拠即成に作られ一本化した名目的組織という点にあり、いわば砂上の楼閣に近いものだった。

同党の組織力の脆弱さを物語る証左としてこの時期、「愛知県名古屋区自由党」では、党員数五千人達成し地方部規則を規定、自由新聞株主募集にも尽力し、同地方で一の自由新聞発行計画が立案されるに至るが、岐阜県に於ては、明治一五年一月岩田が提供した「東京自由新聞」発行主意書があるのに拘らず[23]内藤の尽力により、ようやく党勢増大の岩村自由党が、自由新聞の株金一千円を募集する事に決定した程度であった。

「県下自由党の勢力未ダ甚ダ蔚大ナラズ、随テ其ノ信用モ未ダ深カラザルガ如シ」[24]

というのが、発足当時の「濃飛自由党」の実態ではあったが、とりあえず一つの党としての形態がここに整ったのである。

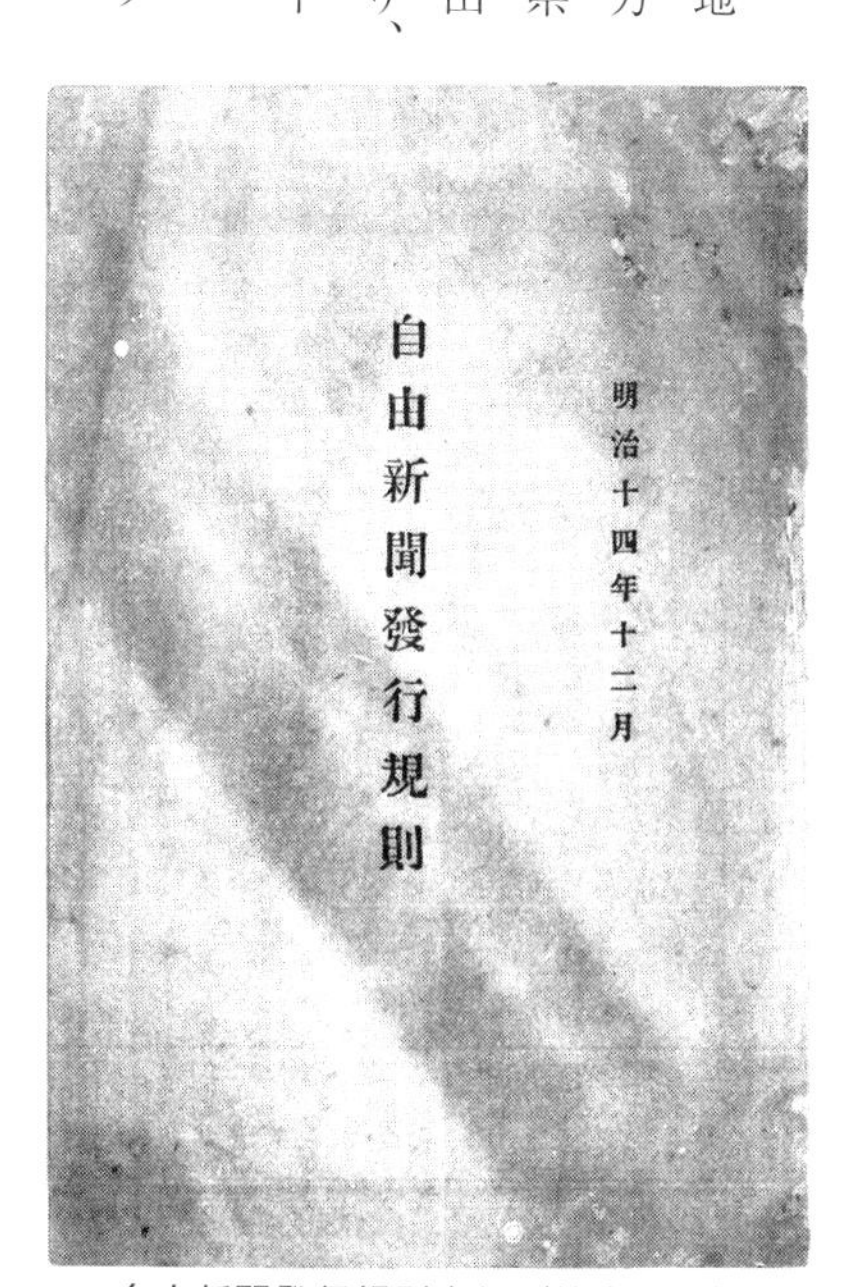
明治十四年十二月
自由新聞發行規則

自由新聞発行規則表紙（筆者所蔵）

註

①「板垣伯岐阜遭難録」再版（筆者所蔵）

②「愛岐日報」明治一四年一〇月六日付

③「愛岐日報」明治一四年八月二日付雑報（岐阜）

④「岩田徳義翁小伝」（筆者所蔵）

⑤武藤貞一「板垣伯遭難記」（筆者所蔵）

岐阜市松屋町の織屋（呉服太物商）渡辺甚吉は県下最大の地主であった。

岐阜市内銀行十六銀行頭取他を務めた岐阜経済人
⑥「余が前半世紀の歴史」（筆者所蔵）
⑦「文明之利器」明治二五年一月（第一六号）
⑧「　同　」　同　（同）
⑨「余が前半世紀の歴史」（筆者所蔵）
⑩「岩田文書」（筆者所蔵）
⑪「岩田文書」（筆者所蔵）
⑫「岐阜日々新聞」明治一五年二月一日付
⑬「　同　」　同　同
⑭「岩田文書」（筆者所蔵）
⑮「岐阜日々新聞」明治一五年一月一三日付
⑯「　同　」　同　一月二四日付
⑰「岩田文書」（筆者所蔵）村上佐一郎については高橋賢「西三河の民権家・村上佐一郎の生涯」が詳しい。
⑱「愛岐日報」明治一五年三月二四日付
⑲「濃飛自由新聞」岐阜県博物館保管（個人蔵）
⑳「岐阜日々新聞」明治一五年七月一九日付
㉑「　同　」　同　七月二三日付
㉒「　同　」　同　七月二三日付
㉓「岐阜日々新聞」明治一五年一月一四日付
㉔「関口議官巡察復命書」（筆者所蔵）

二　濃飛自由新聞

濃飛自由新聞第一号は、六月十三日に次の通り発刊され、第三号まで続いた。①

第一号　大垣に本社を設置（美濃国大垣町十六番地）

　大垣岐阜町濃飛自由新聞社

　第一局

　岐阜太田町　春陽舎

　仮編輯兼印刷は山田頼次郎

明治一五年三月中旬には出願許可し②

明治一五年四月一〇日藤吉留吉と岩田が広告を出し、「御講覧ヲ乞フ」としている。③

「濃飛自由新聞来ル十三日ヲ以テ発行致スベキニ付四方ノ諸賢偏ク御講覧ヲ乞フ」

　六月十日濃飛自由新聞社

現在、同紙は岐阜博物館に保管所蔵されている。この一点のみを筆者は確認、極めて貴重な資料となっている。個人所蔵者の方の談によれば同紙の存在の理由について「祖父の兄が板垣退助に師事していた」との事であった。自由党員で濃飛自由党にも係わっていた可能性がある。④

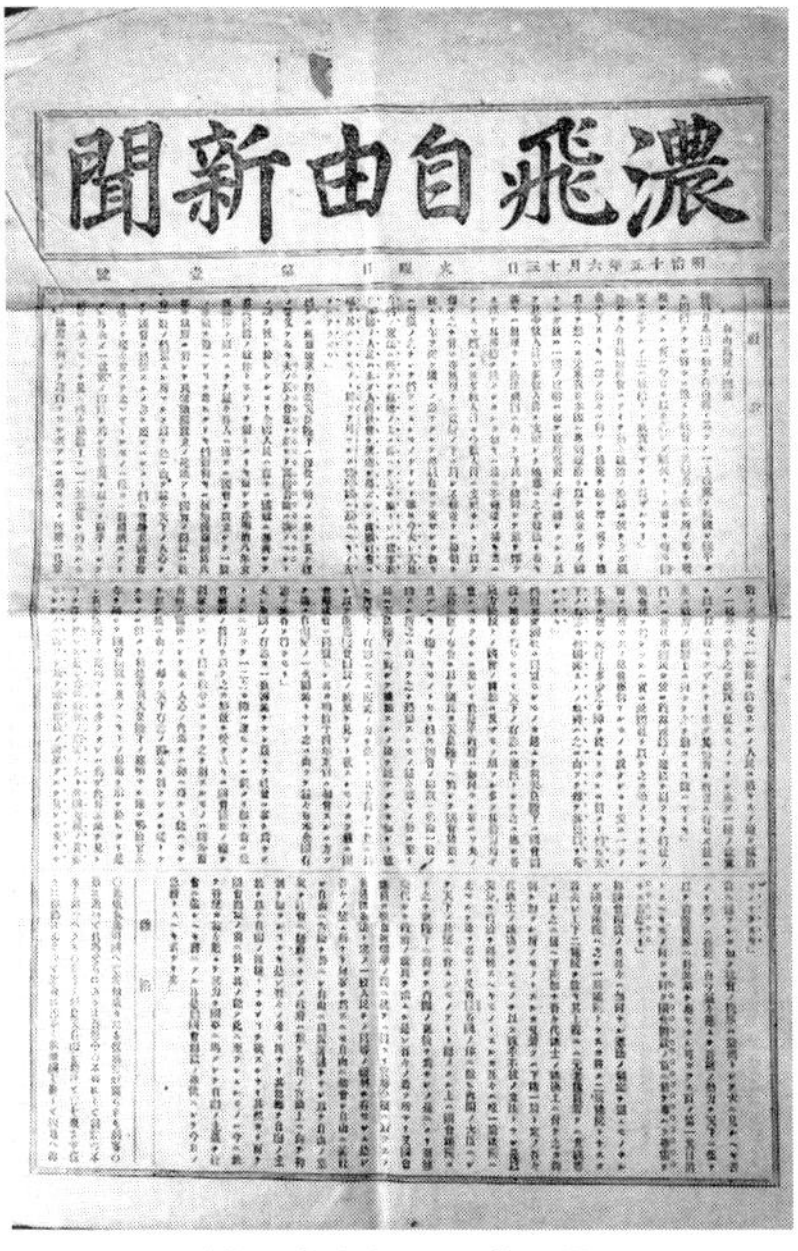

濃飛自由新聞　第１号
（岐阜県博物館個人預託所蔵）

濃飛自由党本部から「自由党総理板垣君詳録」が発行された。

編集は濃飛自由党とある。

（表紙）

岩田徳義校閲

藤吉留吉編輯

自由党総理　板垣君遭難詳録第一編

岐阜濃飛自由党本部

（奥付）

明治十五年五月三日御届

同十五年五月六日出版

編集人　岐阜県平民　藤吉留吉

岐阜県美濃国山県郡太郎丸村五番地

出版人　同県平民　山田頼次郎

同県同国方県郡中西郷村壱番地

大取次所　岐阜県岐阜太田町　春陽舎

愛知県名古屋本町　石版社

なお、板垣君記念碑建設の広告が、この時でて、後の岐阜公園の銅像となっていく。⑥

本部設置場所について、岐阜か大垣か非常に錯綜（さくそう）している状況が窺える。

濃飛自由党本部⑦

岐阜に設置

濃飛自由党本部発行「板垣君遭難詳録」
（筆者所蔵）

六月一〇日　美濃国安八郡大垣岐阜町一六番地
（移転広告）
六月一六日　移転取消し
六月二〇日　本部移転時日ノ儀取消ス

同新聞第一号についてみてみよう。⑧

同新聞第一面社説は「自由政党ノ団結」との題で、三段抜き、同党のこれまでの政治の歩みについて触れ、今後の国会開設に向けての憲法の制定あるいは国会の議員制について国会議員の撰挙のあり方等にも言及している。

「……一般人民ヲシテ同等ノ権利ヲ有セシム是レ吾々ノ望ム所ナリ何事ヲ為スニモ自由ニ集会シ自由ニ結社シ自由ニ言論ヲ公ニシ自由ニ出版著述ヲナシ以テ自由ノ空気ヲ社会ニ活動ナサシメ政府ハ敢テ各自ノ言論上ニ向テ抑制ヲ加フル事ナキ是レ吾々ノ希フ所ナリ其他総テ自由ノ主義ヲ以テ自由ノ組織トナサン事ヲ欲スルナリ」

としている。

大垣、岐阜の二カ所に政法の二学校を設立し、有志家の子弟を入学させ、人材育成計画を建て、同党有志者の内一名を土佐に派出し人材育成を計っている。

とりあえず、学校設立以前に、学術研究会を県内各地で開催し、西欧新主義の翻訳書を頒布し各々智術を練らんとしている。

この時期の東濃四郡の政党団結について、恵那郡岩村は安田節蔵、浅見与一右衛門を中心に二〇〇余名が団結、同

地驛遺の伯年五十治明像銅伯垣板
GIFU-PARK, GIFU.　園公阜岐

絵葉書　板垣銅像（筆者所蔵）

郡中津川は林淳一、市岡政香が、苗木では土岐政徳、水野忠雄が、また加茂郡では、上佐見、下佐見、久田見、加治田、麻生、三川、太田、神土各地で有志懇親会、演説会の催しがあった。

西濃諸郡でも自由党加盟者が、続々とあり勢いを示し懇親会が催されている。

飛騨国高山でも日箇原豊三を中心に青年懇親会開催し、一政党組織中という。

第三面では、後藤秀一の天皇不敬罪事件⑨、村山照吉の酒屋会議事件⑩の不条理な扱いについて評論している。

第四面は、岩田徳義の演説「壓制ニ法律ト腕力トノ害ニ軽重ノ別アルヲ論ス」が三段にわたり記載されている。

いずれにしろ、濃飛自由新聞発刊に至った岩田は、明治一二年の盟約に従い、岐阜に民権の種子をまき、花咲かせた満足感に満ちている。

註

① 「岐阜日々新聞」明治一五年六月二〇日付
② 「　同　」明治一五年四月一一日付
③ 「　同　」明治一五年六月一三日付（広告）
④ 同紙所蔵者談
⑤ 「板垣君遭難詳録」（筆者所蔵）
⑥ 「濃飛自由新聞」第一号明治一五年六月一三日付
⑦ 「岐阜日々新聞」明治一五年六月一三日付　六月一八日付　六月二〇日付
⑧ 「濃飛自由新聞」明治一五年六月一三日付
⑨ 拙稿「後藤秀一の天皇不敬罪事件」岐阜史学七五号
⑩ 拙稿「村山照吉の酒屋会議事件」東海近代史研究第七号

3．板垣東海道遊説

一　板垣の愛知県入り

岩田が、主導した板垣遊説とは、どんなものであったのだろう。

明治一五年の板垣来岐（東海道遊説）は、全国自由党勢力拡大の実現と停滞する岐阜県自由民権運動の萌芽、高揚を目的とする両者の意志合致線上に実現した。

明治一五年三月一〇日、前年の東北遊説に引続き、板垣は党勢拡大運動の一環として、岩田との盟約を遵守し、東海道遊説のため東京を出発する。①

静岡県入り　山梨県から富士川を下り静岡県に入った一行（竹内綱・宮地茂春・安芸喜代香・上岡美技ら）は、一一日沼津にて沼津観光社員や岳南自由党土居光華（東海暁鐘新報主筆）らの出迎えで「歓迎会」開催、翌一二日富士郡吉原病院での「政談演説会」「懇親会」を経て、一三日夕方、静岡に到着（宿舎両替町魚文方）。同夜、静岡県改進党員及び有志二三名の、「歓迎会」が磯馴楼で開かれ、翌一四日午後、静岡寺町感応寺で岳南自由党による「歓迎親睦会」開催、党内外の有志二〇〇余名が参加

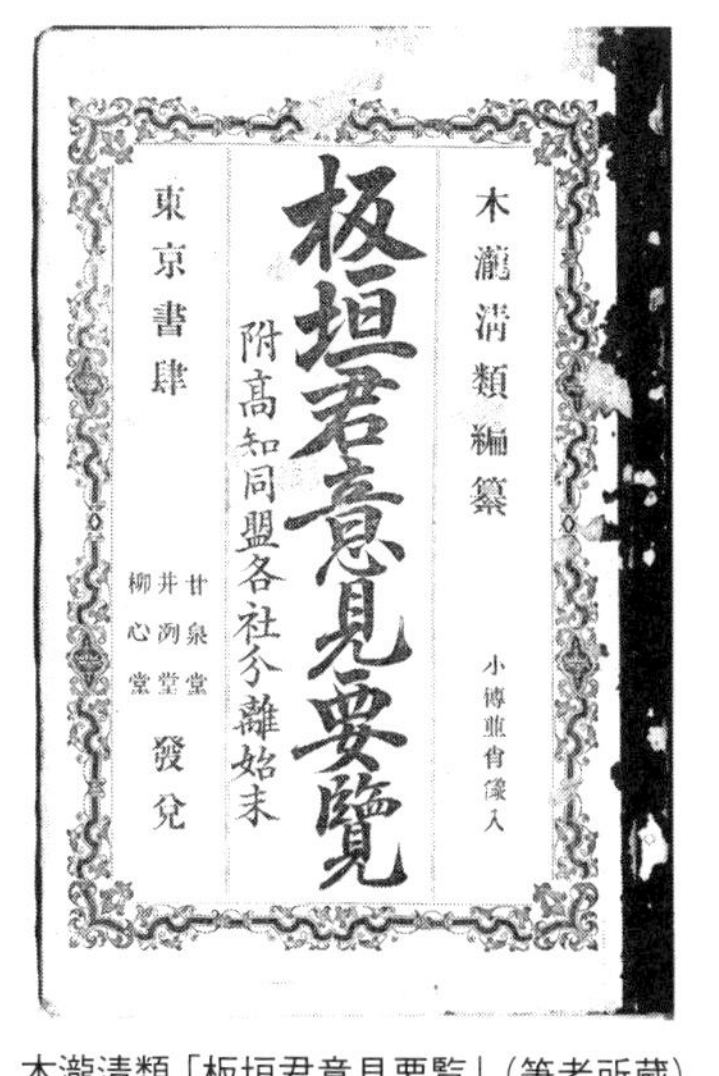

斉藤和助「板垣君高談集」（筆者所蔵）　木瀧清類「板垣君意見要覧」（筆者所蔵）

した。[2]

いたるところで民衆の熱狂的な歓迎を受けて飛躍的に党勢を拡大していく。

一五日静岡を発ち同夜浜松泊。一六日夜、浜松田町玄忠寺で同地の岳南自由党及び一般有志者一〇〇余名による「懇親会」が開催された。[3]

愛知県入り　一七日浜松を発った一行を内藤魯一・遊佐発・村松愛蔵ら数十名が県境の二川駅橋本屋にて待受け、一行到着後、一同二〇余台の腕車をつらね豊橋関屋町百花園玉楼に到着するが、一行の三河入り以来、内藤が付き切りで先導役を勤める事になる。[4]

「同地の有志者は同君の来着を待つ事、恰も大旱雲霓（たいかんうんげい）も啻ならざる……」[5]

同夜「懇親会」開催。翌一八日同所にて「卓上演説」開催、一二〇〇余名参会。席上、村雨案山子[6]の妻のぶの壮快

板垣東海道遊説ルート　〈筆者作成〉

月日	場所	月日	場所
3月10日	東京	24日〜25日	西尾
11日	沼津	26日〜27日	知立
12日	富士郡	28日〜29日〜30日	名古屋
13日〜14日	静岡	31日	多治見
15日〜16日	浜松	4月1日〜2日	岩村
17日〜18日〜19日	豊橋	3日	中津川
20日	田原	4日	太田
21日	豊橋	5日	岐阜
22日〜23日	岡崎	6日	（岐阜遭難）

※7日　山県郡高富村（予定中止）
8日　安八郡大垣町（予定中止）

相原尚褧「板垣君近世紀聞」（筆者所蔵）

なる演説は満場の喝采を博し、後の板垣岐阜遭難の際、終始病床に付き添い寝食を忘れて看病したのぶに対し、板垣は全国の志士が欲しがった血染めのシャツを贈呈したという。⑦

一九日豊橋滞留。翌二〇日正午、田原へ向う一行を田原の自由党員数一〇名が船倉橋に迎え、同夜、巴江城址巴江神社々務所で「懇親会」開催。参加者は村松を始め六〇余名を数え、尾張屋を宿泊所に予定していたが痛飲夜を徹し、当時一四歳であった鈴木清節（『三河憲政史料』著者）はどうしても板垣が見たいと思い、社務所裏の窓の障子に孔をあけ板垣らの演説を聴いたという。⑧

二一日、一行は海路豊橋に引返す。この日岡崎着の予定を板垣の風邪のため変更し豊橋泊。翌二二日、岡崎自由党委員平岩隆蔵・川合文之助の出迎えで岡崎へ向い「懇親会」開催、二三日同地滞在。早くも名古屋より板垣出迎えのため、岡田利勝が同地入りした。

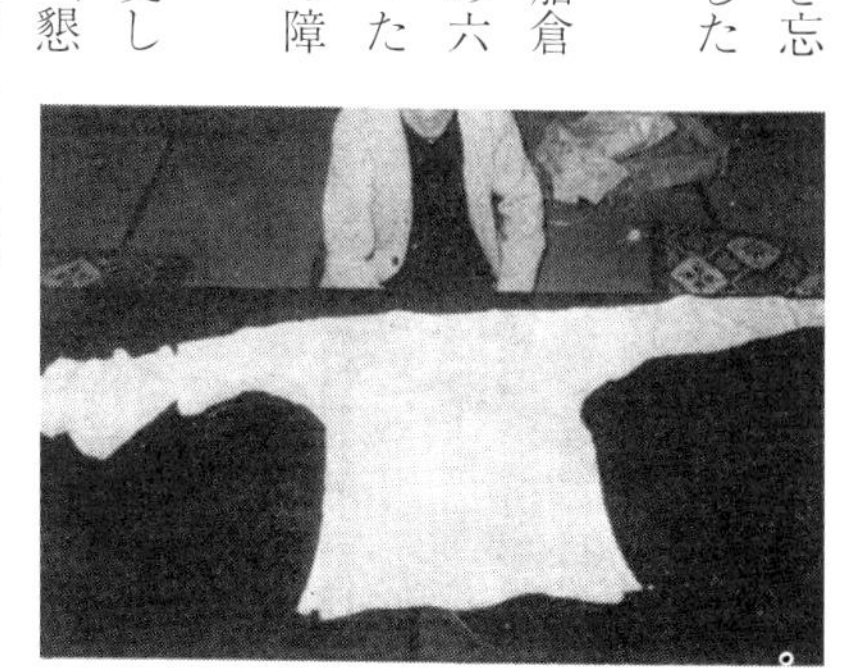
血染めのシャツ（村雨家所蔵）

二四・二五両日、西尾へ巡視。二四日の「懇親会」は宿舎の深谷半十郎別荘にて開催され知多郡より榊原駒太郎・榊原由一・新美治郎八ら九名が参会板垣と征韓論につき語り合い⑨、ついで二六・二七両日、内藤のお膝元知立へ赴き有志者五〇〇余名と矢田保之助方にて「懇親会」が開催された。

二八日、名古屋自由党渋谷良平他四～五名の出迎えで知立を発ち、吉田道雄・小塩利勝らが待受ける鳴海駅へ到着。それより一同は先きに内藤が名古屋古渡町に設立した「名古屋倶楽部」にて演説を持ち、三～四

岡田利勝

愛国交親社副社長
庄林一正の名刺（筆者所蔵）

○○名の人々が歓迎する中、魚町魚半楼へ着いた。

二九日は二カ所で懇親会があった。午前一一時より自由党の別働隊＝愛国交親会の本部門前町大光院で同社主催「懇親会」、午後一時より同町博物館にて愛知県自由党尾張部主催「懇親会」開催。同会は石版社（祖父江道雄）の尽力により参加者三〇〇余名を数えたが、会中、尾張部と内藤（三河部）が対立した。

名古屋事件の中心となった石版社（祖父江のもの）から祖父江の本も出版している。

なお、石版社から加波山事件の小林篤太郎「明治天一坊」（明治一六年）上・下巻が発刊されている。

「該会の酣酌（かんしゃく）に同地の芸妓を喚寄せることより三州の自由党内藤魯一氏が、名古屋は惰弱なりとか喚発の精神に乏しとか演説されたるより、名古屋の有志は大ひに怒り既に大議論にもならん……」⑩

翌三〇日板垣は宿舎へ有志者数十名を招き「自由の真理」を説いたという。（なお、この日挙母へ向ったとの説があるが、誤りと思われる。）

ところで、これらの懇親会を支えた三河の自由党員は、次の名簿の有志者だったろう。今、明治一四年六月一八日の「自由党懇親会集員録」をみてみよう。（ほぼ三河・尾張の名が網羅）⑪

地域的には、三河碧海郡内籐魯一の二三名、三河渥美郡豊橋村雨案山子の一二名、額田郡岡崎の相馬政徳の七名、その周辺部から太田松次郎の七名、名古屋から国島博の一二名、関東から二名、の計六三名である。

地租輕減之註釋

石版舎

明治十七年一月七日出版御届
同　年一月三十一日出版

定價金八錢

編輯兼出版人　愛知縣士族　祖父江道雄
名古屋區呉服町二十番邸

發兌元　石版舎

十九

祖父江道雄明治一七年一月三一日「地租軽減之注釈」石版社（筆者所蔵）

長谷川昇氏は次のように分析される。

「中央での「自由党」結成は十四年十月の事であるが、それに先んじて愛知県では着々と地方支部の結成が有志によって進められた。十四年二月十日から三日間、豊橋の札木町で「自由党政談演説会」と銘うって内藤魯一の「三河交親社」と田原の村松愛蔵の「恒心社」の共同主催の演説会が開かれた。初日夜の演題は、内藤魯一「日本人の心」・村松愛蔵「国会尚早しとは何の理由乎」・加藤平吉「勢論」・遊佐発「発撥論」。聴衆は毎夜三〇〇人を越す盛況であった。更に尾張地方を含みこむために四カ月の準備期間を置いた後、六月十八日を以て、岡崎「ます吉楼」を会場として「愛知県尾三両国自由党懇親会」が盛大に開催された。この集員録はその時参集した有志六十八名の顔触れとその住所である。三河部四十九名に対して尾張部は十二名。三河では知立（内藤魯一）・田原（村松愛蔵）・豊橋（遊佐発）・岡崎（相馬政徳）で結成された有志の小グループが連合したもの。」⑫

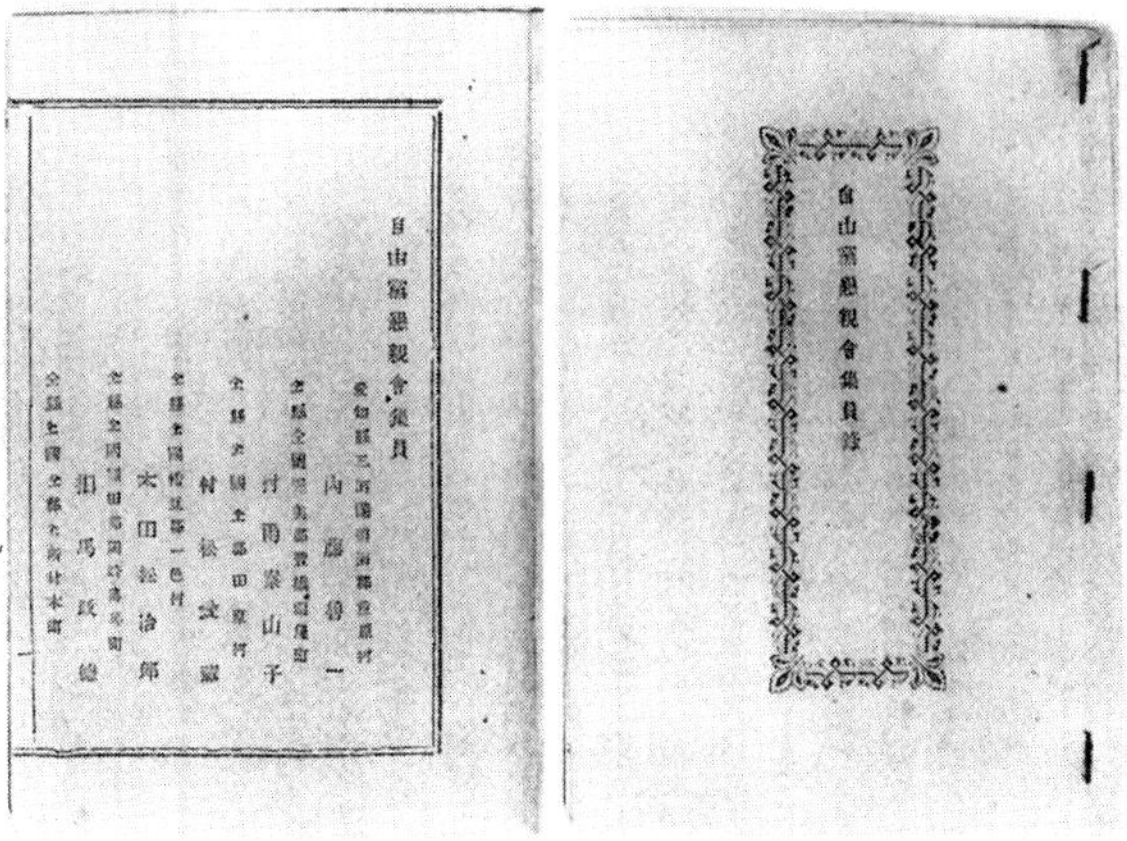

集員録「内藤文書」（長谷川昇氏所蔵）

板垣が名古屋に入ってから、三河部の内藤と尾張部の石版社祖父江道雄らのグループとの対立も伝えられる中、愛国交親社員もまたこれらの懇親会の下支えとなっており、入岐阜の際には、勝川まで吉田道雄、岡田利勝や愛国交親社の社長荒川定英や庄林一正が一行を見送っている。

自由党懇親会集員録（「内藤文書」より）　〈著者作成〉

国	郡	町村	氏名
三河国	渥美郡	関屋町	村雨案山子
〃	〃	田原村	村松愛蔵
〃	〃	豊橋札木町	西川由次
〃	〃	旭　町	加藤平吉
〃	〃	八　町	遊佐彰吉
〃	〃	宮下町	関口　良
〃	〃	〃	遊佐千万喜
〃	〃	八　町	寺尾清廉
〃	〃	〃	加治千萬人
〃	〃	豊橋村	藤森彦男
〃	〃	〃	井沢寿一
〃	〃	田原村	鈴木文孝
三河国	額田郡	岡崎伝馬町	相馬政徳
〃	〃	岡崎材木町	竹内竹五郎
〃	〃	岡崎伝馬町	森　貴之
〃	〃	岡崎康生町	山本義路
〃	〃	岡崎祐金町	青山尋信
〃	〃	岡崎亀井町	奥村錠治郎
〃	〃	岡崎康生町	石堂竹五郎
尾張国	名古屋区	東橘町	小島義兼
〃	〃	榎　町	渋谷良平
〃	〃	南伏見町	高瀬杲之助
〃	〃	飴屋町	高橋鉄太郎
〃	〃	関鍛冶町四丁目	高木祖来
〃	〃	東角町	国島　博
〃	〃	下日置町	富永常十郎
〃	〃	梅川町	小出忠孝
〃	〃	東橘町	高木宗七
〃	〃	〃	鬼頭柳助
〃	〃	伊勢山町	鈴木兼松
〃	〃	高岳町	岩佐善右衛門
三河国	碧海郡	重原村	内藤魯一
〃	〃	下中島村	早川龍助
〃	〃	刈谷村	大音祖見
〃	〃	〃	渡辺金零
〃	〃	桝塚村	近藤金三郎
〃	〃	城ケ入村	川那辺義道
〃	〃	上野村	成田慤巌
〃	〃	〃	高村久吉
〃	〃	野田村	小笠原金平
〃	〃	〃	後藤吉治
〃	〃	〃	林　彦一
〃	〃	知立村	近藤六松
〃	〃	〃	林文三郎
〃	〃	〃	井村輝太郎
〃	〃	上重原村	杉浦計造
〃	〃	〃	稲垣久助
〃	〃	〃	大垣戒三
〃	〃	〃	内藤六四郎
〃	〃	〃	村上佐一郎
〃	〃	下重原村	川村欽咲
〃	〃	谷田村	城島治郎
〃	〃	西中村	池田友八郎
〃	〃	〃	加藤亀治郎
三河国	幡豆郡	一色村	太田松次郎
〃	宝飯郡	牛久保村	伊藤喜助
〃	〃	蒲郡村	加藤尋七郎
〃	東加茂郡	牛地村	後藤兼造
〃	北設楽郡	御所具津村	今泉佐四郎
〃	〃	〃	今泉清盈
〃	西加茂郡	長興寺村	伊藤茂吉
東京府	神田区	末広町	千葉之胤
山梨県	甲斐国	都留郡 桂村	暮地義信

註

① 「愛岐日報」明治一五年四月七日付
② 原口清「明治前期地方政策史研究」（筆者所蔵）
手塚豊「自由党静岡事件裁判小考」
伊藤痴遊は「東海道で多少の自由党はあった最も能く活所」として相当の勢力を持っていたのは、「静岡、岳南自由党」「浜松、遠陽自由党」「岡崎、岡崎自由党」と言い、なかでも静岡・浜松は双生児にして強烈な革命思想を持つが、岡崎は漸進主義で余り激しい運動に同意しなかったと言う。
③ 「自由党史」（筆者所蔵）
④ 長谷川昇「博徒と民権」（筆者所蔵）
⑤ 「愛岐日報」明治一五年三月一九日
⑥ 秦基「村雨案山子考」（東三地方史研究会々報）
⑦ 太田巴狂「三河憲政資料」草稿
⑧ 鈴木清節「三河憲政史料」（筆者所蔵）
⑨ 遊佐発「勇退雪冤録」（筆者所蔵）
⑩ 中島市兵「板垣君近世紀聞」（筆者所蔵）
⑪ 「内藤文書」長谷川昇氏所蔵
⑫ 知立市教育委員会「内藤魯一自由民権運動資料集」解説より

二　板垣来岐

名古屋で懇親会が持たれた二九日、岐阜県濃飛自由党より板垣招請出迎委員岩田と安田節蔵が桜町橋屋に止宿した。

板垣来岐の準備のため三月二二〜二三日頃より、岐阜伊奈波松歳屋に一の事務所を開設、懇親会発起人は次の七名である。

恵那郡岩村　浅見与一右衛門・安田節蔵
加茂郡太田村　林小一郎
岐阜市泉町　岩田徳義
方県郡安喰村　村山照吉
大垣町東長　早川啓一
山県郡高富村　大橋松平

今じっくり岐阜県内懇親会を見てみよう。

三一日、一行は名古屋地方部自由党員吉田道雄、岡田利勝、愛国交親社荒川定英、庄林一正らに勝川駅まで見送られ、岩田の先導により下街道を北進愈々板

浅見家文書（筆者所蔵）

浅見与一右エ門（自由党史）

村山照吉（最左）岐阜万松館にて（村山家所蔵）

垣・内藤・竹内が騎馬、他は人力車で美濃地に入った。

「治道風を聞いて沓至し、車蓋を望んで景従する者、数を知らず」①

同夜、多治見村養正小学校で「多治見懇親会」開催し午後一〇時閉会となり西浦円治方に宿泊した。

多治見の小学校での懇親会で、上席中央に板垣・内藤・竹内三人がすわり、両脇に各四名の弁士席があって、岩田徳義・安田節蔵らとともに、岡本都与吉（御嵩警察署）が着席したところ、岩田がいぶかしく思い、安田に耳うちしている。

このとき坂田恭而・小池勇・水野友九郎等が立ち祝詞を述べている。

三月三一日多治見懇親会で、岩田が板垣招聘について内藤と議論した際、

「岐阜県下運動の方針余が宿志なり君の与る所でなし。余の通りにならなければ帰岐するとして多治見の西浦円治宅より去らんとした。この時、安田（節蔵）も同意見であった。伯は非常に心配し結局内藤が陳謝した。」②

といい、岩田の岐阜県自由民権運動の領袖としての自信にあふれている。

「…（略）…自由党総理板垣退助氏の巡遊ありしれば、之が為に民心大に奮起し、又隣国尾州には内藤魯一氏ありて屡々岩田氏と往来交通されしより、今日に至って自由党の勢力二州に普く…」③

明治一二年の盟約以来（入岐阜）、常に内藤の後塵を拝していた岩田は、初めて対等の立場に立ちえた瞬間であった。

ところで、この安田節蔵は、明治一一年一二月恵那郡岩村小学校教員時代にすでに岐阜県令小崎に学校教育者給助について建白を為している。④

岩田徳義（自由党史）

建言

頓首再拝上書

令公閣下恭惟如本縣庶政雖無所不挙就中如学校其旺盛所希見也　無他唯其政令得宜而民人歸之也然而有不可解干茲之一条則明治十年丙號第廿九号布達小学給助規則中第四条是也曩於当校則七小学区聯区聘一級訓導補則照給助規則第四条仰定給五分一之給助而不得命更問之教育事務所亦不得其実於茲退而反覆熟読益生疑矣因思若此規則或依其校之事情而一時設之乎果然則現然存其不問教員之多少一般給助之条則不可解也若日給助依其校之事情則宜刪去此末条而更不示其事情不得無疑惑也抑管下百之学校雖旺盛也其校費之為足者恐不過十中之一也是以他校亦雖僅ニ之給助蓋将有所仰為是依其規則也伏冀如規則ニ公然施行之使衆庶敢無差疑則非当校之韋管下各校之幸而闕其校事者亦将無所惑於斯不顧浅学誤解之罪陳鄙見以讀

高明之聴恐懼再拝

明治十一年十二月

恵那郡岩村巌邑学校主者

安田　節蔵㊞

岐阜県令小崎利準殿

東濃地区の多治見養正小学校の小池勇や岩村の巌邑（いわむら）学校の安田節蔵ら、突出した学校教育民権家に対し警戒する小崎は鎮圧を目論（もくろ）んでいる。⑤

小学教員政党へ加入之儀ニ付伺

町村立学校教者ハ仮令職務外一箇人ノ資格ヲ以テスルモ政党へ結盟候儀ハ不相成候儀ト相心得可然哉又授業生助手ノ向ハ準官ヲモ有セサル者ニ付政党へ加盟候モ不苦ト相成得可然哉右差懸リ儀有之相伺候条何分之御指揮有之度候也

明治十五年五月二日

岐阜県令小崎利準㊞

文部卿福岡孝弟殿

小池勇は「大ニ時事ニ感ジテ断然職ヲ辞」すのだが、この養正小学校は小池勇の民権思想に強く影響されていて、小池退職後も、小崎の弾圧の嵐にさらされている。

「東濃旧自由党員捕縛一件に関係あるにや
　以前多治見村の養正学校の教員にて後土岐郡書記となりし坂田恭而氏は突然職を免ぜられたるよしにて一度にても養正学校に職を奉ぜし者は補助員に至るまで悉皆免職となりて其数二十一名の多きに至れりといふ」⑥

また、同年一二月四日巌邑学校会計掛の浅見与一右エ門は依願退職を岐阜県に申出て受理されている。⑦

四月一日、一行は北進して土岐、釜戸村を経て岩村に向うが、同地は先の二月二〇日より自由党本部幹事の内藤が岩村に出張し、二二〜二三日「岩村政談自由演説会」の演説に従事し盛会を極め自由党勢力拡大・党衆増大していた。

「東濃一円の人心は極度に躍動した。分けても岩村地方の党員百余名は熱狂して下街道筋を竹折村（注＝恵那市武並町竹折）まで出で迎へ、外百余名は岩村々外大橋に屯して来着を待ち、党衆は手に手に高張提灯を振翳し沿道は到る処硝子燈を輝して警備を厳にする林、山間僻邑

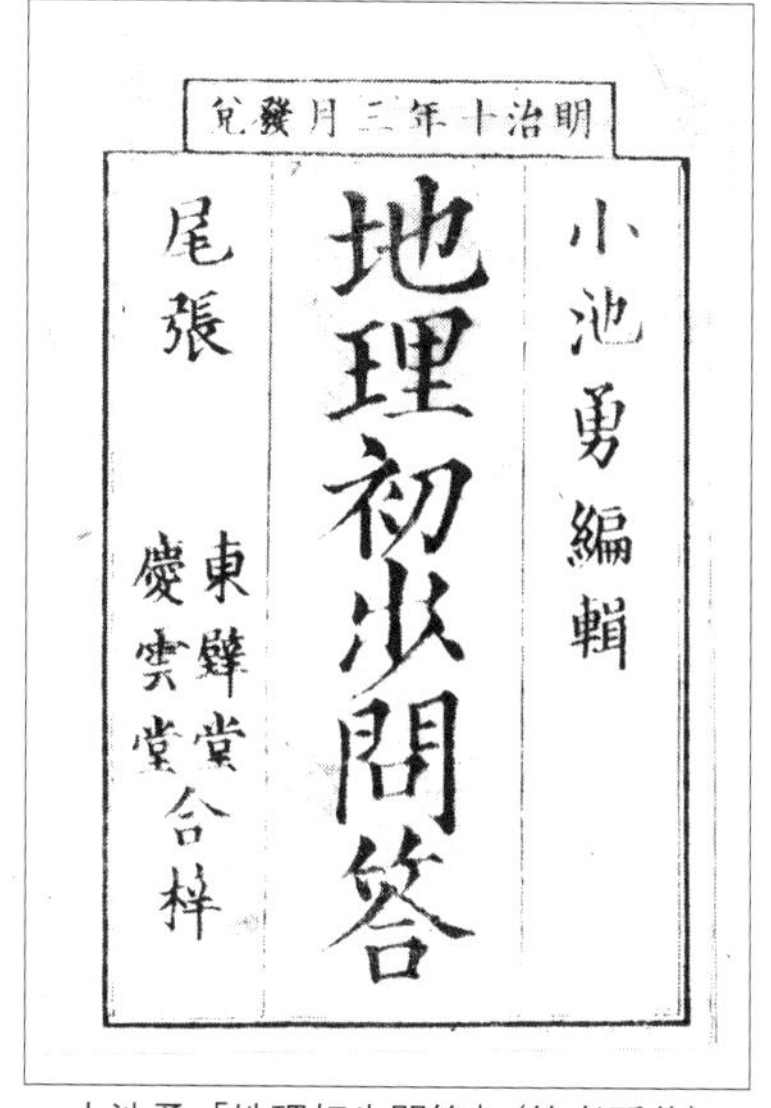

小池勇「地理初歩問答」（筆者所蔵）

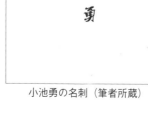

小池勇の名刺（筆者所蔵）

も此日の物々しさは巷人狂馳する大都の光景に異ならなかった。」⑧
午後八時岩村へ着いた一行は本町仮設劇場滝川座で「学術演説会」開催、九〇〇余名集会。（宿舎水野清一郎宅）
二日は、正午より誓厳寺で「懇親会」開催。同夜「学術演説会」開催し、一千百余名が集会した。⑨
会費一人一円徴収し自由党加入者からは更に三円を出させ、板垣一行招請費に充てている。
三日午後四時頃、一行は中津川に入る。（宿舎脇本陣森孫右衛門方）
当時、恵那郡長として中津川村にいた神谷道一の「懐紳」によれば、対板垣来岐に関して、すでに一月頃に県令小崎より「政談講談演説会之儀ニ付郡吏員ノ心得方之達」が到来し、板垣来中津川の際、神谷郡長は、

「本日ハ板垣退助岩村ヨリ当地へ入込今夕演説会アリ政治家ナルヲ以テ面唔セス……」⑩

と対面を避ける官吏的対応に終始した。
小崎の対板垣の警戒網は張りめぐらされている。
こうした中、早速、新町旭座にて「中津川学術演説会」開催された。

「近郷近在より犇々と押寄せた聴衆は、前夜から未明へ掛けて早くも旭座の木戸口に渦を巻き、いざ会場となるや雪崩を打って場内に押入る有様譬ふるに物なく、場内は忽ちにして蟻の入る隙間もなく、聴衆中には板垣の慊従者ばかりでない反対党の壮士暴漢も多数に打混り、殊に私服警吏の警戒は物凄き程行渡り、之れに備ふる味方の壮士団が八方に目を配るなど喧囂の中に凄惨あり……」⑪

「絵入自由新聞」演説中止解散の図
（国立国会図書館所蔵）

聴衆一千五百余名の中で、第四席内藤の「因果論」は集会条例六条抵触による中止解散命令を受け紛糾し一時解散後、再び開会を届出「学術演説会」を一二時まで開催し、別に同夜七時より「懇親会」開催され、雑踏を極める中津川を岐阜方面より狩出した警官隊が辻々を固め、恰も戒厳令施行下にあるを思わせたと言う。
中津川における緊張―弾圧状態は、そのまま太田会場へ持込まれた。⑫

註

① 板垣退助監修「自由党史上・下巻」(筆者所蔵)
② 「濃飛日報」大正七年四月二一日付
③ 「朝野新聞」明治一六年二月九日付
④ 明治一一年一二月「安田節蔵ノ県令への県白書」(県庁所蔵文書)
⑤ 「明治期岐阜県庁事務文書」(岐阜県立図書館所蔵)
⑥ 「岐阜日々新聞」明治一八年一月一〇日付
⑦ 「浅見家文書」(浅見家所蔵)
⑧ 武藤貞一「板垣伯遭難記」(筆者所蔵)
⑨ 同　「　同　」(同　)
⑩ 「簡斉文庫」(岐阜県立図書館所蔵)明治一五年四月三日「懐紳」より
⑪ 武藤貞一「板垣遭難記」(筆者所蔵)
⑫ 丸山幸太郎「板垣遭難事件史料」郷土研究二四号
国立公文書館収蔵　明治一五年「公文別録」中、板垣遭難事件関係文書があり、岐阜県御嵩警察署岡本都与吉上申書がある。

「板垣伯岐阜遭難関係文書」（国立公文書館所蔵）

1　岐阜県上申自由党総理板垣退助ノ件　一―五号
2　内務省進達同上ノ事件岐阜県令内報ノ件
3　内務省上申板垣退助遭害ノ件　一―十一号
4　司法省上申板垣退助ニ負傷セシメシ愛知県士族相原　尚褧審判ノ件　一－四号
5　大阪府上申板垣退助着阪ノ事情幷ニ政党景況ノ件　一―六号
6　板垣退助遭害ニ付探偵書　四月十日付

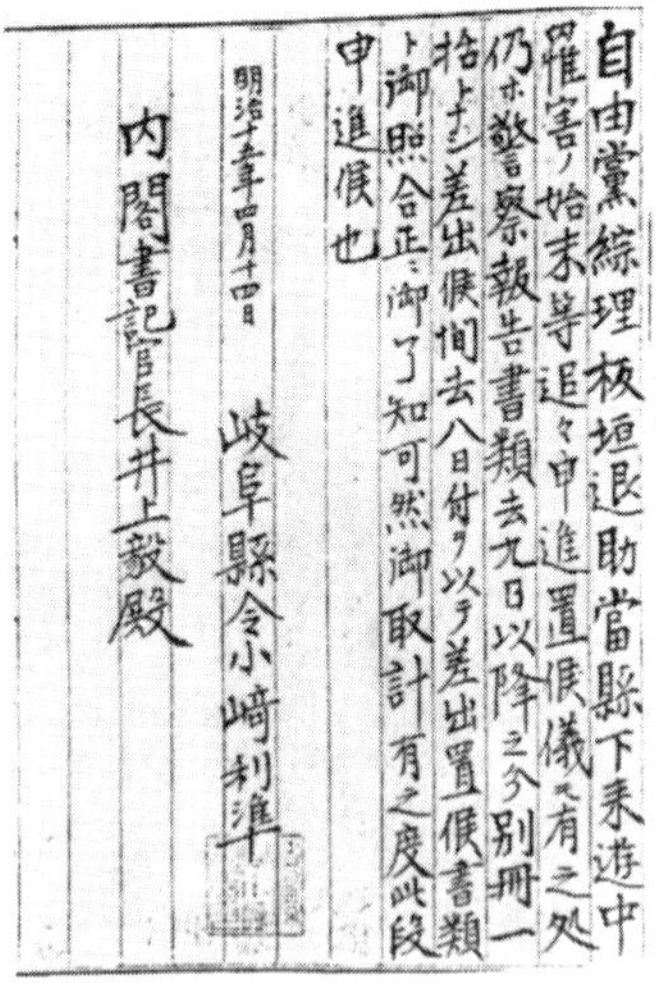
自由黨総理板垣退助當縣下来遊中
罹害ノ始末等追々申進置候儀ニ有之処
仍ホ警察報告書類去九日以降之分別冊一
括トシ差出候間去八日付ヲ以テ差出置候書類
ト御照合正ニ御了知可然御取計有之度此段
申進候也
明治十五年四月十四日　岐阜縣令小崎利準
内閣書記官長井上毅殿

板垣伯岐阜遭難関係文書
（国立公文書館所蔵）

三　加茂郡太田懇親会

午前八時、中津川を発った一行は、午後八時頃太田へ到着、早速「太田懇親会」が開催され会主林小一郎祝詞の後、板垣、竹内、内藤、安芸、宮地、上岡らの演説があり、午後一一時閉会し脇本陣林小一郎宅に泊った。そもそも、

「……一行が愈々（いよいよ）岐阜に乗込むといふ事になってからは、県令小崎利準を始め県の役吏・警察官等の大活躍が開始され、所在の自由党員には悉く密偵を附して一挙手一投足をも束縛するといふ始末……」①

県令小崎利準（亀山藩士）の民権嫌いは有名で、太田村辺では警察官より戸長に命じて懇親会に列せし者の姓名を取調べ差出すよう内達があった。

「加茂郡太田村辺にては警察官より戸長に命じて懇親会に列せし者の姓名を取調べ差出す様、内達せし等のことあり……」②

一月頃から小崎の政談演説会の締付が始まる。

「官吏タル者職務ニ係ル外、政談講学ヲ目的トシ公衆ヲ聚メ講談演説ノ席ヲ開ク等ノ儀ハ不相成筈ニ付、戸長ニ於テモ右等ノ儀無之様可相心得此旨相達候事

明治十五年一月十一日岐阜県令

小崎利準」③

当時、太田村戸長で懇親会発起人の林照太郎は、同通達により立場上、懇親会不参加。

また、県会議員で実質上の懇親会の中心人物林小一郎は、三月二〇日ごろ板垣一行歓迎準備事務所を岐阜開設の発起人の一人となっていた。しかし、急拠三〇日岐阜日々新聞で取消し広告を出し、同会場で代理人として林松太郎を立てるなど小崎の圧力に動転ぶりが窺がえる。

このため、東濃各会場の盛況に引続き、太田政談演説会を企図した岩田だが、懇親会のみに留まる事となった。

後、岩田と林小一郎は親密な関係を築いていき、「麻布学館」のよき支援者となっている。

「顧レバ過去明治十二年岐阜入県来情誼綿ニ不失旧交は特ニ貴所（林小一郎）ある耳殊ニ十五年板伯兇変以来與ニ政界ニ立たる人……貴所と余（岩田）耳」

板垣来岐記念写真（浅見家所蔵）
大正元年一一月二七日（旧自由党員と板垣）

板垣が宿泊した太田宿脇本陣（現美濃加茂市）林小一郎宅

「……東濃往復之際ニハ必らず貴宅之御役介相成リ候て、止宿セシニ御裁許なる……」④

明治一三年の「集会条例」は、集会結社の警察署への届出及び認可制とし、警察官に演説中止権と集会の解散権を与えた。警察の認可なしに集会を開き政談演説すれば、拘引、裁判、投獄し、認可した集会においても政府批判すれば、演説中止、集会解散を命じ演説者を拘束して裁判にかけた。

今、未認可の太田警察署宛「演説開会御届」によれば、会長は岩田で開会時間は正午一二時〜五時、場所は加茂郡太田村祐泉寺で聴衆より切符料二銭拝収、演説員は岩田で、演説題は「濃飛人士ニ告グ」「言論ノ自由」「国会開設ノ準備」の三題が用意されていた。⑤

演説開会御届

今般私共会主会長ニテ来（日時空白）
正午十二時より同五時迄加茂郡
太田村（場所空白）ニ於テ政談演舌
会相開度此段及御届候也
聴衆より切符料　二銭拝収候也
演舌員　岐阜泉町五番地
　士族　岩田徳義
　三十三年七ヶ月
明治十五年三月　加茂郡太田村
会主　平民　（氏名空白）
（空白）年（空白）月
岐阜県泉町五番地

太田懇親会場祐泉寺（「加茂郡史」）

会長　岩田徳義
太田警察署長
（氏名空白）殿

演説三題は、次の通りである。

濃飛人士ニ告ク
　今ヤ我国国会ヲ開設シ人民参政権ヲ得ルノ程ナリ、苟モ我日本国民タルモノハ飽迄其力ヲ国家ニ尽スベキノ時ナリ、然レドモ我県下人民恬として更ニ国事ニ尽力ナキハ甚タ遺憾ナルベキヲ述ブ

言論ノ自由
　我国演説上ニ於テ集会条例アリ以テ幾分カ言論上ノ自由ヲ抑制スルニ似タレドモ、正サニコレヲ壓抑スルノ精神ニアラズシテ之ヲ保護スルモノニ非レバ必ス此道ヲシテ盛ナラシムルヲ述ブ

国会開設ノ準備
　我陛下ハ明治二十三年ヲ期シ国会ヲ開クベシトノ勅諭ヲ示サレタリ、然レドモ若シ我国民ニシテ国論ニ代ルベキノ人物ヲ出サザルニ於テハ国会ハ逐々有名無実ノ物タリ、然は今日ニ於テ人民ノ智識ヲ進メテ其急務タルヲ述ブ

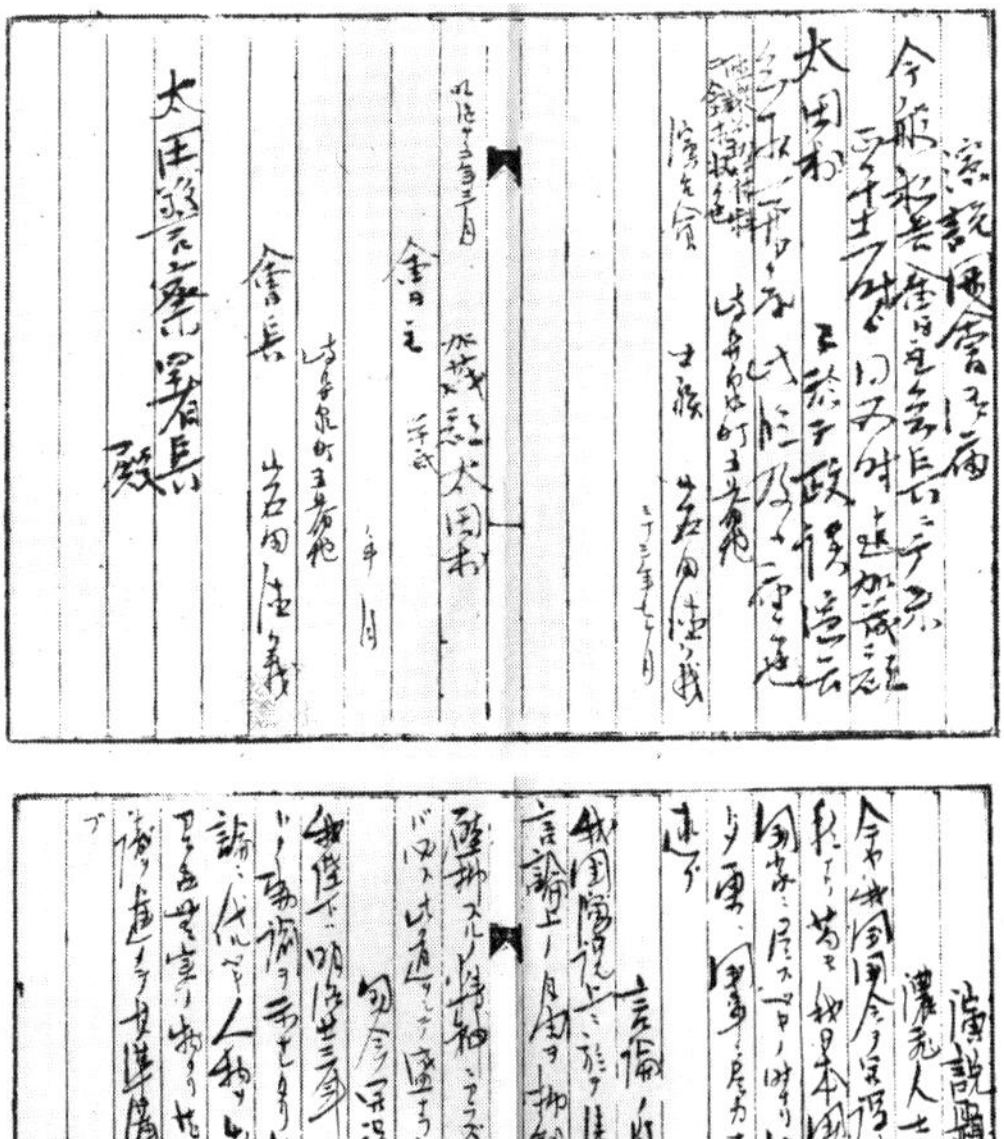

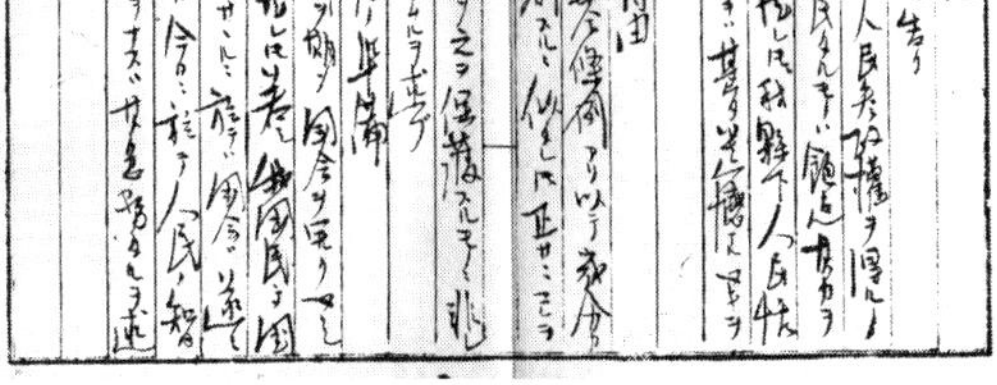

この太田懇親会は、当初開催予定に組まれておらず太田村は土岐・恵那両郡巡遊後、岐阜地方へ巡回の途次に一泊

岩田文書　岩田徳義演説三題（「美濃加茂市史」）

するというものであった。

四月一日、岩村の板垣一行の随行員より板垣来太田の通知があり、これを好機とする太田村有志者林照太郎・高井春三・福田一郎・林松太郎（林小一郎代理）の四名が発起人となり、折返し板垣に懇請し太田村懇親会開設を企て、早速、加茂・可児郡地方の有志者に対し、発起人が各地域を手分けし参会誘引の「回章」を連名簿と共に送附した。⑥

四月二日　回章

御回章申上候、陳ハ今般正四位板垣退助君当国之来遊ニて既ニ土岐・恵那両郡巡遊相成、至ル処　有志者競テ同君ヲ聘シ途次弊村一泊之趣、昨日（注四月一日）随行之者より申来候、然テハ幸之事ニ付、同君（板垣）ニ懇請シテ同日（注四日）午后より弊村於テ懇親会開設仕度候間、御同意被成候ハヽ、別紙連名簿之御記名被成候ハ、右期日必ス御参会相成候様、伏て希望仕候也

但、会費之儀ハ金壱円ヨリ多カラズ候間此段御承知ヲ乞フ

四月二日

発起人　林　照太郎㊞
高井　春三㊞
福田　一郎㊞
林小一郎代理　林　松太郎㊞

有志諸君

二伸、板垣君之儀兼ねて御承知之通、坂地大演舌之以後ハ公衆ニ向ヒ演説等ハ相成不申趣ニて、純然タル懇親会之席上ノミ演舌可有之趣ニ付、懇親会ナラデハ同君之言論ヲ聞事可相成哉ニ承居候間依て今般ノ場合ニ相運候付、此段御了承之上、精々有志者御誘導御臨席奉願候也

翌四月三日、可児郡土田村林宣親・加茂郡中蜂屋村美濃輪鉞太郎・同郡山之上村鹿野勘一郎ら有志者より至急便の

返答が相つぎ、「懇親会同盟簿」は八〇余名、追加二〇余名、合計一〇〇余名を数えた。（第一表）

この太田懇親会は専ら林小一郎の尽力によるものだが、急拠、開催されたのは岩田の指導とその影響が多大であったと思われ、林、岩田の交際に着目して置く必要があるだろう。

突然の懇親会開催決行に、準備は戸惑いつつも多忙を極め、主として世話掛が「買物帳」、会計課が「雑費帳」、諸務課が「借用物帳」を担当した。会場は上町祐泉寺を借上げ（三円）、会場設営は発起人林小一郎（脇本陣）・福田一郎（本陣）等の借用物品、または一部購入によった。（第二表）

午前八時中津川を発った一行は、午後八時頃太田へ到着し、早速、「懇親会」が開催され、会主林小一郎祝詞の後、

第1表　太田懇親会参加者一覧表

〈「懇親会員着席名簿」による〉　〈著者作成〉

郡	村	名	郡	村	名
加茂	太田	24	可児	土田	19
	古井	2		今渡	4
	山之上	14		新	1
	上蜂屋	1	武儀	関	3
	中蜂屋	2	山県	太郎丸	1
	下蜂屋	2		高木	1
	和知	3		岩	1
	久田見	1		高富	1
	酒倉	1	厚見	今泉	1
	加治田	9	各務	河渡	1
	大平賀	1	合計		88
	肥田瀬	1			
	瀧田	1			

第2表　太田懇親会場設置用借用品一覧表

〈「借用物通」「借用品覚帳」による〉　〈著者作成〉

借用品	数量	借用人名
屏風	2双	林小一郎・林文太郎・福田一郎
ランプ 台ランプ	4ツ 2ツ	掛ケ
花瓶	2ツ	林小一郎・林文太郎
敷もの 提灯　上町		福田一郎
火鉢 茶呑	2対	林照太郎・寺（祐泉寺）
茶 風呂釜	2組	買入
盃	70～80	銘々
蝋燭		中
演説台		治三郎・治助・新平・要二
テーブル掛け 古瓶 徳利		買入
燭台 莨盛	2対 2対	福田一郎・林子
セン 吸ものわん 皿	凡60～70 凡140 60～70	内
火鉢	10個	林小一郎
火鉢 燭台	10個	福田一郎

板垣・竹内・内藤・安芸・宮地・上岡らの演説があり、午後一一時閉会し林小一郎宅に泊った。

当時の会の様子は、四月初旬とはいえ夜は冷え込むのか、暖房に火鉢が用意され、照明はランプ・蝋燭・提灯が用いられ、接待にはお茶・酒。板垣一行が着席する正面には屏風弐双と白布の掛った演説台が設置された。（第三表）

同会参加者実質総合計は八八名を数え、参加者中注目できるのは可児郡土田から旧正気隊隊長林宣親が旧隊員一八名を引きつれ参加、また衽革隊々員若干名を拾うことができ、幕末維新動乱期に加茂・可児地方を中心に草莽運動を展開した、先覚者としての政治意識性を汲み取ることができる。⑦

懇親会の会費予算は、参加者より「壱円より多カラズ」の範囲で徴収する事としたため、一名につき約金八〇銭ずつの会費が納められた。会費総人員八八名の集金合計は金七〇円四〇銭となり、支出は第3表の如くである。

いずれ、太田懇親会においても官憲の厳戒下にあり、佐々木文一も次の如く語っている。

「正気隊四士之碑」（可児市土田）

第3表　太田懇親会支出帳

〈「懇親会費仕払出金帳」「懇親会費清算帳」による〉〈著者作成〉

支出	明細
1円90銭　厘	随行者6名　宿料菓子料
1・36・	右随行者　酒肴料
40・　・	総理板垣君始会員88名トモ以上 百人分賄料　但壱人分40銭
3・95・2	右入用　酒弐斗余代金
7・94・5	使夫　31人半日当
2・40・2	炭薪　蝋燭代
1・20・	渡船場　手当
3・　・	会場借上料
2・　・	万屋善九郎方　料理人之祝儀
・70・	料理人左七日当
・31・5	修繕費
・50・	磯谷敬一え宿タシ心付
3・6・5	諸色買上料
・60・	使夫6人え心付
・40・	給仕ノ小児え心付
1・6・1	会場跡片付、周旋人集会、酒肴料
70円40銭	

「当時未ダ官尊民卑ノ陋習ヲ脱セズ、県官俗吏動モスレバ官権ヲ濫用シテ民権ヲ壓抑セントス、先生（岩田）屹然トシテ益々党論ヲ主持シ為メニ不慮ノ災ニ罹リ囹圄ノ苦ヲ嘗メラレタル」

岩田の周辺には、暗雲が立ち込めはじめていた。

この時の事を板垣懇親会発起人林小一郎は記している。⑧

「明治15年3月県会議員再撰せられる此月、自由党総理板垣退助君東海道及び我岐阜県に漫遊（恵那郡中津川及び岩村に来遊）氏馳せて板垣君を岩村に問ひ大に自由主義の正理公道なることを覚り遂に君を伴ふて岐阜に詣るの途次太田町なる自邸に君を請して一泊せしめ同夜大懇親会を張り地方有志と結び同党に加盟することに尽力せり

翌日、氏は君及ひ数百名の有志と共に岐阜に来る、此日彼の俗論党の盲説虚報に誤られた

大野宰次郎（大野家所蔵）

藤吉留吉（藤吉家所蔵）

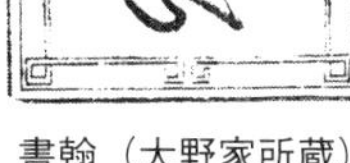
書翰（大野家所蔵）

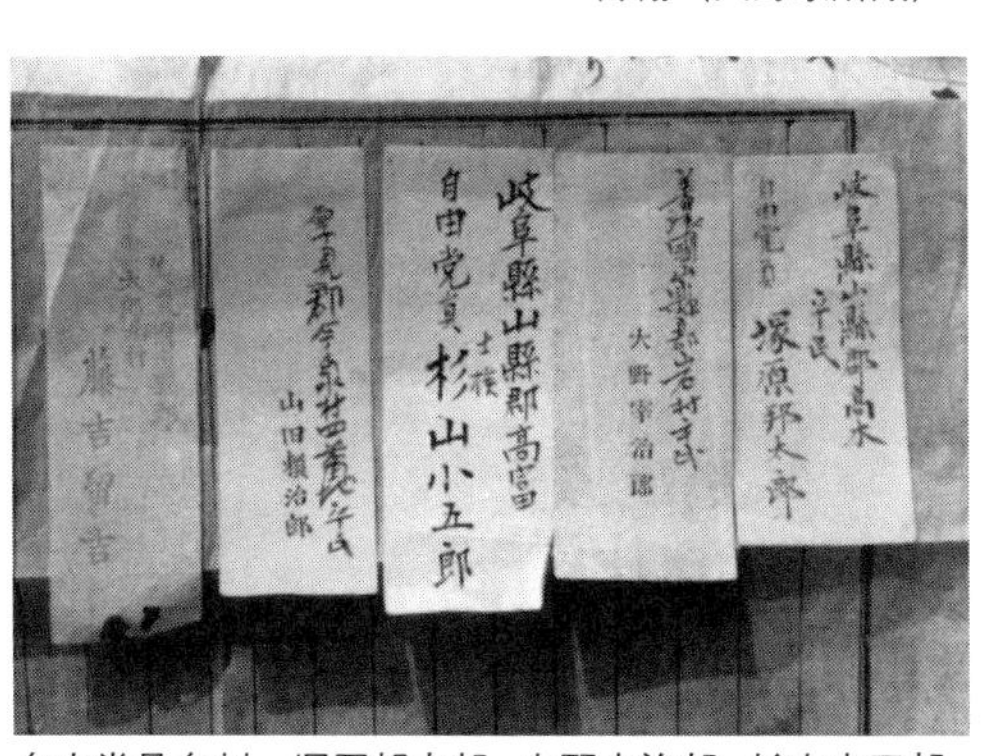

自由党員名刺　塚原邦太郎・大野宰治郎・杉山小五郎・藤吉留吉・山田頼次郎（大野家所蔵）

る相原尚褧が匕首を以て要殺を君に試むるの変あり」

次回の開会予定の岐阜からは、濃飛自由党山県郡支部の塚原邦太郎、大野宰次郎、椙山小五郎、藤吉留吉、そして厚見郡今泉村より山田頼次郎、各務郡河渡村後藤秀一ら六名が茂知川、千疋川、飛騨世川を越して人力車にて太田に入り懇親会場へ姿を現した。懇親会参加者の山県・厚見・各務の三郡の六名とは彼らのことだった。⑨

彼ら六名は板垣一行が宿泊する脇本陣林小一郎家のやや東の磯貝屋旅館に宿泊した。

註

① 武藤貞一「板垣伯遭難記」（筆者所蔵）
② 藤吉留吉「板垣君遭難詳録」（筆者所蔵）
③ 「岐阜日々新聞」明治一五年一月一三日付
④ 「岩田文書」（筆者所蔵）
⑤ 拙稿「板垣岐阜遭難前夜」（加茂郡太田懇親会）郷土岐阜一〇号
　なお、岩田の年齢が三三歳七カ月とあるが、正式には三六〜三七歳七カ月である。ちょっと若づくりしている岩田であろうか。
⑥ 「林家文書」回章
⑦ 拙稿「加茂・可児地方草莽運動史」（岐阜史学六七号）
　同「　同　補遺」（郷土研究岐阜第一五号）
⑧ 「濃飛日報」明治二三年六月二五日付（筆者所蔵）
　雑報第六区私撰候補者林小一郎小傳
⑨ 「大野家文書」

4．板垣岐阜遭難と岩田の「新聞事件」

一　板垣岐阜遭難

明る五日、一行は九時三〇分太田を発ち鵜沼（うぬま）街道を通って、午後一時岐阜七軒町玉井屋に到着した。①
そして翌六日板垣―岩田の前に歴史的な「岐阜遭難事件」②が待ち受けていたのであった。
そもそも事件の一伏線となったのは、板垣の東海道遊説が民衆の熱狂的歓迎を受けて飛躍的党勢の拡大に繋がり、これに対抗する政府は、御用新聞を利用し、自由党は我国体を破壊するという悪煽動に出た。これを憂えた板垣は、自己の尊皇思想を静岡の土井光華（どいこうか）に口述筆記させ、後に出版したのが「自由党の尊王論」③であるが、悪煽動に乗った相原尚褧（あいはらなおふみ）が、岐阜会場岐阜中教院で、板垣刺殺未遂事件を起した。④

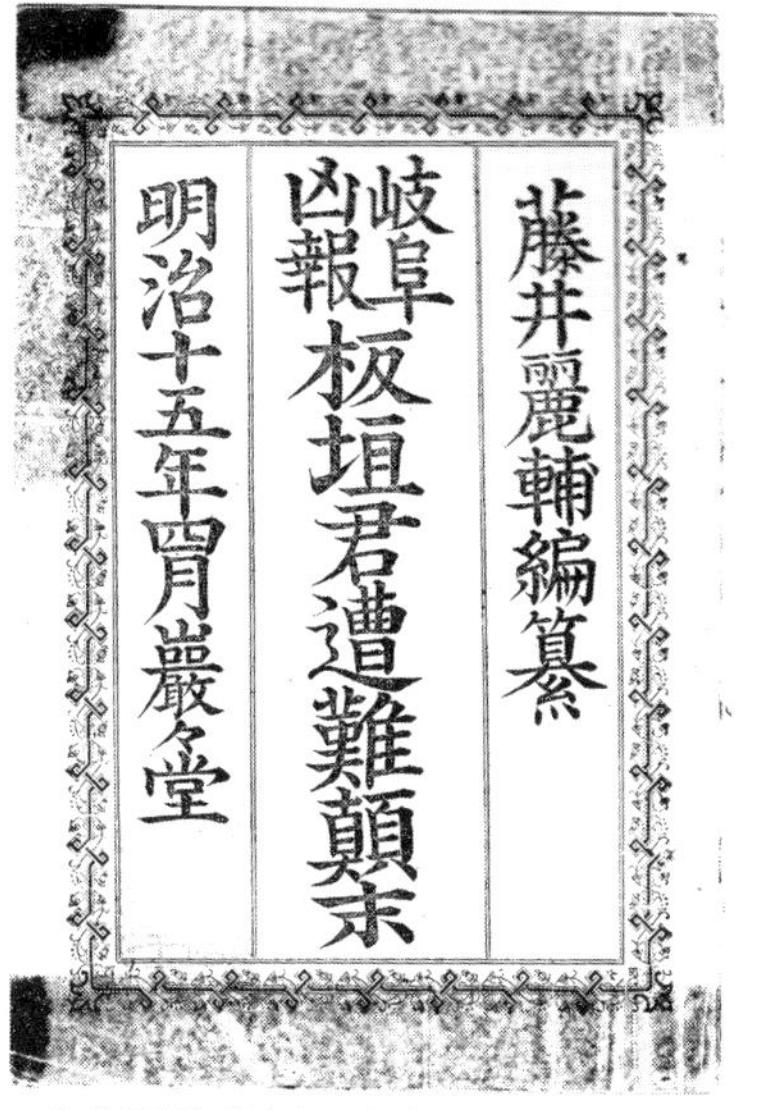

藤井麗輔編纂
岐阜凶報板垣君遭難顛末
明治十五年四月　巖々堂

藤井麗輔「岐阜凶報板垣君遭難顛末」
（筆者所蔵）

（板垣刺殺未遂事件の場面）
岐阜中教院の看板が見える。

この詳細について「池田豊志知判決録」に詳しい。

なお、当初、岐阜懇親会場は西別院を予定していたが、官憲の干渉によって、借入れ中止となり、「止むなく岐阜の街道りと全然隔離した鬱蒼（うっそう）たる密林の中にあって、這種（げんしゅ）の演説会場としては極めて不似合な場所に在った」中教院での開催となった。⑤

中教院で生れ育った建部恒二氏の記憶がある。

「明治六年正月、政府は封建思想になずむ民心を一新するため全国的規模の教化運動を企て、その機関として中央に大教院を置き、地方に中教院・小教院を置くこととした。これに基づいて明治十年の秋、岐阜町の東北郊、厚見郡富茂登村の地内に二千数百坪を画して建設されたのが岐阜中教院である。この一郭は本編の筆者が生まれかつ成長したところである。

岐阜中教院の占めていた敷地は今は総て岐阜公園内に含まれている。その位置をいうと南は金華山ロープウェイの発着所の下水族館のあたりから、北は岐阜県立図書館の近くまで及んでおり東は山、西は今の用水路の線で付切られていた。この一郭の中央部には造化三神と天照大御神を奉祀した本殿があった。本殿の南には拝殿をかねた十間四面の講堂が建っていて、その前方に大鳥居があった。境内の西方には二、三の摂社があり、また参詣人のための茶所や高い灯明台が設けられていた。灯明台は大きなガラス灯で、設置の当時は文明開化の産物として随分、珍しがられたことと思われる。灯明台の西方には門があって、そこを出ると民家が列なっていた。今このあたりの街が「大宮町」と呼ばれるのは、中教院の門前町として発足したためである。大宮の二字は、今は全く姿を

「板垣君近世紀聞」（筆者所蔵）

消した岐阜中教院の名残りをとどめるものである。

本殿の裏には細い谷川が流れ、それを北へ越すと十五間前後の間口を持った三棟が平行して建てられていた。いずれも南向きで、最南の一棟は長屋門の形をとっていて中央に門があり、左右は中教院関係者の宿舎となっていた。この長屋門と本殿裏の谷川との間には少し空地があって松、梅などが植えられていた。岐阜公園内で今、板垣退助の銅像が立っている地点がここに当る。中の一棟は一部が二階造りになっていて奥行きも深く、最も大きい建物であった。この棟は神職養成の教場、図書室、事務室などとなっており、その南側の中央に玄関が設けられていた。さらにその裏、最北の一棟は修学者のための寮であった。

板垣総理を迎えての有志懇親会の会場には中の棟の教場が用いられることになった。これより先、濃飛自由党では懇親会を盛り場の劇場か市街地の寺院かで開こうと考え、その借り入れに努めたが、どうしても目的を達することができなかった。これらの場所へは既に小崎岐阜県令の手が伸び、自由党へ貸すことを禁圧していたからである。

岐阜中教院（建部恒二氏所蔵）

板垣は、後日この事件に関し、後に次のように発信している。

「政府と自由党との相対峙せる間に於て、先づ暴力を用ひたる者は政府なりき。岐阜に於て頑固党の一壮年を使嗾し、武装を有せず、権柄を執らざる、在野の個人を刺さしめたる者は誰ぞ」

暗に政府陰謀による災禍をにおわせている。また、犯罪人相原の奇怪なる自殺死も疑念を増幅させる。政府と県令小崎の関係と刺殺に走った相原、どこまでも怪奇に満ち満ちている。

これが板垣岐阜遭難事件であり、事件の概要は、濃飛自由党発行（岩田校閲、藤吉留吉編集の）「板垣君遭難詳録」に詳しい。

「終始遭難事件に就きて斡旋の労を執りしは、全く竹内・内藤の両氏と余（岩田）が最も重立たるものなりし。」⑥

事件の影響で予定していた七日の山県郡高富村、翌八日の安八郡大柿町の有志懇親会は中止となる。

気骨あふれる岩村の安田節蔵は、この事件に対して、板垣遊説の主催責任者たる岩田に次のような、激烈かつ熱い憤怒の情を込めた言葉を投げつける。⑦

「　安田節蔵君の一徹

安田節蔵君は、恵那郡岩村の士にして兼ねて自由民権を呼号しその硬骨と熱血とは界隈に鳴ったものである。一旦板垣遭難の凶報が彼の耳朶(みみたぶ)を打つや、彼の痛憤はその極に達し、火の如き激烈なる書翰を余の許に飛ばして来た。それには大要次の如き文句が綴られてあった。

岩田、汝はよくも板垣総理を傷けた！板垣総理を傷けた者は汝である。思へ、板垣は国利民福の権化にして兼ねて官僚政府の一大敵国である。故にその官僚政府が何日(いつ)までも板垣を放任して置く筈はない、刺客の二人や三人之れに附けて置くのが当然で、附けて置かぬと思ふのが此方の油断である。それに何ぞや総理の身辺に一人の護衛者をも附せず、みすみす刺客の餌にしたのは明かにわが自由党の手抜かりである。岩田、汝は何故

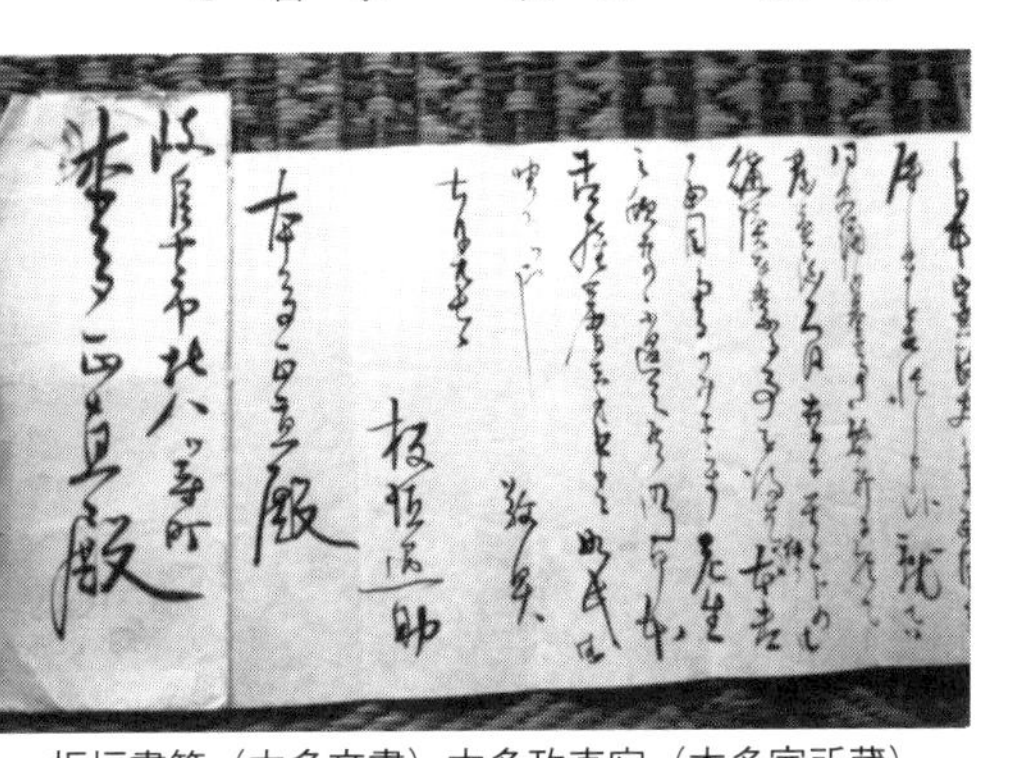

板垣書簡（本多文書）本多政直宛（本多家所蔵）

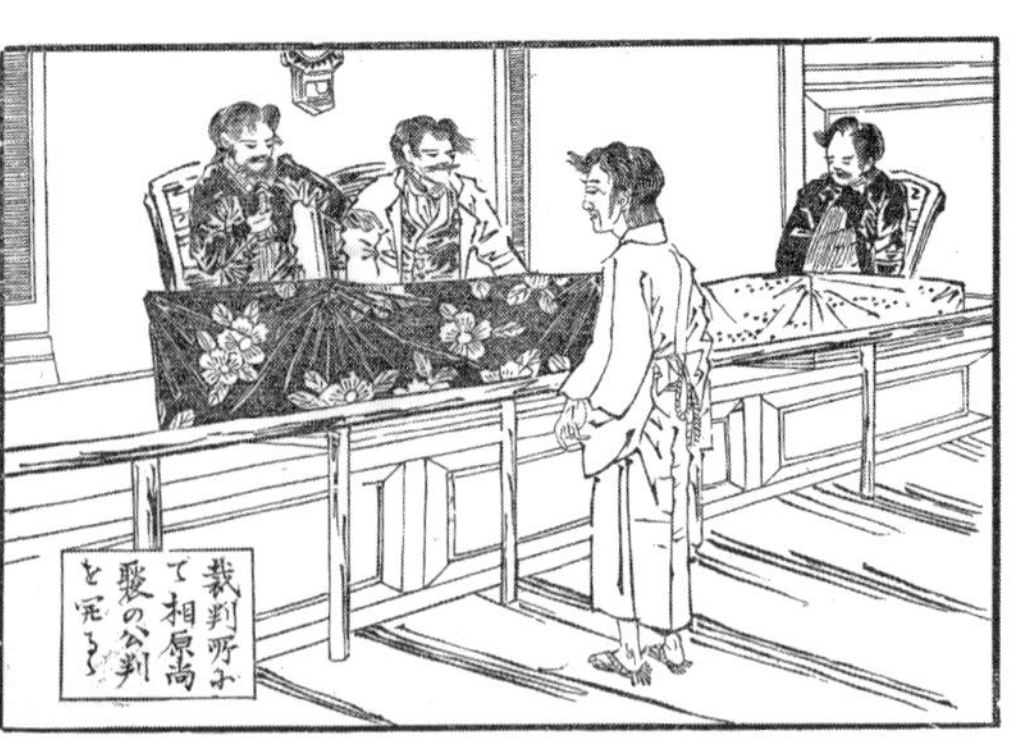

相原公判の図「板垣君近世紀聞」（筆者所蔵）

総理の身辺を気遣はざりしぞ、これを怠りし一事は宛然汝が手を下して板垣を殺したに等しとは知らずや……

この手厳しき叱咤には余も避易の外はなかった、併し同志中に斯程までに総理板垣の身を気遣ひ、凶難を己の事にして怒罵憤激する人があるかと思ったらあまりの嬉しさに余は涙の滂沱たるを禁じ得なかった事を未だにハッキリ覚えて居る。」

この安田節蔵談話と次の後藤象次郎談話を合わせ読むと、実に面白い。

「――後藤象次郎の炯眼――

忘れもせぬ、板垣伯遭難前一年、明治十四年十月二十五日自由党の組織に就いて一大懇親会を浅草井生村に開いた時の事である。余も亦各府県有志総代の一人に加って此席に列し当時英姿颯爽たる板垣伯の演説を聴いた。演説終って党の役員を選挙する事となり、総理には無論板垣伯を推挙するといふ段取となったが、伯は固持して挺でも動かれぬ、其処で已むを得ず伯の志によって本部の常議員を芝高輪なる後藤象次郎伯の邸に馳せ、総理承諾方を懇請した。すると其時後藤伯の答が奇抜であっ

曽我部一太
（曽我部金二氏所蔵）

能勢元造「竿頭標」（岐阜網代村宝厳寺）「能勢家墓」東京多摩霊園（能勢国市氏所蔵）

岐阜県下の自由党員（明治15年6月）

住所	族籍	氏名	生年月日	住所	族籍	氏名	生年月日
安八郡大垣町	士族	早川啓一	嘉永3年9月	同	平民	中根陸助	
同	同	館野与六	天保3年4月	同	平民	高木勘兵衛	天保8年4月13日
同	同	新武二	天保8年7月	同	平民	高木伝蔵	安政4年5月13日
同	同	塩川忠次郎	天保元年4月	同	平民	林淳一	安政4年3月13日
同	平民	田中与三二	天保6年	同	平民	菅井守之助	天保13年12月21日
同	士族	渡部守司	文政10年	同	平民	古田倉吉	嘉永元年正月11日
同　切石村	士族	森蒙吉	天保8年	同	平民	大島文四郎	安政3年7月4日
同　大垣町	士族	米山松二	弘化3年	同	平民	山下伝吉	安政4年11月4日
同	士族	木村貞之助	天保11年3月	同	平民	小木曽森七	安政2年12月8日
同	平民	江沢養需	天保5年	同	平民	吉田滝蔵	安政5年12月24日
同　林本郷村	士族	大熊義信		同	士族	前田藤二郎	安政2年4月10日
同　大垣町	士族	三浦捨吉	嘉永6年	同	平民	菅井三九郎	安政2年9月12日
同	士族	渡辺養司	嘉永5年	方県郡雛倉村	士族	能勢元造	天保9年4月4日
同　藤江村	士族	加納門蔵	文化14年	同　中西郷村	平民	山田頼次郎	嘉永6年9月9日
同　池尻村	平民	小宅彦之助	弘化4年	同　河渡村	平民	後藤秀一	安政2年11月8日
同　大垣町	士族	三宅克見	天保14年9月	同　曾我屋村	平民	曾我部一太	元治元年12月16日
同	士族	安部成一	天保12年8月	同　安食村	平民	村山照吉	安政4年5月2日
同	士族	簗間快造	天保10年	厚見郡今泉村	士族	伊藤一蔵	天保4年正月15日
同	平民	西山静助	天保11年	同	士族	本多正直	天保13年7月3日
同	士族	木村拙蔵	天保11年	同	士族	岩田徳義	嘉永6年3月5日
同	士族	田代直太郎	嘉永4年5月	不破郡笠毛村	平民	傍島新之右衛門	弘化2年
山県郡福富村	平民	石井珠治郎	文久2年3月23日	同　赤坂村	平民	竹中新蔵	
同　太郎丸村	平民	藤吉留吉	嘉永5年9月19日	同　昼飯村	士族	酒井了爾	弘化4年
恵那郡中津川村	平民	高木滝二郎	弘化4年4月10日	同　福田村	平民	金森栄松	嘉永3年
同	平民	勝野文蔵	万延元年10月12日	同　関ケ原村	平民	木田宗太夫	嘉永2年9月18日
同	平民	久野金次郎	安政5年12月10日	同	平民	河合良司	弘化元年7月16日

註　明治16年『関口議官巡察復命書』による。

た。

「何俺に総理になれと。それはいかん、板垣は今に死ぬる男だ、さうなれば跡を引受けるのが俺の役目だ。」

常議員はまさか斯んな言葉は復命が出来ぬので、ただ不承諾の旨だけを伝へて置いたが間もなくして此後藤伯の諧謔的予言は的中したので、初めて舌を捲いて驚いたという」

最初から板垣暗殺計画に近しい動きはあったのだろうか。結果、板垣は救命した。

突如として起った板垣暗殺未遂は板垣を自由権現、民権神として著名にし、岩田にとって停滞する岐阜県自由民権運動に予期せぬ―正に、岩田が待ち望んだ―瞬間的高揚をもたらし、一挙に岐阜県を全国自由民権運動の最前線に押し出した。⑧

板垣遭難のニュースが全国に伝わるや各地の志士が岐阜に集結する。

濃飛共立議会より二十名⑨、加納藩士族百余名（総代塩谷凡太郎、長島其二）山県郡岩村⑩百姓共五百名、恵那郡岩村（西村一蔵、花村実蔵）恵那郡中津川（市岡政香、高木勘兵ヱ）恵那郡苗木（土岐政徳）尾、三、濃三州の有志人民、寡き

市岡政香書翰と写真（筆者所蔵）

土岐正徳（筆者所蔵）

は一〇〇～二〇〇名、多きは七〇〇～八〇〇名と隊を組み群を結び、遠くは土佐立志者四〇名、愛国交親社三〇余名と、全国の民権家が岐阜に結集する形となった。

そして飛躍的党員増大となり、革命幻想さえ創出された。この事件を契機として、民権運動は激化の方向へ向っていく。

「慷慨激越、岐阜のある一派は士気の激越に乗じ名古屋監獄を破壊、囚徒を放って名古屋鎮台を攻略せんと企てバスチールの破壊を夢みるものあり、〝自由は死せず〟との挿話天籟の如く伝れり」[11]

村山照吉は、「自分は伯の遭難に直面し、種々の事情に遭遇せし一人」として追懐している。[12]

「……こう云ふ因縁から伯（板垣）の遊説を乞ふ事と成り最初は多治見次に岐阜へ一行を迎へ自分が主催者と成って懇親会を開いたのである。

所が当時の政界は非常な混乱状態で遂に党外の変事（板垣遭

竹中新藏

右當戸長役場筆生

申付候事

明治十九年六月三日

不破郡赤坂村戸長役場

不破郡赤坂村竹中新蔵
「戸長役場筆生被命書」
（筆者所蔵）

聖教理證 全

明治廿六年十月二十日印刷
明治廿六年十月廿五日發行

發行者 愛知縣名古屋市主税町五十九番戸 牧野重麿方 菅井三九郎
印刷者 東京日本橋區新和泉町一番地 瀧川三代太郎
發行所 愛知縣名古屋市主税町 名古屋天主教會
印刷所 東京日本橋區新和泉町一番地 今古堂活版所

菅井三九郎「聖経理証二巻」（筆者所蔵）

難）を惹き起した斗りでなく物情騒然とにて風雲険悪を告げたけれども勅使（天皇の）が参られたので漸くに静まった」

そして、岩田の党員拡大が一気呵成に進む。

「東濃四郡は夙に民心一和して政党の団結全く成らんとする際、今回板垣君の来遊ありたるに付ては是によって大いに政党団結の基を固くしたる勢にて恵那郡岩村にては、安田節蔵、浅見与一右衛門の両氏初め諸有志の尽力により已に該地方にて二百余名の団結をなしたり、又同郡中津川の林淳一、市岡政香の両氏、苗木にては土岐政徳、水野忠雄氏等が率先して他の有志を鼓舞せらるるものありたる。」[13]

恵那郡岩村では二三〇名が自由党員となり[14]比較的遅れがちであった東濃中津川地区も大挙して自由党に入ることになり、岐阜・西濃・東濃と出揃うことになった。

「関口議官巡察復命書」及び「自由新聞」によれば、党員二〇〇余名と飛躍的拡張を伝えている。

「美濃の国ハ是迄色々世評ありしが今日の濃国ハ昔日の濃国にあらざる位にて、人民も大に奮発し各地共、有志者にて追々、政党団結をなすの勢ひとなり殊に過般板垣氏遭難の件より、自由の気は忽ち盛となり政党の基礎も益々大となりたるよしまた東濃四郡は夙に民心協和して大団結を計画し、既に二百余名の団結もありて各地へ党員を派遣し大に各地の人心を透導するといえり、西濃諸郡も人心大に勃興し、去月末大垣に移転し濃飛自由新聞を発刊することに決しまた役員選挙をなし幹事十三名を選定したるよし」[15]

まさに岩田にとって最高の潮時を迎えた。

地域的に言えば

・西濃安八郡早川啓一を中心の士族層二一名
・西濃不破郡竹中新蔵を中心の平民六名
・岐阜及び岐阜近郊の岩田徳義中心の一〇名

・東濃恵那郡の菅井三九郎中心の平民一五名の合計五二名である。

しかし武藤貞一の「板垣遭難自由の碧血」は、最高潮の運動の高揚に冷や水をかけ、反転政策を打つ政府について語っている。

國島博「自由党史」所収

「板垣遭難の一事は疑ひもなく自由党をして仏国風の感情的衝動に馳せしめたのである。彼等は鮮血に染める仏蘭西（フランス）革命の故智に倣ひ暗殺、陰謀、挙兵、叛乱を自由政府の出現に免がるべからざる手段と信ずるまで藩閥官僚の挑戦を受けたのである。官僚政府は更に之れが抑壓に必死となり、集会條条を改正追加して言論、遊説等一切の手段を禁ずるに至った」

そして、同年六月三日、政治結社の支社設置、結社間の連合を禁止する集会条例改正による第二条違反となり、濃飛自由党は自由党支社に該当、わずか二カ月余で解散の命運をたどる。

是時、同党中、重立ちたる党員五二名は各地の自由党員と共に「東京自由党」へ入党していく。⑯

「此党員常ニ東京本部ト声気（せいき）ヲ通（つう）シ又屢々（しばしば）政談演説会ヲ設ケ以テ他ノ衆民ヲ蠱惑（こわく）シ務メテ党勢ヲ張ラントスルモノノ如クナレドモ」

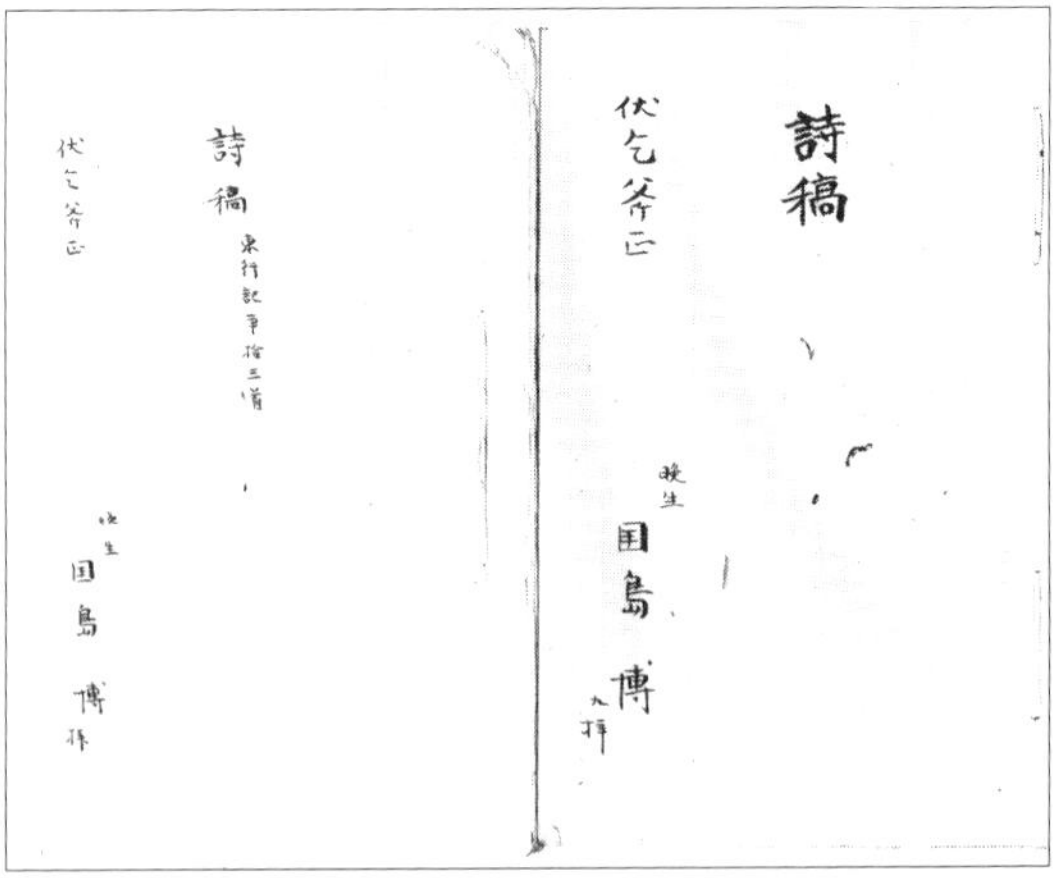

自由党東京本部との連絡を密にし、党勢拡張のため政談演説会を開催している。

若干、民権の勢いがそがれていく中ではあったが、明治一五年七月四日、岩田郷里の岡崎松本町（福寿町北すぐ）

「國島博詩稿東行記事拾三肖」（筆者所蔵）

松應寺（しょうおうじ）に出張し開催した「政談演説会」は、聴衆四〇〇余名も集め「余程盛なりし気運の向かうところは斯くの如きものなり」と「自由新聞」にも報じられた。

地元岡崎で国島博・相馬政徳（「国会旅行道案内」M17序文は植木技盛）らの弁士と共に徳川家康の父松平広忠菩提寺の「松應寺演説会」は、岩田の男冥利（おとこみょうり）に尽きただろう。⑰

松應寺（しょうおうじ）（岡崎市松本町）

相馬政徳纂輯

議院法　衆議院議員撰擧法

傍訓　大日本帝國憲法

撰擧法附録（撰擧區及ビ人員）　貴族院令

發兌書肆　博文閣

相馬政徳「大日本憲法」（筆者所蔵）

註

① 岩田徳義「板垣岐阜遭難録」（筆者所蔵）

② 板垣本筆者所蔵は（明治一五年前後の刊本）次の通り
木瀧清類「板垣君意見要覧」明治一四年一二月

藤吉留吉「板垣君遭難詳録」明治一五年五月
藤井麗輔「板垣君遭難顚末」明治一五年四月
遊佐　発「板垣君口演征韓民権論勇退雪冤録」明治一五年六月
斉藤和助「板垣退助君高談集」明治一六年五月

③ 板垣退助監修「自由党史上・下巻」（筆者所蔵）

④「板垣君岐阜遭難記事附相原尚褧裁判記事」
「文明之利器」第七号（筆者所蔵）

⑤ 建部恒二「板垣遭難前後史談」（筆者所蔵）
同　「板垣退助の岐阜遭難」（筆者所蔵）

なお、この岐阜中教院は当初、高木真陰（まかげ）と国井清廉の二人が主として、その建設と運営にあたったという。国井は国学者で和歌に秀いでており、加納藩士で能吏の評判が高かったという。

天保一〇年生まれ、大正八年八月一〇日死亡、岐阜市加納伏見町妙泉寺に墓と墓誌あり。二〇歳の時江戸藩邸詰めとなり平田鉄胤らに師事、維新の際、加納藩主永井尚服が幕軍への加担容疑を受けた際、奔走し藩主の危急を救った。明治維新後、中教院神職を務め、明治一二年以降、羽栗・中島郡長、恵那郡長歴任。明治七年五月「政体論」発刊。

⑥「麻布学館々報」第一〇巻一〇号（筆者所蔵）

⑦ 後に、岩田が安田に贈った詠がある。（「麻布学館々報」第七巻七号大正四年一二月）

弔安田節蔵君墓
億昔與君莫逆親。
與過政界苦斯身。

旧情難掃孤墳下。

空供野花弔故人。

村山照吉も次のように語っている。

「当年の同志は最早や殆んど故人となり、生き残れるもの漸く一、二人に過ぎず而も中には一家断絶し祀られぬ鬼と成って居るものも之ある。

先きに申述べた安田、柴山なども夫れで寔に不遇の人なればこの立憲体を建設せられんとする人には特に此事を記憶に止められん事を望む」（「内国通信」昭和二年四月八日付）

⑧ 拙稿「板垣岐阜遭難前夜」岐阜郷土研会報二〇号
⑨ 近藤道治「板垣公遭難電信記」
⑩ 水垣清「苗木藩校日新館沿革史」苗木藩平田門人姓名録に明治四年土岐正徳がある。
⑪ 尾佐竹猛「日本憲政史」
⑫ 「内国通信」昭和二年四月八日付
⑬ 「濃飛自由新聞」個人所蔵（現岐阜博物館に預託）
中道寿一「明治十五年の岐阜県自由民権運動の位相」（地域経済第五集）に詳しい。
⑭ 「岐阜日々新聞」明治一五年六月一日付
⑮ 「自由新聞」明治一五年六月二五日付
⑯ 「関口議官巡察復命書」（筆者所蔵）
⑰ 「自由新聞」明治一五年七月四日付

二　岩田の「新聞事件」

岡崎松應寺演説会の余韻さめやらぬ一五年一一月「愛岐両県有志大懇親会」（尾州稲置現犬山）は、岩田が発起人となり取りしきる。

まさに面目躍如の岩田に破竹の勢いを感じる。[①]

岩田徳義の「新聞事件」発生以前、岩田は「板垣岐阜遭難事件」の前後の時期に次の二つの弾圧を受けた。

一つめは、岩田が明治十五年二月二十六～二十七両日間、岐阜国豊座での「政論演説会」開会予定の広告をめぐって起った。

「　政論演説会

岩田徳義　　国会開設の準備、魯西亜国ノ成行如何、濃飛人ニ告グ

広瀬重雄　　三権鼎立論、法律ノ目的、坊主ヲ悪テ袈裟ニ及フ勿レ

外二名

　　来る二十六～二十七両日

　　岐阜国豊座正午より開会

　二月二十二日本会幹事　」

同年二月二十二日付「岐阜日々新聞」の記事に関して「政談演説会の説題を掲げ、公衆に向て広告したるは集会条例に違犯[②]」として検事へ送附となり、明治十五年三月二日、岐阜軽罪裁判所で集会条例第八条、同じく第十五条により、掲載責任者の岩田は罰金五円に問われたのである。

これに対して岩田は、「該条の論説に関し、広告には係らず論説と広告とは大に其意味を異にする[③]」旨を以って、其筋へ上告したという。

かの「新聞事件」の端初をここにみることができる。

岩田への二つめの弾圧は、一年間の政談演説の禁止となった。

「　本県厚見郡士族岩田徳義
其方儀、自今一カ年間全国内ニ於テ、公然政治ヲ講談論議スルヲ禁止候條、其旨可相達旨、内務卿ヨリ達相成候ニ付此旨可相心得事
　明治十六年一月二十九日
　岐阜県令小崎利準　」

右の通り、明治十六年一月二十三日内務卿より内達[④]があり、二十九日頭書の通り、申渡されたのであった。

ちょうど内達の直前、一月六～七両日、岩田は内藤魯一其他自由党員と共に函西即ち静岡・愛知・三重・滋賀其他諸県の自由党員と名古屋に会して一大親睦会を発起、東京自由党より馬場辰猪、大阪立憲政党より河津祐之の両氏も臨会[⑤]予定という。

一カ年の演説禁止が、岩田のこれまでの演説文筆活動の二足わらじの民権運動から、新聞を中心とする文筆活動のみへと強く傾斜する契機となり「新聞事件」が引き起されたのである。

小崎の岩田弾圧　〈著者作成〉

M15・3・2	集会条例第８条・第15条	罰金５円
M16・1・29 ～ M17・1・29	集会条例第８条・第15条	内務郷ヨリ達
M16 ～ M18・9	「新聞事件」	重禁錮６月　罰金30円 （弁護人　北田正董）

板垣来岐を策動し、濃飛自由党を誕生させた岩田及び岩田周辺に、「平常自由党とし言えば親の仇の如く忌み嫌う」民権ぎらい岐阜県令小崎利準の民権家刈り込み、弾圧が始まる。

「当時の岐阜県令（注＝小崎利準）が君（板垣）の遭難に際し、その態度冷淡を極め、刺使差遣の報あるに及び、俄かに狼狽し、遅ればせに書記官をして代って慰問せしめしも、却って拒絶せられしが如き徒に後世に一笑話を貽すに過ぎす」⑥

県令小崎の履歴は、亀山藩士で明治二年身美濃笠松県権参事赴任、後参事に昇進、明治八年権令、明治一一年七月岐阜県令になり、明治二六年三月知事免職退官となるが、長期政権のため、岐阜県人の気風を善くも悪くも作り上げた人物である。⑦

この小崎の民権刈りの実態は、かの福島の県令三島通庸に匹敵するものであったろう。

次の記載は三島の弾圧ぶりを物語っている。

「後年岡内重俊（福島事件裁判官）其の職を退いてから、福島事件の事を追懐して人に向って事件の審理中、三島

福島県令・三島通庸
（河野盤州伝より）

岐阜県令・小崎利準
（自由の碧血より）（筆者所蔵）

「佐久間文書」（筆者所蔵）

通庸が屢々来訪し磐州（河野広中）が内乱の陰謀を為した事は一点の疑を容れぬ。故に是非共死刑に処して貰わなければならぬと言って、切に迫ったものである。彼は中央政府の当局者にも運動して、裁判を動かさんとしたらしい、而して、其の裁判に対し、刑に座した人達や之に同情する世人は、或は酷に過ぐると思うたか知らぬが、実に已むを得なかったのだと語った由だ。
　亦た以て三島及び時の政府の磐州等に対する態度如何を窺ふことが出来るのである。（高等法院の開延と磐州）」

福島における県令三島と河野広中の構図は岐阜においては、まさに県令小崎と岩田の構図に相似する。

「余を忌むこと蛇蝎の如くであって只管政府へ忠勤を尽し、余が入県以来目星が附けることは非常であって、何卒岩田を追出したいとの念慮は絶えなかったものである。」[8]

板垣入岐阜に際して、多治見、岩村、中津川、太田会場と行く先き先きでの密偵を付しての執拗な警戒は、すでに指摘しておいた。[9]

岐阜会場での板垣遭難により思いもかけない民権運動の高揚をむかえ、そして事件の処理をめぐって全国に赤恥をかかされた時、岩田に対する蛇蝎小崎の憎悪は極限に到達した。

岩田は再び回想する。[10]

「岐阜遭難の…騒動を引起した張本人は…岩田である。処で兼て民権嫌ひの人が他より輸入して大禁物の民権説を鼓吹すると云ひ、其上にも大騒動を引き起して不面目を蒙らしめたるは当の敵岩田であるから、どうでもアノ岩田を遣付けねばならぬとの感情は一層高まったものであろう。」

頑固一徹の旧思想家で一種独特の風格を具えた人物であった[11]という小崎の民権（岩田）への憎悪は凄まじかった。何かにつけて岩田逮捕の執念を見せる。

小崎は、板垣見舞を無視して、板垣来岐の責任者岩田逮捕を試みるが、同行の竹内綱等にはばまれ果せず、また、天皇より板垣見舞いの郵便差遣の報あるに及び、小崎は初めて板垣見舞いの便を出すに至るが、竹内に追い返されるという赤っ恥をかかされた。この大失態を天下の諸新聞は口を極めて小崎の行為を罵詈（ばげん）した。

竹内綱「自由党史」所収

治療を終えた板垣が、四月一五日岐阜を出立し大阪に赴くに当り、岩田は、板垣送別のために岐阜・滋賀両県境に達するが、板垣が岐阜県を去り滋賀に入った途端に逮捕されたという。

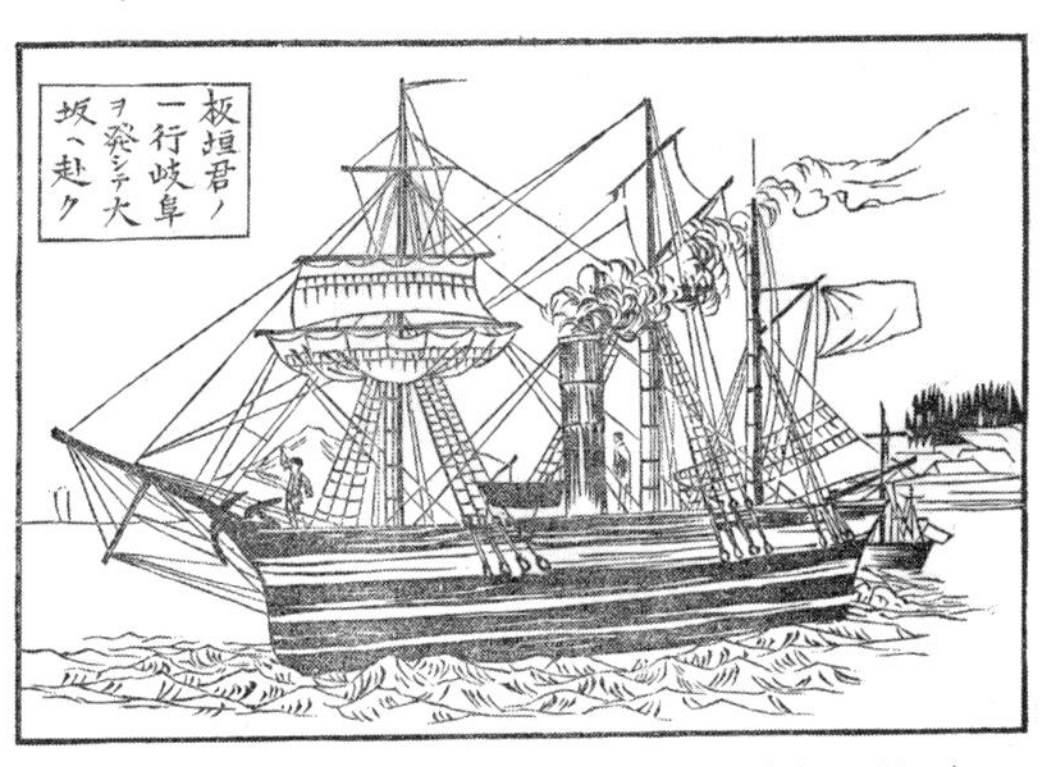

（船の絵）（板垣君ノ一行岐阜ヲ発シテ大坂へ赴ク）
「板垣君近世紀聞」（筆者所蔵）

小崎は、そもそも岩田逮捕ありきの事件を創出する。

小崎の厳しい民権刈りが始まった。岩田の周辺の党員の締め付けは、側近、早川啓一（代言人）の大垣警察署呼出しに初まった。⑫

集会条例第一〇条抵触により早川は四月二五日から二六日召喚され、濃飛自由党や濃飛自由新聞、更には五月七日不破郡赤坂村竹中新蔵方にて開催された演説会での後藤秀一の「天皇不敬罪事件」等と岩田徳義との関係について質疑をしている。

板垣病気全快洋行前に天皇謁見

M15年囚人名簿　M16年在鑑人名簿

〈青木ノートより筆者作成〉

①	村山惣吉 美濃国方県郡安食村一番地　平民 未決監に入リタル年月日　15年8月14日 重禁錮1月　罰金10円 官吏職務ニ対スル罪
②	井上金太郎　文久元年3月生 美濃国厚見郡岐阜笹土町6番地　平民 無職業 軽禁錮4月　罰金20円　M16・12・17言渡 新聞條例違犯
③	川崎栄吉　安政3年12月生 美濃国方県郡正木村5　平民 岐阜日々新聞仮持主兼印刷師 軽禁錮5月　罰金30円　M17・5・21宣告 新聞條例違犯
④	吉田駒吉　文久2年生 美濃国厚見郡今泉村9　平民 岐阜日々新聞仮編輯長 重禁錮5月　罰金30円　M17・5・21宣告 新聞條例違犯

この早川啓一宅には毎夜、大垣警察署巡査が連日張り込むという異常な状態となった。また岩田と懇意の同志山県郡議員に対しても斯波大書記より県庁呼出し、岩田との距離をとる様説諭が加えられ、岩田の孤立化を企図している。[13]

また、岩田の「内外教育新聞」発行に関しても、第二号迄発刊許可されたが、第三号については、七月一一日以降「第三号未配布発売不相成」と発行停止命令が出される。[14]

更に、発行者のみならず、同新聞購売者に対しても圧力が加えられ規制を強化、岩田狙い打ちとなった。[15]

明治一六年一月二九日より、岩田は、満一カ年全国で演説を禁止される。[16]

もちろん岩田のみだけの捕縛にとどまらず、（別表）の通り、政談演説会もまた下り坂となっていく。

こうした中、板垣岐阜遭難一周年の「岐阜自由懇親会」が四月六日開催され、岩田・早川・本多・村山等主たる自由党員は、演説もさる事ながら、一大私立校建設計画の構想を抱き、「人心奨励奔走シ子弟ノ教育協議中」[17]といい、唯一、後に私立校構想を成就したのは、岩田徳義の明治二〇年代の法律学校、岐阜私立学館、麻布学館であった。

もはや、岩田と小崎は抜き差しならない関係となり、岩田をどうしても収監したい小崎は、濡れ衣を着せることに念慮、腐心する。

「由来岐阜県下強ちに民権微弱なるにあらず、之をして萎靡収縮せしめたるは、偏に当時の県令小崎利準の致す所なるべし、ソハ小崎利準と云る人程民権嫌ひなるはなかりし、是れ畢竟官権の奴隷となりて政府に阿諂せし所ありたればなり。それゆへにこそ岐阜県令の職に在ると二十五年の久きを経、全国絶て其比を見ざるは、是ぞ正さしく政府忠勤の功を積めるものなるを知るべし。斯る壓制なる官権家の上に坐して民を御するあり。安ぞ人民の気力萎靡収縮せざるを得ん、然るを先生拮然下に立て自由民権説を唱道す……」⑱

この両者の民権に対する考えの隔差は、どうしようもなく、

「是れ氷炭相容ず、薫蕕器を同ふせざるもの、仇視反目の結果、孰か敗を取らざるを得ん。乃ち板垣遭難後先生か奇禍に罹りて獄に繋がれたるものは、正さしく之が因を為すもの……」⑲

村山照吉の「酒屋会議事件」⑳後藤秀一の「天皇不敬罪事件」㉑岩田の「新聞事件」㉒三大弾圧事件が起り、すべての事件が岩田がらみであって岩田は収監される。

岩田入獄直前の様子が、岩田文書の中にある。

「……過去明治十六年之頃板垣兇変後宦扉之タタニ疑れて測らざる罪を負ひて三年間入獄之身に成而前後明日裁判所より之召喚状を受て出庭する前夜祖母病で急ニ没し送葬をも為し獄中免得て家ニ還れバ十数年間志士之妻として辛苦を嘗免しものハ程なく死亡す其境遇梅田源次郎（梅田雲浜）ぬしニ倍るその感情……」

井伊直弼の「安政の大獄」の犠牲者梅田雲浜と自分の境遇を重ねている。（梅田の漢詩訣別はあまりに有名。）㉓

岩田は突如召喚され「私印偽造嫌疑」内外教育新聞の件で、明治一六年一〇月一八日未決監に入る。

ところで、事件の発端となる岩田の在監人名簿の書籍販売交通社とは、なんだろうか。

明治17年5月の岐阜県下の自由党院数（明治15年11月頃入党）　（筆者作成）

郡名＼族籍	士族	平民	計	郡名＼族籍	士族	平民	計
安八郡	15人	3人	18人	方県郡	1人	4人	5人
恵那郡	0人	15人	15人	厚見郡	3人	0人	3人
不破郡	1人	5人	6人	計	20人	27人	47人

「抑も余がすでに岐阜地に於て交通社を設立したる所以は一は本社に於て政治書を出版するの目的と二は新聞紙を発行するの順序なり依て此の二つの者の事業相待って其将来の結果を奏して公益を社会に与へんと欲するものあれば也而して書籍出版の如きは予に於て之を擔任し新聞紙の事業は他の者に負はしめたり……」㉔

「……我県民……政党の組織に及ふは難き……内部の教養即ち各人民をして……政治書を読ましめ……政治思想に富ましむる……考ふる所にして遂に交通社を設立して政治書販売の見込みを立て……余が平生の持論……政治と人民の位価の同等に進さるは……社会教育の足らさるに起るものなれは邦国政治の価直を進めんと欲せば須らく先つ人民を教養して其智識を進ましむるを以て急とす可し……」

山田頼次郎が言う。

「小崎利準は……籠絡したる警察権と裁判権を濫用して罪なき清廉の潔士を謂われなく縲絏の裡に苦しめたる事例……松田（岩田）徳義……」

岩田もかく言う。

名古屋控訴院「明治の名古屋」所収

警察官囚徒ヲ訊問スル圖（末広鉄腸「雪中梅」）（筆者所蔵）

「十五年春以来県下で大々的運動を展開するため板垣総理を岐阜に迎え刺客遭難の変がおこった。是等の運動の為深く官辺の忌む所となり、遂に新聞事件のため不可思議的の禍に罹り投獄され、結局は無罪となったがこのため前後三年獄中にあった。」㉕

岐阜・名古屋に収監された。

ここに、明治一六年一〇月八日から、明治一八年九月頃までの不可思議的事件の獄中生活をしいられたのである。

岩田の「新聞事件」の対象となった新聞は「内外教育新誌」であるが、同紙は明治十二年の「幼稚新聞」が「教育新聞」に、そして「内外教育新聞」さらに「内外教育新誌」へと改題したものである。

「幼稚新聞」の発刊は、明治十二年七月で、県下学校就学生を対象に教育的啓蒙を目的とし、小学校の作文と各学校の景況を掲載した教育雑誌的なものである。

「該新聞ナル者ハ県下学校ノ就学生ニ当作文ヲ投与セシメ以テ広ク江湖諸彦、展閲ニ供シ、佳章辞致ノ精絶下劣ヲ一覧セシメントスルニアルナリ㉖」

毎土曜日発行、定価壱銭、本社は「岐阜新聞」と同じ岐阜米屋町十番地の幼稚新聞社㉗である。月刊約五千部という。が、岩田は入岐阜した際、「幼稚新聞」を小学校に売っていたが、思うように買う人もなく貧困にあえいでいたという㉘。

翌十三年一月には「教育新聞」と改題、月刊から週刊へと発展約二万部と伸長する。

さらに「内外教育新聞」と改題、一つの美冊に綴りて発刊する。第一号は、明治十五年十月初めで、社主岩田、主幹若山民之助（沖縄県那覇郡久米村72番地出身）本社は大垣岐阜町にあった㉙。

ちなみに、十二月発刊の第三号は、次の内容である。

「内外教育新聞第三号
千渉教ノ不利ナルヲ論ス
普通学科ヲ論ス
岐阜県小学教科書ノ改正ヲ望ム
物ノ元素ハ未形ノ裡カニアリ
観月楼記
豊公論　」

何号まで継続したかは不明である[30]。

翌十六年四月の新聞紙条例改正は、体刑を社長社主に及ぼし保証金納付を義務づけるという言論取締の弾圧の極をきわめたもので、条例改悪により岩田が関与した「内外教育新聞」「濃飛自由新聞」「大垣新報」の三新聞は倒れたのである。

三新聞の廃刊を惜み大垣の有志者が中心となり新たな新聞発行を計画、この動きを受けた岩田は、明治十六年六月初め、再刊を目的に這回内外教育新聞社を創立する[31]。

本社は、安八郡大垣西今岡町十四番地交通社奥村戸方宅、分局は厚見郡岐阜上竹町一番地岩田徳義宅で六月十日付「岐阜日々新聞」の広告欄は、同社賛成員一千名募集と同社規則書制定予定を伝えている。同社記者は若山や鳥森友吉[32]らである。

内外教育新聞社社員加入人名（M15・12時点）　〈筆者作成〉

☆埼玉県	下山忠行　☆滋賀県　松尾千太郎　☆福島県　上野重雄
☆長崎県	高橋乙力　☆西京府　上谷政右衛門・門泉勇次郎
☆愛知県	相馬政徳・川合文三郎・平岩隆三・渋谷良平・奥村錠次郎・三治秀次郎・林文三郎・後藤文一郎・竹内竹五郎・中村万一郎・大島　寛・渡辺善次・本田松三郎・下郷白松・兼松正幹・堀部良平・大野季平・加藤金吾・太田松二郎・村松愛蔵・錆井徳三郎・成瀬誠麻呂・富川　了・安藤義静・内藤寛信・堀沢周徳・酒井俊一・村上学平
☆岐阜県	河合繁右衛門・堀部義徳・坪井伊助・渡辺甚吉・横山貞固・林儀兵衛・野々村嘉左衛門・宮川文吾・大西元三郎・大西茂市・郷佐太郎・柳原五平・栗本権吉・神谷熊次・杉山小五郎・高井格太郎・嵯峨実頼・大野秀二・伊藤一蔵・田代直太郎・本多正直・浅野良重・小森政之丞・塚原邦太郎・田中惟寅・西川与吉・総山文雄・早川啓一・能勢元造・富田長雄・早野拓爾・上田篤太郎・掘　半助・堀留次郎・藤吉留吉・村山照吉・服部佐橘・日根野直人・富田健次郎・守屋泰良・後藤　束

島森は後、二十年初に、早川啓一の警世新報に合流していく。

六月七日に発刊出願をするが一旦却下、同二十五日再出願により准許、二カ月後の八月十五日、同社発行「内外教育新誌」第一号が発刊されたのである。

同紙の持主兼編集長には、当時、岩田が「演説禁止中ニ付キ自ラ内外教育新誌ノ持主編集人トナリ発行シ能ハサル[33]」ため、平石鹿太郎（厚見郡加納町三番地）を起用、しかし実際は、岩田が主導権を握っており、平石は新聞紙条例改正による弾圧を避けるため名目上の持主兼編集長――岩田の弾よけになったとも考えられる。

予想どおり第一号発刊直後、早座に弾圧の魔手がのび平石は岐阜県警察本署の取調を受け、九月一日に休業届、九月四日に廃業届を県庁に提出[34]することを余儀なくされた。

だが「内外教育新誌」の継続発刊に意欲を燃やす岩田は、「引続キ其新誌ヲ発刊スルトキハ更ニ願出ヲ為シ、准許ヲ受ク可キ筈ナル[35]」のを知りつつ、独断で休廃業届後の九月一日から十五日までの二週間に、すでに印刷済の「教育新誌」第二号、第三号を牛屋浩次郎（安八郡西崎村）渡辺守司（同郡大垣伝馬町）その他へ、無許可で配達したのである。

この事実が、新聞紙条例第二十一条、同第二十二条に低触、さらに、この時、岩田が「教育新誌」発行願書、駅逓局許可願書提出の際、平石の実印を偽造行使したため、刑法第二百八条にも低触した。

岩田は、私印偽造の嫌疑で拘引、十月八日未決監に入り[36]、明治十八年九月の出獄までの約一年間にわたる陰湿な獄中生活―裁判闘争が続くのである。

これが、岩田の「新聞事件」である。正式事件名を「私印偽造行使及び新聞紙条例違反事件」という。

明治十七年三月十日、岐阜軽罪裁判所にて裁判言渡があったが、岩田はこれを不服として上告する。弁護人は吉村明道、参考人は平石鹿太郎、証人は島森友吉、若山民之助、本多政直、堀部松太郎らである。

同年十二月十二日、大審院判決があり「其全部を破毀し、実に名古屋裁判所にて移して審判せしむる旨[37]」があった。

当時、岩田の弁護人に当代一の代言人といわれる星亨を予定していたが、星は同年九月二十〜二十一両日、新潟西堀通五番地の不動院での北陸七州懇親会の席上、星の「政治の限界」が中止解散を命じられ、いわゆる「星亨官吏侮辱事件[38]」が起り、星が法廷係争中のため、弁護人を北田正菫に変更、出獄後岩田が上京の際、北田方に寄寓する因縁が生まれる。

翌十八年四月十五日、名古屋軽罪裁判所の判決[39]は、軽禁錮六月、罰金三十円であった。

この時期（明治十五〜十六年）小崎寄りの「岐阜日々新聞」記者、佐々木秋夫（重禁錮一月十五日罰金五円）、田中上善（重禁錮三月罰金二十円、重禁錮二月罰金二十円）山田梅友（重禁錮二十日罰金五円[40]）などと比較すれば、岩田に対する弾圧がいかに強いかが分る。

「処で保釈を求めた処が、検事よりの指令には保釈金五百円を出せということであった。大抵是等の保釈には精々十円位が相場である。然るに斯く大金を出せというのは詰り余を獄中より出さぬといふ腹合がよく読める。[41]」

岩田の獄中生活の間、自由民権激化諸事件の「加茂事件」「飯田事件」「名古屋事件」は、濃飛自由党領袖岩田を失い離散した旧濃飛自由党員とは何等の関係も持ちえず、消失していったのである。

表3　岩田の新聞事件　〈筆者作成〉

日　場所	内　容
M16. 8. 15	「内外教育新誌」第１号発刊（平石）
9. 1	休業届
9. 4	廃業届
9. 〜15	「内外教育新誌」第２号、第３号配達（岩田） 私印偽造の嫌疑で拘引
10. 8	岩田、未決監に入る
M17. 3. 10	岐阜軽罪裁判所で裁判言渡 「私印偽造行使及び新聞紙条例違反事件」 ・私印偽造使用ノ行為ニ対シ刑法第208条ニ依リ　重禁錮８月　罰金5円 ・新聞紙条例違反ノ行為ニ対シ新聞紙条例第22条ニ依リ　軽禁錮２月　罰金20円 新聞紙条例第21条ニ依リ　軽禁錮６月　罰金30円 ・発刊、新誌ヲ没収
（岩田一審 上　告）	
M17. 12. 12	大審院判決
M18. 4. 15	名古屋軽罪裁判所裁判言渡 ・第１ノ所為ニ付テ　軽禁錮６月　罰金30円 発行シタル新誌ヲ没収 ・第２ノ所為ニ付テ　無罪
M18. 9	岩田出獄

なお明治十八年四月十五日の名古屋軽罪裁判所「裁判言渡書[42]」は、次の通りである。

裁判言渡書

岐阜県美濃国厚見郡岐阜上竹町壱番地士族

書籍販売業 岩田徳義

三十八年九カ月

其方ニ対スル私印私書偽造行使及ヒ新聞紙條例違反事件大審院ニ於テ岐阜軽罪裁判所ノ裁判ヲ破毀シ本衙ニ移サレタルニ依リ予審調書及ヒ其方、上申書ヲ朗読セシメ検察官ノ意見証人ノ陳述其方及ヒ弁護人ノ答弁スル弁護ヲ聴キ且証拠書類及ヒ新誌等ヲ閲シ以テ其事実ヲ審案スルニ其方ハ第一岐阜県美濃国厚見郡加納町三番地平石鹿太郎カ持主兼編集長ト為リ同国安八郡大垣西今岡町拾四番地交通社ニ於テ毎月一日及ヒ十五日ニ発刊スル内外教育新誌ノ配達方及ヒ金銭出納等内部ノ事勢ヲ担任シ已ニ明治十六年八月十五日其第壱号新誌ノ配達ヲ為シタル後鹿太郎ハ右新誌ノ事ニ付岐阜県警察本署ノ取調ヲ受タルヨリ明治十六年九月一日同県庁へ休業届ヲ為シ続テ其月四日廃業届ヲ為シタル事アルヲ詳知シ居ルヲ以テ引続キ其新誌ヲ発刊スルトキハ更ニ願出ヲ為シ准許ヲ受ク可キ筈ナルニ其手続ヲ為サス休廃業届後ニ至リ明治十六年九月一日ヨリ其十五日迄ニ曽テ印刷シ置キタル右新誌第貳号第参号ヲ私ニ美濃国安八郡西崎村牛屋浩次郎同郡大垣伝馬町渡辺守司及ヒ其他へ配達シタル者ニシテ即チ自カラ右新誌ノ持主タル資格を帯ヒ之ヲ執行シタル者ト認定ス。第二右鹿太郎ノ実印ヲ偽造シ及ヒ新誌発行願書又ハ駅逓局認可願書ヲ偽造シテ行使シタリトノ所為ハ其証憑充分ナラストス右第一ノ所為ハ明治十六年第十二号布告新聞紙條例第二十一條ニ依リ六月以上三年以下ノ軽禁錮ニ処シ弐拾円以上弐百円以下ノ罰金ヲ附加シ仍ホ発行シタル新誌ヲ没収ス可シトアルニ該リ第二ノ所為ハ治罪法第三百八十五條ニ依リ無罪ヲ言渡ス可キ者トス右ノ理由ナルヲ以テ対審ノ上其方ニ第一ノ所為ニ付テハ軽禁錮六月ニ処シ罰金三拾円ヲ附加シ且発行シタル新誌ヲ没収シ第二ノ所為ニ付テハ無罪ヲ言渡ス者也

但、本案事件ハ其方カ明治十六年三月十日岐阜軽罪裁判所ニ於テ為シタル裁判言渡ニ服セス上告シテ破毀ニ係ルヲ以テ刑法第五十一条第一項ニ依リ其言渡当日ヨリ刑期ヲ起算スルトキハ已ニ在監日数前顕刑期ヲ経過シ居ルヲ以テ本刑ノ執行ヲ受クルニ及ハス且差押ヘタル証拠書類ハ治罪法第三百八條ニ依リ各所有主ニ還付ス

検事補青木素立会宣告ス

明治十八年四月十五日

名古屋軽罪裁判所ニ於テ

判事補　櫻井祥造　印

書　記　中島協和　印

右　正本ニ因　謄写スル者也

明治十八年四月十七日

名古屋軽罪裁判所ニ於テ

書記　中島協和　印

岩田は小崎利準の策謀による罪なき罪による冤罪事件で、独房に閉じ込められた。（明治一七年一二月の大審院判決宣告書も、筆者手元にあるが記載省略）

岩田対山「板垣伯の除幕式に就て」（『麻布学館々報第10巻第10号』）に次のエピソードがある。紹介しておく。

「余が独房檻に居ると、或夜半に一人の看守がやってきて窃に呼び起すのであるから、不思議に思ふて、フト目を覚まして見ると、其看守が極小声にて、〝岩田、お前が今度獄へ入ったのは誠に已むを得ぬ次第であって、実にお気の毒である。ソレで拙者は君を慰める為に、極内證で少しばかり酒を持って来たからやり給へとて、服の隠しよりしてソッと五勺ばかりの酒を取出し、猶重ねて、若も此事が知れたら、僕は直ちに免職になるので

あるから、克々其意を諒して貰いたいとのことであった。〃そも監獄で酒を貰ふなどとは、恐らくは例のないことであろう。余が此時の感情は譬ふるに物なく、覚へず一滴の涙を灑いだものである。」

小崎県令の仕業であるいわゆる冤罪事件について、岩田は次のように回顧する。

「当時専制政府が民権家を遇することは非常であって、余は別段罪もなきに、未決の儘（まま）三年間獄中生活をしたものである。と云ふは外でない、無理な裁判に軽禁錮八ヶ月罰金十円に処せられたのであるが、元と元と不服であるから控訴上告までした。処で保釈を求めた処が、検事よりの指令には、保釈金五百円を出せといふことであった。大抵是等の保釈には、精々十円位が相場である、然るに斯く大金を出せといふは、詰り余を獄中より出さぬといふ腹合がよく読める、故に余は固より国事に任ずるの身、艱難自ら甘ずる所、以来寧ろ獄中生活を愉快なりとし、泰然自若として安んじたる次第である。」㊸

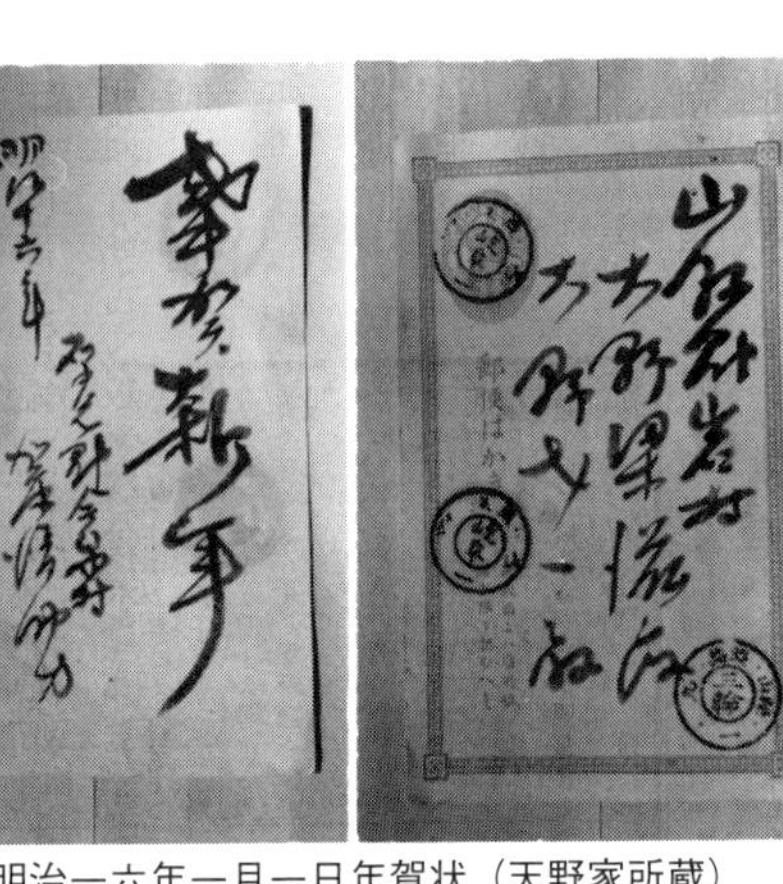
明治一六年一月一日年賀状（天野家所蔵）
山田頼次郎から大野梁滋（彦次郎）と大野才一宛

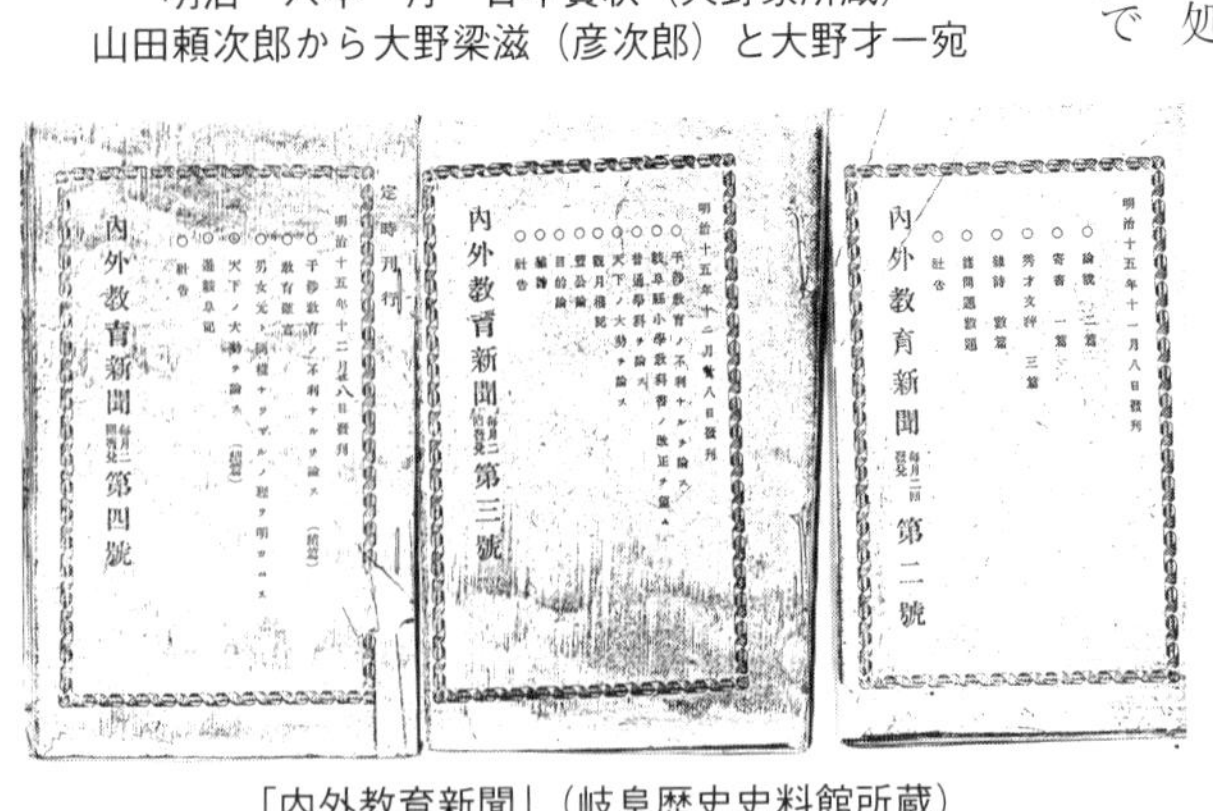
内外教育新聞 第二號

内外教育新聞 第三號

内外教育新聞 第四號

「内外教育新聞」（岐阜歴史史料館所蔵）
新聞事件のきっかけとなる。

明治十六年在監人名簿[44]

愛知県三河国額田郡岡崎福寿十四番士族
岩田　徳義　十六年十月（注＝入監年月）
三十六年四カ月（注＝生年月日）
書籍販売交通社主
未決監ニ入リタル年月日
明治十六年十月八日
私書偽造

「明治十六年在監人名簿」中、岡崎福寿十四番士族、岩田徳義の威風堂々（いふうどうどう）たる名前が光る。[45]

註

① 「自由新聞」明治一五年一一月一五日
② 「岐阜日々新聞」明治一五年二月二六日付　「愛岐日報」明治一五年三月五日付
③ 「岐阜日々新聞」明治一五年三月三日付　明治一五年三月五日付
④ 「岐阜日々新聞」明治一六年一月三〇日付　『関口議官巡察復命書』
⑤ 「岐阜日々新聞」明治一五年一二月一七日付
⑥ 池田永馬「板垣退助君略伝」（筆者所蔵）
⑦ 早野博之「明治の先覚者たち」郷土研究岐阜第三七号

▼小崎利準の履歴

岐阜縣令正五位勳三等小崎利準
現住所　岐阜縣美濃國厚見郡今泉村十四番地
三重縣士族　舊亀山藩　舊名公平
天保九年戊戌正月十八日伊勢國鈴鹿郡亀山江カ室ニ於テ生ル

年号干支月日	任免　賞罰　事故	官衙
明治元年戊辰七月	徴士笠松判縣（ママ）事被仰付候事	辨官
同二年巳己七月	任笠松縣小參事	笠松縣
同三年庚午四月五日	任笠松縣大參事	太政官
同四年辛未十一月廿二日	笠松縣被癈	
同年同月廿六日	任岐阜縣權參事	太政官
同五年壬申十月十三日	任岐阜縣參事	太政官
同年十一月十日	叙從六位	太政官
同八年六月五日	兼任六等判事	太政官
同年七月十九日	任岐阜縣權令	太政官
同年九月廿三日	叙正六位	太政官
同年十月三十日	依願免兼官	太政官
同十一年七月廿五日	任岐阜縣令	太政官

同　　日　　月俸貳百圓下賜候事　　太政官
同年八月六日　　多年奉職格別勉勵候ニ付自今月俸五拾圓増給候事　　太政官
同十二年十二月十五日　　叙従五位　　太政官
同十四年五月廿五日　　自今月俸五拾圓増給候事　　太政官
同年八月六日　　地租改正事務勉勵ニ付為其賞白縮緬三匹下賜候事　　太政官
同十五年三月三日　　明治十四年美濃国川へ洪水之際堤防橋梁等破損所
修繕専断ヲ以着手候段不都合ノ旨譴責セラル
同年十二月七日　　叙勲四等賜旭日小綬章　　賞勳局
同十七年七月五日　　任岐阜縣令　　太政官
同　　日　　勅任ニ被進自今月俸三百五拾圓下賜候事　　太政官
同年八月三十日　　叙正五位　　太政官
同十八年四月七日　　叙勲三等賜旭日中綬章　　賞勳局
（付箋）
明治十九年七月十九日任岐阜縣知事
同二十六年三月二十二日依願免本官
県立旧蔵「明治十九年文書部職制」の内履歴の一号

号は我々亭、漢詩、翰墨の余技も巧み
退官後、東京へ、大正一二年一月神戸旅行中に病死したという。

近藤芳樹翁序　三浦千春著　二〇・七・二二
小崎利準君跋　池田崇広書
美濃奇観　全二冊
売捌所　美濃岐阜米屋町　三浦源助
　　同　所　靫屋町　水谷善七

⑧「岩田徳義翁小伝」（筆者所蔵）
⑨拙稿「板垣岐阜遭難前夜」郷土岐阜第二〇号
⑩「岩田徳義翁小伝」（筆者所蔵）
⑪武藤貞一「自由の碧血」（筆者所蔵）
⑫「岐阜日々新聞」明治一五年四月二五日付　明治一五年五月一七日付　明治一五年七月一八日付
⑬「岐阜日々新聞」明治一五年一〇月六日付
⑭「岐阜日々新聞」明治一五年一〇月六日付　明治一五年一〇月一一日付
嶋森友吉は、東京から帰省後、明治一六年、岩田徳義の教育新報の発行に従事したが、廃刊となった。明治二一年大垣の早川、関口両氏と相謀り警世新報発刊（筆者所蔵）編纂員であった。「一朝筆硯忌諱に触れ、岐阜監獄に繋留、控訴、名古屋監獄に移り、上告保釈、家（上石地）帰る。明治二二年大憲発布の大赦令により罪名消滅。

「故嶋森事　宮田友吉氏小伝」堀部松太郎稿
⑮「岐阜日々新聞」明治一五年五月一七日付
⑯「関口議官巡察復命書」（筆者所蔵）
⑰「岐阜日々新聞」明治一六年三月二七日付　明治一六年四月一日付
⑱「岩田徳義翁小伝」（筆者所蔵）

⑲「文明之利器」明治二五年一月
⑳拙稿「村山照吉の酒屋会議事件」東海近代史研究七号
㉑拙稿「後藤秀一の天皇不敬罪事件」岐阜史学第七五号
㉒拙稿「岩田徳義の新聞事件」岐阜史学第七六号
㉓「文明之利器」明治二五年一月
㉔「文明之利器」明治二五年一月二九日第一六号
㉕岩田徳義「余が前半世期の歴史」（筆者所蔵）
㉖「英風新聞」明治一二年五月一九日付
㉗「愛岐日報」明治一二年七月五日付（筆者所蔵）
㉘「降符怪話」（松井文書）（『岐阜市史史料編』）
㉙「岐阜日々新聞」明治一五年九月一二日付　明治一五年一〇月六日付
㉚教育活動に、後の「岐阜私立学館」がある。（『東海近代史研究会報第13号』）
㉛「岐阜日々新聞」明治一六年六月五日付　明治一六年六月一〇日付
㉜「故嶋森事宮田友吉小傳」（『堀部文書』）嶋森は『濃飛日報』『警世新報』にも参画
㉝『裁判言渡書』
㉞『　同　』
㉟『　同　』
㊱『明治十六年在監人名簿』
㊲「岐阜日々新聞」明治一七年一二月一八日付　服部之総『明治の政治家たち』
㊳『余が前半世紀の歴史』（『板垣伯岐阜遭難録』）（筆者所蔵）

㊴「愛知新聞」明治一八年四月一九日付　「岐阜日々新聞」明治一八年四月二一日付

㊵『関口議官巡察復命書』（筆者所蔵）

㊶『岩田徳義翁小傳』（筆者所蔵）

㊷『裁判言渡書』「岐阜日々新聞」明治一八年四月二一日付　なお、大審院宣告書は、同紙明治一八年四月二五日・明治一八年四月二六日　両日に掲載（筆者所蔵）

㊸岩田対山「板垣伯の除幕式に就いて」麻布学館々報第一〇巻第一〇号（筆者所蔵）

㊹青木健児研究ノート　筆写による（筆者所蔵）

㊺岩田入出獄前後の辛く悲しい私事情が書かれてある。

（明治一六年　入獄前に）老母死亡

「處で、遭難の翌歳明治十六年の頃であつたが、余は新聞條例違犯罪によりて岐阜縣監獄へ繋る丶場合となつた、然る處、適々老母の危篤に瀕す、其命旦夕に迫る、生別離苦目前にあり。既にして明日はいよ〳〵監獄の人と為るに先づ夕、母は急に眠るが如くに逝きぬ、於是乎余は覺へず天を仰ぎて悦び泣けり、曰く、「天吾をして後顧の憂勿らしむ、今は勇み進むで獄に入るべしと、後事は凡て妻に托し、葬式さへも營み得ずして入獄しぬ。」（「岩田徳義翁小伝」）

（明治一八年九月出獄まもなく）夫人死亡

「猶之と同時に記さんと欲するものは夫人の貞操之なり。

而て夫人は先生出獄後間もなく不幸病に罹りて死せり。之に付て先生の著書『板垣伯岐阜遭難録』の一節に於て、在獄當時に於ける夫人の苦節を叙述し得るものあれば、參考のため爰に鈔録す。

然れども余の獄中に在ること前後三年、獨悲む志士の世に處して逆境に苦めらる丶や、人生再び遭ひ難きの春を起臥呻吟の間に費すを如何せん。仰で天に訴んと欲せば日月不幸の人を照さず、俯して地に哭せんと欲せば山河寂として應ず、唯飛花落莫の曉に春光の過ぎ易きを閲し、枯木蕭殺の夕に秋陰の移り易きを歎ずるのみ。然かも人盛んなれば他人之を親み、人衰ふれば朋友之を疎ず、等く是れ一人の身にして、昨は親友と爲り、今は路人と化す、人情反覆の常なき此の如し、安ぞ一滴の涙を灑ぎて吾が經歴を弔ざるを得ん。

ア、此間に於て絶えず余が心情を慰めたるものは、死せる妻にてありしなり。凡そ在獄中一週間毎に必ず之が差入物をなし、以て優に余が心情を慰めたるものは彼の心操にてありき、また余の獄裡に投ぜらるゝや、資産蕩盡赤貧全く洗ふが如き境遇に陥れる折から朝夕木孜々として痛く其身を勞し、以て僅かに手内職をなして少許の錢を得、余の出獄するを待ちて厚く之を勞りたるものも彼の勤めなりき。噫、余は今や老朽して猶存するも、彼は蚤く世を辭して北邙（墓地のこと）に埋る。半夜夢覺めて靜かに往事を追懐せば、百感無量殆ど禁じ敢ぬものあり云々、猶これを悲めるの餘になせし所の歌あり

わが妻がひるはひめもす夜もすがら
いそしみし世の俤ぞおもふ

以ていかに糟糠の妻に對する深情を知るべし。」

「板垣伯岐阜遭難録」夫人の苦節

あとがき

凡(およ)そ、歴史家には二つのタイプ、理論派と史料派があるらしい。

筆者は根っからの史料派で、特に生史料とか原史料の新発見に関して拘泥(こうでい)的かつ執拗な性格を持っている。

時空(とき)を越えて生史料、原史料に出合えた瞬間は、宝物を見つけたようで筆者は喜悦限りなく一種の恍惚の境地に入り、特に一級史料に遭遇した際は、研究者冥利に尽きる、いわば永遠ものだろう。

要は「ドキドキ」するのだ。

筆者の「史料に物を言わせる、物を語らせる」手法は、ベクトルやライティングの当て方次第で燦然(さんぜん)と光を増すものだろう。

そういう意味において、本稿の骨子は、岩田徳義に関する史料を出し切り、岩田徳義の生涯を紹介する仕立てとなっている。エピソードも満載にした。

岩田は、筆者にとって魅力あふれる研究対象人物である。

ある意味、謎めいているのがいい。

岩田の前史―特に岡崎、豊橋、上京時代の未解明の部分は、研究的には史料も乏しく厳しかったが、一本の線を手(た)繰(ぐ)るようで楽しく、まるで探偵家になったような気分だった。

岩田の操觚者から民権家の時代の部分は、苦闘に満ち満ち、波瀾万丈で実に興味深い。

岩田の持つ多面性、法律家、キリスト教徒、教育者など、パーソナリティが光る。

岩田の生史料を追いかけるうちに、気づけば、古書（民権資料）コレクターになっていて、史料に囲まれた書斎の空間が実に心持いい。まるで岩田と会話しているようで楽しい。

最後になった。

歴史調査の楽しみに「聞採り調査」がある。そこで出会えた子孫や縁故者の方々とのお話は心に沁みる。

これまでの調査で数多くの方々とのお話は、静かでかつ奥深く浸透する感動を受け、筆者の琴線に触れる。

本稿の基調は論文的評伝である。

とかく論文にありがちな取り扱いに苦慮し、切り捨てがちであった子孫や縁故者の方々のお話しやエピソードは、この機会にもらす事なく本稿の味付けとしてなるべく掲載した。

また、本書中の未公開写真や名刺、書簡、新聞、雑誌、錦絵、絵葉書等のほぼ大部は筆者が約五〇年間にわたり蒐集してきたものであるが、この際、一気に出し切り岩田徳義の世界に浸っていただきたいと考えた。

筆者の意図が読者の方々に伝われば「しめしめ」である。

第二部

法律家から教育者へ

鍵谷龍男（磯北野史）「未来の面影」M20（筆者所蔵）
名古屋の未来図、奥は名古屋城

はじめに

第一部は、岩田の出自から新聞事件で入獄するまでの自由民権運動を中心とする約四〇年間にわたる前半の生涯の記述で、筆者の専門分野であった。

第二部は、岩田の二〇年代以降、関東大震災翌年の大正一三年八月逝去までの約四〇年間にわたる後半の生涯の記述である。

第二部中、二〇年代の岩田の基督教、地方自治制、法律研究会活動、更には三〇年代の教育者への転向と筆者の力量が及ばぬ専門外のテーマが多く、先学諸氏の研究成果に依拠し、論文等を引用させていただいた。なんとか目標である岩田の生涯を朧(おぼろ)げながら通史できた事は、喜びに堪えない。

岩田の人物像は、論文的記述のみで彼自身を素描できないため、彼の人間性を最大限引き出せる様、エピソードも入れつつ、また視覚的には当時の写真や書翰、錦絵や刊本類など紹介し、その場の臨場感を味わえるように史料中心の組立てをし史料に語らせる手法をとっている。

これまで愛知・岐阜地方の民権家の生涯について正面からとらえたものは、長谷川昇氏「内藤魯一」村上貢氏の「小池勇」等があるが、筆者は積年の課題かつ念願であった「岩田徳義」を一冊にでき安堵している。

そもそも筆者が岩田徳義に強い興味を持ったのは、岐阜県自由民権運動研究家青木健児氏の「岐阜県における自由民権運動」（岐阜史学二四、二五号）の論文である。

青木氏の基礎研究資料は、縁あって筆者に継承される事となったが（研究ノート参考）、氏の研究成果の上で岐阜県自由民権運動史を復元する事は、研究者として幸運の部分もあったが、反面それ以上に若き日の浅学菲才の筆者にとっては負荷が重く、日々プレッシャーの呪縛の中にいた。

それ程、青木氏が構想された民権史全体を捉える作業は、とても大きく途轍もないものだった。

そのため、筆者は研究の中心に岩田徳義を据え、ある意味、猪突猛進的に自己研鑽した結果、心身共に疲弊した。

また「民権百年」という歴史的イベントも、当時の筆者には、そぐわぬものであり、過分に期待された研究そのものが辛苦となった。

しかし、近年のコロナ禍は、筆者に残された人生、時間の使い方を再考させ、貴重なものを忘却している事実を想起させてくれ、約四〇年間の研究休止の封印を解いた。

過去の収集史料については、大切に書庫に保存していたので、研究再開に関して問題はなく、逆に長期間の研究離脱中、趣味の古書店巡りの成果もあり、岩田の一次史料（生史料）や岩田の周辺史料も充実の一途を辿り満足できるものとなった。

例えば、第一部中の写真資料においてこれまで知りえなかった今回、初見参となる「鈴木才三」「宮本千萬樹」「岩田徳義」その他民権家写真は極めて貴重なものだろう。

また民権家の書翰や刊本類、或いは幻の「警世新聞」「濃飛新報」を初めとする明治初期の新聞類についても初見のものが多く活眼（かつがん）できたと自負している。

空白の時間は負ばかりでなく、筆者にとっては憩いの時間であり、熟成の刻だったのかも知れない。

そうした意味で、本書における第一部、第二部の二篇の論考―岩田徳義研究は、故青木健児氏と筆者との合作だと思っている。

遅ればせながら、果して筆者は責任の一端を果せたのだろうか。

次の小文は、筆者が東海近代史研究の創刊号（昭和五四年）に投稿したものである。

故青木健児先生と私

若井正

昭和五一年三月二〇日の「春分の日」は、筆者の人生で決っして忘れる事のできない運命的な一日となった。

学生時代の卒業論文のテーマ選考の際、自由民権運動に興味を抱いた筆者は、一地方公務員としての奉職を契機として、ライフワークに岐阜県自由民権運動史の復元を志し「現段階において何が研究され尽し、何が未研究のまま残されているのか」という点を確認するため関係諸文献を検討した処、研究の原点が―特に明治一〇年代の岐阜県歴史自由民権運動史―青木健児「岐阜県に於ける自由民権運動」(『岐阜史学』二四〜二五号)にあり、その成果が現在も継承されていると判断した。

このため、青木氏の業績や研究姿勢ひいては人間性というものに強く魅かれた筆者は、かねてより同氏の研究を高く評価する長谷川昇氏(『郷土岐阜』二一号、長谷川昇「愛知・岐阜地方の自由民権運動」五頁)や、当時、岐阜県史料館準備室々長であった船戸政一氏のご教示をえて、青木氏の消息を追跡。その結果、昭和四〇年三月一九日岐阜県自由民権運動史の研究中途にして可能性多い二九歳の若い生命を胃癌にて夭逝されていた事を知った。

しかし、なおかつ同氏の研究活動に触れることを切望した筆者は、複雑な経緯をへて奇遇にも同氏死去一一年後の昭和五一年三月二〇日、郡上八幡美山の池戸家の土蔵の中で柔和に微笑んでおられる遺影と対面させていただき、遺言で誰にも見せられる事のなかった自由民権運動関係の蔵書約八〇〇冊及び史料類を前にして、私は一研究家のあまりに短かく悲しい一生と研究に対する激しい情熱のほとばしりに圧倒され茫然と立ちつくしていた事を鮮烈に覚えている。

同氏の篤学ぶりや潔癖な人間性については、同氏が兄のように慕い師として敬った村瀬円良氏(池戸家談)が昨今同氏について書かれた『岐阜市史だより』7にくわしいので、御許可のうえ全文を転載させていただいた。

青木健児君と県庁旧蔵文書　村瀬円良

岐阜県庁に伝存していた、濃飛郡代文書を中心とする古文書類が、岐阜県立図書館へ移管されたのは、昭和三五年八月のことである。当時の司町庁舎の書庫から、荒縄で縛られ、幌をかけたトラックで運び込まれた。玄関から二階の集会室へは、職員総出で汗だくの手送り。市場の魚のように床一面に並べられた古文書類の梱包を見て、一体これをどう整理したらよいのか、職員たちは手をこまねいた。図書ばかり扱ってきた職員に、日本十進分類法は金科玉条であり、古文書類独自の整理体系を作るなどは、思い至らぬことであった。それに正直云って、近世文書をまがりなりにも読みこなす職員が居なかったのである。

青木健児君は郡上郡八幡町美山の生れ、郡上高校を経て岐阜大学学芸学部史学科に入学。同大学の紹介でこの県庁旧蔵文書整理のため県立図書館へ通うことになったときは、入学後すでに数年たっていたが、まだ学生の身であった。だから無論アルバイトとしてである。彼は、この厖大な史料の整理を背負い込んだかたちになった。面接の翌日から、彼は書庫に籠り古文書を開いた。暑い書庫での作業は、肌着にステテコ姿、古文書と闘い古文書に痴れる日が続いた。

青木君の、いささか向う意気が強いが情味深い〝坊ちゃん〟タイプの性格は、職員間でも評判がよかった。意見が合わずやりあうこともあったが、尽すべきことはきちんと尽すといった律気で古風な一面が、親密度を加えた。下宿暮しに似ず、洗濯の行き届いた服装も忘れなかった。

昭和三五年といえば、まだ『岐阜県史』の編集も着手されていない頃である。こうした古文書類に対する一般の認識はまだまだ浅く、各地庄屋文書などの流出について、漸く対策が叫ばれ始めた程度であった。従って、その整理の方法についても定説があるわけでなく、分類法も文部省史料館方式や天理図書館の平井方式など、いくつかが発表されてはいても、評価がまちまちであった。私たちも泥縄式の勉強を始めた。史料の内容を把握し仮のカードをとり、移管文書の全体をつかみながら、どのような整理体系にまとめていったらよいか。盲運転のような作業であった。整理には史料の補修や再編成がともなう。散逸史料で筆写本が他に残っていれば、借用して更に写しをとり補充する仕事もおろそかにできない。この点、亡き森義一先生や林周教先生、それに岐阜大学史学科の諸先生には、とりわけ親切な御教示を受けた。

昭和三六年度末、飛騨郡代高山陣屋文書が冊子目録として漸くまとまった。収録点数二万三千点、模索を続けながら一ヵ年半ばかりでよく仕上げ得たと思う。青木君は頑張り抜いた。周知のように飛騨郡代文書は、天領行政を知る上に全国で最もよく残された史料群である。各分野の文書が見られ、明治初年高山出張所時代の文書も少なくない。

三七年度末には美濃郡代笠松陣屋堤方役所文書の目録ができ上った。高山陣屋に見合う笠松陣屋の文書は殆どなく、同陣屋堤方役所文書だけが一群として残る。美濃南西部輪中地帯の治水関係文書が中心である。所領が錯綜し、用排水や水防等に問題が起きる治水文書の性格上、川筋を分類項目にたてたこと、内容細目を多くとったこともこの目録の特色となった。

三八年度は明治期岐阜県庁事務文書㈠として、村明細帳や濃尾震災文書、社寺関係文書等のまとめに入った。が、ここで年度途中ながら、青木君は図書館を離れ、武儀郡の中学校へ奉職した。彼は大学在籍八年にして卒業したのである。

彼がなぜ長い間大学を卒業せずにいたのか不明の点も多いが、少くとも最後の三年間は、図書館の古文書整理への熱中が一因だったかと思える。数学だったか、得意な教科を彼は受講せず、欠点にして在籍を延ばしていた。古文書の整理もさることながら、残った科目の講義には必ず出るように、私たちも随分云ったつもりだが、講義の曜日になると、朝寝しすぎたとか、気が乗らぬとか、理由にもならぬことを云って大学へ出ず、図書館へ来てしまうことが再々であった。そして、ぎりぎり八年在籍、自らをさとすようにして卒業、教壇に立った。

青木君が去って後の古文書の整理は、多少は馴れてきた私たち職員が中心に当ることになるが、彼の心は未完の古文書整理にあったように思う。学校の休日にはきっと図書館に現れて整理の面倒をみる姿があった。その時が青木君にとって、一番楽しい生き甲斐の時間であるかに見えた。

昭和三九年度、図書館は明治期岐阜県庁事務文書㈡の整理に入り、青木君は飛騨鳩ケ谷の白川中学校へ異動。遠隔の地となって顔を出すことも少なくなったが、夏休みは事情の許す限り図書館に来ていたと思う。そしてその頃、彼は胃の変調を訴えるようになった。

九月に岐阜大学病院で検査。私は、病院から彼の胃癌がすでに手遅れにまで進行していると知らされ、驚愕した。胃潰瘍と云うことで、彼の妹千代子さんの勤務する高山日赤病院で手術。予後を郷里八幡で養い、一度は図書館に顔を出せるまでになったが、食が進まぬ、と云う言葉に力がなかった。

翌年一月、成人の日を利用して、私が雪の美山に彼を見舞ったときは、再手術のため生家を高山へ発とうとする日であった。その時もう、彼は自分が癌であることを知っていた。或いは最後の対話になるかも知れぬお互いの一刻を、囲炉裏をかこんで確認しあった。そして彼は、古文書整理の三年間をなつかしみ、完成までに至らなかった心残りを述べた。

再手術後、彼は離床できなかった。そして三月一九日、高山日赤病院で息を引き取った。彼の遺言で、型通りの葬儀は行なわれず、生家の仏壇の前に安置された遺骨に、親族、知友、順次別れの焼香をするだけで終った。ちょうど彼岸の中日、寒い日で風花がしきりに舞った。

青木君の没後一週間程で明治期岐阜県庁事務文書㈡の目録ができ上がり、彼が精魂をこめた県庁旧蔵文書約四万点の整理が完了、これで目録全四冊の刊行となった。四冊揃いの目録を彼はついに手にすることなく逝った。独身、二九歳であった。

…………

昭和五一年春、若井正さんを介して、美山の生家に保存されていた青木君の蔵書を、一括県立図書館に寄附してもらう話が進んだ。健児の死後十余年経った今、いつまでも蔵書をしまい込んでおくより、因縁浅からぬ図書館で役立てられるならば、との生家の実姉あや子さんの申し出であった。とりあえず本の下見のため、私は若井さんらと、桜の過ぎた堀越峠を久しぶりに美山へ越えた。そして、青木君の死後の、県下郷土史界の変遷を思った。県庁旧蔵文書目録の完成と、それにともなう古文書類の公開は、郷土史研究を人々の身近なものとした。『岐阜市史』を始め、今にして盛んな市町村史の編さんも、この目録ができていなかったならば、こんなに時を同じくした進展をみなかったかも知れぬ。現在まで県下で市町村史編さんに関与していないところは、ほんの二、三カ町村に過ぎない。これは他県にも例をみないことであり、各地の近世史料読解講習の盛況等と共に、郷土史研究の層の深化、拡大とみてさしつかえなかろう。

青木君の蔵書は約八百冊。彼が専攻した自由民権運動の本が中心だったが、学生で、アルバイトをしながらの暮しで、よくこれだけの本を買い集めたと思われる内容であった。薄暗い土蔵の中で、これらの本と一緒に、彼のノートや身回りの遺品を見せてもらった。私がいつか、旅行の土産に渡した伊賀焼の蛙の灰皿も、そのまま机の遺影の前に置かれていた。落して一度は割ったのか、蛙の背中に一条、接着剤でくっつけたあとが残っていた。図書館でこの灰皿を渡したとき彼はその場で包みから取出し、「痩蛙まけるな一茶是にあり、か」と甲高く笑ったが、己れの痩身への揶揄ばかりではないように思えた。「健児はなぜか、この灰皿を大事にしておりまして」と云うあや子さんの言葉を、私はずっしりと背後に聞いた。

昭和五二年五月、県庁旧蔵文書は大部分、新設の岐阜県歴史資料館へ移った。(岐阜県立図書館奉仕係長)

現在、青木氏の蔵書約八〇〇冊は村瀬氏をへて岐阜県立図書館に、そして史料類については、ご遺族の方々のご厚志により筆者の手元にある。同史料は、そのほとんどが筆写によるもので、なかには近年『岐阜市史』などで活字化されたものもあるが、いまだ未発表のものについては史料紹介などの形で生かしていきたいと考えている。

筆者が昭和六〇年一一月に発刊した「岐阜県自由民権運動集VOL1」－明治初期岐阜日々新聞記事抜粋－は、青木氏が手書き筆写された「岐阜新聞」「岐阜日々新聞」の記事(明治13～22年まで)の集大成である。今もなお民権運動研究の基礎資料本として、青木氏の功績は光っている。

これらの筆写史料のなかに、同氏が昭和四〇年、逝去直前に書かれたと推慮される詩があった。読めば、闘病生活を垣間見悲しみや切なさがいっぱい詰まった詩であった。

心より追悼の意を表し、紹介させていただく。

無　題　　青木健児

土のにおいを足に嗅ぎ
鍬持つ手の
皮の厚さをひそかにほこり―
太陽のあたたかさは腹に触れ
簑（みの）通す雨の背中をつたい―
あの頃は生きていた。
蛍の黄色いにおいは
今なお鼻先にただよい
山田にこだました蛙のケン騒は
今なお耳朶にひびく―。
あの日々はいづこに去りし
田舎町にルンペン生活一〇年
長雨に畳はすえたにおいを
聞えるは強く又弱く雨だれの音。

第一章　上京時代

東京都墨田区吾妻橋（筆者所蔵）

1. 明治法律学校

明治一八年九月、岩田は出獄する。
理不尽な岩田「新聞事件」繋獄に関する始末記がある。

繋獄始末

抑　余が昔日繋獄の身となりたるは即ち平生の志望と事業とに由て之れが目的の在る所を果さんと欲するの間に起りたるとにて是が為め却って不測の禍を買たる実に意外の変と謂はざるを得す今や漸く獄窓の痛苦を脱して青天白日を見るの身となりたりと云とも独り机辺に坐して徐に往時を追懐せば仰天慨然深く嘆息する者あるなり左に之れが経歴を手記して座右の銘となすものは後の今を視ると猶ほ今の昔を視る如き感ならん事を予想すればなり

明治一八年九月　対山野史誌（㊟岩田徳義）」

意を決して東都遊学に旅立ったのは、明治一八年九月の事である。
明治七～八年の上京に続き二回目となる。出獄した岩田にとって、心に風が吹きすさぶ明治一八年の秋九月であったろう。①

内籐との「明治十二年の盟約」以来、辛苦の末、築き上げた岐阜県自由民権運動は、三大弾圧事件を象徴とする県令小崎利準の弾圧の嵐に、一瞬にして水泡に帰してしまい、「名古屋事件」等の激化諸事件も、岩田は禁獄中にあとかたもなく消え去っていった。

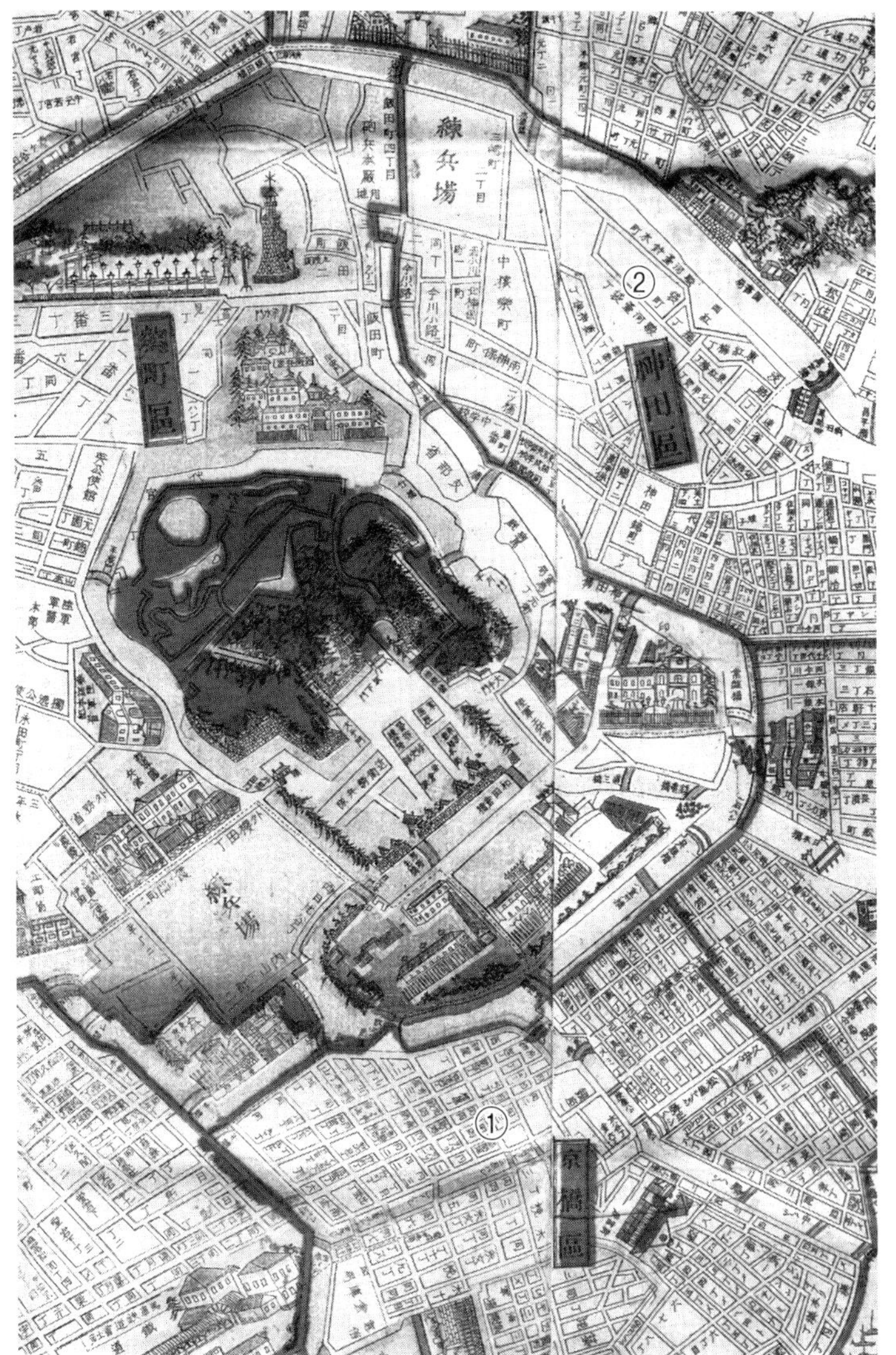

新撰東京全図明治二一年四月発刊（筆者所蔵）
①岩田、京橋区日吉町北田方から②神田区駿河台、明治法律学校へ通学

時代は新たなフェーズにはいっていた。

岩田は東京京橋区日吉町十九番地代言人北田正董（きただまさただ）方に同居する。[②]

北田は（大阪府出身）島本仲道（しまもとなかみち）らと共に、北洲舎（ほくしゅうしゃ）を創立、早くから代言業務に従事していて、「福島事件」の河野（こうの）

広中(ひろなか)の弁護実績をもつ。③

岩田が北田方居寓した理由は、「新聞事件」の時、提訴上告した際に弁護を当初、星亨(ほしとおる)に託したが、当時の星は、新潟にて官吏侮辱罪を受け係争中ため、転じて北田正董に託した縁による。④

北田方居寓は、法律知識を吸収したい岩田にとって極めて好環境であったろう。

この上京は、新時代に対応するため、法律修得を目的とするものであり、岩田徳義は「明治法律学校」に入学、「明治法律学校生徒一覧表」⑤中第二百四号に名前を発見できる。

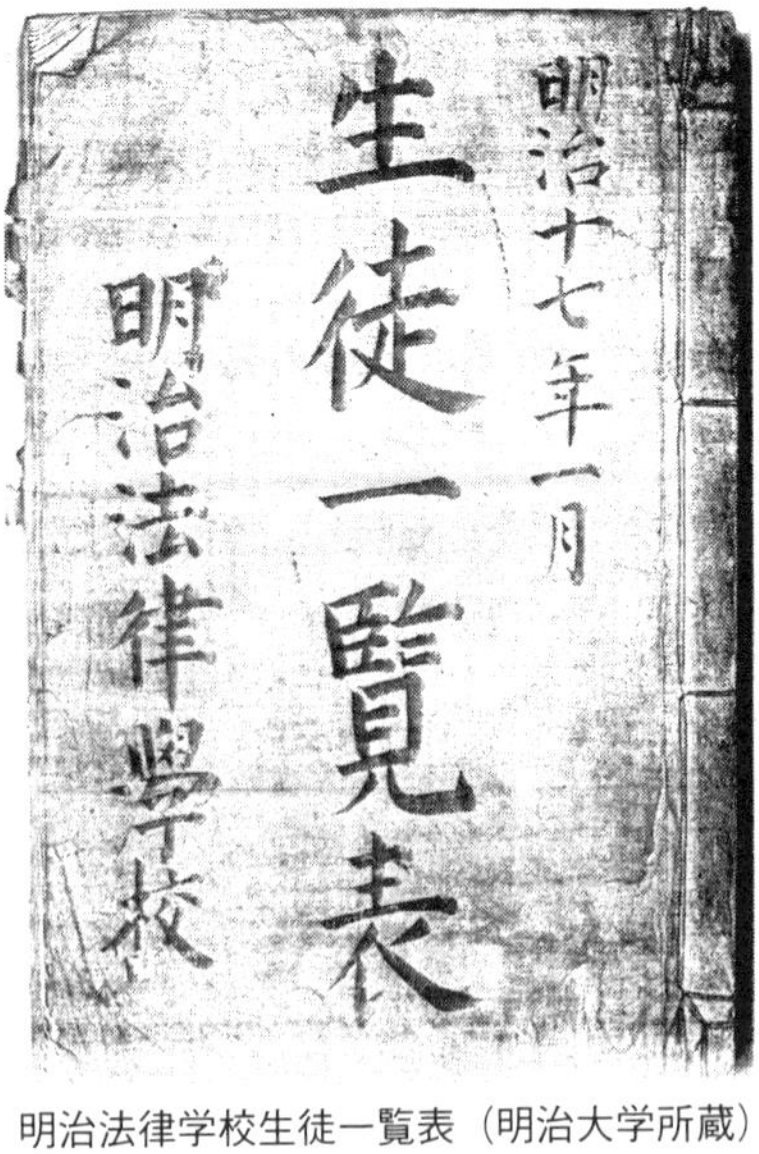

「明治十七年一月
　生徒一覧表　　明治法律学校
第二百四号十八年十月三日　岩田徳義
　廿（十）(ママ)年二月七日」

岩田の同校入学（法律学科）の動機は、同校第一回卒業生座談会豊田多三郎(とよたたさぶろう)の発言を持って言い得ている。

「兎(と)に角(かく)、この際法律を学んで置かなければならぬ、権利思想の勃興(ぼっこう)時代でありますから法律を学んで置かなければと云ふことで、東京へ出掛けて法律学校へ入って率先すれば郷党(きょうとう)で重きをなして政党に入っても相当の待遇を受けられると云ふやうな時代」⑥

過ぐる板垣岐阜遊説中、加茂郡太田会場での岩田の演説題目の一つに、忘れもしない「国会開設ノ準備」⑦があり、岩田の主眼フォーカスは終始一貫して二三年に向けられている。

明治法律学校生徒一覧表（明治大学所蔵）

岩田は、来る国会開設を向え、法律知識修得のため、同校入学、帰岐後、地域及び政党の指導者を目指していたと思われる。

入学時期は明治一八年一〇月三日、退学時期は二〇年二月七日とあり、約一年四ヶ月間の在校期間となる。

岩田同期の明治一八年入学生は、三〇九名⑧（明治雑誌によれば三六九名）。

当時の同校生徒総数千百余人中、岩田いわく「四十歳にほど近い岩田のような晩学者は、珍しかった」と言い、四〇歳の晩学の岩田の能力の高さと情熱の強さに、ただただ驚きを隠せない。

「己にして余の東京に至るや、先づ法律學校に通學して頻に之が研究を遂たり、此の如くにして法學を研究すること茲に三年、是ぞこれ余が新に思立ちたる所の學問にして敢て辨護士若くば裁判官となりて世渡する目的にあらず、乃ち要は他日帝國議會にありて立法者の働きをなさんと欲するものに出づ。サレバ明治法律學校生徒千百餘人の内に於て、其齡殆ど四十に近き晩學者にて其勉る所此の如し。其他聊か諸種の學に志して遊學を試るもの前後五年、乃ち明治十八年よりして廿二年の交に渉れり。」（「余が前半世紀の歴史」）

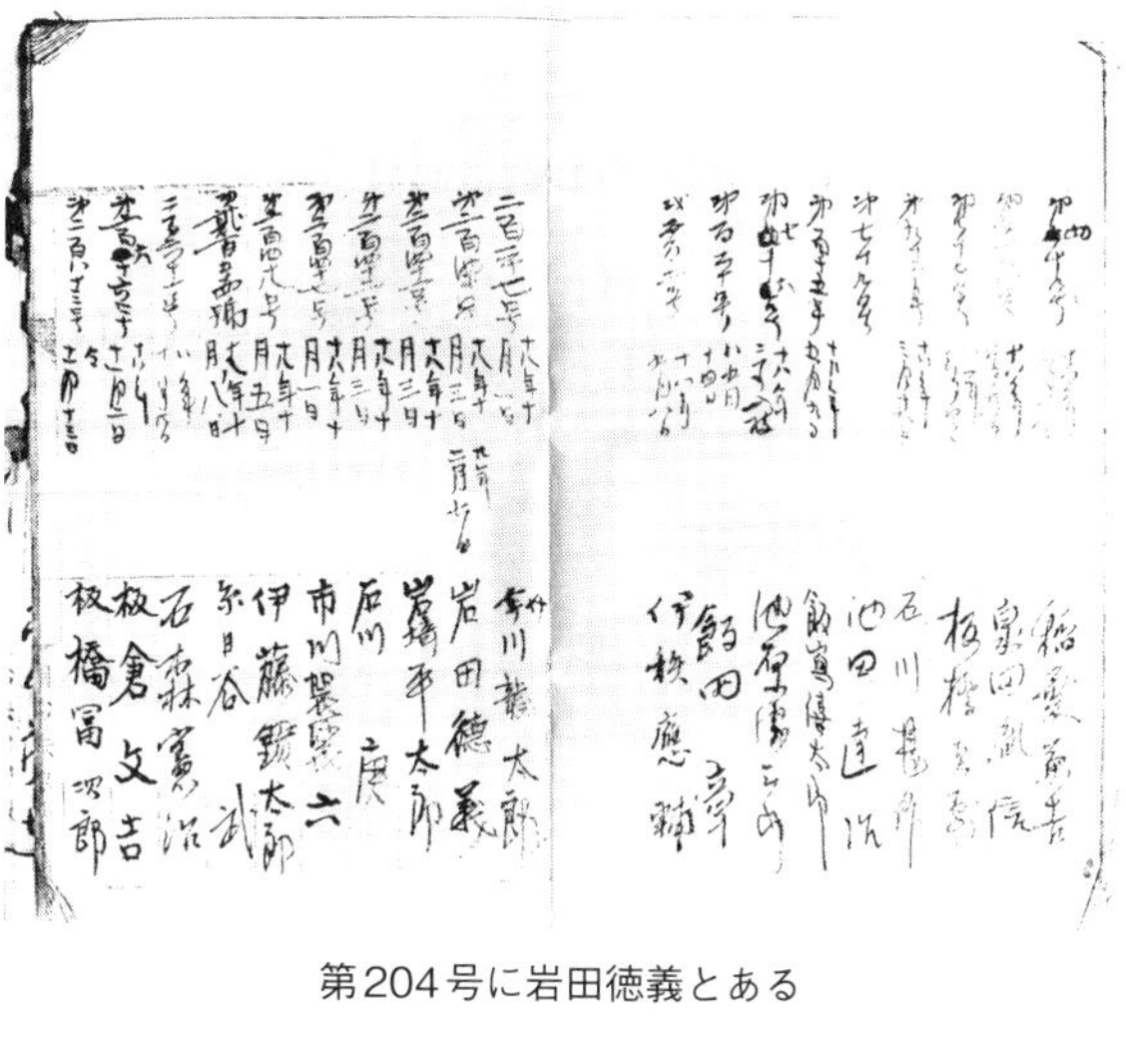

第204号に岩田徳義とある

同校入退学について

「入学について制限もなければ試験もないので、すぐ入ってすぐ出るという者もあります」

岩田は、正式卒業生（二〇年九月の第九回及び一二月の第一〇回）の計三七名中に名前はなく、二月に早期自主退学をしている。

同校は、卒業期も「学生の希望と学力に応じ随時、適時……」とした。⑨

岩田が通学した同校の性格を見てみよう。

同校は、明治一四年岸本辰雄らが設立した私立法律学校で、明治二三年頃まで法律学を主とし、フランス法学を講じた仏法系学校で、五大法律学校の一つである。

自由民権運動と強い関わりを持ちつつ、発展しフランス革命の影響を受け、自由と権利を主張する演説会開催、法理の講究と其真諦を拡張する自由民権の牙城と見なされた。⑩

明治一八年一二月、手狭な有楽町（麹町区）校舎から神田駿河台の南甲賀校舎に移転。

岩田は、同校舎にて勉学、二〇年二月自主退学するが、即座に岐阜へ帰郷することなく、そのまま東京に滞留する。

翌二〇年退学の間、若干の政治活動とキリスト教に傾斜するが、岩田周辺には当局の厳しい密偵のマークがあったと思われ、キリスト教に関しても、政治運動に関しても、岩田徳義は当局の要注意人物であった。

実は、岩田が明治法律学校を、慌てて中途退学した理由がある。

「三島通庸文書」によれば、明治一九年二月二日「耶蘇教会に出席シタル者……中島信行、加藤平四郎、林包明、荒川等に質問会を開くナリ」「直一日或ハ二三日前退校セシモノニ相違無之」と取調べ前に退校し避逃した者も多く、

明治大学（前明治法律学校）（筆者所蔵）

岩田の急拠の途中退学の理由の一つに挙げられるだろう。⑪

岩田の上京期間には、明治二〇年一〇月の三大事件建白書運動が盛上がり、一二月の保安条件をのりこえ、来るべき二三年の国会の舞台開きを控え、二一年には地方政社づくりに励む在地の旧民権家の動きがみられる。

筆者の手元にも二本の建白書資料がある。

一本目は庄林一正（元愛国交親社副社長、愛親社社長）のもので、二〇年一一月九日建白書上呈に上京、建白書署名数は愛知一〇七九名、岐阜より賛成状送付者約九三三名。⑫

二本目は林小一郎（加茂郡太田町）「建白書議案」（雛形）である。⑬

明治二〇年一〇月のもので

一可削租税ノ税賦課之苛重事

一可釋言論集会之束縛事

一可改外国交際之非計事

右三大事ニ付建白とある。

明治一九年、明治法律学校在学中の岩田の政治活動を伝える資料が二本ある。岩田関連史料として掲載しておく。

原口清先生のご紹介による一本目を紹介しよう。三島宛岐阜県警部長報告である。⑭

明治一九年五月一二日、岩田は岐阜在地の民権家堀部松太郎、村山照吉、本多正直に宛てて次ぎの書翰を送った。

「岐阜県警部長ヨリ通報

平素心外之御疎遠ニ打過多罪御用捨可被下候、小生無恙送生致御安心可被下候、偖今ヤ眼ヲ放て天下ノ形勢ヲ通観スレハ一般ノ人心萎靡不振ニ帰シタル事殆ント凍蠅病蝶ノ如ク武権自由ノ香気ハ全ク其跡ヲ絶タルニ似タリ、嗚呼実ニ慨嘆ニ付スルモ尚ホ余アリ、依テ今回小生等大ニ計画スル所アリ、已ニ在京某々ノ志士ト相謀テ秋期一大懇親会ヲ大ニ議スル所ント欲ス就テハ後藤、板垣、陸奥等其他有望ノ志士ヲモ誘ヒ是迄ノ組織ヲ之ニ一変シ誰ニマレ苟モ日本全国ノ武タラン者ハ共ニ無形ノ団結ヲ為シテ彼此相扶助シ先ツ以テ反対党ニ対シテ大ニ刺撃ヲ試み進テ今ヨリ盛ニ全州ノ人心を鼓舞シ振作シテ自由ノ大気ヲ社会ニ発揚セシメ以テ腐敗ニ帰シタル大勢ヲ挽回セント欲シ復タ以テ時期切迫セル国会開設ノ準備ヲ為シ揮挙一呼鹿ヲ中原ニ争ハント欲ス、嗚呼誠ニ愉快ノ秋トナラスヤ、願ハクハ我兄弟一層発憤アレ、進メヨ志士、起ヨ志士

一右ニ付テハ従来ノ我党志士ノ外、尚ホ県

白書
議案

一可削祖税賦課之苛重事
一可釋言論集會之束縛事
一可改外國交際之非計事
右三大事ニ付建白

「林文書」(林家所蔵)

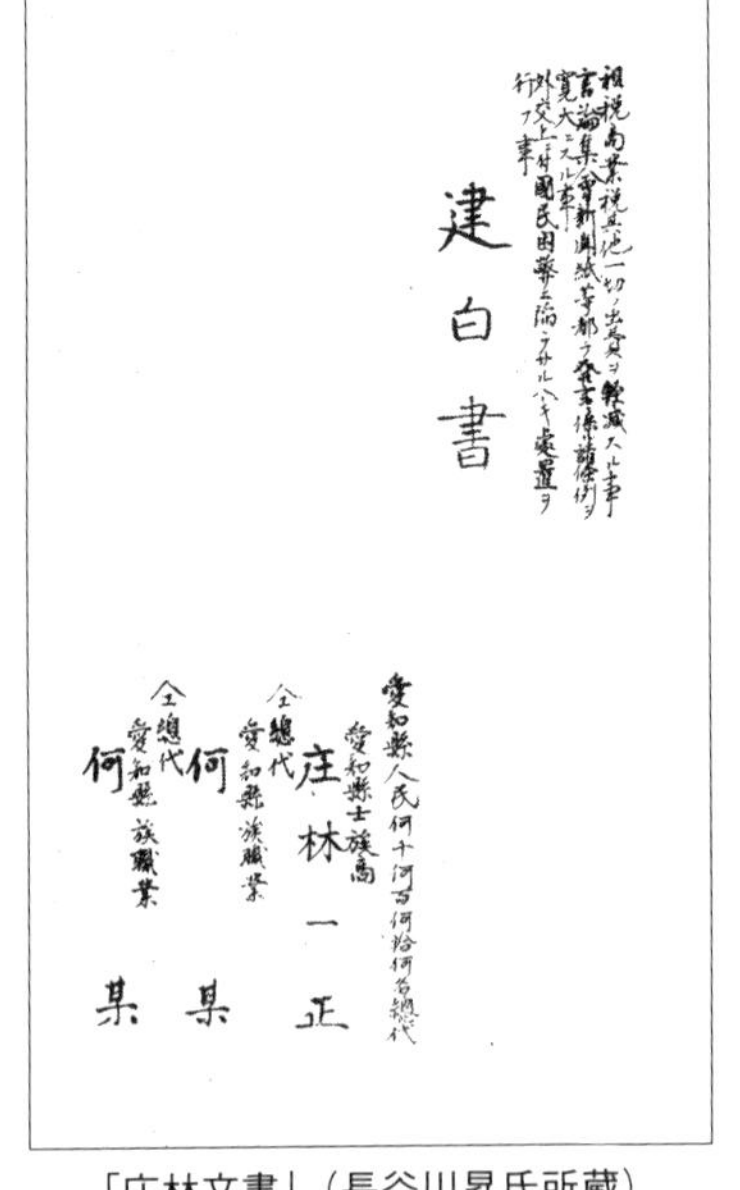
建白書

愛知縣人民何十何百何拾何名總代
愛知縣士族 庄林一正
全總代 愛知縣族職業 何某
全總代 愛知縣族職業 何某

「庄林文書」(長谷川昇氏所蔵)

会議員ノ中見込アル人物ハ御同行被下度候、又予メ東上セラルル人ヘ逐一御報道アレ

一小生モ不遠帰県飽マテ地方ノ為メニ一臂ノ力ヲ尽シ可申丈夫一旦志ヲ決スル以上ハ寧玉砕不欲凡全我等初ヨリ濃飛二国ニ望アリ故ニ已ニ籍ヲ岐阜県ニ移シテヨリ五年ニ及ヘリ、然ル上ハ永ク足ヲ該地ニ留メ骨ヲ彼土ニ埋メント欲スルナリ嗚呼誠ニ諸君ト夙世の契アリ今ヨリ共ニ奮テ国事ニ鞅掌セン事ヲ誓フ

一本日ノ燈新聞ニテ一覧アレ、或人ノ企ニテ全国ニ会議員ノ投票ヲ指名シ人物ヲ以テ社会ニ尽スベキ著書編纂ノ企アリ之レ或ハ天下人心ヲ起スノ一端トモ可相成願ハクハ我等有志中今ヨリ断乎トシテ自由家相当ノ人物ヲ挙テ反対党ニ当ラシメント欲ス諸君勉

（明治十九年）五月十日　岩田徳義拝

堀部松太郎殿

村山　照吉殿

本多　正直殿

内藤、星氏等マスマス活発御安心アレ」

岩田の注目した、書翰末尾から四行目にある〝燈新聞の記事〟とは、一体何だったのだろうか。

一つは、明治一九年五月一二日付「燈新聞」[15]一面の社説―（民間の国会

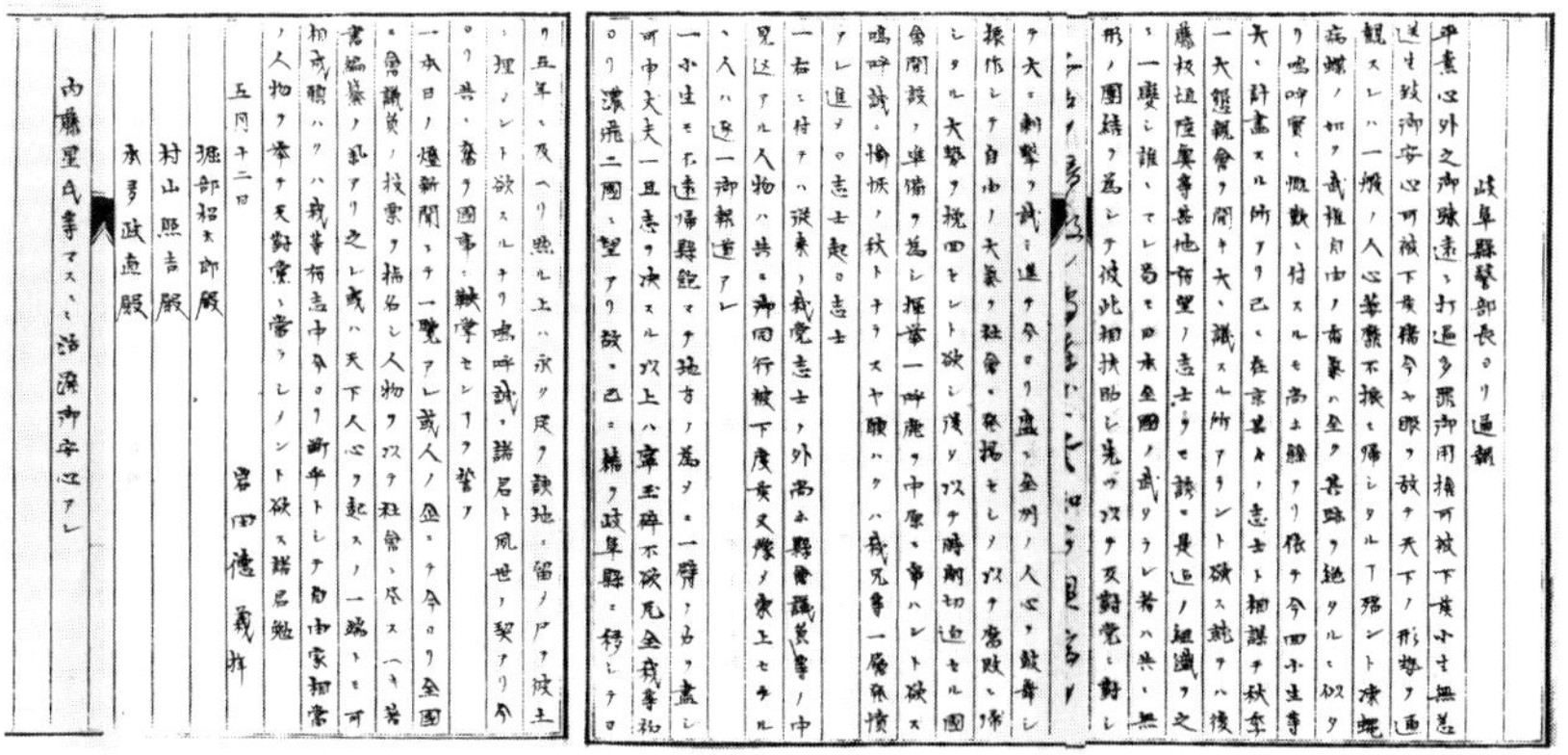

三島文書（国立国会図書館所蔵）

準備の一要件）―は、来るべき二三年の国会開設ノ準備について論説を展開し、これを同志に伝播。

二つは、岩田書翰は、同志の奮発を促しつつ、「或人ノ企ニテ全国ニ会議員ノ投票ヲ指名シ人物ヲ以テ社会ニ尽スベキ著書編纂ノ企アリ」と伝達。同紙三面の記事「大日本私案国会議員録」が、これに当る。紹介しよう。

「来る廿三年国会開設の暁（あかつき）に至り我同胞三千八百万の代議士となりて利害得失を審議すべきの人物を今日にして豫（あら）かじめ推撰し他日の参考に供せんとの目的にて今度絵入自由新聞の渡辺義方（よしかた）、和田稲積（いづみ）の両氏は題名の如き一書を編纂するに付広く指名の投票を需めたるが尚詳しくは今日の広告を一覧あるべし」

この一文には、代議士有資格者を、投票での推撰によるものとし、国会議員の資格を備えた人物の議員録を近々発刊するというものであった。

岩田の思考にある代議士とは、この時期、かくあるべき、かくであろうとの見識に満ちていて、その人物の一人こそ岩田自身であり、自己研鑽を積む日々であったろう。

燈新聞

「燈新聞」明治19・5・12（国立国会図書館所蔵）

原口先生ご紹介の二本目は、六月の自由党懇親会の名簿である。

「明治十九年六月六日開催
旧自由党員懇親会出席予定者（密偵報告）
府下之部
日吉町一番地　星　亨
木挽町四丁目　加藤平四郎
猿楽町拾三番地　荒川高俊
新櫻田町拾九番地石井方　山川善太郎
神田美土代町廿二番地桑垣方　大橋覚四郎
猿楽町拾三番地荒川方　湊省太郎
同上　宮本鏡太郎
芝区高縄後藤象次郎邸内　坂崎　斌
蠣殻（かきから）町二丁目二十番地　吉川善吉
根岸金杉村百八拾九番地　鈴木音高
日本橋矢ノ倉町壱番地　渡辺小太郎
西ノ久保八幡町三番地小池方　前島格太郎
日吉町十番地　北田正董
駿河台南甲賀町拾二番地　林　包明
同西紅梅町六番地　竹内　綱
牛込菊井町拾番地山崎方　内田勉平

湊　省太郎

宮本鏡太郎

（「自由党史」より）

日本橋区通三丁目八番地大高方	巽　豊七
	沢田　寧
表神保町三浦方	井上仁太郎
表神保町	三浦亀吉
四ツ谷鮫ヶ橋南町六番地	広瀬重雄
芝田村町拾八番地	小勝俊吉
小石川仲町廿番地	荒川太郎
北田正董方	岩田徳義
	平出市兵
築地二丁目三十六番地	中島又五郎
	松尾清次郎
	武藤直中
	菅井三九郎
有楽町三丁目石田方	土屋武七
南豊島郡西大久保村	橋本膽尚
	岡田善左
日本橋区南茅場町	広田精一
	大橋平三郎
濱町一丁目壱番地	片柳俊助
駿河台南甲賀町拾一番地佐々木方	川村養助

広瀬重雄

岩田徳義

（「自由党史」より）

茂内　集

日本橋西河岸九十九銀行　小川邑治

四ツ谷箪笥町拾二番地　池澤万寿吉

平田駒太郎

右ハ已ニ来会スベシト申来リシ人名ニ有之候

地方之部

栃木県　塩田奥造

榊原●武

木山五右ヱ門

中山丹次郎

大島緑郎

神谷温作

小堀貞吉

矢島　中

田村順之助

神奈川県　曽田愛三郎

徳増源太郎

中村金助

平野友輔

愛知県　遊佐　発

保安條例違犯入獄者（自由党史より）筆者所蔵

向テ右ヨリ
（後列）
西山志澄
黒岩成存
武市安哉
前田岩吉
傍士　次
細川義昌
安藝喜代香
楠目馬太郎
（中列）
澤本楠彌
今村彌太郎
山本幸彦
片岡健吉
土居勝郎
黒岩一二
横山又吉
（前列）
中内庄三郎
門田　智
長澤理定
山本繁馬

村雨案山子
神谷磯吉
高和茂吉
白井菊也
伊東平四郎
長野県　龍野由一郎
五明静雄
中村好造
堤　伊三郎
千葉県　板倉　中
君塚省三
茨城県　奥村亀三郎
埼玉県　堀越寛助
根岸定三郎
斉藤珪次

右ハ昨日見光社ヨリ来月五日迄ニ上京スヘキ旨ヲ通知シタル諸県有志者ノ姓名ナリ

五月二十七日　林　泰

右人名ハ豫(かね)テ報道セシ来月上旬府下ニ於テ開設スル彼自由党員懇親会ニ出席ヲ促セシ処ノ重ナル者ナリ尚吐外(とがい)
分リ次第報呈スヘシ

野村平四郎謝記

それでは、岩田はこの二年半にわたる東京滞留期に帰岐することなく何をなしたか、みていこう。

岩田は、無為にすごす事なく、退学後、転変し、専ら著作活動に打ち込んでいる姿があり、「岐阜日々新聞」は、岩田の東京滞留について、次のように伝えている。

「東京に移りたる後、悟る所ありてか翻然（はんぜん）其の挙動を変し勉学専一に為し居たるよし」[16]

岩田の転変は、何だったのか。

一つ目は、後述するキリスト教への接近であり、二つ目は、明治大学在学中学んだ講師宇川盛三郎（うかわもりさぶろう）の「市町村制講義」の出版に影響を受けたとみる。[17]

二つ目の市町村制は、二三年に向けた著作出版であり、緊急当面する実務であるだけに熱を帯び、その内容は、成立してくる地方体制に対し、市町村制と憲法研究会、講義会の推進運動を進展させ、全国的展開のうねりとなっていく。

市町村制と憲法の研究講義会の推進運動が進展し、宇川盛三郎や有賀長雄（ありがながお）らがこれに同調、参加していく。

特に、宇川は、市町村制公布直後に、「読売新聞」紙附録に「通俗市町村制問答」で同法の解説を試みる程、強力なリーダーシップを発揮している。

今、筆者手元にある同紙をみると（一〇月一〇日付）[18]

「明治二十一年四月十七日、法律第一号を以て市町村制を発布せられたるより、官民とともに、此の法律の実効を収めんこと攷（つと）め、或ハ府県知事を内務省に集め、以て此の法律の趣意の在ところを教示し、また各地方に於てハ、市町村制実施準備の

讀賣新聞附錄

通俗市町村制問答

宇川盛三郎述

読売新聞附録（明治二一年一〇月四日付）
「通俗市町村制問答」宇川盛三郎（筆者所蔵）

為め或ハ郡長会議を開き、或ハ委員を設け日夜この準備に奔走せられ、ま、民間に於ても、是れまで喧しく地方自治、地方自治とドナリ散らしたるお蔭を以て、今般の市制、町村制を、発布せらるるに至りたるものなれバ、是非とも此の地方自治を実行し、如何にも我が国の人民ハ、唯だ喧しく騒ぎ立つるばかりならず、各その権利を得たるときハ、充分に此の権利を実行すること、実にエライものであると云ふやうに一つやッて見やう、否な、やらなければならないと云ふので、或ハ市町村制の研究会を開き、或ハ其れに専門の名士を聘して、此の法律の精神に就いて、講義を聴問し、或ハ各條に就いて、質疑会を開くなど、実に忙しき有様なり。斯くの如く熱心に、官民共に、此の法律の実効を収むることに従事せらるるハ、実に国家の為めに喜ぶ可き事にして、吾々も充分に之を奨励せざる可からざるなり。此の法律の出るや、各書肆ハ競ッて其の註釈を出版し、多く人民の便益を計られたり。……

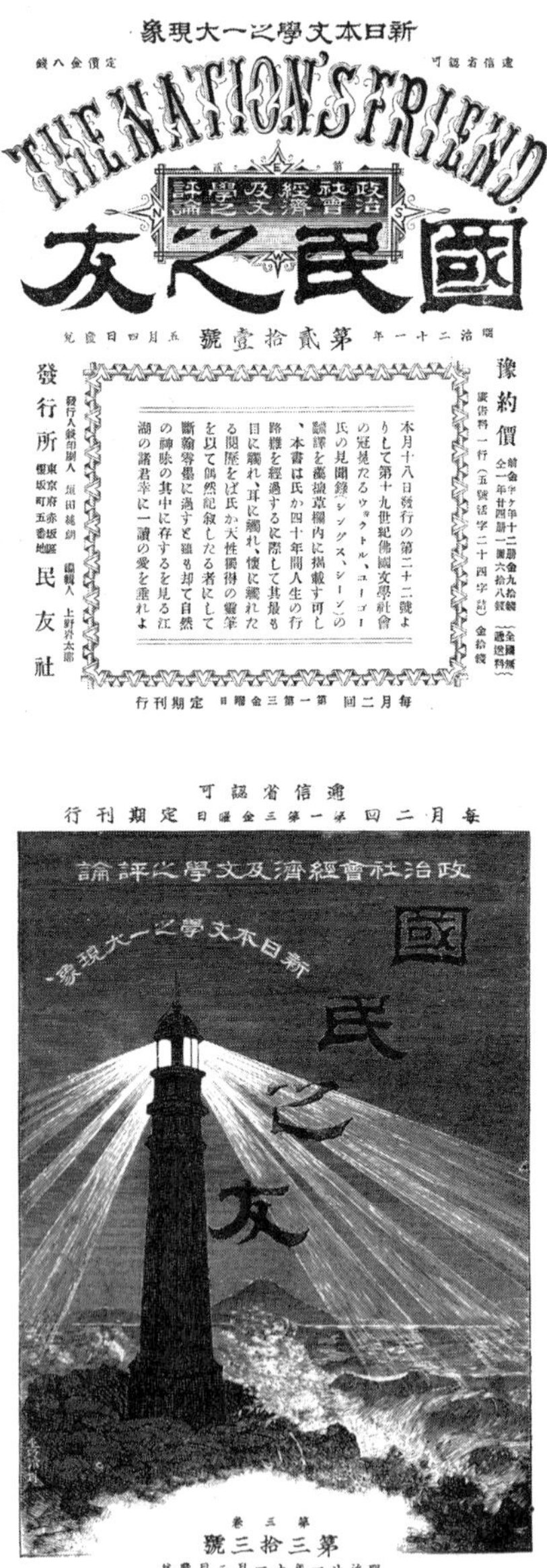

国民之友二点（筆者所蔵）

さて市町村制に就てハ、余ハ屢々（しばしば）各地方有志諸君の招待に応じ、或ハ其精神の在るところを講じ、或ハ其各正條（かくせいじょう）に就いて、質疑を受たること少なからざるなり。……市町村制の大體（だいたい）に就てハ、本年五月ごろの読売新聞社説欄内に、十有一回の拙論を掲載……」

とある。

宇川は「地方自治を論じ併せて市町村制を論す」を、明治二一年「国民之友」（五～六月）民友社二一、二二、二三号中でも著している。⑲

帝国憲法と市町村制、地方自治について、興味を抱く岩田は、この宇川の活動に影響され、宇川らが実践した群馬、静岡、千葉等の「地方制度研究会」活動は、帰岐後、実践した岩田の岐阜県内各地の法律研究会活動と酷似している。

何を為すべきかの方向性を見出した岩田の、二十年代の法律研究会活動の原点がここにある。

なお岩田の出獄後、上京の住所は次の通り。

①から上京し②に寄寓し、明治法律学校に通い、転居⑥「東京徳育館」を自宅兼同館として活動、明治二二年二月の憲法発布を東京で体験、しかる後、岐阜へ帰郷したと思われる。

なお正確な岐阜帰郷日は判明しないが、「濃飛日報」入社が明治二二年七月とあることから、同年春の四～六月頃であろうと推測される。

表1-1-1　上京中の住所　〈筆者作成〉

①	M18. 4. 21	厚見郡岐阜上竹町壱番地（士族・書籍販売業）上京	
②	M18. 9. 19	東京京橋区日吉町19番地（北田正董方）㊢東京都銀座八丁目	M18. 10. 3 入学 ～ M20. 2. 7 退学
③	M19	↓　（明治法律学校）	
④	M20	↓	
⑤	M21. 1. 16	↓	
⑥	M21. 1. 24	東京麻布区市兵衛町2丁目61番地　㊢東京港区六本木	
⑦	M21. 3. 23	東京麻布市兵衛町2丁目61番地（東京徳育館　岩田徳義）	
⑧	M21. 9. 27	東京麻布区麻布市兵衛町2丁目61番地　（22.3　憲法発布）	

註

① 明治一八年四月二一日厚見郡岐阜上竹町士族、書籍販売業とある。（早めの出獄の可能性有）
② 「岐阜日々新聞」明治一八年九月一九日付「三島文書」
③ 谷正之「弁護士の誕生とその背景」
④ 岩田徳義「余が前半世紀の歴史」（筆者所蔵）
⑤ 「明治法律学校生徒一覧表」明治大学所蔵
⑥ 「資料集」第六集（谷、渡辺両氏論文）
⑦ 「林家文書」
⑧ 「明治大学史」明治大学所蔵
⑨ 「資料集」第六集、同「二十世紀論と明治法律学校」
⑩ 渡辺隆喜「明治法律学校と自由民権」
⑪ 「三島通庸文書」国立国会図書館憲政資料室所蔵
⑫ 「庄林文書」長谷川昇氏所蔵
⑬ 「林文書」林家所蔵
⑭ 「三島過庸文書」国立国会図書館憲政資料室所蔵
⑮ 「燈新聞」明治一九年五月一二日付、国立国会図書館所蔵
⑯ 「岐阜日々新聞」明治二一年二月一八日付
⑰ 小川原正道「明治の政治家と信仰」
⑱ 宇川盛三郎「通俗市町村制問答読売新聞附録」明治二一〜二二年（一四部）（筆者所蔵）
⑲ 「国民之友」二一一号・二二三号（筆者所蔵）

2. キリスト教

明治二〇年二月七日、同校退学し転変した岩田の一つ目の理由、基督教(キリストきょう)への接近について触れていこう。

岩田について次の記載がある。

「其の後(注退学)、思う所ありて頻りに基督教を講し……益々、其道を講究したる由……」①

当時の基督教の三大勢力は、

熊本洋学校ジェーンズ牧師の影響を受けた、いわゆる「熊本バンド」の結成、後に新島襄(にいじまじょう)の同志社に学んだ宮川経輝(みやかわつねてる)、海老名弾正(えびなだんじょう)、小崎弘道(こざきひろみち)らの一団。

札幌農学校牧師クラークの影響を受けた内村鑑三(うちむらかんぞう)、新渡戸稲造(にとべいなぞう)、宮部金吾(みやべきんご)らの一団。

横浜でブラウン、バラ、ヘボンらの影響を受けた植村正久(うえむらまさひさ)、井深梶之助(いぶかかじのすけ)、松村介石(まつむらかいせき)らの横浜バンドがあった。②

なお横浜バンド系の岩田が師事したのは米国宣教師ワデル氏との記載が見られるが、明治法律学校教員名簿(明治十八年分欠)③や「資料御雇外国人」「お雇い外国人」他宣教師名簿等にもなく、残念ながら筆者はまだ発見できていない。

岩田曰く、教友の植村正久は明治一八年東京麹町一番町方面に進

風景画(日本帝國大繁昌之圖)

出し、伝導開始、同町の友人関係の島田三郎の邸宅を使用させてもらう程の深交があった。[4]

島田三郎は、明治一九年一月に植村から洗礼を受け、一番町教会（富士見町教会）に所属している。

勿論、島田自身も横浜時代、植村と同じくブラウン塾に学び、受洗している。

岩田の友人、小崎弘道もまた植村と交友関係があった。

こうして見ていくと、岩田は、横浜バンド系の基督教を通じて、植村と知り合い島田三郎や小崎弘道らと関係性を築いていたと言える。

本表紙（岩田德義著　社會改良論）（筆者所蔵）

同年六月一二日「社会改良論」を起稿し、同年九月二八日に脱稿する。

「当時炎熱骨を溶カスノ候、日夕其業ヲ休マズ、一意専心力を此ニ尽クシ勤勉労苦自ラ忘レテ漸ク一書ヲ著ハス」[5]

岩田の「社会改良論」の序文には、植村正久、小崎弘道、島田三郎ら錚々たる名前が並ぶ。[6]

同書は、翌二一年一月二四日、東京の江藤書店より出版、同書の批評は「国民之友」一六号にも掲載された。

「社会改良論は、格別の斬新なる名論ありとも見へされとも、その基督教の功徳を明かにし、基督教と社会万般の事業と相関繫する処を明かにしたるは、独り基督教の為のみならす、抑我人民の為め、その功労少なからすと思ふ」[7]とある。

同書裏表紙に、岩田の「社会改良論」広告があり、また岐阜日々新聞にも、同書の記事が載揚された。⑧

「旧自由党員にして明治十五、六年の頃まで岐阜県下にありて急激の政論をも為したる岩田徳義氏は東京に移りたる後悟る所ありとか翻然其挙動を変し勉学専一に為し居たるよしは嘗て聞く所よりしか其後、思ふ所ありて頻りに基督教を講し近来米国宣教師ワデル氏に随ひ益々其道を溝窮したる由此頃社会改良論といふ一書を著し……」

このワデル氏とは、芝西久保葺手町で私塾を開設（明治六年頃）、明治一一年葺手町教会を発足し、明治一八年頃、マクラレンの後任として東京一致神学校教授に就任、その後、明治学院にいたワデル氏を指すのであろうか。⑨

時期的に岩田と関与した可能性は充分だが確証はなく、ワデルは家庭の事情で明治二四年に一時帰国している。

米国宣教師の部分に疑問が残るワデルは、スコットランド一致長老教会宣教師で、バラはアメリカ、オラ

本表紙「基督教ト社會トノ関係」
（国立国会図書館所蔵）

新日本文學之一大現象
THE NATION'S FRIEND
國民之友
第六拾號
發行所　民友社

本表紙「國民之友」（筆者所蔵）

ンダ改革教会宣教師である。

水垣清氏「近代思想人物考　美濃の基督者たち」中に、大垣藩主戸田欽堂の明治七年十月十八日の受洗についての記載がある。（東海近代史研究会会報　第四号）

「当時の入信は生命がけで試験委員のワルデ宣教師が『せいふやくにんあなたのくびきる。あなたヤソよすか』と手のひらを彼の襟元に当てて刎首の形を示したが、欽堂達は『せいふに、きらわれても、やめない、ヤソ信じます』。戸田君と私はこんな問まで受けました。」

（原胤昭談『日本基督教史』山本秀煌編）

このワルデ氏は岩田が師事したワデル氏だろうか。

さらに、岩田は同書発刊後の二一年九月二八日、同書増補改正版ともいうべき「基督教ト社會トノ関係」を発刊する。同書に関しては「国民の友」三一号に、批評記事が掲載される。⑩

「基督教ト社会トノ関係は曽て社会改良論と題したる書冊を修正したるものにして、著者基督教の実盛を自ら我身に経験して、深く其律全の勢力あるを信じ、近かくは聖経に徴し遠くは諸国に鑑みて、基督教を措きて他に社会を改良するに十分なる者なしと断定せり」

また同書に関する批評記事が、「東京輿論新誌」にも掲載され注目される。⑪

その他、府下諸新聞即「時事新報」「報知新聞」「公論新報」「毎日新聞」「国民の友」「東京経済雑誌」「日本人」

本表紙「東京輿論新誌」（筆者所蔵）

等の紙上にも掲載された。

この二冊の岩田の主張は、次のようなものである。

「基督教ヲ以テ社会改良ノ根本トナシ之ニ依テ、人心ヲ改良シ政治法律等ヲ改良スヘキコトヲ論ズ」

岩田徳義著「社会改良論」について、正面から研究された住谷悦治氏の明治キリスト教の社会改良論を引かせていただく。⑫

本書は……当時一流のキリスト教徒・思想家・政治家の序文が寄せられ……注目された論著……政治家としては長城中島信行の巻頭選文を明治の天才婦人……信行夫人湘煙女史の麗筆をもって書いたもの……「島田三郎は蓋し独一の真神あるを信じて而して後人類同等の思想生じ、神人相愛するの理を解して而して後、人類相親しむの道行はる、然らざれば則ち愚は知に侮られ弱は強の肉たらんとす、此の如くなれば禽類相食むと何の異なる所か之あらん、果して然らば自由平等の思想は之を何れの地に求めんとするや、抑自由平等の思想社会を支配せずして自由平等の法制を求めんとす、是れ力を地下に用いずして直ちに大廈高楼を建てんとするものと彼此の間甚だ逕庭なきを信ずるなり」というように、いかにも自由民権思想の波濤のうちに成長したキリスト教政治家の見解を寄せ、植村正久は「今の日本は勢ひ政治的社会的の日本たらざるを得ず、随って吾人の基督教を論ずるも亦政治的社会的の問題として之を論ぜざる可らず」と論じ、優ぐれた先駆的キリスト教徒として懐く政治的社会的の高邁な見識を示し、とくに「教友岩田徳義君頃日一書を著はし題して社会改良論と云ふ。さきに小崎弘道君の著述せられたる政教新論と共に余が常に冀望して止まざる疑題を解説せんとするものなり」と述べて、小崎弘道の名著「政

「二十三年未来記」末廣重恭著、明治一九年六月発売（筆者所蔵）

教新論」とともに本書を掲げている。

また小崎弘道の序文には、「友人徳義岩田君爰に見る所あり近頃社会改良論を著はし基督教を以て社会改良の根本となし之に依て人心を改良し政治法律を改良すべきことを論ず、是れ其本其根源より改むるの説にして目下の時務に適合するの論と謂はざる可らず。」と論じてキリスト教徒の社会改良論の基礎的観念を示しさらに、「基督教は欧米文明の精神なり、生命なり、彼の燦然たり美麗たる文明の花実ある皆此精神生命の結べる成果と謂はざる可らず」と論じて近代文化におけるキリスト教の普遍的意義を高揚しているのである。これら明治時代のキリスト教の権威者によって紹介せられた岩田徳義の「社会改良論」が、わが国のキリスト教社会思想史上、いまごろに至ってその意義が紹介論議されることは、その余りに遅きことを歎ずるものである。

さらに住谷氏は、同書の意図するところは、第一章の十数行につきていると指摘される。

「夫れ然り而して今や吾人は如何にして斯る人類の敗壊せる性質を改め善良潔白なるものと化し、如何にして斯る不潔汚穢に陥りたる社会を去て善美純正なるものに就かしむるや、是れ将た何等の方法手段に求めて可ならんかの問題に付き能く之を講究せんと欲するなり、夫れ能く之が目的を達し得へきものは恐くは基督教を措て他に求むるもの之あるへからざるを信ず。基督曰く健康なるものは医者の助を需めす、唯病なる者之を需むと、今夫れ吾人此言によって果して能く基督教が人類の敗壊せる性質を改て善良潔白のものと化し不潔汚穢に陥りたる社会を去って善美純正のものに就かしめたるの事実ありや否やに付き之を調査するは尤も必要急務たるへし」と言い、さらに「吾人は基督教にして独能く此功業偉勲を奏し赫々の光輝を発揚し得るものは毎に眼を遮るものにして、深く経験に徴して知得らるるものなれば、請ふ之が確証のある所に就いて説示さんと欲するものなり」

村松愛藏
（板垣退助『自由党史』より）

このような立場から、法律の改良も、奴隷の廃止も、戦争の廃止も、学事教育の基本的精神も、いっさいの政治も、その徳育上の根拠はキリスト教を措いて他にないことを強調しているのである。

長い引用となった。

つまり岩田は、自由民権運動のみでは満たされなかった人心の改良と政治法律等の改良を基督教の中に求めたと言えるだろう。

多くの民権家に（例えば土佐の片岡健吉は同志社へ）こうした行動形態がみられ、特に三河田原の民権家村松愛蔵は、飯田事件で有名だが、疑獄事件で獄中にあった時、劇的な霊的覚醒と改心――（生まれ変わり）体験をし、クリスチャン民権家として社会問題解決に向っていく真摯な姿がみられる。

岩田の愛岐日報時代の社主であった鈴木才三もまた、明治二〇年六月一六日岐阜白木町堺座でのジェムス・バラ（横浜バンド）の演説会開催に触発され、篤信の母親鈴木諧子の導きもあり受洗する。⑬

日比野元彦氏「村松愛蔵と日本救世軍」（東海近代史研究会会報　第五号）によれば、村松愛蔵の救世軍入隊動機の中で、

「……（略）……名古屋で名高い信者の〝鈴木の婆さん〟からもらった一冊の聖書を大切に持っていた……（略）……この〝鈴木の婆さん〟とは田原藩の渡辺崋山と同志であった蘭学者鈴木春山の長女で、晩年キリスト教を信じ、名古屋基督教会の母として尊信された鈴木諧子（鈴木才蔵の母）で村松愛蔵とは従姉にあたる人である。」

という。

頃度、鈴木は新聞事業拡大のため、岐阜滞在中（六カ月間）の事であり、後年、名古屋教会長老となり、鈴木の妻子もまた洗礼を受けている。

或いは「加波山事件」の小林篤太郎は、出獄後、郷里愛知県碧海郡上重原村に帰り、刈谷町で三瓦株式会社を起し後、大正六年実業界を去って基督教伝道事業に転身。名古屋東区撞木町教会牧師館に入り、牧師になった。「静岡事件」

出獄後の小池勇（右）と小林篤太郎（左）（村上貢「自由党激化事件と小池勇」より）

名刺（小池勇）（筆者所蔵）

の小池勇とは終生の信友という。[14]

「加波山事件ノ……小林氏トハ友誼（ゆうぎ）最モ深ク、特ニ氏ハ三州碧海郡ノ人ニテ、予ノ家トハ十四、五里ヲ隔ツルノミ、相別ルル時ハ……家族へノ言伝抔最ト細カニ頼ミテ思ハス涙ヲ浮ベタリ……」（小池勇自叙伝）

岩田受洗及び召命の詳細な履歴は不明だがこの時期キリスト教に興味を示し傾倒していた事実は間違いないだろう。

東京から帰岐後での宗教活動の形跡はなく、専ら法律研究会活動を中心とするが、明治二四年「濃飛地震」の災害救助の義捐金募集活動に、岩田自らが即先して動いた事歴がみられる。

ある意味、岩田の宗教的活動は村松愛蔵、鈴木才三、小林篤太郎達の純然たる宗教活動とは、一線を画していて、宗教的アプローチからの社会改良をめざしている。

岩田にとっての基督教とは、岡崎藩時代に培われた儒教や武士道が内包する伝統的倫理を基礎として、自由民権運動の挫折のその上に立ち、漢学主体の岩田の思想の補完的意図を持って接近したのが、基督教であったと言えるだろう。

維新での負け組となった士族たちは、自由民権運動に投じ、再び挫折し、その一部は基督教徒となり実践活動していく。

明治時代においては、社会問題に関しての一切の事柄は、社会改良という言葉によって、一括りにされていく。⑮

「明治時代、個別的に掲げてみるならば、救済事業として一般救恤（きゅうじゅつ）に関する事業、孤児貧児の救済、施療、放薬に関する事業、監獄改良や免因（めんいん）保護事業、老年者および扶養者なき者の救護事業、細民（さいみん）のための授産や授職、特殊教育、醜業者（しゅうぎょうしゃ）の救済等があげられる。

更に、風俗関係において矯風（きょうふう）事業として禁酒や廃娼（はいしょう）、醜業者（しゅうぎょうしゃ）の海外出稼など、癩（らい）病院や福音主義慈善病院、孤児院、白痴児童の問題、老人ホーム—養老院、社会政策の対象としての工場問題、女工職工の問題、賃金、労働の過度、衛生上の不完全、更に工場内の風紀の紊乱（びんらん）の問題、女工雇入れ方法の問題、職工の慰安機関や教育機関の問題等々が殆んど社会改良の名のもとにおいて採り上げられているのである。

キリスト教は、はじめて、こうした問題の全般にわたって対処したのだった」

岩田は「社会改良論」出版した一月頃、「東京徳育館（とくいくかん）」を創設のため、旧来居住の東京京橋区日吉町十九番地から、東京麻布市兵衛二丁目六一番地に転居する。⑯

岩田の徳育とは、キリスト教から来ている。

社会改良をめざす岩田が、東京徳育館で何の事績を残したかは、不明であるが、態々、東京から「岐阜日々新聞」に、同年六月一〇日に「囚人保護会社の設立を賛す」という一文を郵便寄稿している。⑰

なお囚人保護会社とは、「明治21年3月金原明善、川村矯一郎を中心とした慈善篤志家有志の発起に係る静岡県出獄人保護会社を嚆矢として……」とある事から免囚保護事業のことを指す。⑱

同保護会社設立趣意書には

「出獄人ノ内、不幸薄命ニシテ社会ノ門戸ニ入リ正当ノ職業ニ就ク能ハザルモノヲ保護シ、各其ノ所ヲ得、時代ノ良民タラシメ……内ハ以テ吾人ノ幸福ヲ増進シ、外ハ以テ社会ノ安寧ヲ維持セン」とある。

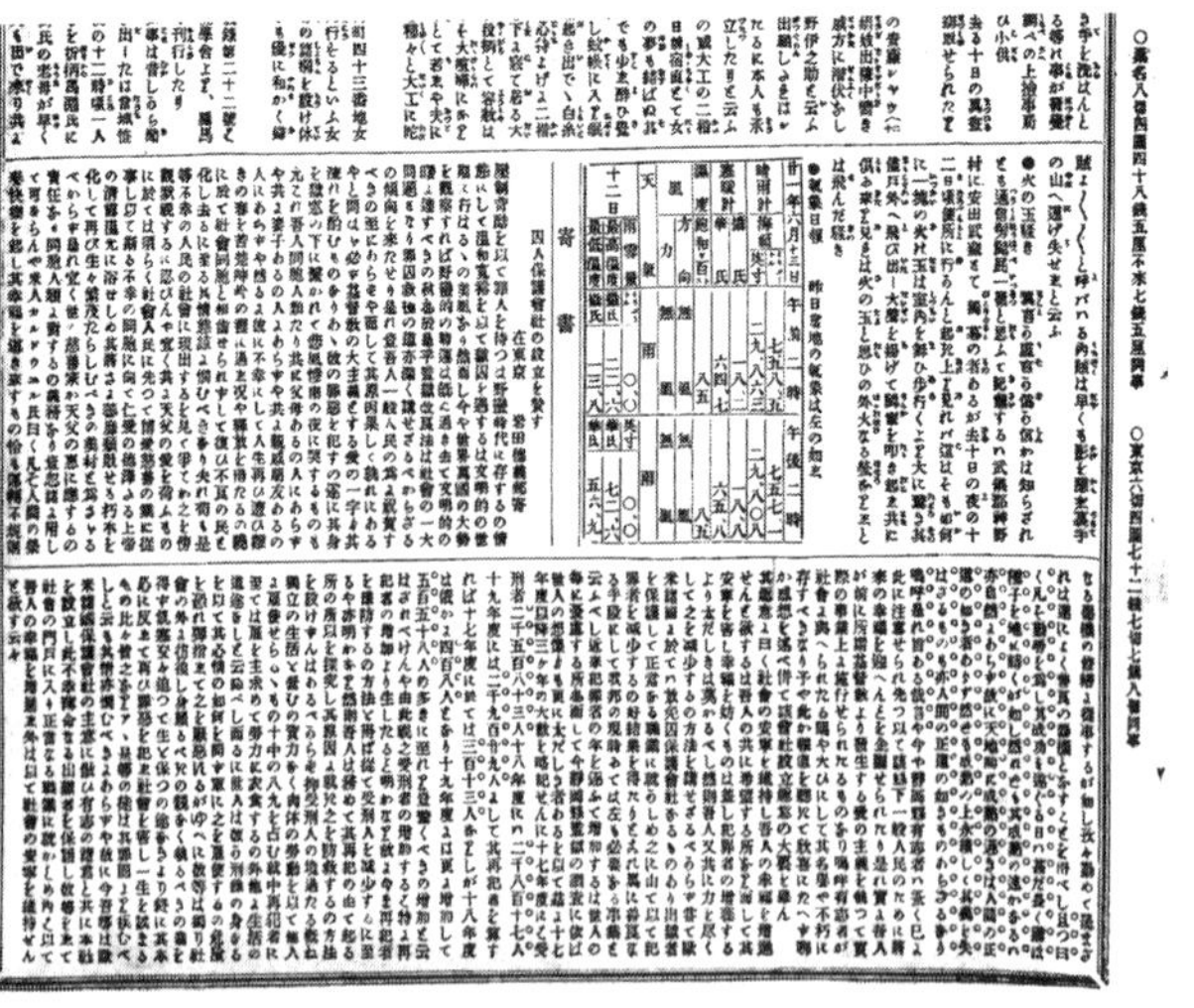

新聞紙面（囚人保護会社の設立を賛すの記事）（岐阜日々新聞所蔵）

寄書

囚人保護会社の設立を賛す

在東京　岩田徳義郵寄

圧制苛酷を以て罪人を待つは野蛮時代に存するの情態にして温和寛裕を以て獄囚を遇するは文明的の世期に行はるゝの美風なり然而し今や世界万国の大勢を観察すれば野蛮的の時運は既に過き去て文明的の曙に達すべきの秋也於是平監獄改良法は社会の一大問題となり罪囚救極の道亦深く講せざるべからざるの傾向を来たせり是れ豈吾人一般人民の為に祝賀すべきの至にあらずや而して其原因果して孰れにあるやと問はば必ず基督教の大主義とする愛の一字より其流れを酌むものなりあゝ彼の罪悪を犯すの遂に其身を獄窓の下に繋かれて悲風惨雨

の夜に哭すものも元これ吾人同胞人類たり共に父母あるの人にあらずや共に妻子あるの人にあらずや共に親戚朋友あるの人にあらずや然るに彼に不幸にして人生再び遭ひ難きの春を苦楚呻吟の裡に過し況や釈放を得たるの暁に於て社会同胞と相歯せられずして復ひ不良の民と化し去るに至る其情態諒に憫むべきなり夫れ苟も是等不幸の人民の社会に現出するを見て争てか之を傍観黙視するに忍びんや宜く共に天父の愛を荷ふものに於ては須らく社会人民に先って博愛慈善の業に従事し以て斯る不幸の同胞に向て仁愛の徳澤さる上帝の清露恩光に浴せしめ其将さに萎靡頽敗せる朽木を化して再び生々繁茂たらしむべきの美材と為さざるべからず是れ宜く世の慈善家か天父の恵に応するの責任なり同胞人類に対するの義務なり豈忽諸に附して可ならんや米人カルドウエル氏曰く凡そ人間の栄誉快楽を起し其幸福を導き来すもの恰も運転不規則なる器械の修繕に従事するが如し孜々勤めて罷まざれば遂によく善良の器械となることを得べつ且つ曰く凡そ勤労を為し其成功を遂ぐる曰ハ甚だ長く猶ほ種子を地に蒔くが如し然れども其成熟の速かなるハ亦自然にあらず故に天地間に成熟の遅きは人間の正道の如き者あらず然ども成熟の上永続して其実を失はざるものも亦人間の正道の如きものあらざるなり嗚呼是れ旨ある哉言や今や静岡県有志者ハ蚤く已に此に注意せられ先つ以て該県下一般人民のために将来の幸福を迎へんとを企図せられたり是れ実に吾人が前に所謂基督教より発生する愛の主義を執って実際の事業上に施工せられたるものなり嗚呼有志者が社会に與へられたる賜や大ひにして其名誉や不朽に存すべきなり予や此か報道を聴きて欣喜にたへず聊か感想を述べ併て該会社設立趣意の大要を挙ん」

とし、後半の記事（寄書）には出獄者を保護して正常なる職業に就かせる欧米諸国の「放免囚保護会社」の必要性を主張し、昨今の静岡県監獄の調査に基づき犯罪者の増加を指摘、再犯防止の観点からも、「欧米諸国保護会社」の主意に倣ひ、本社を設立し、出獄者の保護と再就職の道の確保を強く、要望している。

例えば静岡事件の小池勇は、明治一四年冬一一月知立演説会で集会条件違反となり、小池、広瀬重雄、村上佐一郎、会主内籐魯一、近藤等と伴に拘引、岡崎監獄所に投獄されているが、自叙伝中に、劣悪な監獄状況を次のように記している。

「予は生来初メテ入監セシ故、其器具ノ不潔ナルト食物ノ粗悪ナルニ驚キシモ、饑渇ト云ヘル虫ニハ打勝ツ能ハス、穢イト云フ虫ヲ殺シテ終ニ之ヲ飲食ス。且ツ麦飯ハ生レシ以来大嫌ニテ、未タ嘗テ口ニセシコトナカリシモ、此時ヨリ食スルヲ得タリ。況シテ此後千十九年ヨリ十有余年ノ久シキ獄中ニ在テ、常ニ食ヒ慣レシ事ナレハ、却テ大好物トナリ……（中略）……又監房内ハ猶未タ旧慣ヲ存シテ、牢頭、親爺、御膳番杯云ヘル者アリテ、鹿爪ラシク箸ノ上下、塵紙ノ受渡、両便の仕方、言語ノ遣様等、一ヨリ十迄四六時中、七面倒ナル囚人自造的ノ法律アシシモ、予ハ更ニ之ヲ守ラス、虚勢ヲ張テ彼等モ亦予ノ尋常犯ニ非ラサルヲ知テ敢テ抗セス」⑲

更には北海道空知監獄での小池の劣悪な囚獄環境も記されているところだが、多くの民権家が人権を無視された扱いを受けた事は「獄窓の自由民権者たち―北海道集治監の設置―」（供野外吉著）の中でも窺い知れる。

明治二四年には、板垣退助等は来監し民権家たちを慰労、収監の現状視察をしている。

内でも、静岡事件の荒川太郎（免訴）は、進んで同監の看守募集に応募し、当時の北海道市来知村戸長役場寄留簿には、次の記載がある。⑳

名古屋区東橋町二二二番地定英長男荒川太郎
明治二二年九月五日空知監獄署合宿寄留届出
明治二三年一月二一日退去届出

荒川太郎は、名古屋の民権家愛国交親社々長荒川定英の長男で「静岡事件」の藪や湊とも親交があり、目的は不明ながら、看守として勤務㉑同志の世話に当り心配りしている姿が想像できる。

荒川太郎（定英の長男）
（荒川英明氏所蔵）

また後藤象二郎は、福島事件の磐州の家族（広野広中）を自ら進んで扶助したといい、また三河豊橋の有志者村雨のぶ（案山子妻）金子とうの両女史は、主唱者となり、関口よね、加藤ひで、永野ため、野村千歳、藤井ふじ、岡野りん、小野まさ、横田ちえ外数名の有志者を束ね、金圓を添へて寧静館に支援金の届けを依頼したという。（福島の大獄と磐州）

難をのがれた各民権家は、収監された民権家囚人に対して、各々の想いを抱き、支援している。

岩田もまた出身の在監及び出獄後体験に基づき、出獄後民権家の保護と生業の再建は、喫緊の課題として新聞の掲載を通じて世論に訴えている。

この岩田の寄書は、宇川盛太郎「大日本監獄協会雑誌」（二一年五月発刊）に影響されたものなのか、宗教的思想の具現的発露なのか、はたまた両者の要素の混成したものだろうか。

いずれにせよ、東京在住の岩田が態々（わざわざ）、「郵便寄稿」（岐阜日々新聞）で読者岐阜の旧民権家同志で収監中の自由民権運動の歴戦の勇者、村山照吉等に向けた発信は大きな意味を持つもので、岩田の心情がよく伝ってくる。

註

①「岐阜日々新聞」明治二一年二月一八日付
②住谷悦治「キリスト教徒の社会改良思想と実践」同志社大学経済学論叢
③明治大学図書館中央本館参考室調査
④岩田徳義「社会改良論」（筆者所蔵）
⑤岩田徳義「基督教ト社会トノ関係」
⑥岩田徳義「社会改良論」（筆者所蔵）
⑦「国民の友」明治二一年二月一七日一六号（筆者所蔵）

⑧「岐阜日々新聞」明治二一年二月一八日付
⑨「明治学院の外国人宣教師—瀬川和雄遺稿集」明治学院歴史資料館
⑩「国民の友」明治二三年一〇月二三号（筆者所蔵）
⑪「東京輿論新誌」明治二三年二月一三日、三八二号分は（筆者所蔵）
「岐阜日々新聞」明治二一年一〇月一六日付「広告記事」あり
⑫住谷悦治「キリスト教徒の社会改良思想と実践」同志社大学経済学論叢
⑬真山光弥「尾張名古屋とキリスト教」六一頁
⑭供野外吉「獄窓の自由民権者たち—北海道集治監の設置—」（筆者所蔵）
⑮小川原正道「明治の政治家と信仰」
⑯「岐阜日々新聞」明治二一年三月二九日付
⑰「岐阜日々新聞」明治二一年六月一四日付
⑱「時事新報」大正二年一二月三一日付
⑲村上貢「自由党激化事件と小池勇」（筆者所蔵）「小池勇自叙伝」
⑳「荒川文書」（筆者所蔵）

3．岩田の刊本著作類　―「文明之利器」を中心に―

別表一覧表①は、圧倒的筆量を誇る岩田の著作刊本雑誌類である。

その中、(1)〜(2)は、明治一〇年代の発刊になる。

(1)「米利堅合衆国政体并国会規律」は、これまで岩田の処女作は明治一二年七月発刊としていたが、今回筆者が入手した同書の日付を見るや五月出版（初版）。現国立国会図書館所蔵の七月のものは再版。

内容は「府県会規則（三新法）」発布に触発され、英人弗勤徳力馬丁氏の原書に基き編纂し、「米利堅合衆国ノ

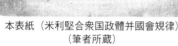

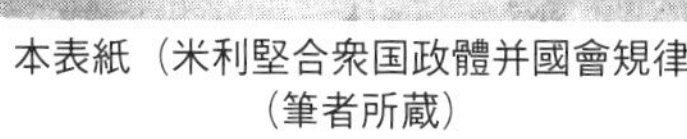

本表紙（米利堅合衆国政體并國會規律）（筆者所蔵）

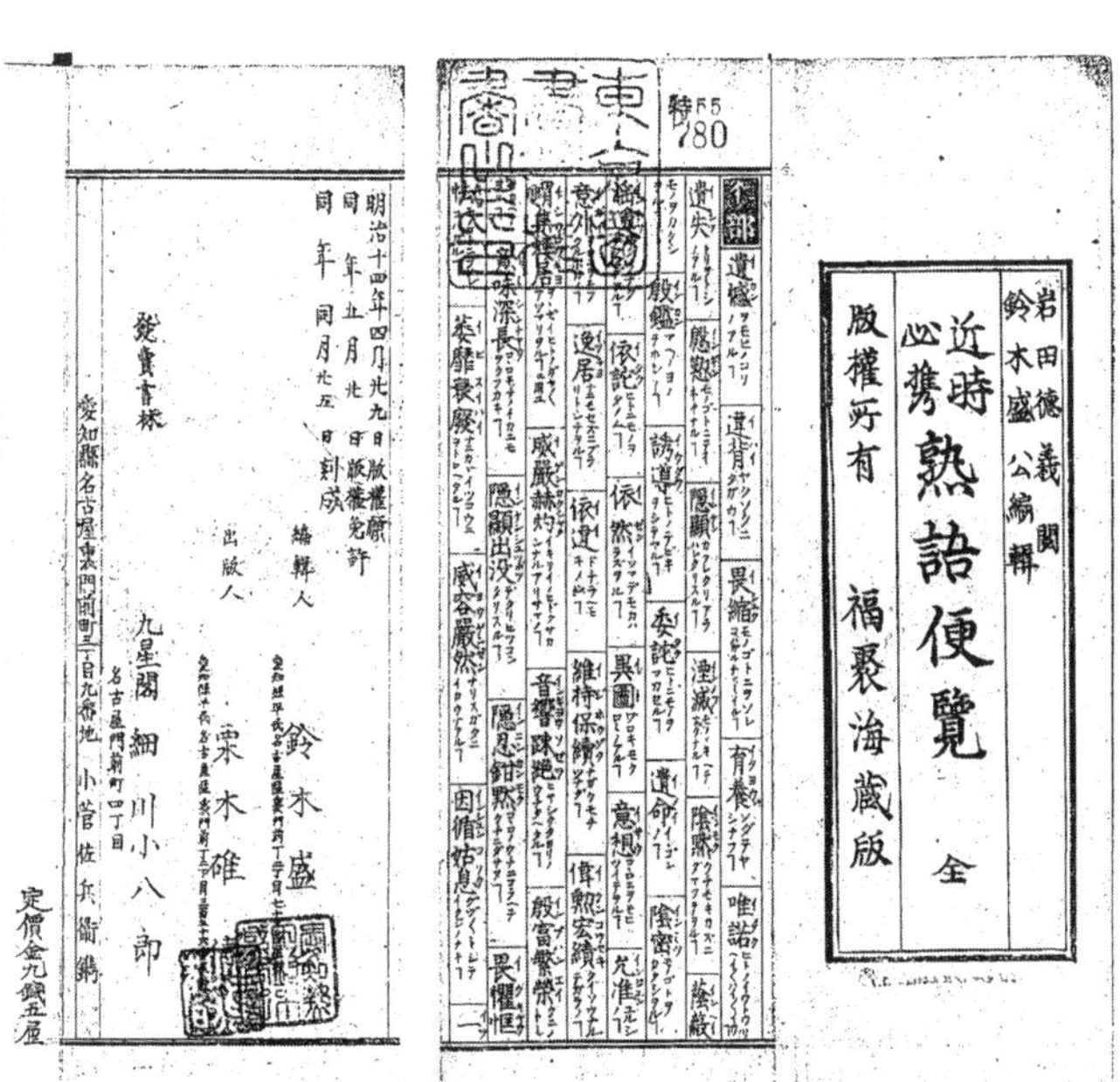

明治十四年四月廿九日版權願
同年五月廿日版權免許
同年同月廿五日刻成
編輯人　鈴木盛
出版人　栗木確
發賣書林　九星閣　細川小八郎
名古屋門前町四丁目　小菅佐兵衛
愛知縣名古屋東門前町三丁目九番地
定價金九錢五厘

岩田徳義閲
鈴木盛公編輯
近時必携熟語便覧　全
版權所有　福聚海蔵版

本表紙「近時必携熟語便覧」（国会図書館所蔵）

上下両院議員ノ権限ヨリ撰挙法等ニ至ル迄詳カニ順序ヲ立テ列記」したもので、序文は岩田の良友で「岐阜新聞」を共に興した井上伴二、出版人には「英風新聞」の馬島維基(これもと)がそれぞれ名を連ねている。一七頁。定価金六銭、深萱活版印行。

(2)次に岩田の名が見られたのは、(横山真一氏ご教示による)明治一四年四月刊「近時必携熟語便覧」で、鈴木盛公編、岩田徳義閲とあり(一帖一八cm)、漢語両通新選いろは字引大全、中、近時必携熟語便覧、懐中漢字字引大全、伊呂波分漢語字引、漢語早引集(明治期漢語辞書体系)山川峯編とある。四八二頁二七cm。

鈴木盛公は愛知郡熱田尾頭町五九番邸に居住。(この時、名古屋区裏門前町二丁目居住)

出版者は名古屋区裏門前町の栗木確伝。

岩田は愛知郡名古屋区南鍛冶屋町三丁目七三番屋敷に居住。(現、中区栄三~四丁目)

発売書林は、九星閣　細川小八郎(名古屋門前町四丁目)ちなみに門前町五丁目には庄林一正がいた。

岩田の岡崎蛍雪時代の能力の高さを見る。

岩田徳義の著作刊本類一覧表(郷土岐阜三一号「岩田徳義の著作刊本類」筆者再作成　○筆者所蔵)①

	発刊年月日	著作刊本類名	発行所	所蔵
(1)	明治12年5月13日	米利堅合衆国政體并国会規律	英風新聞社	○筆者・国会図書館(再版)
(2)	明治14年4月	近時必携熟語便覧	大空堂	国会図書館他10大学
(3)	明治15年5月6日	自由党総理板垣君遭難詳録	濃飛自由党本部	○筆者・国会図書館・岐阜市立図書館
(4)	明治21年1月24日	社会改良論	江藤書店	○筆者・国会図書館
(5)	明治21年9月28日	基督教ト社会トノ関係	東京聖教書類会社	国会図書館・青山学院図書館

(6)	明治21年10月	国会開設の準備	友愛社	（未見）
(7)	明治22年8月	地方自治制度		（未見）
(8)	明治22年8月	日本憲法論（附皇室典範議院法会計法貴族院法）	益友社	（未見）
(9)	明治22年10月29日	町村制詳解（市制正文挿入）	啓文社	○筆者・国会図書館
(10)	明治23年4月20日	自由之光	益友社	国会図書館
(11)	明治23年6月24日	文明之利器	益友社	○筆者・国会図書館
(12)	明治23年10月	大日本憲法詳解	益友社	（未見）
(13)	明治25年11月12日	政談演説集	益友社	○筆者・国会図書館
(14)	明治28年6月17日	法律研究雑誌（第四号）	益友社	岐阜県歴史資料館
(15)	明治28年7月20日 8月20日	文学雑誌新日本（第五号）、 （第六号）	益友社	岐阜県歴史資料館
(16)	明治30年6月2日	郡制注釈	益友社	○筆者・国会図書館
(17)	明治31年	日本憲法講義		（未見）
(18)	明治32年1月	日本外史論文講読	教育奨励会	○筆者・国会図書館
(19)	明治40年12月2日	東京大阪義太夫芸評（上巻）	教育奨励会	○筆者・岐阜県立図書館
(20)	明治41年12月27日	板垣伯岐阜遭難録	対山書院	○筆者・岐阜県立図書館
(21)	明治42年10月	板垣伯岐阜遭難録（再版）	対山書院	○筆者・岐阜市立図書館
(22)	明治40年～大正13年	麻布学館々報	対山書院	○筆者・岐阜市立図書館
(23)	明治45年～大正11年	宝暦治水薩摩義士殉節録	対山書院	○筆者・岐阜県立図書館

㉔	大正7年11月17日	岩田徳義翁小傳	対山書院	○筆者・国会図書館
㉕	大正10年3月	岩田徳義翁小傳（再版）	対山書院	○筆者

(3)明治一五年板垣岐阜遭難後の五月六日出版の岐阜濃飛自由党本部「自由党総理板垣君遭難詳録第一編」は、岩田徳義校閲、藤吉留吉編輯、出版人に山田頼次郎の豪華な顔ぶれとなり、数多ある板垣遭難本の中でも最も信頼できる一冊であろう。濃飛自由党員が「当時吾自由党諸士ガ、同君ノ難ニ罹ラレタル現場ヲ親シク目撃シタルモノヲ筆記」したもので、この冊子を基にして、明治四一年一二月対山書院から発刊したのが「板垣岐阜遭難録」翌年一一月再版が発行され、附に岩田徳義の「余が前半世紀の歴史」があり、出獄後の上京以前までの自叙伝が収録してある。

⒄〜⒅は、明治三〇年代以降の発刊であり岩田の「岐阜私立学館」で後述したい。

⒆〜㉕は「麻布学館」で後述したい。

(4)〜⒃までについて、ここで論述していく。

この内の(4)(5)二冊は、すでに前述の基督教の章で詳述した。

(6)〜⒃は、岩田の東京滞留時期及び帰岐阜後に、二三年の国会開設に向け、圧倒的な熱量を持って発刊、上京時、法律家北田正董宅に寄寓、明治法律学校で修得した法律知識の力量を如何なく発揮している。

その大部分は、日本憲法及び郡制・市町村制（地方自治制）に関するものである。

(6)は、二三年に向けた「国会開設の準備」で筆者未見。

本表紙「自由党総理板垣君遭難詳録」（筆者所蔵）

(8)は「日本憲法論」（筆者未見）。

逐条解説は(12)「大日本憲法詳解」で次の広告がある。

「憲法ハ法律ノ淵源ニシテ百般ノ制度法律此ニ由テ生サルハナシ、殊ニ帝国議会開設セラレテ、吾人々民親シク国政ニ参與スルノ暁に於ルヤ、苟モ籍ヲ日本国ニ占テ臣民ノ名義ヲ負フ者ニアツテハ、何人モ能ク憲法ノ意義ヲ探ッテ深ク其蘊奥ヲ叩キ、以テ各人民自ラ政治社会ニ立ッテ之ヲ活用スヘキ所ノ覚悟ナクンハアルヘカラス殊ニ今ヤ第二期国会開設ノ時機既ニ近キタレハ、憲法研究ノ必要ヲ促スヤ爰ニ言ヲ俟タス、依テ今般本書ヲ発行シテ汎ク世ノ有志家ニ頒タントス。希クハ予約ノ募集ニ応セラレンコトヲ、

岐阜市中教院前

出版元　益友社」

(7)は、至近の来るべき「地方自治制度」に関する一冊であるが、筆者未見。

(9)の「町村制詳解」で各法の逐條解説をしており、「法律第一号（町村制・市制）についての逐條解説にして不含批判」[②]と記されている。

佐藤政憲氏[③]は、同書について、すなわち、岩田は町村制の説明書の大半は市制を中心にまとめられており、大多数の民衆に必要な町村制は付録のように扱われている、と述べられ、ここにも岩田の面目躍如たる面があらわれている。つまり当時の民衆の大部分は農村部に居住しており、市部に居住しているものはほとんどいないという現実を見据えている。であるからこそ、岩田は「地

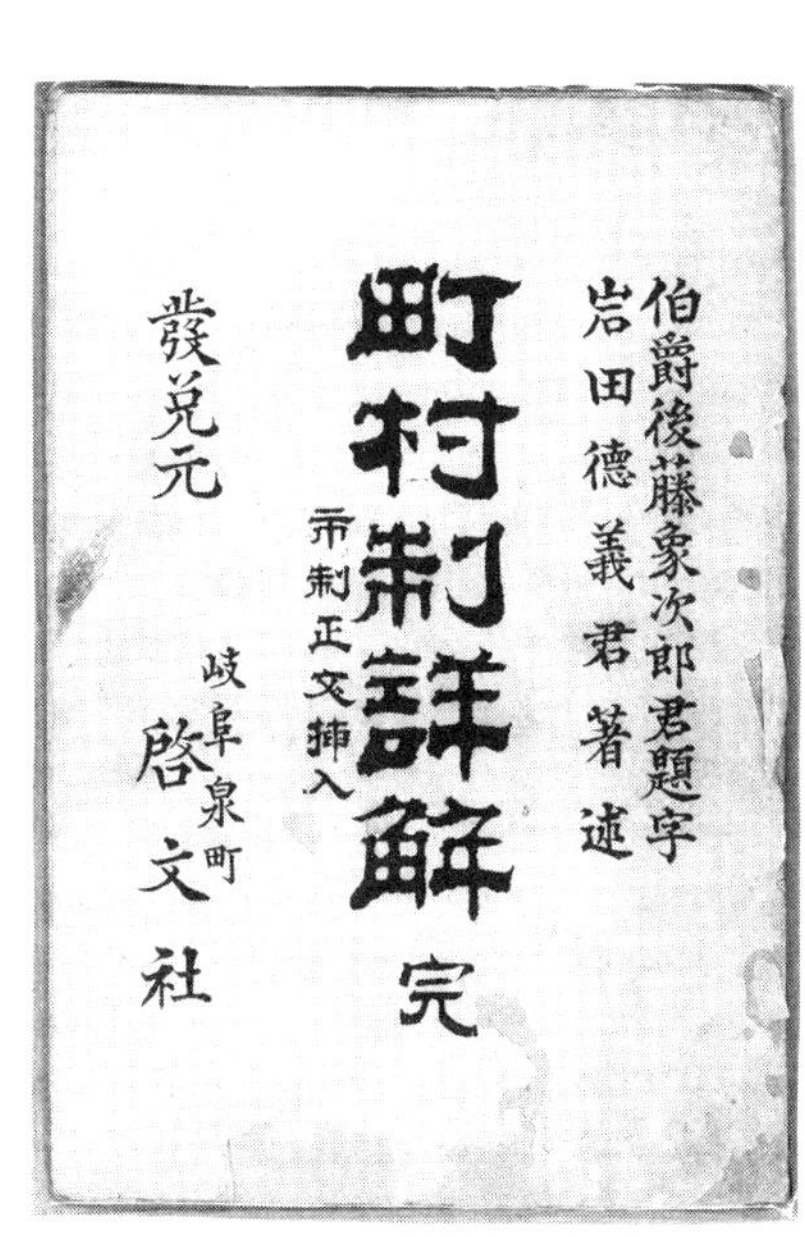

本表紙「町村制詳解」（筆者所蔵）

方自治ノ制度中先ツ最モ町村制度ノ上ニ深ク注意ヲ要スルモノ、多数ナルヘキハ更ニ疑ヲ容レサルナリ」としている。

⒃「郡制注釈」は、市町村制から郡制への流れの中の一書となっている逐條解説本であり、三〇年六月発刊された。

明治三〇年五月一日広告　正価二五銭
対山　岩田徳義君著述　初版五百部刷行
郡制注釈　全一冊　五月二十日出版
今ヤ我岐阜県ニ於テ郡制ヲ施行セラル、ニ付テハ該法ノ研究ハ目下焦眉ノ急務ニ迫レリ　依テハ今度、岩田徳義君ノ手ニ成リタル郡制注釈ヲ下ダシ側ヲ諸多ノ疑問ヲ設ケテ実地活用ヲ旨トスル者ナリ請フ県下各役場員議員及ビ有志諸君ハ速カニ予約申込マルヘシ
右予約申込ト共ニ代金打込ノ向ハ出版上郵便無税タルベシ（予約申込ハ五月十日限）
出版元并に予約申込所岐阜室町６２２番戸益友社
特別大販売所　岐阜市啓文社、郁文堂、杉山々海堂、文港堂、玉盛堂、文盛堂、成美堂支店、大垣岡安慶助、笠松本仙、竹鼻棚橋市太郎、安八郡里村森島昭、上有知鈴木甚之助

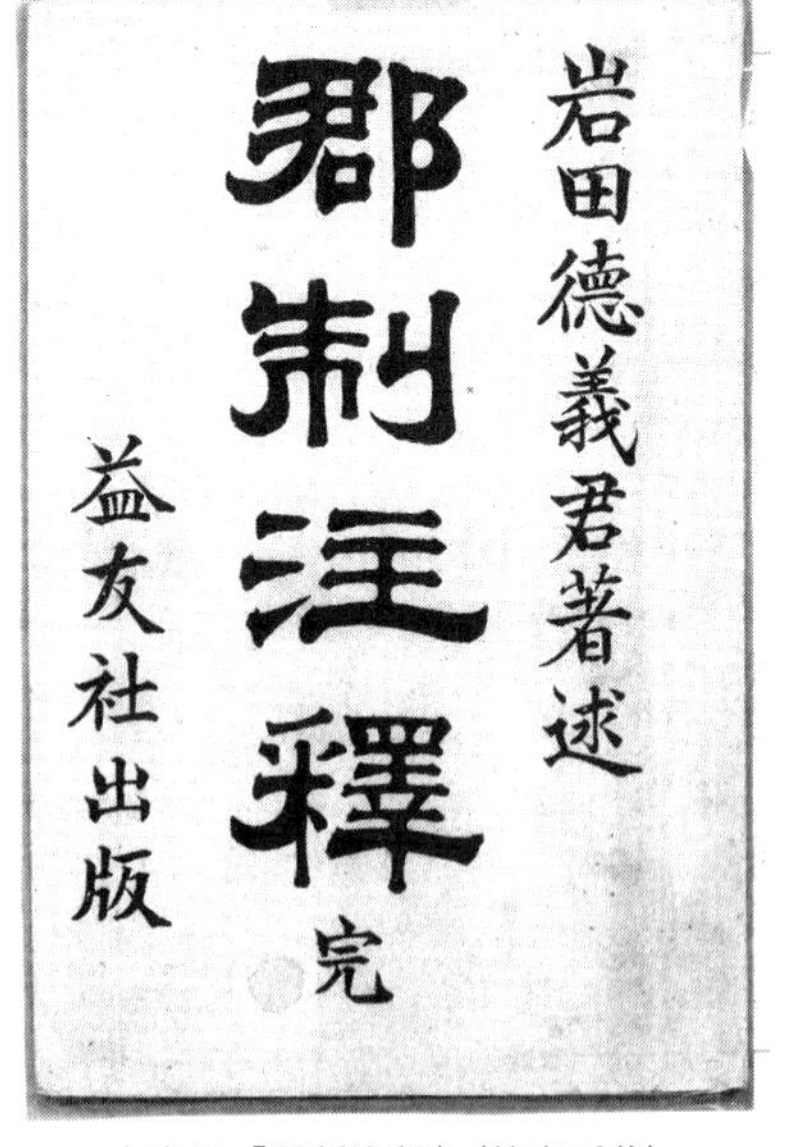

本表紙「郡制注釋」（筆者所蔵）

⒀の「政談演説集」は、岩田の演説六本。「民党の連戦連勝」「官吏恩給法の廃止を望む」「貴族院に対する吾人の覚悟」「自由党の性質」

その広告は、次の通り。④

「国民協会乃前途奈何」「立法権之尊厳」と、堀部松太郎、山田頼次郎、岩田の三名での「郡上郡漫遊記事」の合計七

本を掲載。

なお小室重弘は、栃木新聞、自由新聞等の操觚者で民権運動に入り。明治二二年新愛知新聞主筆の履歴を持ち、後の衆議院議員。

小室は岩田を「政友岩田対山君は、我党先進の士なり」と評し、名古屋鶴重町（名古屋市中区）の秀文社より明治二四年「雄弁活法」を発行し、序文には内藤魯一や植木枝盛らの名がある。

(10)「自由の光」は、全一冊完結本であり、岩田帰岐後の二三年三月一〇日、国会開設後出版された。

「愛岐四県下で会員一千名募集予定であったが、既に申込み約五百余名、近日中に発行」とある。

「本書ハ時々ニ発行スル雑誌ニ非ザレハ此ヲ以テ全部ノ書トナシテ完結ス」全一冊。⑤

小室重弘、大塩廣太の演説、岩田の「自由党の性質」「国会議員の資格」「日本憲法」の五本掲載。

目録五本以外に、文学研究、法学研究、文苑雑誌等の記載があり、岩田自ら（講義）日本憲法と同法第一～五條逐條注釈が見られる。

「自由の光」は、後の岩田の法律研究会機関紙である(11)→(14)→(15)（発禁改題による）の雛形となっている。

自由之光

明治廿三年四月二十日發兌

岩田德義編著

目錄

○自由黨の性質　岩田德義演說
○世の不偏不黨論者に告ぐ　小室重弘君演說
○罪惡の所在を論ず　大塩廣太君演說
○國會議員の資格　岩田德義論述
○日本憲法　岩田德義講義

○其他演說記事○文學研究記事○法學討論記事○文苑雜誌○時事批評等の諸件を登錄す

全一冊

發兌元　岐阜市富茂登村四十九番戶　益友社

本表紙「自由之光」（国立国会図書館所蔵）

小室重弘
「自由党史」より

⑾は全一冊で翌々月からの「文明之利器」の原形の姿が見られる。「文明之利器」については⒁→⒂後述する。

文明之利器出版の旨意

「嗚呼今ヤ社会ノ風潮人心ノ進歩ハ自由平等ノ針路ニ向ヒ、天下大勢ノ変動ハ恰カモ火ノ原ヲ燃シ卑キニ就キ、沛然トシテ復タ御クヘカヲザルノ場合ニ投シ、我日本ハ更ニ従来ノ面目ヲ一変改革シテ爰ニ東洋文明ノ別乾坤ヲ造為スヘキノ観ヲ呈セリ、況ヤ帝国議会ハ本年ニ開設セヲレテ活溌有為ノ運動ヲ政治上ニ試ムヘキノ場合ニ投シ、地方自治ノ制度ハ既ニ確定シテ人民不羈独立ノ権利ヲ強固完全ナヲシムヘキノ

文明之利器

明治廿三年六月廿四日發刊

岩田徳義編著

（本誌一千部刷行）

全一册　定價金七錢

發行所　岐阜市大字富茂登　中教院前　益友社

「文明之利器」（国立国会図書館所蔵）

小久保喜七
（自由党史）（筆者所蔵）

中江篤介

大井憲太郎

秋ニ会セリ、此時ニ方ッテ吾等人民ノ国家ニ対シテ責任ヲ尽スヘキノ業ハ、益々進ムテ日本文明ノ位置ヲ進メテ国利民福ヲ謀ルニアリ、夫れ然カリ而シテ之カ目的ヲ達スヘキモノハ、蓋シ著書新聞ノ業ニ従事シテ其力ヲ尽スニアリ、依テ吾輩爰ニ文明ノ利器ト題スル冊子ヲ出版シテ之レカ材料ノ用ニ供セントス、諸フ有志諸君幸レニ賛成アラン事」

「賛成員募集規約」も益友社名で募集している。

筆者は、岩田の法律研究会活動の機関誌「文明之利器」について、極めて複雑多岐に大量に、なおかつ長期にわたり出版され、同誌の発禁、改題による同書系列雑誌も含め、繁雑一途であったが、別表の通り全体を整理把握できたので紹介しよう。

遞信省認可

文明之利器

明治二十四年八月二十日發行

每月一回發兌

目録

祝意（○一周年の辭　社主　岩田徳義述

講義（○憲法逐條講義（自第七十五條乃至第七十六條大尾完成）　岩田徳義講義

討論（○南濃法律研究會記事○郡議員撰擧は復直ニ法軼れを可とするか　發題者　渡邊勘四郎

○同會記事○男女同權の利害　發題者　中島吉三郎

記事（○大野郡文武館法律研究會記事○民法人事篇問題○出生子両者の間に關する相續權決定の疑問

○加納攻法會記事○風俗の改良は道徳に基くか法律に由るか其効力孰か多き　發題者　犍谷利三郎

歴史談（○木戸孝允君の逸事○横井平四郎君の逸事○往古希臘列國アセンス、スパルタ、の文明を致せし原因

文苑（○對聯○偶成○夏日江村○洪園亭竹坡○初秋有感○河田礫堂○牡丹未永奥晴

祝詞（○政友家及本社々友其他諸君の祝文詩歌等を以て之れを埋む

發行所　岐阜市大字富茂登　中教院前　益友社

第拾貳號發行

本表紙「文明之利器」
（国立国会図書館所蔵）

同誌は、岩田が帰岐し、「濃飛日報」に、短期の入退社の約一年後の明治二三年九月が創刊号であり、同誌第一二号の社主岩田の社評「一週年の辞」によれば[6]

「回顧すれば、文明の利器なる雑誌……明治二十三年九月の交……一週年の星霜経過……」とある。[7]

山田頼次郎は、同祝辞中八月と言っており、新聞広告も八月八日付で見られるが、八月準備九月発刊と見る。

「文明之利器」は、法律研究会の機関誌として、明治二三年九月に初刊を出し、基本毎月一回の発刊と

し、岩田が岐阜を去る直前の明治三〇年頃まで継続している。

一周年記念には、岩田は「謹て親愛なる社友諸君の無事健康を祝し併て万福を祈る」と述べ、五箇条ノ御誓文も巻頭に載せている。

五箇條ノ御誓文
一廣ク會議ヲ起シ萬機公論ニ決スヘシ
一上下心ヲ一ニシ盛ンニ經倫ヲ行フヘシ
一官武一途庶民ニ至ルマテ各其志ヲ遂ケ人心ヲシテ倦マザラシメンヿヲ要ス
一舊來ノ陋習ヲ破リ天地ノ公道ニ基クヘシ
一智識ヲ世界ニ求メ大ニ皇基ヲ振起スヘシ

五箇条ノ御誓文「文明之利器」12号
（国立国会図書館所蔵）

同誌に寄せられた祝辞の氏名は、次の通り。

東　京　大井憲太郎
愛知県　内籐魯一
在名古屋　祖父江道雄、岡田利勝、清水平四郎
地元岐阜　堀部松太郎、林小一郎、山田頼次郎、早野拓爾、伊藤健之助
濃飛社員　勝野適所生、小野小野三

文明之利器（岐阜法律）（法律研究雑誌）（新日本）（法律思想）　〈筆者作成〉

年／月	1889年（M21）	1890年（M22）	1891年（M23）	1892年（M24）	1893年（M25）	1894年（M26）	1895年（M27）	1896年（M28）	1897年（M29）	1898年（M30）	1899年（M31）	1900年（M32）
1	↑			1.20（5号）	1.29（16号）	↑	↑	1.20（5号）出版禁止	文学雑誌「新日本」文学に改題	1.20（12号）文明之利器改題		
2		〈上京期間〉		6	↑		〈休刊〉			2.20（13号）		
3				7			↓	法律研究雑誌 3.25（1号）	政治文学雑誌「新日本」			
4		帰岐		4.20（8号）		〈休刊〉	4.27（8号）	岐阜私立学校企画				
5				5.20（9号）		↓	5.28（9号）	新日本企画				
6			6/24 文明之利器 全1冊	6.20（10号）		政治雑誌に変更 1号	6.30（10号）	6.17（4号）				〈岐阜を去り東京へ〉
7	〈上京期間〉	岩田 濃飛日報	文明之利器 広告	7.20（11号）	〈休刊〉	7.20（2号）	7.25（11号）	法律研究雑誌 新日本 7.20（5号）				
8			8/8 1号 学術雑誌	8.20（12号）		8.20（3号）	8.10付 岐日「岐阜法律」学術雑誌	新日本 8.20（6号）				
9			1	9.27（13号）		9.20（4号）	9.20（1号）					
10			2	10.23（14号）		10.20（5号）	10.20（2号）					
11			3			11.20（6号）	11.20（3号）					
12	↓		↓ 4	12.10（15号）	↓	12.20（7号）	12.20（4号）					

笠松法律研究会、竹鼻法律研究会、羽栗各務両郡有志者総代、山懸郡学術研究会総代、大野郡文武館員、同上
南方村文武館員、南濃法律研究会、加納攻法会等々の各氏

現在、国立国会図書館に、その大部分が所蔵されているが、一～七号は欠（筆者未見）、八～一六号まで存在。しかし明治二四年一〇月二八日の濃飛震災のため、一一月発刊予定は、休刊となり翌一二月に遅延発刊している。

これまで約一年余、休刊を続けていた「文明之利器」は、官憲の弾圧により学芸雑誌から政治雑誌に変更し再発行された。

明治二六年六月が創刊号である。同年中は、第七号まで発行し、極めて研究会活動は隆盛となり、基礎固めができた。

社告は伝えている。

「本誌発刊以来僅々数月ヲ経過セシノミ然ルニ図ラザリキ汎ク其声価ヲ世ニ博シ大ニ愛読者ノ数ヲ増加シ今ヤ殆ンド県下一般ニ行ハレ故ラニ市町村役場内ノ如キハ偏ク購求者ヲ以テ充ツルニ」

更に、濃飛地震前に構想し、地震のため、休会していた「通信攻法会」も二六年一一月に再度、再開する旨を伝えている。

本誌発行定期毎月当分ノ内一回毎十五日発行
本誌定価　壱部金六銭　但全国無逓送料
賛成員配賦　壱部金五銭　但全国無逓送料
明治二十五年十一月　岐阜市中教院前　益友社

再興発刊は、二六年六月、学芸雑誌から政治雑誌に転変した「文明之

小野小野三
（岐阜県名士録）所収

堀部松太郎
（堀部満氏蔵）

利器」で、初号は六月二〇日だが所蔵不明である。
翌月発刊の二～七号まで所蔵確認できる。
翌二七年一～三月は、岩田の撰挙戦活動のため休刊となるがこの休刊に関し、岩田徳義は謝罪文を載せている。⑧

同年四月、再度発刊八～一一号まで継続するが、同紙一一号は出版差止となる。⑨

このため、八月は学芸雑誌「岐阜法律」として改題出版。⑩

翌九月から再び「文明之利器」一～五号が発刊される。九月まさに日清戦争開戦の刻となった。

しかし、またまた翌二八年一月二〇日の五号は、内務大臣より出版禁止を受け、発行人名儀を変え、同一雑誌名にて発行出版している。⑪

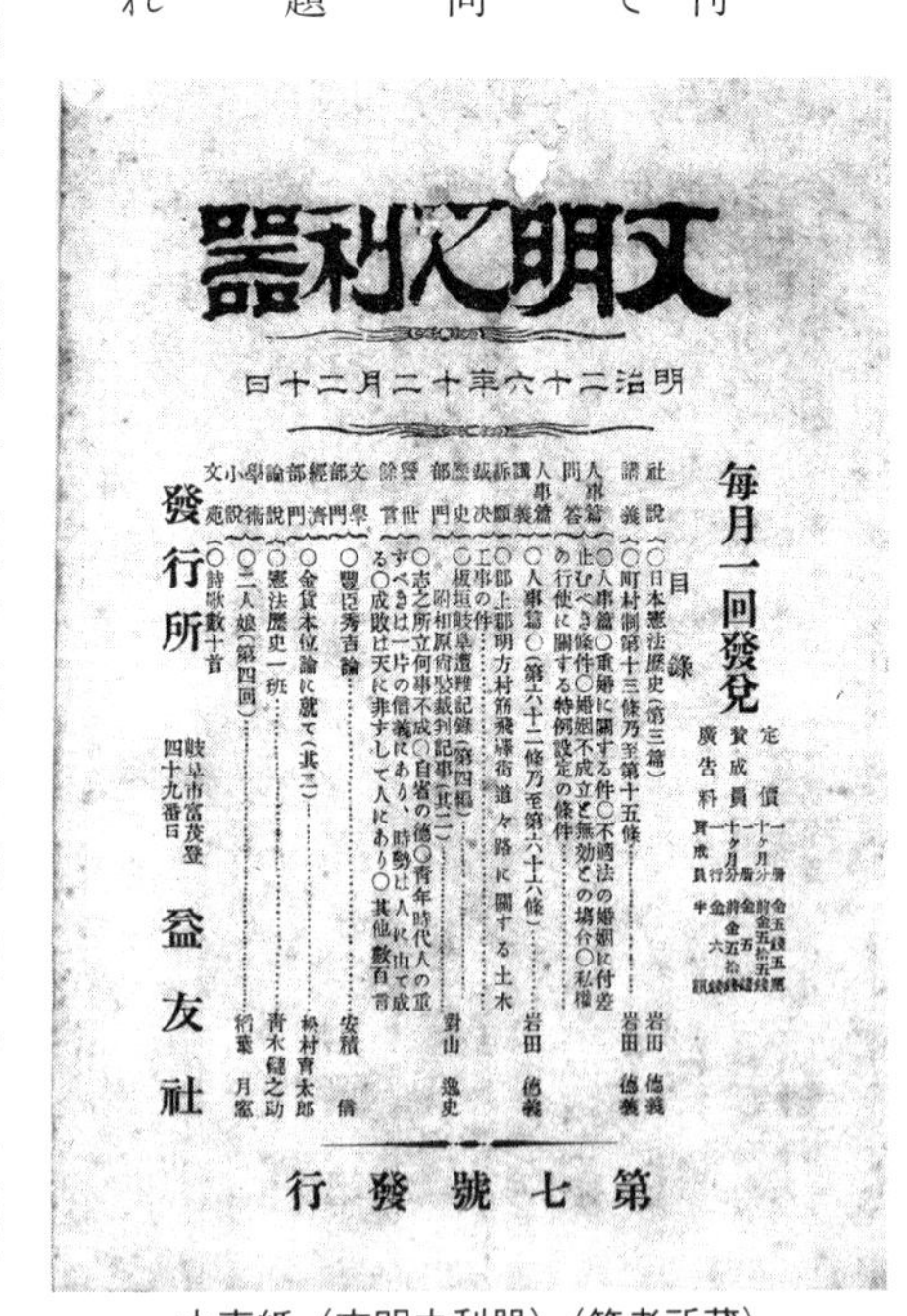

本表紙（文明之利器）（筆者所蔵）

明治二八年一月元旦の同社々員は次の通り。

「我濃国に起レル震災ハ……本社ノ如キモ共ニ此悲惨堪ユヘカラサルノ間ニ彷徨シタルヲ以テタメニ雑誌発行ノ手順ヲバ遅延シタリ」⑫

濃飛地震の影響により、岩田が前月の十月に設立した「通信攻法会」構想は、わずか一ヶ月で齟齬が生じた。

更なる難事が、岩田に追い打ちをかけた。

一二月「社主岩田徳義被告事件」が発生し、

「今回本誌ノ発行ニ付キ図ラサリキ社友岩田徳義ハ過般来岐阜地方裁判所ノ審問ヲ受クル所トナリ依テ来ル

（一月）十七日ヲ以て公判開廷ノ場合トナレリ」⑬

内務省の告発で正式名「出版條例違反被告事件」といい、不論罪に問われ、訟訴。⑭

一月二六日岐阜地方裁判所にて公判無罪第八条の三罰金二十円のため、名古屋控訴所へ。

同事件に対し、社友諸君から岩田に対して約一七名総額五円一五銭の見舞金が贈与された。

この災難を受けて、翌二五年に入るや、岩田曰く「研究会活動は死滅し、本誌（「文明の利器之利器」）も中断した」とあり、翌二六年五月まで休刊を余儀なくされた。

岐阜日々新聞は、岩田の災禍による休刊を次（明治二五年七月一五日付）のように揶揄している。⑮

「自由党員岩田徳義なる者の発行に係る文明之利器と題する雑誌は同人の主唱に成れる法律研究会の機関雑誌とも云ふべきものなりしが、近来久しく休刊せるは何故なるやと探るに右は其実岩田徳義一巳の利益を目的として発行したる者にて研究会拡張の目的にあらざるを以て、同会員は私利的雑誌を購読するを壓ひ且つ研究会も詰りは岩田利己的の器械に使はるるものなれば早く脱会するに如かずとて会員も追々離散し殆んど消滅の姿に立至りたれば、従って雑誌を発行すること能はず同氏も糊口の目的外れたれば方向を転じて近来は濃飛の助筆をなし渇々其日を送り居れりと云ふ」

岩田にとって震災後の厳しい二五年であり、「濃飛日報」の助筆というアルバイト的仕事をこなしつつ忍耐の日々を送っている。

二五年末頃には、「文明之利器」の再興のため、賛成員の募集活動がはじまった。

明治二五年発行⒀「政談演説集」中に、同誌賛成員の募集規約がある。⑯

文明之利器再興賛成員募集規約

是迄本社ニ於テ発行シ来リタル文明之利器ナル雑誌ハ一時止ムヲ得ズ休刊ニ付セシガ今回更ニ充分ナル基礎ヲ要メ永久持続ノ目的ヲ定メ以テ新タニ政治雑誌トナシテコレヲ発行セントス冀クバ有志諸君ハ挙ッテ御賛同アラン事ヲ

賛成員募集規約

一今回本社ニ於テ新タニ募集スル賛成員ハ一千名トス
一賛成員ヨリ募集スル金額は五百円トス
一賛成員一名ニ付金五拾銭ヲ徴収スルモノトス
一賛成員ヨリ徴収スル金額五拾銭ニ対シ雑誌拾冊ヲ無代価ニテ配賦ス可シ
一賛成員ヨリ徴収スル金額ノ半数、貳百五拾円ニ充ルヲ待ツテ本誌ヲ発行ス可シ

益友社々員

社主　岩田徳義

社員　山田常吉、藤田勇吉、渡辺保次郎

第四～五号は、発行兼編輯人を岩田から、山田常吉に名儀変更し出版した。⑰

伊藤克司氏⑱は発禁処分の理由について「文明の利器発禁の内務省告示は同書発売後八日たった二十八日に出された。発禁理由は出版法第二条但書違反で、「専ラ学術、技芸、統計、広告ノ類ヲ記載スル雑誌ハ、此法律ニ依リ出版スルコトヲ得」るとあって、「文明之利器」は、その「範囲外ニ渉ルモノ」というのである。しかし、これだけでは、発禁理由は明確でない、と言う。

そこで「法律研究雑誌」の社告の続きに出ている「注意」……によると、……「法律研究雑誌」は学術雑誌であっ

て、政治論や社会批判を主張する雑誌であって、政治論や社会批判を主張する雑誌ではないと言って、投書家に注意を促している……ことから……「文明之利器」は学術雑誌を標榜しつつも、その点の周知不徹底のため投書内容に問題があったため、発禁になったとしている。

このため、三月には「法律研究雑誌」第一号と改題発刊。第四号まで継続した。

更に、改題を重ね、第五号「新日本」になり、五、六号が発刊。文学雑誌新日本の表題に変化している。⑲

岩田が武儀郡長瀬村（現美濃市）武井助右エ門宛に同紙の協賛を求めた書簡が、謹呈本と共に発見されている。⑳

（オモテ）

武儀郡長瀬村
武井助右衛門殿
岩田徳義
明治廿八年六月廿三日

（ウラ）

「粛呈未得御拝眉候へ共夙(つと)ニ御芳名ヲ承候儀ニ
付乍失敬紙面ニ依リ御通信申上候別冊御高覧
（注新日本）ノ上幸ニ御差支モ無之候得共何卒将
来御賛同ノ程希上度候也
　小生貴郡漫遊ノ節可成御訪問仕申上心得ニ候
草々不一」

明治廿八年六月十七日發行
法律研究雜誌
第四號
發行所　岐阜市富茂登四十九番戸　益友社

雑誌表紙（法律研究雑誌）
（岐阜県歴史資料館所蔵）

明治二九年一月二三日付岐阜日々新聞漢文教授と雑事発行の記事には、

「……氏の発行せる文学雑誌新日本は、又々発行禁止の命を受けたれば、文学と題して発行すべく会員より氏への義捐金も大分あつまりたるより、往々(ゆくゆく)は之を保証金として時事を論ずるの欄を加へ政治文学雑誌新日本と改めん計画なりといふ」

とある。

四月三日には、神武天皇祭を期して、「益友社大懇親会」を岐阜市上加納濃陽館にて開催予定とし、（毎年恒例）文学雑誌新日本の会員増加も伝えている。当日は、討論并演説等が予定された。㉑

明治廿八年七月二十日發行

文學雜誌新日本

第五號

發行所 岐阜市富茂登四十九番戸 益友社

雑誌表紙「文學雑誌新日本」（岐阜県立図書館所蔵）

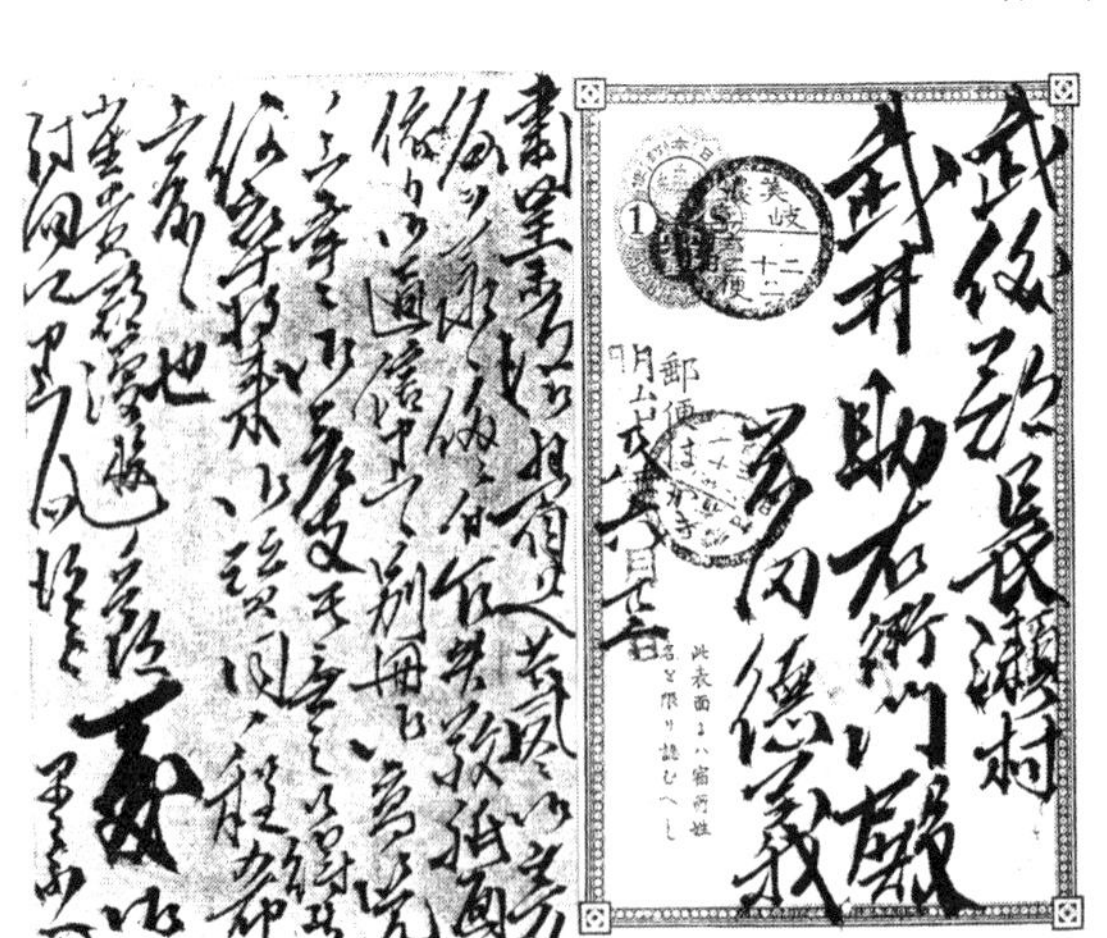

はがき（武井文書）（岐阜県歴史資料館所蔵）

この後、再び改題「文明之利器」が明治三〇年一月二日に一二、一三号発刊。

またまた、「新日本」から「文明之利器」へ再々度、改題、発刊された。

岩田の法律研究会活動の機関誌「文明之利器」は改題「法律思想」にも掲載されている。会員千百余名に頒布、後の岩田「麻布学館」内の岩田図書館にも収蔵された。

註

① 拙稿「岩田徳義の著作刊本類」岐阜県郷土資料研究協議会々報三二号
② 「岐阜日々新聞」明治三〇年六月二九日付（広告）再版出版「堀部文書」
③ 佐藤政憲「自由民権運動と地方自治—民権家岩田信義における地方自治観—」地域経済第五集
④ 「岐阜日々新聞」明治三〇年五月一日付、同六月二九日付（広告）
⑤ 「　同　」明治二三年二月二日付
⑥ 「文明之利器」明治二四年八月二〇日第一二号
⑦ 「岐阜日々新聞」明治二四年八月八日付
⑧ 「文明之利器」明治二七年四月二七日第八号
⑨ 八月～一一月まで松田徳義の名儀となっている。
⑩ 「岐阜日々新聞」明治二七年八月一〇日付、同八月一一日付
⑪ 「　同　」明治二八年一月一六日付
⑫ 「文明之利器」社告一二月号
⑬ 「岐阜日々新聞」明治二四年一二月二三日付
⑭ 「　同　」明治二五年一月二三日付、同一月二七日付、同一月二九日付

⑮　「　同　」明治二五年七月一五日付

⑯　岩田徳義「政談演説集」明治二五年一一月一二日、（筆者所蔵）

⑰　「文明之利器」明治二八年一月二〇日第八号

⑱　伊藤克司「明治二十八年の文明の利器発禁事件と岩田徳義」伊藤氏は岐阜古書店で、「文明の利器第五号」「法律研究雑誌第一号」を入手。

⑲　岐阜県立図書館所蔵

⑳　「武井文書」明治二八年六月二三日付、岩田から武井宛「新日本」武井家所蔵（岐阜歴史資料館所蔵）

㉑　「岐阜日々新聞」明治二九年三月四日付

第二章　岐阜時代

明治の「岐阜長良川風景」（筆者所蔵）

1. 法律研究会

明治二二年二月一一日大日本帝国憲法が発布され、「万世一系ノ天皇之ヲ統治ス」と主権在君の天皇制国家が創設され、四月一日「市制・町村制」施行となり、岩田の帰省すべき岐阜は七月一日に市制により岐阜市となる。

初代市長は熊谷孫六郎（画家熊谷守一は三男、恵那郡付知町出身）。

岩田帰岐は、ここに照準を合わせたと考えられる。

岩田は、次のように言う。

「而して余は国より遊學を目的として永く滞在すべき身にしあらざるを以て、遂に斷然歸鄉すべきの準備をなし、以て再び岐阜に歸りしは、實に明治廿二年十月中にてありき、是蓋明れば廿三年國會開設の曉にして、夙に種々心に計畫（けいかく）する所あればなり」（余が前半世紀の歴史）

岩田の「法律研究会」活動の始まりは、東京から帰岐し携った「濃飛日報」退社後の八月からになる。

今しばらく、東京での新知識を修得してきた岩田の動静をみてみよう。

熊谷孫六郎（岐阜市所蔵）

「濃飛日報」①は、岩田帰岐前の明治二一年一〇月一日に発刊②、「濃飛日報」発刊直前の七月には、すでに大垣の早川啓一を中心に「警世新報」（島森友吉編集人、関口親章印刷人）が発刊され、第一号に植木技盛、粟原亮一らが寄稿を寄せている。岐阜県の自由党系新聞は二紙が立つが、両立できず特に「三県有志懇親会」の主導権をめぐり、揉めていく。

岩田は途中入社の形で「濃飛日報」に二二年七月から八月一日までの約一カ

月間在社したが、意見対立により入社まもなく出社せず③、退社する。

「該社の組織及び主義に付、大ニ見入(みいり)の相違したるより社主に向って組織の改良、社員の黜陟(ちっちょく)等を謀りしも、事行れざるのみか他社員との意見相投合(とうごう)せざるより、断然退社を為し、今後全く同社との関係を絶ちたりと岩田自ら物語れり」④

岩田は、濃飛日報グループと訣別をしながらも、関係修復の告知のため、本名岩田徳義銘記の「広告」を岐阜日々新聞紙上に出す。

「暫らく行違の廉(かど)あり完(まった)く該社と分離するも共に手別けを為して国家に尽すべしとの事実に付、此段広告す」⑤

警世新報　M21・10・20　第35号
（筆者23部所蔵）

濃飛日報社
（「官民之宝鑑」所収）

濃飛日報

濃飛日報　M21・11・8　第二号
（筆者41部所蔵）

この軽微な政治的思想の齟齬が、後々の確執を生み、泥仕合の明治二七年の衆議院撰挙戦となる一因となっていく。
岩田は、明治一六年「新聞事件」の収監から上京し帰岐する明治二二年まで、不在七年間のコミュニケーション不足は否めず当然、在地の旧自由党グループとの意識のズレの派生は無理もない。

濃飛日報社主堀部松太郎或いは他社員との意見相違の上の対立とは、国会開設や市町村制度の開始に伴なう政治意識及び、具体的方策の乖離に他ならない。

しかし、この市町村制とは、現実的に撰挙権に関し公民のみに付与される差別撰挙となり、議員になるための金満度にこそ重要な条件をしめている。

岐阜においては三〇年代に「府県制・郡制」が公布されるが、地方自治制とは結果、「有産階級による有産階級のための政治」という構図が築かれるに至った。

二三年の国会開設もまた撰挙に関して、地主議会とも言うべき制限撰挙となり、撰挙資格を満たさない金欠の岩田には出番はなかった。

明治二二年の憲法発布式から国会開設に至る一大イベントを、岩田はどんな気持ちで見守っていたのだろうか。

「岩田徳義翁回顧談」は、次のように言う。⑥

「……余は凶変の翌年不測の禍を蒙りて入獄の身となり三年間の月日

明治二二年「憲法発布式」筆者所蔵

を牢獄中に過ごした。表面上の罪名は新聞紙法違反であったが其の実官辺の憎悪を一身に集めていたからである。余が獄裡の人となる前日、余の実母は病猝かに重りて逝去した。生別苦離は目のあたり余を襲うたのである。而も此の如き例は独り余のみに止まらず当年の志士の何人も経験したところで、一家覆滅して妻子飢に泣くの悲憤は之れ遠く幕府志士に求むるに及ばず、明治の自由党志士は更に〳〵酷烈なる逆境に奔馳した事を忘れてはならぬ、即ちわが国の代議制は全く吾党自由党の碧血に由って購ひ得たるものなるを想へば一層感慨無量である。」

同志村山照吉もまた「美江寺観音堂の横にあった岐阜監獄の獄窓から、憲法発布祝賀の旗行列の万才の声を聞き感無量だった。」と言う。⑦

旧民権家の岩田も村山も憲法発布は、とりあえず〝万歳〟であったのだった。

この岩田ら旧民権家達の憲法発布に対する姿勢について、稲田雅洋氏の一文は、当っている。⑧

「……憲法発布は……自分たちの長い間にわたる闘いの成果として出されるのだという強い矜持がにじみ出ている。そこに敗北感などはみじんもない。ただ、最後の部分で、この憲法は欽定憲法として出されて、その内容が知らされていないので、それが国民に幸福をもたらすものとなるかどうかが分らないという一抹の不安……このような感慨は、憲法発布を前にした旧民権家のいつわらざる気持ちであったのだろう。

ともあれ旧民権派には、自分たちの闘いの結果としてこの憲法が出されるという自負があったと言える。……

……（略）……彼らは憲法……（略）……違和感があった。しかし欽定憲法である以上、それを論議することは詮なきことであるとし、それよりも憲法を国民にとって有利となるように運用することをめざしたのである。……

……国会議員にふさわしい者を選ぶようにと人々に訴えた。」

とりあえず〝万歳〟であった憲法発布は、岩田の意図に反して欽定憲法に他ならず、翌二三年国会開設されたが異和感は残った。

次の岩田の主張は、明治一四年一〇月の「国会開設の詔」の表明以来、まさに旧民権家の流した血と涙の辛苦の闘争の成果は反故にされたと言い、一抹の不安は的中する。


「嗚呼夫れ国会を開設するがために、吾々自由党の志士が尽せし艱(かん)難苦辛(なんくしん)のほどは大抵こんなものであった。処が国会が開設せられてからといふものは、丸で其様子が豹変して仕舞ふたのである。」

（祝賀会執行館主岩田徳義）⑨

ここに岩田は、今後、自身が目指す政治上の主義主張を公衆に告知するため、岐阜市桜町誓願寺で「岩田独立演説」を開催する。

岩田独立演説の趣旨は、次の如く。⑩

「立憲政体の要は、政治上に於る主義主張に基きて国利民福を増進するにあり、然るに某代議士を撰挙するに方(あた)り、主義主張もなくして之を為すは代議政の本義に悖(もと)れるのみならず、猶且候補者の人物如何を問はず、只管(ひたすら)金銭の相場によって投票売買を為すが如きは、撰挙競争の義に反けるものなるべくして、畢竟(ひっきょう)是れ名利を

岐阜の俯瞰図（西別院や中教院がみえる）吉田初三郎（筆者所蔵）

貪るものの致す所なるべし。此の如くにして立憲政体の実を求めんとす、恰かも木に縁りて魚を求むるに等し、余は是まで身命を擲ちて国会の開設を見るに至りたれば、已に多年の目的を達せり、政界の事復た問ふべきにあらず、若かず、暫らく政治上の運動を絶ち、退て県下一般に青年団体を造りて有為の士を養はんには」

濃飛日報退社後の明治二二～二四年に岩田がとりくんだのは、明治法律学校での勉学を踏まえての青年教育の道であり、「独立演説」の主張通り「政治社」を設立する[11]。「政治社」とは法律研究会の事を指すと思われる。

「然るに如何せん、一たび國會開設の場合となるや、其代議士に推る丶所の人物を問へば全く之に相當すべき價値なきものにして、而かも撰擧場裡の爭は只管金錢の相場に由れるのみ。於是乎余の思想は茲に全く一變して、暫らく政治上の運動を止ることに決し、以て徐に前途將來の計畫をなすに如かずとなし、是れより專ら身を學術界に委ねて青年教育の道に從事し、以て縣下一般に法律研究會を開きて實力養成の業を務め、以て余の無似なるも自ら講師の仕を負で鞠躬盡力せり。此の如くにして縣下後進の士を養成すること前後三年、乃ち明治廿二年よりして廿四年の間に渉れり。」（余が前半世紀の歴史）

対象を岐阜市及び岐阜近郊の青年層を中心とし、政治運動とは直接関係のない論壇改進主義を採り、教壇での説教を第一義（講義・問答）とし、その目的は次の一点にある。

「県下に一の政治学校を起し、真成なる人物を造り出す」[12]

現下の政治制度すなわち撰挙制度を踏まえての決断と言える。

同学の講義は、政治、法律その他の有益の学術を講究研磨するとし、期日科目は第一日曜日午後三時から「自治制講義」第二は「憲法講義」第三は「行政学講義」第四「討論会」とし、第一回を同年九月一日より開会するとした。

まず岐阜の富茂登有志者が最初に岩田のもとに集まった。

これが後の「法律研究会」活動の端初である。

岩田と約し毎月三回（七・一七・二七日）定期とし、「自治制研究」及び「討論会」を開会する。

翌二三年国会開設と伴に活動が本格化していくが、岩田の青年活動の動機は次の通りで、岩田の壮大な浪漫（ろまん）の始りと言えよう。

「県下各地に法律研究会を設立し、多数の有志を集めて団体を組織し、先生（岩田）自から講師の任にあたりて、憲法及び郡制、町村制、民法等の講義を為すと同時に、諸多の問題を設て討論に付し、是により会員をして大に弁護を闘はしめ、以て盛んに政治思想を発達せしめりき」⑬

岩田は、五月三日付「岐阜日々新聞」の広告で、中教院前益友社を会場として、憲法及び訴訟法の教授（毎土曜日午後二時より）を呼びかけ、同年六月には「文明之利器」⑭の出版、研究会誌の発刊をする。

今、「文明の利器第10号」によれば、岩田が関与した法律研究会は凡そ次のようになる。（同年同月二六日付広告が岐阜日々新聞に掲載）

この表の他に「岐阜日々新聞」より拾える法律研究会は、次のようなものになる。⑮

これらの法律研究会に岩田は、陰に陽に関係性を持ち絡んでい

表2-1-1 〈筆者作成〉

	M24. 6月頃　「法律研究会」一覧
1	「不破郡昼飯村実葉倶楽部」
2	「本巣郡北方町法律研究会」
3	「不破郡法律研究会」
4	「揖斐学術研究会」
5	「山県郡学術研究会」
6	「海西郡蛇池村立志夜学会」
7	「笠松法律学校」
8	「南濃法律学校」
9	「山県郡天王町談詰会」
10	「竹鼻法律研究会」
11	「大野郡文武館法律研究会」
12	「厚見郡日置江村青年会」
13	「各務羽栗両郡法律研究会」

る。

まさに、法律研究会の一大ブームの到来と言うべき状況が、岐阜県下に創り出され、活発化する。

濃飛日報に対する激しい弾圧をくり返す小崎利準は、不気味に増大増殖していく同会の存在と岩田の繋がり或いは、地元住民と岩田の関係性を、苦々しく警戒視している。

岩田の政治再活動の覚醒は、「西別院事件」を契機とした。

この流れの中、明治二四年一〇月二八日濃飛大地震後の岩田の罹災者義捐金活動からの西別院事件を嚆矢とする請願運動が起り[16]小崎は、またもや「岩田冤罪事件」を仕掛け、運動の停滞と法律研究会活動の死滅を企図する。

小崎退陣後、復活した同機関紙「文明之利器」（明治二六年）中、賛成員加入人員をみれば、埼玉、茨城、長崎、愛知、岐阜安八、池田、不破、本巣、席田、方県、山県、羽栗、笠松、武儀、加茂、各務郡、岐阜市にわたる総勢一一三名を数える。[17]

特に中心的活動地区は、羽栗郡「笠松法律研究会」で、岩田との関わりは特に強い。

明治二四年一〇月の濃飛大地震は、大被害をもたらしたため、災害給付金を巡って「西別院事件」が発生、熊谷守

表2-1-2　〈筆者作成〉

	その他「法律研究会」一覧　M24. 6～7月頃
1	「岐阜市役所員法律研究会」毎土曜日　同楼上
2	「南安八法律研究会」同郡御寿村大藪の渡辺・青木中心
3	「立志夜学会」と「得智会」合併し新会設立中
4	「竹鼻法律研究会」と「竹鼻青年会」合併し新会設立中
5	「海西法律研究会」　海西郡秋江村　鈴木弥一　海西郡大和田村　安田仁三郎　設立奔走中
6	「加納青年会」と「加納夜学会」一大私立学校設立見込　合併も
7	「厚見郡法律研究会」東西有志者50余名
8	「功法会」第1・2・4水曜日50余名発会式
9	「竹鼻法律研究会」毎月第1・3木曜日開会 商法・人事編
10	「北方法律研究会」青年法律研究会から温交会となる
11	「羽栗郡下中尾法律研究会」
12	「武儀郡法律研究会」同郡高野、大矢田、藍見の三部落有志者30余名
13	「郡東討究会」会頭 加藤銀之助、副会頭 渡辺伍平ら
14	「茜部法律研究会」

一（熊谷孫六郎三男）は当時の様子を次のように言う。

「ムシロ旗が何本も立ち、手に手にカマやクワを握って……口々に大声でわめいていました。お巡りが（解散させようと）数人かけて来ましたが、まるで歯が立たない。つかまってサーベルを〝く〟の字にへし折られたり、なぐられたり……（農民は）寺の庫裏の高い屋根にのぼってカワラを（雨あられと）捕り方に投げつけ」（目撃談「へたも絵のうち」より）

更に救済金分配や義捐金の使途に関しての黒い疑惑も発覚、住民運動が高まっていく。

この復興事業に関して、小崎知事下で震災復旧事業や救済金をめぐる県土木官吏計二〇名の汚職や県官や笠松町助役ら計一一人の逮捕事件が発生し、小崎本人の証人喚問も行なわれ、まさに末期的状況となっていく。

同会は、笠松町役場の「帳簿閲覧運動」を通じ小崎知事直属の部下の不正摘発を契機に、同知事退陣への大きな役

岐阜市震災ニヨリ崩潰及ビ焼失セシ状（伊奈波社境内ヨリ望ム）

長良川鐵橋地震ノタメニ橋脚ヲ砕キ河上ニ墜落セシ状

濃尾震災（筆者所蔵）

割を果すに至る。

岩田が生み育てた合法的組織（法律研究会）の笠松研究会が、卑劣な小崎利準を岩田自身が直接手を加えることなく、退陣させた意義は極めて大きい。

この笠松の地域性は、知的好奇心が強い土地柄で、自主学習能力の高い青年が多く岐阜日々新聞に「当地の青年輩が集りて、多少の全員をきょし一の新聞縦覧所を設置せんと目下相談中の由」（明治一九年一月一二日）との記事も散見できる。

同会の設立は、明治二三年五月八日午後六時から笠松有志者による初会を笠松学校を会場として開いたのが端緒であり、当日、四〇余名参加、岩田に依頼は、「憲法講義」「民法」「商法」「訴訟法」等研究の四項目にあった。

学科及び論説討論問題は「日本憲法」岩田君講義「自治制」実地討論「議員院選挙法第九条に関する意見」岩田君演説で開会定期を毎土曜日午後六時からとした。⑱

第三回は三二名参加、岩田講義「憲法商法」後の討論題は「代議士を選挙するは一地方を通して選挙するか又は一選挙区を図りて選挙するの利害」

第四回は、二四名参加、岩田講義の後「財産選挙と普通選挙の利害」討論し、この内容は「文明の利害」に詳述し

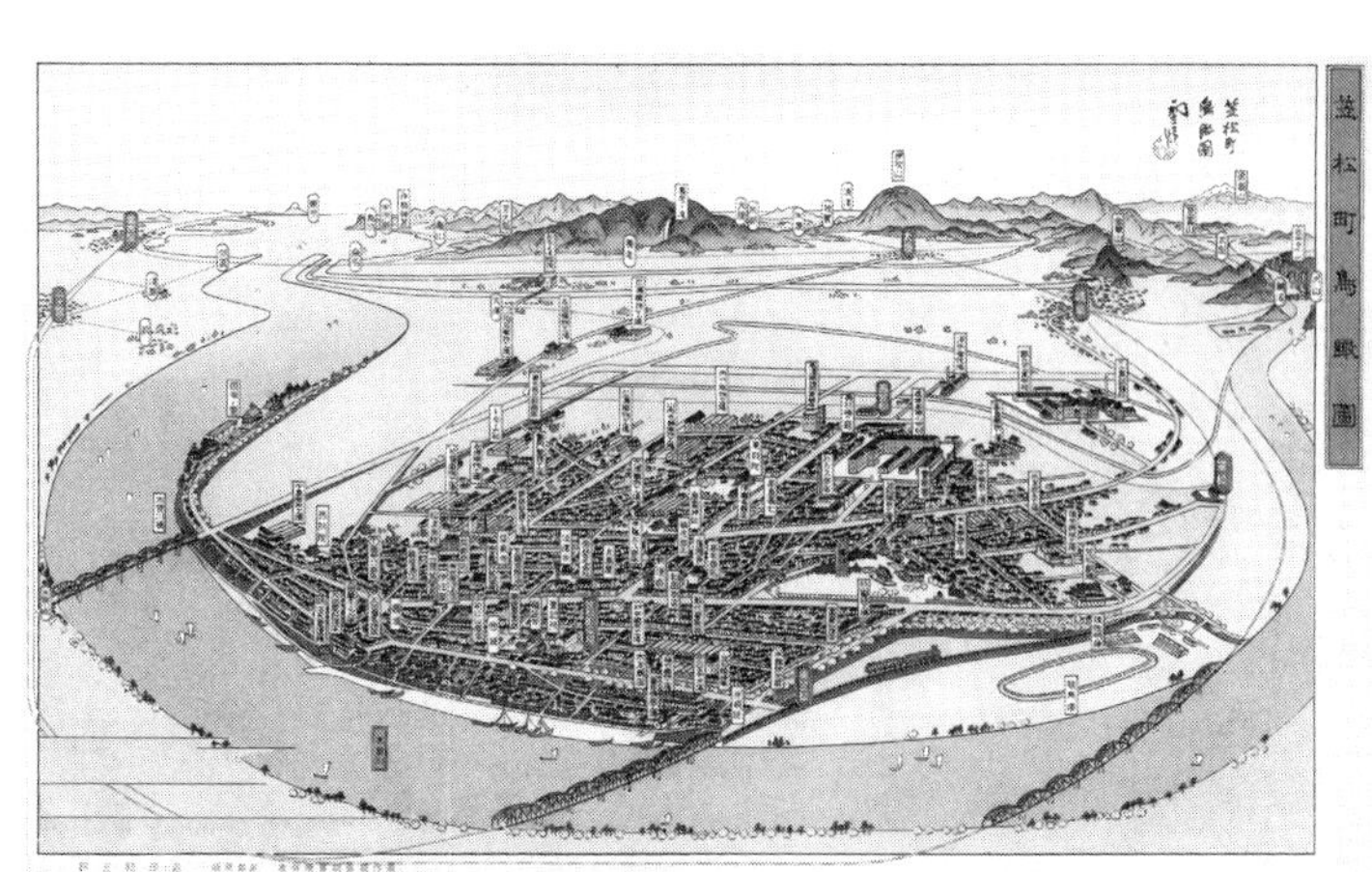

笠松の俯瞰図　吉田初三郎（筆者所蔵）

笠松の濃飛震災風景（筆者所蔵）

である。

同会は順調な進展をみせ八月「笠松法律研究会、学術大演説会」を開会、八〇〇～九〇〇余名参集。

翌二四年六月には、「一回年祝宴」を開き、その詳況が新聞記事になるなど盛会であったが、同年十月の濃飛大震災による被害は甚大で一時的に休会扱いとなる。

翌二五年再興され「笠松商工会附属研究部」設立、商工会へ加入し先ず実業に関する研究をし、とりあえず岩田の講義を取り止めた様で、翌二六年七月頃、同会の別派も創られたようである。

しかしながら依然として、岩田と笠松有志者との関係は良好に継続され、明治二六年第四期議会開会中院外自由党運動のため、上京し帰岐した岩田のために、三月一二日午後七時から笠松町有志者が発起（発起人関善之助）となり同町丹波楼に於いて「慰労会」が開かれ、五〇余人の出席者があった。

また羽島郡竹ヶ鼻町有志者も三月二一日同町紅旭楼に於いて「岩田慰労会」を開催、四〇余名が参加する。

こうした岩田の地道な法律研究会活動の実績に裏打ちされた自信は「岐阜県青年義会」組織計画へと発展していく。各法律研究会会員総数は、三〇〇有余名で、これを糾合し「岐阜県青年義会」を計画、往く往くは「書籍館」設立構想までも抱いた。

明治二七年一二月「文明之利器」には、岩田の（社説）「岐阜県青年会の設立を望む」が掲載されている。

同会設立のため、岩田は大野、池田、本巣各郡等を巡遊し、一一月三日天長節を期し県下各地法律研究会々員の一大懇親会を企画する。

研究会の規約草案は次の通り。

岐阜県法律研究会規約草案

第一條〜第一三條まで（略）

同年一一月三日岐阜市濃陽館で懇親会開会

「県下各郡各地なる学術上の諸団体及び有志者を代表して来会せる者四十余名」

申込団体は、武儀、郡上、大野、池田、山県、本巣、安八、羽栗郡等一五団体で、同会規約議決の後、幹事に岩田を選挙、本部を岩田の岐阜市富茂登益友社に設置する。

その決議要領は、次の三点にある。

一、専ら政治法律を研究して、実地応用の材智を磨くこと

二、本会の意見をとりて毎年、帝国議会に対し法律改正の請願をなすこと

三、県下各地普く気脈を通じて一致団結の基礎を固ならしむること

同会の活動は、かなりの起伏があった様で二七年五月には、研究会を立て直し、再興「岐阜県法律研究会」を設置する。（規約一〜八條　略）

明治二七年一二月の「文明の利器」第四号には、岩田の（社説）「岐阜県青年会の設立を望む」があり、翌二八年一月四日濃陽館開催大懇親会で、「岐阜県青年会」は設立される。

当日出席者数八五名、出席者の多くは青年で尚かつ、岐阜市、大垣市の都市部より地方の農村部の入会が増加したという。⑲

いずれ岩田の「法律研究会活動」は、岐阜県下において一定の成果を残し、自立した知識人を育て、主体的な住民運動に繋がっていった点に、評価を与える事ができるだろう。

註

① 横山真一「一自由党系の新聞の創刊とその意義—岐阜県の濃飛日報を中心に—」駒沢大学史学論集一一号
堀部満「小野小野三回顧録による濃飛日報の歩み」「堀部文書」

② 児玉桑次郎「濃飛名誉人物評」
堀部松太郎の項目に「明治二十一年卒先して濃飛日報を創立し同党の機関となし爾来経営惨憺、十余回の発行停止に遭ひ数十人の累紲者を出して……」とある。（筆者所蔵）
「岐阜日々新聞」明治二一年一〇月一三日付

③ 「岐阜日々新聞」明治二二年七月二八日、同八月一日付
「小野小野三日記」によれば、明治二二年七月六日「岐阜上竹屋町大サ（?）方に岩田徳義、本田政直、堀部松太郎あり、小野小野三の隣部屋」

④ 「岐阜日々新聞」明治二二年八月一日付

⑤ 「岐阜日々新聞」明治二三年八月一日付、同八月三日付

⑥ 武藤貞一「自由の碧血」（筆者所蔵）

⑦ 「村山照吉の酒屋会議事件—村山晟甫氏の返信—」筆者拙稿東海近代史研究会報一六号

⑧稲田雅洋「明治憲法と旧民権家」東海近代史研究第三一号
⑨「麻布学館々報10―10」（筆者所蔵）
⑩「岩田徳義翁小伝」（筆者所蔵）
⑪「岐阜日々新聞」明治二一年八月四日付、同八月一三日付
⑫「　々　」明治二二年八月二八日付
⑬「岩田徳義翁小傳」（筆者所蔵）
⑭「文明之利器」第一〇号（筆者所蔵）
⑮「岐阜日々新聞」明治二四年二月一四日付、同五月一五日付、同六月一二日付、同六月二〇日付、同七月一日付、同七月四日付、同七月八日付、同七月二二日付、同七月三〇日付、同九月二二日付、明治二五年五月一〇日付、同五月一四日付、同一〇月一七日付
⑯横山真一「濃飛震災後の民衆運動―震災費不正追及運動を中心に―」駒沢大学史学論集一一号
⑰「文明之利器」明治二六年六月発行
⑱「岐阜日々新聞」明治二三年五月三日付、同八月一〇日付、明治二四年六月三〇日付、明治二五年一一月一日付、明治二六年三月二四日付、同四月一日付、同五月四日付、同七月一二日付、同一〇月二九日付、明治二七年五月二五日付
⑲伊藤克司「明治二十八年の文明之利器発禁事件と岩田徳義」岐阜史学

2. 濃飛震災と選挙

岩田の二〇年代の政治活動は、一〇年代の操觚者から民権運動への転身、民権運動家としての活動時期と比し、熱くない。

第二期自由民権運動とも言える後藤象次郎を中心とする大同団結運動の高揚に関しても、岩田の積極的活動は見当らない。

出獄後の明治一八年九月の明治法律学校入校を契機に、社会改良に目覚める岩田の想いの基底には、基督教からの社会改良、法律研究会からの青年育成、文学からの人心改良等があり、政治活動は二次的行動に見える。

帰岐後の二二年から二三年は、その傾向にある。

筆者の前述の通り、岩田は濃飛日報グループと一線を画し、著作活動及び法律研究会活動並びに同会機関紙「文明之利器」の発刊を中心とし、岐阜県の政治活動の表舞台には登場してこない。

「……国会開設の時機明治二十三年は来りぬ。……政治界に名もなき者……只管国会議員たらんと欲し……競争を為すには……金力に由てのみ優勝劣敗を試むべき場合となりぬ。……余は是まで身命を擲ちて国会開設を見るに至れば、已に多年の目的を達せり、政界の事復た問ふべきにあらず、若かず暫く政治上の運動を絶ち、退て県下一般に青年団体を造りて有為の士を養はん……」①

諦観をもって二三年の国会開設を語り、県会・国会選挙の騒がし

後藤象二郎（自由党史より）

い喧噪の中で、泰然自若として構える岩田は、政治活動に対して能動的でない姿勢を示し、飽迄、法律研究会活動に基軸を置くとしている。

確かに同年一二月一七日の大阪会議に参加し、翌二三年一月一二日の自由党再興会議及び自由党結党式には、堀部松太郎、村山照吉等らと上京帰岐しているのだが、岩田自身のスタンスは、参加はすれどもオブザーバー的立場に終始する。②

同党役員撰挙会での美濃国部の役割りは、入党紹介党員取纏めの事務員になっていて③、また翌二四年一月一八日の立憲自由党全国代議員会への出席も岩田は関与していない。

議員に対して、過去の自身の過酷な体験も込めて、白眼視している。

「乃ち議員になるものは、孰も黄白の力によって投票の売買をなし、猶亦議会に立たる暁に於ては、只管党派の競走によって内閣の争奪を試るばかりであって、寧ろ一身の利害を慮るのみにて、国家のことは跡廻しになって居るのである。此の如くにして真の代議政体を組立ることができるか、甚だ心許ない、どうか其昔吾が自由党が、父母に別れ妻子を飢し、財産を傾け家を倒し、然かも其身獄中に入りて辛酸苦楚を嘗めたる気節を保って貰ひたいのである。」（祝賀会執行館主岩田徳義）④

やはり、一貫して法律研究会活動と機関誌「文明之利器」発刊を主に奔走している岩田があり、岐阜の立憲自由党に於ては、常に裏方的立場をとっている。

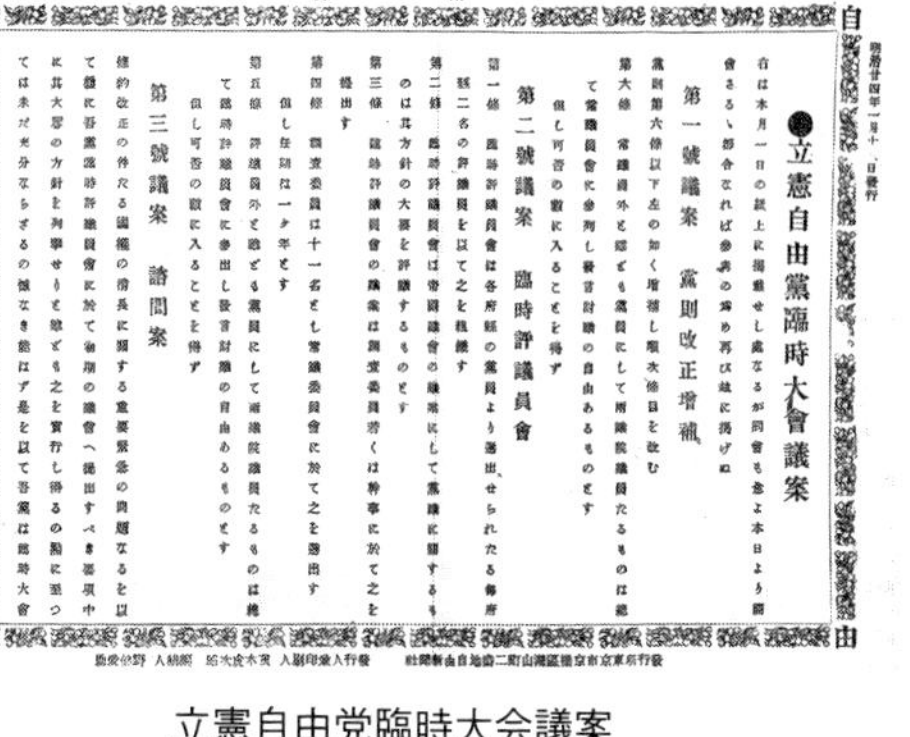

自由新聞　第七十二號　附錄

明治廿四年一月十□日發行

●立憲自由黨臨時大會議案

右は本月一日の紙上に掲載せし處なるが同會も愈よ本日より開會さるゝ都合なれば參考の爲め再び茲に掲げぬ

第一號議案　黨則改正增補

黨則第六條以下左の如く增補し順次條目を改む

第六條　常議員外と雖ども黨員にして所謂院議員たるものは總て常議員會に參列し發言討論の自由あるものとす

但し可否の數に入ることを得ず

第二號議案　臨時評議員會

第一條　臨時評議員會は各府縣の黨員より選出せられたる每府縣二名の評議員を以て之を組織す

第二條　臨時評議員會は帝國議會の議期中にして黨議に關するものは其方針の大要を評議するものとす

第三條　臨時評議員會の議案は調査委員若くは幹事に於て之を提出す

第四條　調査委員は十一名とし常議委員會に於て之を選出す

但し任期は一ヶ年とす

第五條　評議員外と雖ども黨員にして兩議院議員たるものは總て臨時評議員會に參出し發言討論の自由あるものとす

但し可否の數に入ることを得ず

第三號議案　諮問案

條約改正の件たる國權の消長に關する重要緊急の問題なるを以て吾黨臨時評議員會に於て初期の議會へ提出すべき要項中に其大要の方針を列擧せりと雖ども之を實行し得るの點に至つては未だ充分ならざるの憾なき能はず是を以て吾黨は臨時大會の意見を徵し更に實行を期すべき一層確實なる考案を討究せんとする者なり

發行所東京市京橋區瀧山町二番地自由新聞社

立憲自由党臨時大会議案
「自由新聞」第72号付録（筆者所蔵）

また明治二四年二期議会解散必至との風説の中、県下一部有志の間に衆議院議員候補として岩田推薦の動きもあったが、岩田は「自己の目的は、県下に一つの政治学校をおこし真成なる人物養成にあり」と辞退している⑤。他方には議員になるための金満度を満たしていない事も理由として挙げられよう。

しかし、明治二四年一〇月二八日の突然起った濃飛大地震は、マグニチュード8世界最大級の内陸直下型地震で四日間で合計七二〇回の余震を数え（後々、岩田が罹災する関東大震災7.9と同規模の災害）、特に岐阜県美濃地方は被害が大きく、死者は全国で七二七三人、負傷者一万七千人余、全壊・焼失家屋は一四万二千戸余であった。⑥

岐阜県本巣市水鳥地区の根尾谷断層は、当時の名残りを留める。（国指定特別天然記念物指定）

この大災害は、岩田の方向性に対し、大いに政治活動の覚醒を促し、再始動の充分な動機となり、岩田の「雑録」には、その覚悟が示されている⑦。

岩田徳義の県下に於る宿昔の目的（対山野史稿）

「……余が夙（つと）に政治上に於る自由主義を拡張して、

葉栗郡黒田村窮民焚出場ノ圖

岐阜縣山縣郡高富村人家震災ノ爲全村崩潰セシ狀

明治二四年濃飛震災の写真
「濃尾大震災写真帖」所収（筆者所蔵）

国利民福を増進し、以て我濃国をして俄然頭角を社会に見さんと欲するの念慮は、晨夕勃々として止さるなり、而して余や前に東京より帰郷して、今日に至る迄、凡そ二年有余の日子を経過せし間、法律研究会に於て新たに良友を得たるもの殆ど数百名の衆きに出てたり、然共余や漂々依然更に社会に為すの形跡なく、未だ断然政治上に運動を試るものなしと云ども、時期稍く熟し、前途の方向断然定るの暁に於ては、決然身を起して社会に立ち、完く一身を犠牲に供して国家のために尽す所あらんと欲するなり……」

表2-2-1　濃尾震災の死傷者数

〈岐阜県史　近代下より〉

	総人口	死傷者数	うち死者数	死傷者数の総人口中比率
岐阜市	人 28,731	人 1,430	人 230	% 4.97
厚　見	41,815	1,958	721	4.68
各　務	20,783	277	74	1.33
方　県	29,346	1,400	329	4.77
羽　栗	39,203	1,554	797	3.96
中　嶋	20,483	560	210	2.73
海　西	10,852	184	54	1.69
下石津	15,474	131	39	0.84
多　芸	27,779	448	106	1.61
上石津	10,035	4	1	0.39
不　破	19,737	65	30	0.32
安　八	77,037	3,416	1,263	0.44
大　野	34,086	473	116	1.39
池　田	29,376	111	21	0.38
本　巣	32,726	2,719	506	8.30
席　田	3,600	26	13	0.72
山　県	27,872	1,413	357	5.07
武　儀	86,043	324	110	0.38
郡　上	58,125	—	—	0
加　茂	61,263	166	17	0.27
可　児	34,780	49	11	0.14
土　岐	38,208	19	2	0.05
恵　那	67,770	—	—	—
ヒダ大野	49,077	—	—	—
益　田	28,596	—	—	—
吉　城	44,694	—	—	—
合　計	937,491	16,727	5,007	1.78

註　「震災誌」附録諸表より作成。岐阜県内務部第1課調査。

岩田四恩の一つ国恩の精神が発揮される。

今、まさに岐阜県では、同震災の後処理を巡り、政治的動揺が走り、眠っていた政治の大きなうねりが起り、小崎体制の崩壊と小崎県令退陣の一因となっていく。

なおこの詳細については、横山真一氏「濃飛震災後の民衆運動―震災費不正追究運動を中心に―」等に任せたい。

一一月には西別院事件を嚆矢とした震災に対する本格的な救済と復旧のため岩田は、自らの組織の県下各地法律研究会員に向け演説会を開き、義捐金募集に尽力、大野郡、山県郡等の研究会員は敏感に反応する。[8]

岩田の救済活動は、基督教の社会救済に基づく義捐金募集であったろう。

更に、二四日に岩田徳義方益友社（岐阜市富茂登中教院前）で開催の（岐阜県進歩倶楽部員決議による）震災救済請願に係わる「請願書調印集会」には、六〇〇～七〇〇余名が集まった。

「同地、中教院（益友社の近傍）の辺にも屯集せり、然るに斯く多数来集し雑沓を極めたるを以て十分に調印を取纏むること出来ず、僅かに席田郡上ノ保村の者の調印を取り其他は各郡村にて取纏むる事となしたり、彼れ是れする中、県庁門前に詰め寄せ、西別院境内に集合せし……一旦解散のち又々厚見郡早田河原に集会……その数は八〇〇名に達した」という。

まさしく、同運動は遼原の火のごとく拡大し、大衆を巻き込んだ住民運動として大きなうねりを生んだ。

「岐阜市史」によれば、同事件に関

岐阜別院（岐阜県写真帳所収）「岐阜市史」

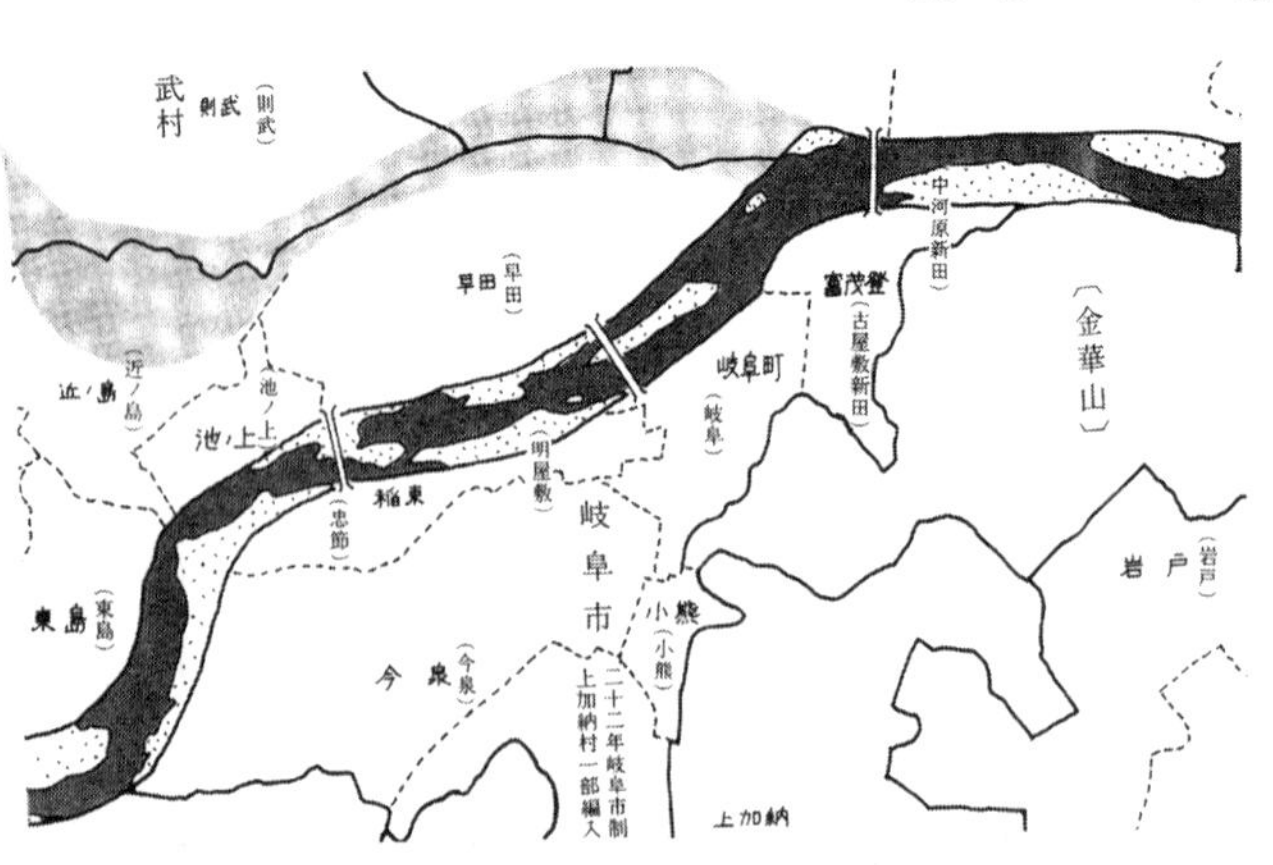

地図（集会場になった早田河原）「岐阜市史」

連して、兇徒嘯集罪被告人として拘禁された者三七名、事件勃発当時岐阜警察署に連行取調べを受け帰宅を許されたもの一〇〇余名にのぼり、この中に県会議員堀部松太郎、三輪準一、石井鼎ら三名も拘禁・収監されたという。

同事件は翌二五年二月予審決定を見、兇徒嘯集罪（きょうとしょうしゅうざい）は官命抗拒罪（かんめいこうぜつざい）となり、三七名中左記一五名が処刑されたと「岐阜県政五十年史」は伝えている。

判決	住所	氏名	年齢
重禁錮三月十五日罰金六円	席田村上保村農	青木亀吉	三十三年二月
同　上	方県郡則武村農	高橋房次郎	二十六年八月
同　上	同　郡同　村農	高橋光治郎	三十三年七月
同　上	同　郡同　村農	高橋浪治郎	三十五年四月
同　上	宮城県岩沼町農	高橋弥衛	四十一年七月
重禁錮三月罰金五円	席田郡仏生寺村農	鵜飼留吉	三十三年七月
同　上	方県郡中村農	松野基太郎	二十六年十一月
同　上	同　郡則武村農	高橋多七	四十一年四月
同　上	席田郡春近村農	中島利三郎	三十六年
同　上	方県郡中村農	松野辰吉	三十五年十一月
同　上	同　郡則武村農	安藤佐十郎	五十年七月
同　上	岐阜市高岩町日雇	山内武左衛門	三十九年七月
同　上	静岡県下和田村日雇	鈴木徳太郎	二十二年五月
同　上	宮城県下岩沼町日雇	大友吉三郎	二十四年
重禁錮二月十五日罰金三円	方県郡則武村農	高橋由太郎	不　祥

処刑者のうち方県、席田両郡の農民がその大部分を占め、他に県外者三名、岐阜市日雇一名が含まれていた。

「岐阜市史」によいれば、西別院事件首謀者の県議堀部、三輪、石井の他、濃飛日報社員の西川鷹太郎、小野小野三、鈴木重信、山田頼次郎、勝野猪八に対し判決が下った。

堀部松太郎　拘留一〇日

山田頼次郎　同　罰金二〇円

西川鷹太郎　罰金五円

小崎は、この状況の鎮静と打破のため、運動の中核に存在する岩田の捕縛を目論み、「新聞事件」以来の再度の理不尽な冤罪事件を仕掛け、岩田は動きを止められた。

岩田は裁判闘争のため活動できず、西別院事件から継続した同運動の主役は、岩田から山田頼次郎が引き継ぎ、主導していくことになり、山田は反知事闘争に向かっていく。

なお、山田頼次郎は岩田を次のように評している。

「我が羨慕(いぼ)する政友岩田徳義君は我が県下に於て夙(つと)に自由主義の為めに智力と財力とを挙げて尽されたることは汎(ひろ)く天下同志の認めて大に尊敬する所なり」

同誌明治二四年六月二〇日、一一号中にて（広告）山田頼次郎

仲裁事務所（方県郡長良村攻法館々主）

岩田をつぶせば、運動を終息できた一〇年代の小崎のやり方は通用せず、そもそも今回の運動の性格は複雑多岐に

わたる住民運動のうねりであった訳で、確かに岩田の請願書調印集会は契機となったが、事件の本質はもっと深い所にあり、小崎体制は、じわりとゆらいだ。

「岐阜県史」によれば、同震災以後の約一年半の間に、県下各地に約九七件の紛争・騒擾が激発し、農民運動は高揚、この内約六二件は震災事後処理に関する当局追及抗議運動であったと言う。他三五件は小作運動だったと言う。

明治二五年二月には、「加茂同盟会」が、「震災ニ付租税免除ノ歎願」を県知事宛に送っている。

また同年五月にも、岐阜県美濃国厚見郡他一五郡（各町村長氏名㊞）は、衆議院議長星亨宛に「租税免除請願書」を提出している。

この流れは、震災費の不正問題――復旧土木費・救済費・備荒儲著（貯蓄？）費・義捐金等――になり、「笠松法律研究会」等の「帳簿閲覧」要求に発展、最終的には二六年三月、震災土木費にからむ一大疑獄が摘発、小崎長期腐敗政権は、ここに終焉をむかえる事となる。

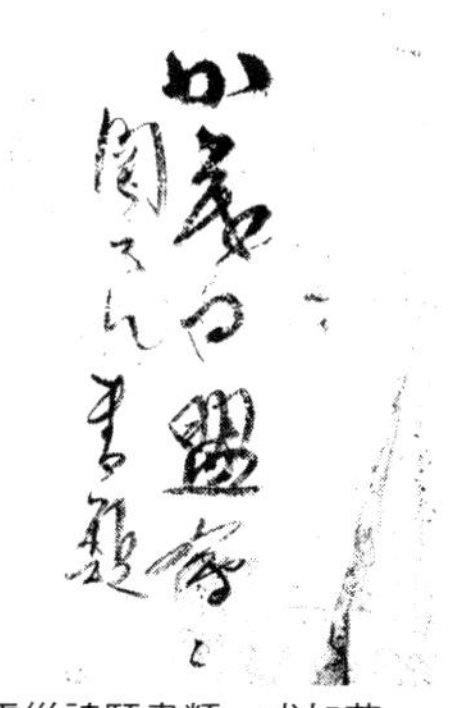
「震災請願書類一式加茂同盟会」（筆者所蔵）

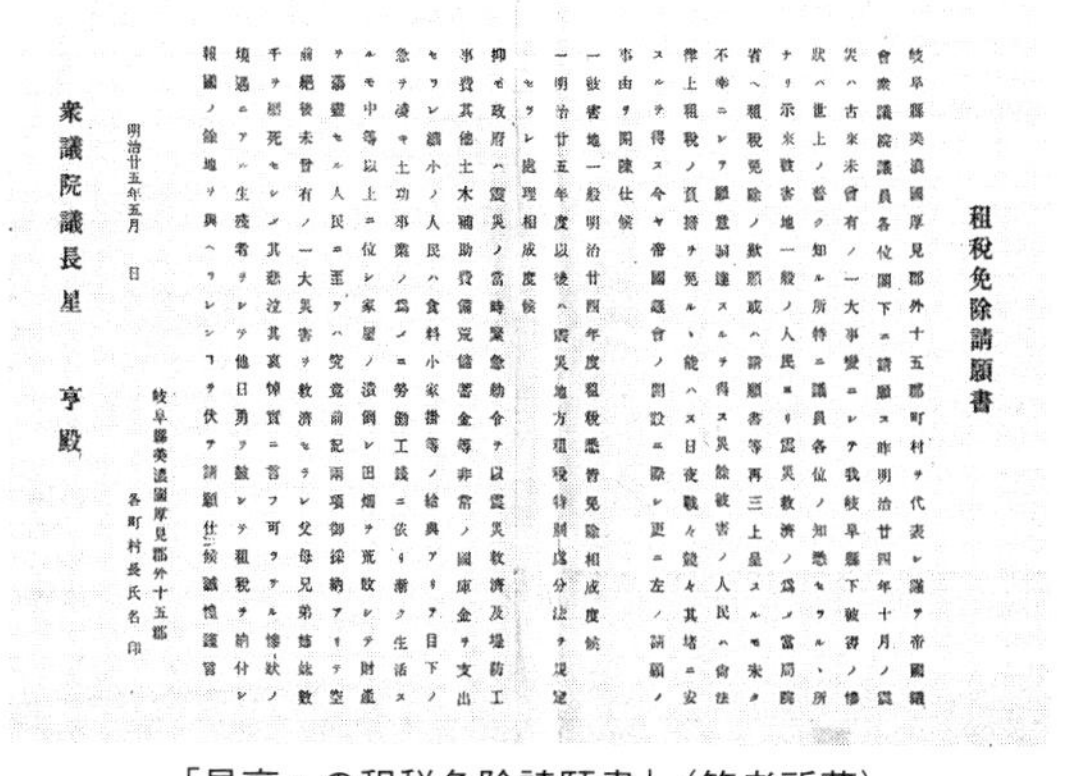
租税免除請願書

岐阜縣美濃國厚見郡外十五郡町村ヲ代表シ謹テ帝國議會衆議院議員各位閣下ニ請願ス昨明治廿四年十月ノ震災ハ古來未曾有ノ一大事變ニシテ我岐阜縣下被害ノ惨狀ハ世上ノ普ク知ル所特ニ議員各位ノ知悉セラル、所ナリ爾來被害地一般ノ人民ハ賴リ震災救濟ノ爲メ當局者ヘ租税免除ノ歎願或ハ請願書等再三上呈スルモ未タ不幸ニシテ願意洞達スルヲ得ス災除被害ノ人民ハ舊法律上租税ノ負擔ヲ免ル、能ハス日夜職々兢々其堵ニ安スルヲ得ス今ヤ帝國議會ノ開設ニ際シ更ニ左ノ請願ノ事由ヲ開陳仕候

一被害地一般明治廿四年度租税悉皆免除相成度候

一明治廿五年度以後ハ震災地方租税特別處分法ヲ規定セラレ處理相成度候

抑モ政府ハ震災ノ當時緊急勅令ヲ以震災救濟及堤防工事費其他土木補助費備荒儲蓄金等非常ノ國庫金ヲ支出セラレ纖小ノ人民ハ食料小家掛等ノ給與アリテ目下ノ急ヲ凌キ土功事業ノ爲メニ勞働工錢ニ依リ纔ク生活スルモ中等以上ニ位シ家屋ノ潰倒シ田畑ヲ荒敗シテ財産ヲ蕩盡セル人民ニ至テハ究竟前記兩項御採納アリテ空前絶後未曾有ノ一大災害ヲ救濟セラレ父母兄弟姉妹數千ヲ轢死セシメ其悲泣其哀悼實ニ言フ可ラサル惨狀ノ境遇ニアル生殘者ヲシテ他日勇ヲ鼓シテ租税ヲ納付シ報國ノ餘地ヲ與ヘラレンコトヲ伏テ請願仕候誠惶謹言

明治廿五年五月　日

岐阜縣美濃國厚見郡外十五郡
各町村長氏名　印

衆議院議長星　亨殿

「星亨への租税免除請願書」（筆者所蔵）

表　濃尾震災以後の農民騒擾（水論を除く）　〈岐阜市史より〉

年　月　日	郡名	地　域	原因・要求・その他	形　態
明治 24年11月24日	厚見・本巣外	岐阜市外市外	地震救助要求，千数百人警官と衝突	暴　動
12月上旬	厚　見	川　手　村	救助金下付要求，百余人村役場へ押しかく	屯　集
25年１月上旬	山　県	南　春　近　村	小作料不納を告訴され，神社に屯集	小作騒動
１月27日	厚　見	鏡　島　村	積立金の払戻要求200人	屯　集
３月中旬	方　県	網　代　村	震災小屋掛料紛争	紛　争
12月上旬	厚　見	旦の島村外２カ村	震災下賜義損金につき役場の不正	同
12月上旬	方　県	岩　利　村	小作料２割引要求	小作騒動
12月中旬	方　県	網　代　村	小作料引下げ	同
12月	厚　見	下　川　手　村	帳簿閲覧要求し，村役場へ押しかく	屯　集
26年１月４日	方　県		震災救恤金の配当がないため村長へ迫る	同
１月上旬	方　県	打　越　村	小作料引下げ	小作騒動
１月上旬	方　県	上　土　居　村	小作米納入拒否	同
１月20日	厚　見	切　通　村	小作料引下げ	同
１月中旬	方　県	七郷村下西郷	震災義捐金の帳簿閲覧要求	紛　争
１月中旬	方　県	則　武　村	震災費の帳簿閲覧要求	同
１月中旬	方　県	安　食　村	同	同
１月26日	各　務	岩田・岩滝村	同	屯　集
１月28日	各　務	芥　見　村	同	紛　争
１月下旬	厚　見	鏡　島　村	震災救済金の不正，各処に集会	屯　集
１月下旬	方　県	木　田　村	震災救恤金の分配方法につき紛争	紛　争
２月７日	方　県	一　日　市　場　村	食料・小屋掛料の不正	同
２月８日	厚　見	日置江村外３カ村	震災費費消の件で村長を告発	同
２月中旬	厚　見	切　通　村	小作料引下げ	小作騒動
２月中旬	方　県	長　良　村	村役場と紛争	紛　争
３月下旬	厚　見	本　荘　村	前村長の戸数割１割５分増額徴収に不満	同
３月下旬	厚　見	鶉　村	震災費の着服につき不満	同
５月	山　県	山　県　村　三　輪	小作料紛擾	小作騒動

註　『明治農民騒擾の年次的研究』青木虹二著より作成（現岐阜市域分のみ）。

しかし、岩田自身にとっても、この「岩田徳義被告事件」の影響は大きく、翌二五年前半期は、「研究会は死滅し、機関紙文明之利器も中断」となり、岩田は活動の修正、転換を余儀なくされた。⑨

「岩田徳義被告事件」⑩

公判　岩田徳義

文明之利器編輯者岩田徳義の出版条例違犯の公判は、昨一七日午后〇時三〇分岐阜裁判所に於て開廷し裁判長は判事田中碌郎、検察官は司法官試補河村綜松、弁護人は岐阜組合代言人勝田久敬、野沢金一の両氏にて被告人岩田徳義氏とともに出廷着席、それより事実の陳述より弁論及び形の適用まで論述し検察官は有罪を主張し弁護人は無罪を論じ閉廷したるは午后二時三〇分にして三〇余名の傍聴人ありしが今一八日午前九時同裁判所に於て裁判所の言渡しを得すよし

判決

岐阜県岐阜市大字富茂登四九番戸士族著述業

被告　岩田徳義

右出版條例違犯被告事件審理する処、被告人は明治二四年六月二〇日同年七月二〇日に発行せし文明の利器第一〇号、第一一号中公にせざる町村制指令を内務省の許可を得ずして掲載せしもの右は已に販売にある書冊より転載せしものなれば公にせざるものなること知らざりしものと認定す……

以上の事実は庶務局長大谷静の告発書差押へたる文明之利器証人伊藤代造の証言にて充分にして明治二〇年勅令第七六号出版条例第一五号に違背し第二七條に該当するも罪となるべき事実を知らずして犯したるものなれば刑法第七七條第二項に依り其罪を論ぜず（無罪）

証拠品たる文明之利器二冊は内務省へ還付す

明治二四年一二月一八日
岐阜区裁判所公廷に於て、検事代理司法官試補河村鍒松立会第一審の判決を言渡す
判事田中篠郎　裁判所書記大森督政

裁判後の再始動は七月の「富茂登政談演説会」に始まるが、当日演説半ばでの中止解散となり、相変らず当局の岩田警戒は続く。⑪

覚醒した岩田は次のように言う。

「然るに廿五六年の交に至るや、已に國會開設せられて民權黨の勢力太だ盛んに、殆ど立憲政體の実を見るべきの気運に會せり。是以余や自から心に謂らく、今や奮然起て政治界に飛躍を試むべきの秋なりと、遂に縣下黨員の代表者となりて東京に出で、以て議會開設の間に運動するもの前後二年、頗る熱心に盡力せり。」（余が前半世紀の歴史）

この岩田に対する小崎の陰湿な嫌がらせは、岩田放逐までも目指し、借家先の富茂登中教院前からの転出を狙っている。

「当市富茂登中教院前の岩田徳義の住家は元と本巣郡辺一女戸主の所有家屋なりしが、先年同地公園開設に方り、該家の地所を買取らんとせし……」⑫

さらに明治二五年秋九月三日から一〇日にかけて郡上郡漫遊演説会においても圧力がかかる。

同年一一月発刊の岩田の「政談演説集」にその内容が詳記されている。

岩田は、堀部松太郎、山田頼次郎を誘引し敢行するが、途中上有知街道にある、同志島森友吉（静岡事件）旧宅を

河川
市街
ノ山中ヨリ流レ、上ノ保川ハ大日嶽等ヨリ發ス、凡ソ此諸川ハ皆八幡ノ西ニ於テ相會シ、南流シテ武儀ニ入ル長良川ノ上流是ナリ、和良川ハ馬瀬川ヲ合セ遂ニ飛驒川ニ會セリ
八幡ハ岐阜ヲ距ル十三里、郡役所警察署ノ在ル所ニシテ、市街吉田川ノ清流ニ臨ミ、架スルニ長

郡上八幡の風景「岐阜県小地誌」（筆者所蔵）

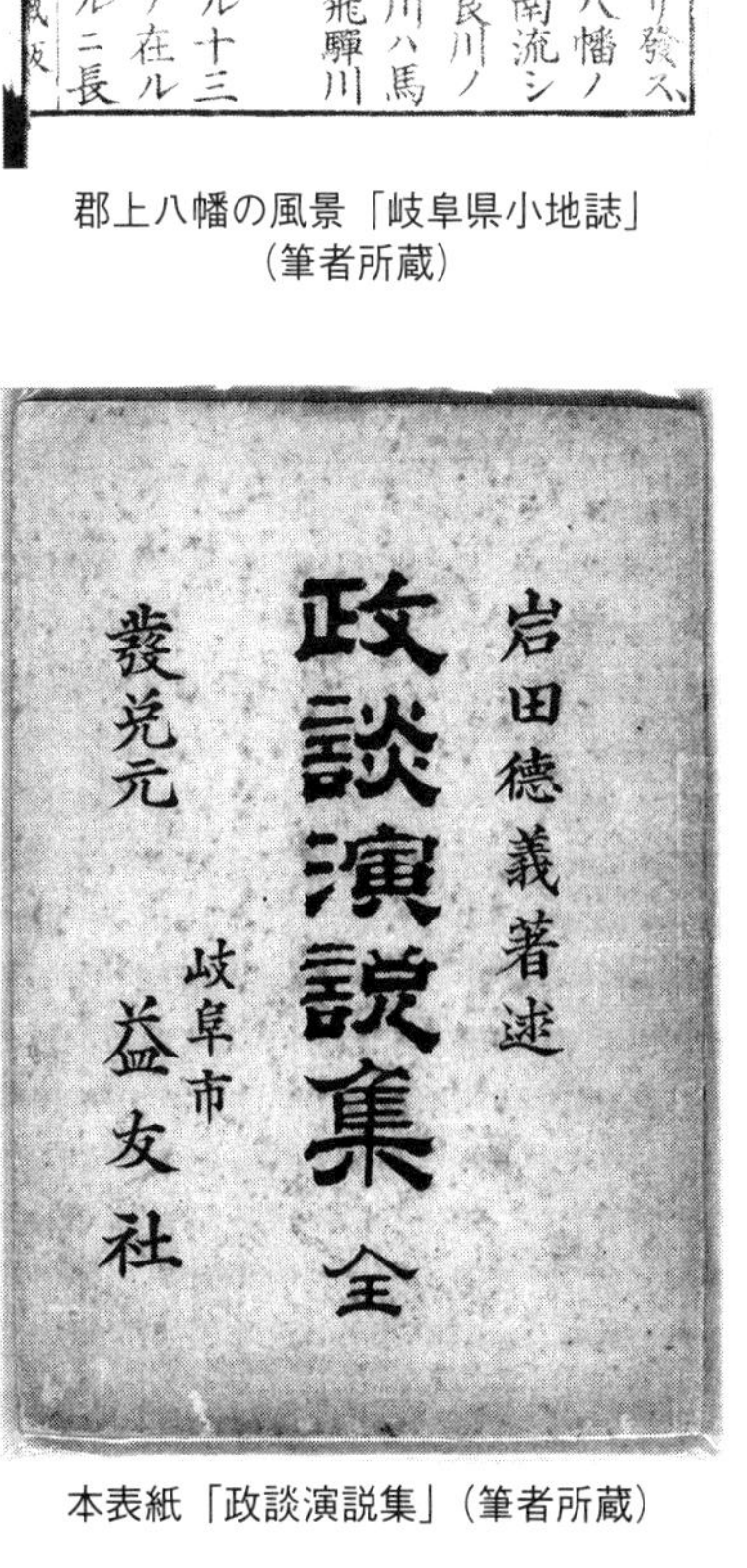

本表紙「政談演説集」（筆者所蔵）

訪ね墓参する。⑬

「余輩（よはい）の一行を誘ひて郡下各所に盛んなる政談演説及懇親会を開らきて公然自由党の主義目的を社会に発表して堅く一般人民の脳髄（のうずい）に染印（せんいん）せしめ以て大に民党主義の勢力を拡張して深く将来に視るべきの好結果を奏（そう）せんとするにあり」

郡上の演説会でも参集予定者への陰湿な小崎の演説会つぶしの圧力があり、九日郡上八幡総霊社事務所大広間での懇親会は、当初参会予定者は九〇名余であったが、当日は若干三名のみになり発起人も欠席、状況を把握し急拠中坪村玉屋に会場変更し二四名の参集があったという。⑭

翌一〇日郡上八幡演説会は、地元弁士佐藤郡八郎、片桐泰二と堀部、岩田の四名の演説は、直ちに中止を命ぜられ事実上流会となっている。

同会について次の記事がみられた。

「郡上八幡町の自由党員某はさきに県下同党員堀部松太郎、山田頼次郎、岩田徳義の三氏が同郡遊説中政談演説会の会主をなせし際、集会政社法に違犯の廉ありしとかにて告発され去月三十日八幡区裁判所に於て右公判開廷事実審問中被告某は吉田刑事に向ひ苟しくも本県有罪となる日は広く満天下の志士に事情を広告し以て公衆に訴へんとするの決心なれば閣下宜しく之れを諒せよと意気揚々演舌したりと」

岩田が動けば、即捕縛が小崎県令の一つのルールになっていたのか、官憲は何かにつけて岩田は邪摩(じゃま)もの扱いの体であった。

岩田の政治活動は活発化し、九月中旬には武儀郡上之保「政談演説会」も企図されたが開催されたか否かは確認できない。

震災土木費にからむ一大疑獄事件が摘発されるに及びようやく小崎は辞任するが、岩田は同事件に関し小崎辞任に向けて県下自由党と共に秘密裡に運動をしている。

「自由党代議士駒林広運氏始め其他の数氏県下巡検、実地取調……」

表2-2-2　岩田徳義 郡上郡漫遊（山田頼次郎、堀部松丸郎）

〈郡上郡有志者〉鷲見弘、中島金次郎、片桐泰二、三輪文三郎、三島栄太郎、加藤銀之助、大坪佐平、竹村梅吉ら　〈筆者作成〉

日	場所	内容
9/3	岐阜 ↓ 八幡	上有知街道北上 故島森友吉の母、訪問 発起人総代 鷲見弘 出向え
9/4	↓ 郡東 （下洞）	「有志懇親会」 下洞研究会 51名出席
9/5	↓ 八幡	「城山演説会」 16名参加
9/6	↓ 長瀧村	「政談演説会」「有志懇親会」 三島栄太郎 発起 43名出席
9/7	↓ 鮎立村 ↓ 白鳥村	「臨時懇親会開催」72名来会者 （夜）「臨時懇親会」20余名 曽我徳三郎方
9/8	↓ 白鳥	「政治演説会」 途中、演説中止措置
9/9	↓ 八幡	「懇親会」中坪村玉屋にて24名参加 当初予定の郡上八幡総霊社事務所開所中止 90余名
9/10	八幡	「政治演説会」24人集会 途中中止措置

一〇月岩田もまた林小一郎と共に「東濃各所懇親会」を開催、同地の自由党員と会合、或いは同問題提起のため、当時の衆議院議長星亨にも面会、また山田頼次郎、堀部松太郎も別途東濃漫遊し、小崎退陣活動の一翼をになった。⑮

一一月頃には、岩田、山田は自由党演説会を大野郡清水村や席田郡春近村で開く。

この岩田の活動とは別に、明治二四年一〇月二八日の濃飛震災以降の住民運動の高揚の影響は極めて大きく、約一年半後の明治二六年三月には、岩田入岐阜以来の不倶戴天の宿敵小崎利準は、岐阜を去り東京へ転出する。

小崎辞職の間接的原因は、

「惟ふに利準氏の辞職は部下土木吏の責を引きしのみならず氏は実に味気なき官海の風に厭きたるなり」⑯

直接的要因は、二五年一一月の第一五回通常県会における震災窮民給与不法不整理問題の追究と二件の震災疑獄事件にあるとし、小木曽旭晃「濃飛風土記」では「小崎は……政治方面は往々独善的にやりすぎて毀誉褒貶相なかばし、県会の弾圧を受けて免官となった。」と記述している。

特に、笠松町法律研究会の力が発揮された。

ところで、筆者は、岩田の通史を目的としているため、本稿においての二〇年代岐阜民権家の分裂、複雑怪奇な政治模様、すなわち濃飛日報派の動向、星、河野招聘問題等への踏み込みは避け、その部分は「岐阜県史」「岐阜市史」及び各研究者の論考にゆずりたい。

ましてや、岩田は法律研究会活動を通じた社会改良、そして有為の人物養成を主体としているため、二七年撰挙の岩田立候補に関しても同会の活動の一環としての視点で捉えていく。

明治二六年一月には、岩田は東京での演説会へと活動を展開している。⑰

同盟新聞社の新聞紙法案に対する大演説会は、今八日正午より木挽町厚生館に於て開く其の弁士演題は左の如し。

立憲政府の責任　市島謙吉
貴族院に望む　岩田徳義
立憲政体の運用　畑下熊野

徳富猪一郎、尾崎行雄、三宅雄二郎、島田三郎、田口卯吉、竹豊与三郎、高田早苗以下四〇名

小崎退陣後の岐阜県下に於いて、国政撰挙へ岩田徳義擁任運動が湧き起こる。

同年末一二月には、岩田の功労に対する「感謝状」が、岐阜市の豪商桑原善吉（林小一郎の弟）他、各地自由党員及び有志者から贈られた⑱。（宮本千萬樹や内藤魯一にもこのようなケースがあった。）

「　感謝状

爰ニ吾等有志者至誠ノ衷ヲ抽シ一片ノ感謝状ヲ岩田徳義君足下ニ呈ス、曩ニ君ハ我岐阜県自由党員ノ撰良ニ由リ、代議員ノ任務ヲ負ムテ自由党大会ニ列シ、爾来足ヲ帝都ニ留メテ専ラ心ヲ国事ニ委子、殊ニ東海十一洲会ノ代表者トナリ、以テ全国六団体ト一致結合シテ大ニ院外運動ヲ試ミ、以テ或ハ不明議員無状ノ行為ニ対シテ辞職勧告ヲナシ、以テ或ハ国務大臣輔弼ノ責ニ任ゼシムヘキノ上書ヲナスガ如キ、其間正道ヲ踏ミ正理ニ基キ、此腐敗セル社会ノ中心ニ立チ、此壊乱セル民心ノ表面ニ見ハレ、毅然大節ヲ持シ、凛然名節ヲ磨シ、以テ天下万衆ノ上ニ率先シテ之ガ一大目的ノ在ル所ヲ達セントスア丶亦実ニ偉ナリ盛ナリト請フベシ、況ヤ足下ハ我党ノ総理板垣君ガ一タビ起キテ民権自由ノ説ヲ唱へ、以テ大ニ天下ノ志士ヲ糾合シテ自由党ヲ組織セラレタル以来、足下夙ニ我県民ニ先ッテ奮然之ニ応ゼラレ、爾来幾多ノ星霜ヲ経、頗ブル艱難辛苦ヲ重子、是ガタメ

桑原善吉
（岐阜県名士録所収）

家倒レ身逆境ニ處セヲル、然共足下自由主義ノタメ国家ノタメ粉骨砕身(ふんこつさいしん)斃レテ止ムノ精神ヲ存シ、言行一致倦マズメ今日ニ至ルモノ十年一日ノ如ク、以テ益々其力ヲ国事ニ尽サル、吾等有志者焉(いずくん)ゾ感激シテ之ヲ謝セザルヲ得ン依テ吾等聊(いささ)カ微衷ノ在ル所ヲ表センガタメ、左ノ金圓ヲ添ヘ併テ感謝状ヲ贈ル

一金五円岐阜市富茂登川原町　　桑原善吉
一金六円山県郡北部有志者代表　　宮川基一
一金七円五拾銭郡上郡下洞村役場部内自由党員代表　　竹村梅吉
一金弐円五拾銭郡上郡美山村役場部内自由党員代表　　曽我憲章
一金五拾銭池田郡六ノ井村　　五十川行蔵
郡上郡自由党員并有志者二三名
山県郡有志者一五名　其他数名

岩田徳義殿」

明治二六年一二月衆議院解散、翌三月一日総撰挙公示、ここに岩田は同志の意志を汲み出馬意向を堅め、金力に依拠しない人脈頼みの撰挙戦突入の下準備に入る。

撰挙資格を有しない貧乏候補者岩田のため、撰挙戦術として後援者財産の一時借用すなわち養子となり資格を獲得する方策をとる。

「……一時政治上の運動を止めて、青年団体のため尽すもの前後数年、乃ち明治二三年よりして二五年六月の交に渉れり。然るに明治二七年議員改選の時に方りてや、濃飛自由党総会の決議に由り、先生を推て第五区衆

議院議員候補者に挙たり……」[19]

その撰挙区たる郡上郡有志の被撰挙資格（地価六〇〇円以上の制限及び運動費の準備）の申込みがあった。左はその書翰である。[20]

「拝啓益々御勇健の由大慶に奉存候就ては今回貴君（注岩田）に於ては濃飛自由党総会の決議に由て第五区衆議院議員候補者に推選されたる趣承知仕候に付ては吾等郡上郡中上之保部落の有志者は挙って大賛成の意を表し速に歓迎可仕筈にて其々準備罷仕候次第に御座候猶亦貴君候補者に付被選挙資格の儀は如何に御座候哉吾々同志者に於て深く心配致居候次第に付実際の模様承度右に付万事打合の為め委員一名出発可致之処当地方は大節季にて多忙を極め不得止急信にて相伺申度候間不悪御承知可被下候也

明治二十七年一月二十五日

原　荘一郎
市村市左衛門
曽我誠知
臼田乙右衛門
原　敏雄
野々村初太郎

岩田徳義殿」

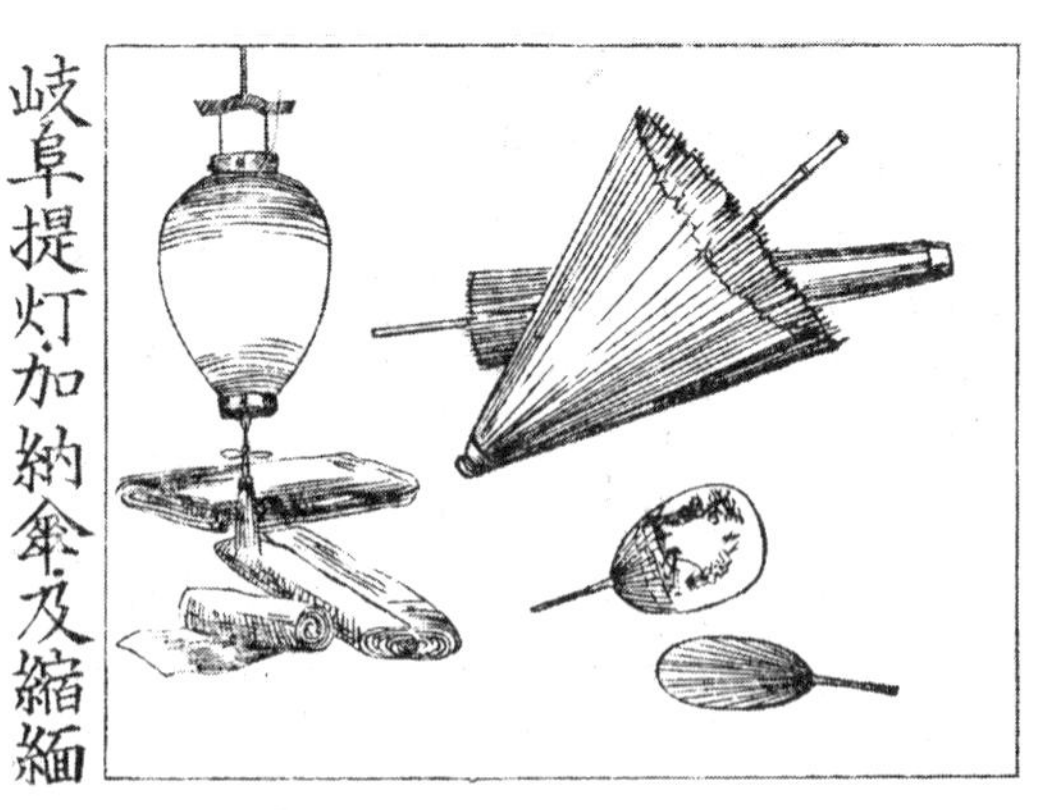

「岐阜県小地誌」（筆者所蔵）

「　再信

拝啓陳者御書而被降難有奉存候就ては資格の儀貴地に於ては御困難の趣に承知仕候に付当地有志者に於て尽力致候処異姓（いせい）なれ共資格出来致候事に相成候併当郡大略一致仕候見込に候得共御承知是通当郡は武儀郡と比較するときは実に少郡にして従て撰挙人の数も少きに付武儀郡之意向に依り勝敗之程何と心配仕候次第に御座候何れ共板垣伯御来岐の節御面唔を期し委細御話申上候先者御回答迄如斯

明治二十七年二月三日

有志総代原荘一郎

曽我誠知
市村市左衛門
野々村初太郎
臼田乙左衛門
原　敏雄
山本久米之助
三鳥正太郎
稲葉鐵之助

岩田徳義殿」

この異姓（ママ）ならばとの誘引文言（ゆういんもんごん）は、岩田姓から、別姓への養子すなわち撰挙資格獲得をするとの文言である。被撰挙資格、地価六〇〇円以上の制限を満たし、立候補するという撰挙戦は、恐らく全国でも異例と言う、まさに岩田が望む金銭にまみれない聖戦となった。

岩田は次のように語っている。

「……適議會解散せられたるを以て、余は縣下黨員の推薦によりて衆議院議員候補者に擧らる。抑も今日の撰擧は悉く金銭の上に成るも、余の撰擧は全く之と異れり。乃ち縣下郡上郡有志の決議により、余に與ふるに被撰擧資格及び運動費を以てし、余をして強ひて撰擧場裡に立しむ、是蓋し異例なりとす。」（余が前半世紀の歴史）

この結果、「戸籍簿」に、士族岩田改め平民松田徳義とある。㉑

・明治弐拾七年弐月弐拾日願嫡廃家

・明治弐拾七年弐月弐拾四日岐阜県郡上郡鮎立村松田角左衛門養子ト為ル

また撰挙運動費も㉒

「今日に於る撰挙場裡の有様を通観すれば、滔々黄白の力によって撰挙投票を左右す、然かも其の黄白の出処如何を問へば、孰れも候補者其人の手に出て其額少くも二、三万円多きは拾万円内外を要すと聴く、然らば撰挙其者は人物の如何を問はずして、啻に黄白の力によりて之を左右するものなるべし、如此くにして立憲代議政の実を全くし得べきか、太だ覚束なし。然るに先生の運動はいかん、選挙区民の信用によりて被撰挙資格も備り、又は多少の運動費さへ準備して正々堂々の争を撰挙場裡に試ると云ふことの如きは、実に他に見ざる所なるべく、勝敗の数は敢て問ふ所にあらざるなり。」

明治二七年二月二八日広告（岐阜日々新聞）にも、同改姓は宣伝された。

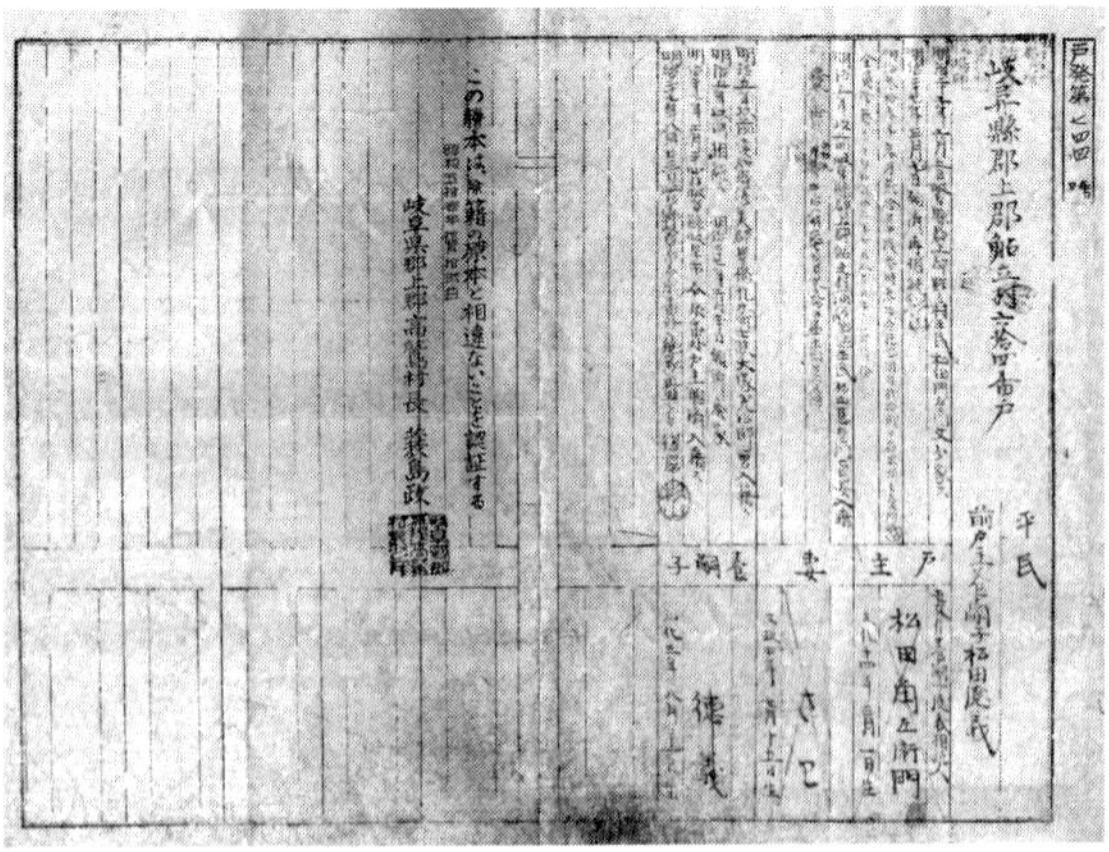

岩田戸籍謄本写し（筆者所蔵）

岩田改姓　松田徳義君
岐阜県第五区衆議院議員候補者ニ撰定ス
東京自由党本部
自由党濃飛支部
武儀・郡上両郡有志者

岩田改め松田徳義として撰挙戦に挑むが、金銭を欠く岩田を、地元新聞紙は「乞食運動候補者」と揶揄（やゆ）している。撰挙戦突入以前に自由党「星、河野問題」を契機に揺れ動き、候補者二名擁立という自由党内分裂撰挙の状況下では戦局は即に、決っしていた。

「岐阜日々新聞」明治二七年一月一九日付記事は次のように記している。

「　岩田徳義氏の涙

当市岐阜県自由党の率先者として可なりに其の名を知られ今日まで真似目（まじめ）に党の為めに働き而して未だ何等のうる所もなく落魄不遇赤貧（らくたんふぐうせきひん）恰（あたが）も洗ふが如き当市の岩田徳義翁は今回名前丈けは自由党候補者の中に並べられたれども、其処に其処がありて足元危く今日の処ろ、先づは勝利の見込み更に無しといふ、このごろ翁はやせ腕を扼して四面楚歌（しめんそか）の声を吟ぜるよし曰く

十年辛苦為何用只皇天訴至誠
国のため捨てる命は惜まねど
たれにか告げんまごころの底」

撰挙の岩田の主張は、

①伊藤総理の公約履行②地租軽減地価修正決行③條約改正の三点であった。

岩田に支援が集まる。

「岩田の幕下に属する県下各地の法律研究会員は此の際、草鞋銭(わらじせん)、弁当代位ひは翁のために奉加を為すべし」㉓

「……草鞋履(わらじば)きの乞食(こじき)運動……厚見郡茜部村竹内儀一郎、広江沢次郎……諸氏の設立に係る同志会より金七円、岐阜市富茂登なる某有志家より金五円又、池田郡六ノ井村、東野村、上野村等の有志家より金若干円いづれも岩徳翁運動費の中へ義捐したり……」㉔

分裂撰挙の結果、三月一日第五区当撰は、国民協会の須田万右衛門四一八票、自由党二名の三輪文三郎二一一票、松田徳義九票の惨敗だった。

岩田は次のように語っている。

「然るに如何せん當時撰擧の上に勝利を占るものは擧げて金力の一點にあり。故らに余は赤貧(せきひん)洗うふが如きの餘、

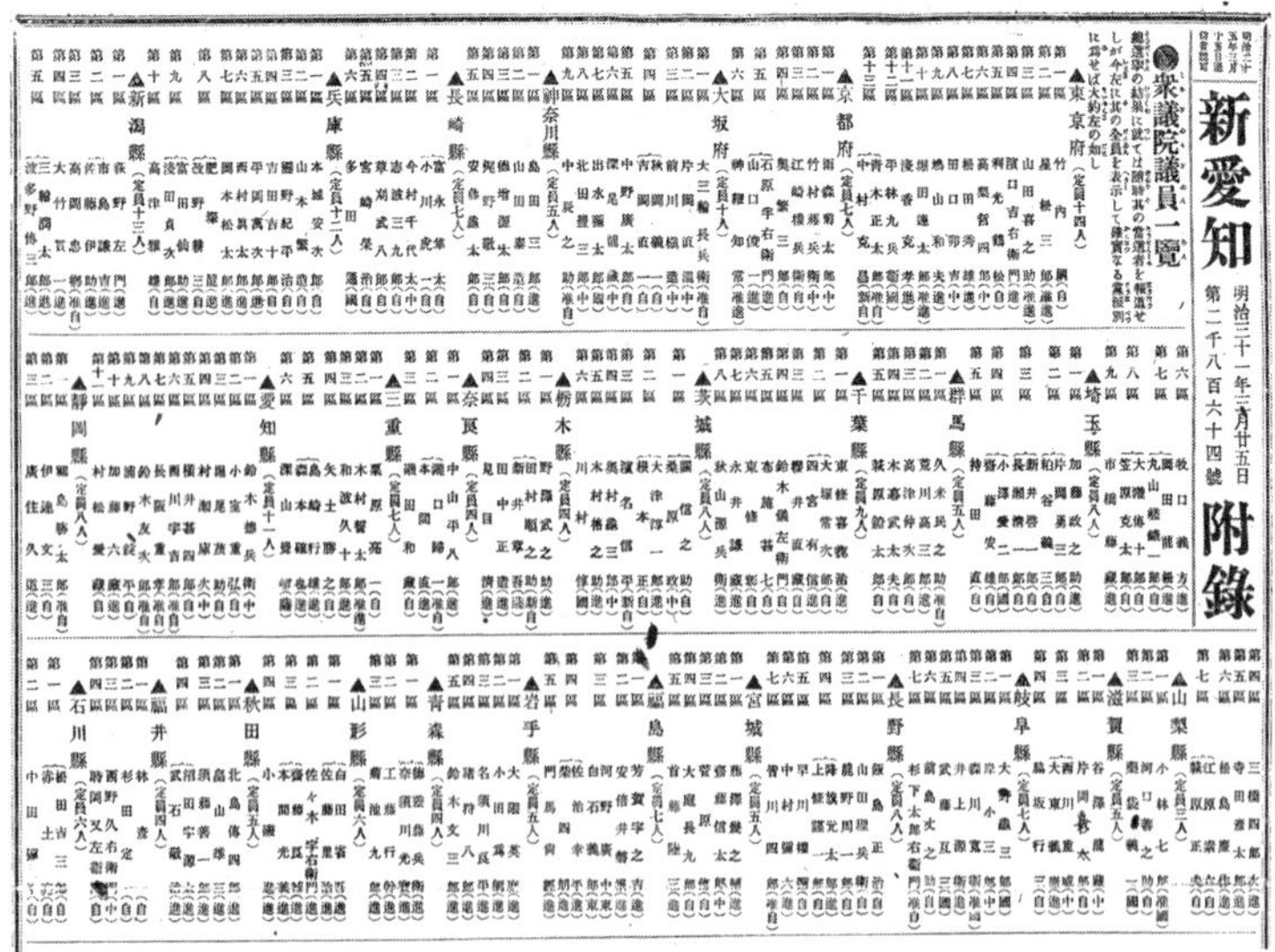
新愛知 明治三十一年三月廿五日 第二千八百六十四號 附錄

●衆議院議員一覧

新愛知新聞付録　M31・3・25付「衆議院議員一覧」(筆者所蔵)

兼て彈丸の備なくして強敵に當るをや、勝敗の數戦はずして豫(あらかじ)め知るべきのみ、果て余は立派に敗北を招けり。是蓋明治廿七年の交に屬せり」（余が前半世紀の歴史）

この敗戦を受けて、岩田は大呼(たいこ)して云く、「是固(これもと)より其處なり、大に賀すべし」と、選挙区民と一大祝賀会を開き、有志者の労に感謝の意を表したという。

勝敗を超越した聖戦を終え、岩田は決意する。

「……真正なる立憲国民を造らんためには、寧ろ政治界より退きて、身を教育に委ね、以て只管(ひたすら)、育英の業に従事して第二の社会を造らんにはと決心せられた。」[25]

一～三月まで撰挙戦のため休刊していた「文明之利器」再発刊を四月から再始動させ、五月には「岐阜県法律研究会」再始動に舵を切る。

政治への見切りをし岩田姓も回復する。[26]

明治二十七年八月二拾参日　岐阜県郡上郡鮎立村松田角左衛門方戸主ヲ辞シ廃家岩田氏ヲ再興ス

四月頃には、自由党員早川啓一をはじめ、十数名が脱党、岩田も六月に自由党を脱党した。[27]

（広告）

「今後断然脱自由党

明治二十七年六月　松田徳義」

岩田いわく、政治界においては天・地・人いずれにも恵まれる事がないとの諦観(ていかん)を示し、政治界から教育界へ社会改良の道を模索していく。

そもそも、利害関係に左右される政治界において、岩田の如き清廉潔白タイプの人間に清濁合わせ呑む芸当は、難しく、生きづらかっただろう。

むしろ、教育界においてこそ岩田の社会改良の道の未来があったと思われ、この諦観は的を射ている。

岩田の盟友、内藤魯一の場合、明治二三年第一回国政選挙出馬し落選、県会議員を一〇年程経歴後、明治三九年第九回国政選挙で当選、或いは村松愛蔵は、明治二七年国政選挙出馬落選、後に明治三一年に当選四期任務した履歴とは、一線を画している。

「今は断然一身の進路を定めて他府県に移転するか、若しくは、今後非常の場合を除くの外は、更に政治上の運動を絶ち独立して県下各地に於ける法律研究会の進歩発達を図り力を専ら学術普及人物養成に注がんとの決心をなしたるよし……」㉘

本表紙（日清戰爭實記）（筆者所蔵）

表2-2-3　日清戦争演説会　〈筆者作成〉

日付	内容
9. 3	安八郡墨俣村日吉館 日清事件外2題 條約改正事項で巡査が中止命令
9. 22	池田郡上野村字中村 700余名聴衆 発起人 同志会長 岩鎌吉他
10. 2～3	池田郡上野村、大野郡郡上南方村 文武館　両所にて開催
10. 14	有志大会 各郡の重なる有志者の来会

この時期頃から、岩田の心中は、岐阜の地域性、腐敗し切った政治性に心底嫌気がさし、脱岐阜を考えはじめている。岐阜の地域性の問題についてのジレンマは相当なものであったろう。

「翁はしきりに嗟嘆して言へる様、天の時にあはず地の利をえず、而して又、人和せず実は最早や一日も県地に止まるの念慮なく、仮令陳葬の間に窮するとも、ここを去り度しと思ふ程なり」㉙

この決断は、岩田自らの本質が教育界にあることを察知させた。しかし、至急、上京するには費用の問題もあり、岐阜転出の思いは胸裏にしまいながらも、着々と東京への移転の準備に入っていく。

さて、明治二七年七月から翌年四月の日清戦争の勃発は国内の雰囲気を一気に変え、その景色さえも一変させた。岩田もまた非政談演説に動き、対外硬路線を訴えていく。潮目は変わった。

翌二八年一月には「文明之利器」の出版差止め等もあり、機関誌名を変更「新日本」とし四月頃から、予定どおり私塾「岐阜私立学館」（益友社内）を立ち上げる。

註

①「岩田徳義翁小伝」（筆者所蔵）
②「岐阜日々新聞」明治二三年一月一九日付、同二四日付、同二五日付
③「　同　」明治二三年六月一〇日付
④「　同　」明治二四年九月一三日付
「麻布学館々報」一〇巻一〇号（筆者所蔵）

⑤「岐阜日々新聞」明治二三年一一月三日付、同二四年九月一三日付
⑥「岐阜県防災課」岐阜県
⑦「文明之利器」第一六号、明治二五年一月発行
⑧「岐阜日々新聞」明治二四年一一月一七日付、同二四日付、同二五日付
後藤征夫「濃飛大地震と西別院事件」
⑨「岐阜日々新聞」明治二四年一二月二三日付、明治二五年一月二三日付、同二七日付、同二八日付、同二九日付
⑩「岐阜日々新聞」明治二四年一二月一八日付、同一九日付
⑪「　同　」明治二五年七月二八日付
⑫「　同　」明治二五年七月八日付
⑬岩田徳義「政談演説会」（筆者所蔵）
「岐阜日々新聞」明治二五年八月二六日付、同二八日付、九月一四日付、同一五日付
⑭「　同　」明治二五年九月一五日付
⑮「　同　」明治二五年一〇月三〇日付、一一月二二日付、一二月一五日付
⑯「　同　」明治二六年三月二八日付
森義一「岐阜県政五十年史」
⑰明治編年史第八巻国会揺籃期　新聞紙法案に関する演説会（明治二六年一月八日、郵便報知）何と賑やかな顔揃ひ
⑱「文明之利器」七号（明治二六年一二月二〇日）（筆者所蔵）
「岐阜日々新聞」明治二六年一二月一〇日付
⑲「岩田徳義翁小伝」（筆者所蔵）
⑳「　同　」（筆者所蔵）

㉑「戸籍簿」（筆者所蔵）
㉒「岩田徳義翁小伝」（筆者所蔵）
㉓「岐阜日々新聞」明治二七年二月一五日付
㉔「岐阜日々新聞」明治二七年二月二五日付
㉕「麻布学館々報」第一〇巻一〇号（筆者所蔵）
㉖「戸籍簿」（筆者所蔵）
㉗「岐阜日々新聞」明治二七年四月一八日付、同五月五日付、同九月六日付、同一六日付、同二〇日付、同二七日付
㉘「麻布学館々報」第一〇巻一〇号（筆者所蔵）
㉙「　同　」　同　（筆者所蔵）

3．岐阜私立学館

政界から訣別した岩田が、明治二八年四月に設立したのが「岐阜私立学館」である。

「日清戦争」停戦の時期に重なり、陸軍教導団入学試験応用科目の設置に戦争の影響が見られる。

この日清戦争を契機として第二期自由民権運動は消滅し、新時代を迎えている。

佐々木文一は、岩田の「岐阜私立学館」設立の経緯を、次のように語っている。

「憲政実施後数年ナラズシテ弊害早クモ萌シ、岐阜県ノ如キモ其波動ヲ免レズ、茲ニ於テ先生濶然悟ルトコロアリ、遂ニ政界ヲ辞シテ身ヲ育英ノ事業ニ捧ゲ決セラレ……」①

岩田の生涯を大別すれば、自由民権運動に情熱を傾けた政治時代、それ以降の教育時代となり、その起伏に富んだ生涯は、興味深い。

この岐阜私立学館は、いわば両時代の中間に位置し、岩田の大きな転換時期であると共に、上京後（明治三一年）八月に東京麻布に設立する「麻布学館」の前身をなすものである。

「岐阜私立学館」の設立は、岩田が政治から一切手をひき教育界への転向を決意した明治二八年四月頃から明治三一年の約四年間である。

「当市金華山麓に隠臥せる夫の岩田徳義氏は板垣伯始め自由党の動作にいよいよ憤慨する所あり、手を政界に絶って専ら青年養成に力め昨年漢学教授を開始せり……」②

岩田は、「岐阜私立学館」の教授を開始した。

いまだ正式に、公立学校と称し得るものが少ない岐阜で、官立学校に対して堂々と「岐阜私立学館」と称したのである。

そもそも、岩田は、岡崎時代村夫子（そんぷうし）（田舎の学者）という生き方もできる能力を持ちながら、豊橋時代に三河田原藩の自由の風を浴び、時代の変化に対応しつつ上京、そこでも新知識の吸収、操觚者（新聞記者）の能力を磨き、極めて高い知識を蓄積している。

更には、自由民権運動でもまれ、出獄後の篤学ぶりに関しても記述した通りであり、法律研究会活動の成功体験を有している訳だから、岩田にとって、教育活動は特に問題もなく漢学を主体とする教授は高い品質を維持している。

後の「麻布学館」設立③についても、「岐阜私立学館」の成功体験を踏まえたものである。

当時の入館募集の「広告」がある。④

岐阜私立学館

入学生募集並ニ作文通信教授

一本館ハ専ラ漢学ヲ教授シ得ル者ニシテ其略則ハ左ノ如シ

。教授書目

一日本外史（素読講義兼修）

一十八史略（素読講義兼修）

一文章軌範（素読講義兼修）

其他之略

。書取試験

右書取試験ハ各生徒ノ学習セル書籍ニ付毎一週間之ヲ挙行シテ其実

絵「金華山」（筆者所蔵）　吉田初三郎画

力ヲ判ス

。作文教授

右作文教授ハ各生徒ニ対シテ毎週間ニ一題ツツヲ与ヘ漢文及仮名交文ニテ記事論文ヲ作ラシム

陸軍教導団入学試験応用科目

一読書　日本外史及政記（素読講義兼修）

一作文　記事文（漢学交文通俗文）

右科目ニヨッテ之ヲ教授ス

同館の主義主張ともいえる設立理由、教育方針はどこにあるのだろうか。

岩田が参画した「濃飛日報」は、同館と比し官立学校の教育を、次のように批判している。⑤

「文明世界の最大要素とも云ふべき学生が今日の如く卑屈（ひくつ）に流れ叩頭（こうとう）学に甘んずるは果して何故ぞや、固より種々の原因あるべしと雖（いえど）も官立学校が盛大なるは最も其大原因なるべしと信ず、官立主義は干渉学校なり、干渉学校は干渉主義なり、干渉主義の学校なれば其教育は問はずして干渉教育なるを知る、干渉教育にて養成せられし生徒が卑屈に流るゝも豈（あ）に怪しむに定らんや、況（いわ）んや官立学校は種々の特典あるに於てや、夫れ然り独立自治の文明世界に此卑屈者が役立つとも思はれず文明世界の最大要素たる学生が役に立たぬときは国は忽（たちま）ち精神上の亡滅を来たさん、豈に悲しむべきに非ずや」

絵「伊奈波神社の聖雪」（筆者所蔵）
吉田初三郎画

官立学校に対し私立学校の必要性について強調している。

「唯々独立自治の学校を設け自由教育を受けたる学生が独立自治の文明世界の最大要素となる、豈に亦可(またか)ならずや」

とし独立自治に基づいた学校、学生こそが、独立自治の文明世界の構成員としている。

そもそも、岩田の私立学校構想は、自由民権運動期より抱いていたもので、板垣岐阜遭難事件の翌年の四月六日岐阜自由大懇親会が中教院にて開催（予定）されるが、同大会で岩田は、早川、本多、村山等旧民権家と協議し、今後の目標に、一大私立校建設計画を画策した。⑥

「人心奨励奔走シ子弟ノ教育協議中……」

とあり、後の岩田の「麻布学館」設立に、つながっていくものである。

しかも、東京帰岐後、濃飛日報グループが必要と認めつつも、同構想を為しとげる事ができず、唯一、私立学校の設立を実現させるに至ったのは、岩田徳義のみであった。

もちろん、同館設立の伏線になるものに、二〇年代の岩田の広範な法律研究会活動の成果も一因となっていよう。初期の同館の模様は、次の如きものである。⑦

学科目

一　作文　　和漢文

一　素読　　日本外史

　　通鑑

一　講義　　文章規範

　　八大家文章

但教授時間ハ（毎月二五日ヨリ翌月五日迄ヲ除キ）
毎日午後七時より一〇時迄
右、岩田徳義担任シテ之ヲ教授ス
明治二八年四月益友社内岐阜私立学館

当時の私立学校の大部分が「学校と称しても教場は自宅であったり、又は自宅と熟舎が同一邸内にあったり……」というように、岩田の「岐阜私立学館」も自宅にあり、岩田自身が館長兼講師であり、以下岐阜日々新聞記事によれば、初期の教場は、岐阜金華山の麓、富茂登村四九番戸にある益友社で、岩田の自宅が教場で、（後の麻布学館と同様）生徒に漢文を中心とした作文、素読、講義の漢文教授が主体である。

なお遠距離者のために作文科に限り通信教授という方法をとった。（益友社の広告）

「一、今回本館ニ於テハ特ニ作文科ヲ限リ通信教授ノ方法ヲ設ケ以テ専ラ世ノ学生ニ碑益（ひえき）シ務メテ青年者ノ業ヲ励ムモノニ便ナラントス此段公告ス、但就学ニ志アルノ者ハ郵便切手封入ニテ御紹介アルヘシ」

同館発足二年後の明治三〇年四月頃には、同館運営も軌道にのり、「入学者の数を増し、是れまでの屋舎にては狭溢（きょうあい）を感ずるを以って」岐阜市室町六二二番戸へ移転する。⑧

残念ながら、その生徒数や生徒名は不明だが、民権家から教育者への転向は成功したといえよう。

室町に移転した同館に、変化がみられる。

「今ヤ本館ニ於テハ益々漢学講習ノ道ヲ拡張シテ汎（ひろ）ク青年有為ノ士ヲ養成ス、其教科左ノ如シ」⑨

すなわち、漢学教授に初等素読ノ部と高等素読ノ部の二部制をしき、前者では「日本外史」「十八史略」「国史略」「日本政記」「史記列伝」「四書」、後者では「文章規範」「八大家文」「左伝」「四書」「史記」「通鑑」を教授した。教授時間は、午前九時から午後九時までであったが、業務の余暇の午後一時〜三時の間を面会時間とし、次の二件の事項に対応した。⑩

・町村制郡制ノ質問
・行政上ニ関スル訴願訴訟ノ依頼

（広告）
拙者業務ノ余暇ヲ以テ町村郡制ノ質問及ヒ行政上ニ関スル訴願訴訟ノ依頼ニ応ス
岐阜市室町六百二拾弐番戸
岩田徳義

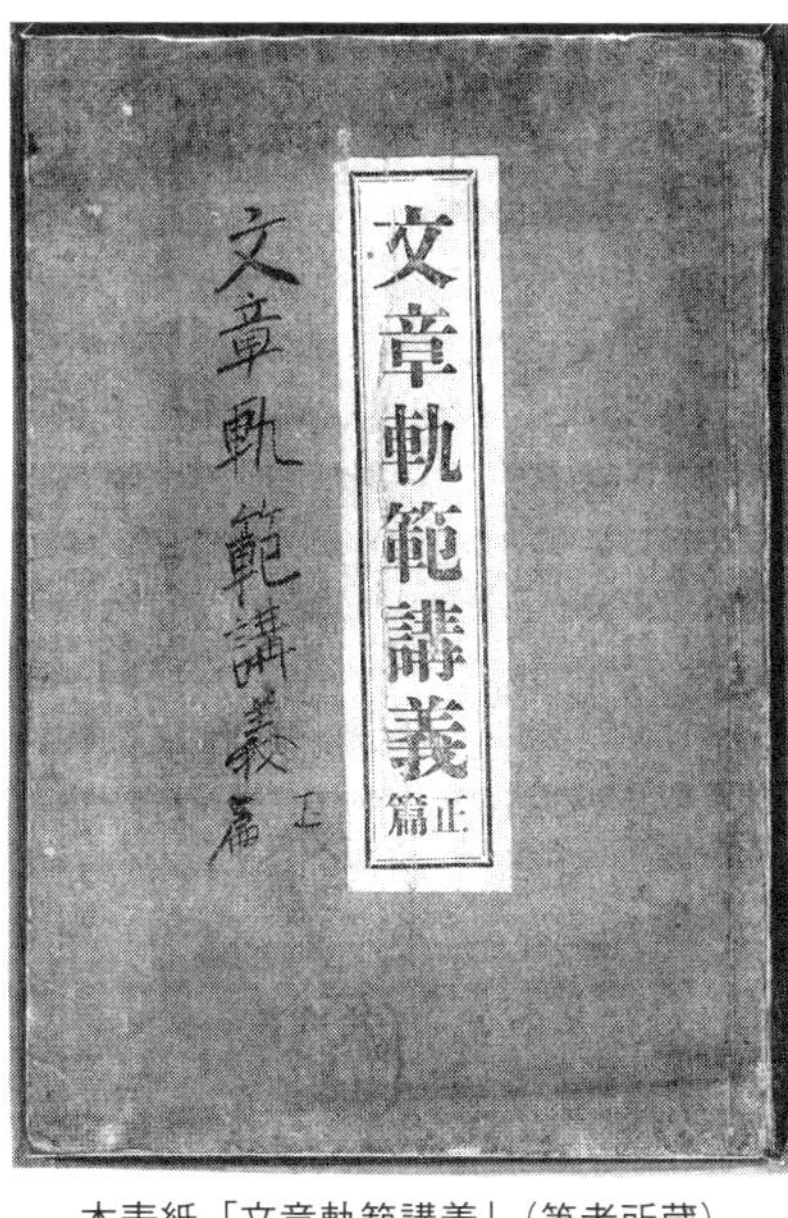

本表紙「文章軌範講義」（筆者所蔵）

この時期の岩田の学科教授は、漢学の他に政治、法律学科まで広がり、明治三〇年八月二四日、岐阜市岐阜県庁裏通西野町（忠節横丁）への再移転を契機に漢学専修の部と法学専修の部を設けた。

これに伴い、さらに「日本憲法」「刑法」「刑事訴訟」「民法人事篇」「町村制」などの教授に手を拡げた。⑪

これらの幅広い知識の蓄積は、岩田の多面的活動から身についていったものである。

明治三一年に入ると、実学のための学館となり「一般学生ノ実力ヲ養成シ且ツ官吏登用志願者ノタメニ便ヲ与フ」あるいは、「官吏登用試験並ビニ陸軍教導団及ビ師範中学入学志願者ノタメ」本科生のほかに特別講習科目を設けた。⑫

余裕ができた岩田は、明治三一年「日本憲法講義」(筆者未見)と同年一二月「日本外史論文講義序」の二冊出版するが、両者共講義用の教科書である。

前者の「日本憲法講義」は、明治二二年八月発行の岩田の「日本憲法論」の講義版と思われるが筆者は未見、未所蔵である。

岩田の「自由の光」中、一五〜一九頁に、日本憲法、岩田徳義の講義があり(明治二三年四月発行)、憲法注釈とあるが、これをさすのであろうか。

後者は明治二八年同館で素読の後日に「日本外史」「通鑑」に基づき著作したという。

いずれも、講義に使用したもので「日本外史論文講義全」は幕府時代の改革者頼山陽の国史の史書「日本外史」に基づいた論文の源平二氏から徳川氏までの武家盛衰史である。

外史とは、民間による歴史書の意味である。

別表はその内大正三年一一月時に所蔵されてい

表2-3-1　岩田徳義著述〈筆者作成〉

1	日本憲法解釈
2	日本外史論文講義
3	板垣伯岐阜遭難録
4	文章規範解釈（未刊）
5	社会改良論
6	文明の利器　4冊
7	薩摩義士録
8	麻布学館館報　合本数冊

(麻布学館館報 第6巻第5号)

本表紙「日本外史論文講義」(筆者所蔵)

た岩田徳義著述一覧表である。

なお「文章規範」は明治二五年九月発行小川寅松著で、同館の講義に使用した冊子。⑬

「日本外史論文講義」は岩田が出版許可を得るため京都の頼龍三氏（頼山陽の子孫）を訪問する場面があり、紹介したい。⑭

「余は毎に深く頼氏山陽の人物を慕ふの余曽て、日本外史論文講義の出版をなさんと欲し、業に草稿を終へたれば、是より頼家に至て出版の許可を得んと志し、直に京都なる頼龍三氏の門を叩きたるは、忘れもせぬ過去明治三十一年の夏なりき。（翌年二月五日初版）⑮

既にして当主龍三氏（山陽先生の嫡孫）に面して親く其由を通ぜしに、氏は即時快諾せらる、余の悦び知るべきなり……」

いずれにしろ同館は、岩田が岐阜移転を決意した上で、私塾経営をしている。

次の東京移転、「麻布学館」設立の計画の準備期間としての位置づけが正当と思われ、何ら、東京転出の決意は変わっていない。

「岩田徳義翁小傳」中、同館設立に関する記述が空白という事実は、豊橋時代の欠書と同様、この間、隠忍自重の刻を過していたという事になるのだろうか。

もはや、岩田の心は、岐阜を離れ、若き操觚者として胎動した、あるいは二三年を意識して学び、熱く執筆活動をした、自らを受け入れてくれる自由の地―東京にあったと思われ、同館は岩田の「麻布学館」への試金石だったのだろう。

結果、明治三二年岩田をして第二の故郷と言はしめた岐阜での約二〇年間の歴史に訣別し、上京、東京に「麻布学館」を設立する。

その教育活動は、明治四〇年代に至るや「板垣岐阜遭難録」の発刊や、順調な同館の経営更には大正初頃からの「薩摩義士殉節録」の発刊、それに伴なう顕彰運動の成功として、岩田の地道な活動は大輪の花を咲かせる。

なお岐阜在住時の岩田の住所を別表にまとめた。

憲法発布を東京で体験した岩田の帰岐は、濃飛日報入社前の二二年春四～六月頃と思われ①に居住、同年秋に②に転居した。岐阜中教院前とは③以降の住所と同様、富茂登四九番戸である。

（益友社）

同地について、建部恒二氏は「益友社は……位置は中教院の西参道ぞいにあったように考えられる」と推定される。

「当市富茂登中教院前の岩田徳義の住家は元と本巣郡辺一女戸主の所有家屋なりしが、先年同地公園開設に方り該家の地所を買取らんとせし……」とある。⑯

表2-3-2　岐阜時代住所一覧表　〈筆者作成〉

①	M22. 10. 9	岐阜市大字今泉上竹町5番地（現七軒町 信号西） M22. 7～8月 濃飛日報
②	M22. 12. 13	（岐阜中教院前）
③	M23. 6. 24	↓ 岐阜市大字富茂登49番戸（中教院前 益友社）
④	M24. 4～12月	〃
⑤	M25. 1月. 11月	〃
⑥	M26. 7. 8. 9. 10. 11. 12月	〃
⑦	M27. 1～3月	※（選挙の為、郡上郡鮎立村64番戸 松田徳義とする）
⑧	M27. 4～12月	岐阜市大字富茂登49番戸
⑨	M28. 1～6月	〃
⑩	M29	〃
⑪	M30. 5. 28	〃 ↓
⑫	M30. 6. 20	岐阜市室町622番戸
⑬	M30. 8. 24	岐阜市岐阜県庁裏通西野町（忠節横町）

岐阜中教院については、同地に居住していた建部氏の話が正鵠（せいこく）を射ていて、詳しい。

「明治六年一月……全国的規模の教化運動……その機関として中央に大教院、地方に中教院、小教院を……これに基づいて十年十月、岐阜町の東北郊、厚見郡富茂登村の地内に二千数百坪を画して建設されたのが岐阜中教院である、この一郭は……筆者が生まれ、かつ成長したところである……その位置をいえば、南は金華山へ登るロープウェイの発着所の下、水族館のあるあたりから、北は岐阜県立図書館の近くまで及んでおり、東は山、西は今の用水路の線で区切られていた。……西方には門があり、これを出ると松並木のある参道で民家が連なっていた。今このあたりが大宮町と呼ばれるのは、中教院の門前町として発足したためである。大宮の二字は、今は全く姿を消した岐阜中教院の名残りをとどめるものといえる。……板垣総理を迎えての有志懇親会

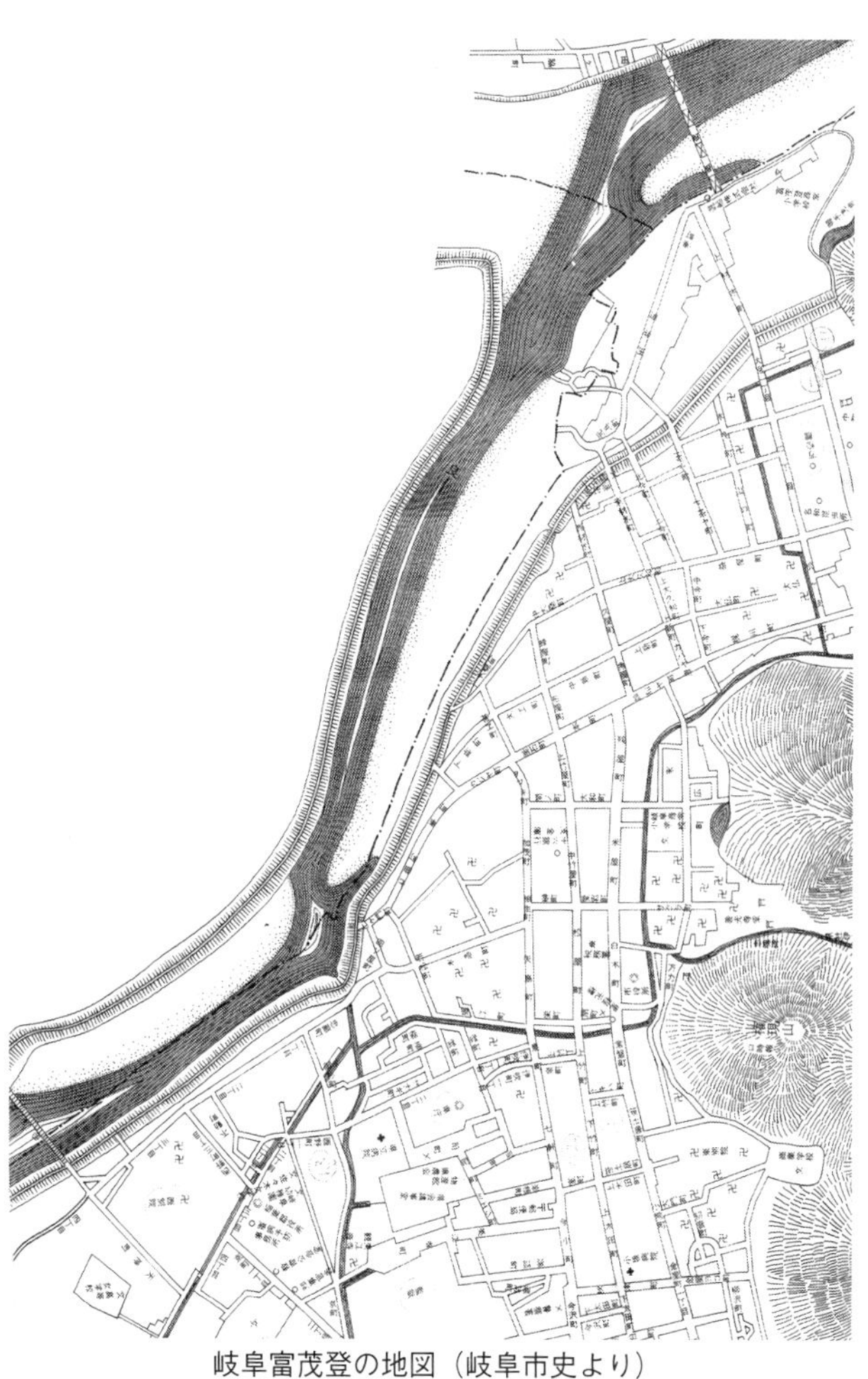

岐阜富茂登の地図（岐阜市史より）

の会場には中の棟の教場が用いられることとなった。」⑰

この中教院会場について岐阜日々新聞記者の武藤貞一氏は、⑱「当時中教院は岐阜の街通りと全然隔離した鬱蒼たる密林の中にあって這種の演説会場としては極めて不似合な場所に在った」という。

岩田がこの地民権の聖地を離れたのは、岩田の政治活動の終焉の一つの示威行動であったのか、明治三〇年六月二〇日⑫岐阜室町六二二番戸へ、そして学生の増大に伴ない八月に⑬岐阜県庁裏通西野町（忠節横町）に転居している。

そして明治三二年八月頃、上京する。

絵（板垣刺殺未遂現場の絵）
中教院の名前が見える
藤井麗輔「板垣君遭難顛末」（筆者所蔵）

註

① 「麻布学館々報」佐々木文一（筆者所蔵）
② 「岐阜日々新聞」明治二九年一月二三日付
③ 「麻布学館々報」第六巻第五号

④「法律研究雑誌」第四号
⑤「濃飛日報」（筆者所蔵）
⑥「岐阜日々新聞」明治一六年三月二七日付、四月一日付
⑦「麻布学館々報」（筆者所蔵）
神辺靖光「明治初期東京の私塾」
⑧「岐阜日々新聞」明治三〇年四月一六日付
⑨「　同　」明治二八年六月二九日付
⑩「　同　」明治三〇年六月二〇日付、同二三日付
⑪「　同　」明治三〇年八月二四日付、同二九日付
⑫「　同　」明治三一年一月二八日付、同二月二七日付
⑬「文章規範」（筆者所蔵）
⑭「日本外史論文講義」（筆者所蔵）
⑮「麻布学館々報」第七巻第七号
⑯「岐阜日々新聞」明治二五年七月二八日付
⑰建部恒二「板垣岐阜遭難前後史」（筆者所蔵）
⑱武藤貞一「自由の碧血」（筆者所蔵）

第三章　東京時代

（帝都名所）明治四三（一九一〇）年（筆者所蔵）
万世橋停車場前

1．麻布学館

岩田が岐阜を去り、東京に向かった三回目の上京の理由は、夙に、岐阜の閉鎖的地域性や頽廃的政治性にあった。

明治二七年の撰挙戦敗戦後、岐阜転出の意思を固め、以来堅忍不抜の刻を過した。

明治一二年入岐阜以来「永ク足ヲ該地ニ留メ骨ヲ彼土ニ埋メント欲スルナリ」①とまで決意した岐阜に対し相当の嫌悪感を持ち、東京への転出に向かっている。

「我輩多年国事に盡瘁するの結果として遂に国会の開設を期したれば、平素の目的已に徹底せり、今は便々として政界に彷徨ふべきにあらず、宜しく是より第二の社界を造りて有為の士を養はんには、寧ろ身を教育上に委ねて国家に貢献するに如かず」②

岩田をして第二の故郷と言わしめた岐阜で構築した法律研究会活動の有志達とも訣別し、東京に活動の場を希求した岩田の心情は、いかばかりであったろう。

しかし、この岐阜での岩田の実績が、東

「新撰東京名所図会　麻布区之部」（麻布学館近く）
（筆者所蔵）　麻布一本松の図

京に移住後、「塞翁が馬」となり岐阜木曽三川をテーマとする薩摩義士顕彰運動となり、岩田のもとに岐阜が帰ってくるから面白い。

岩田の「麻布学館」とは、どんなものだったのだろうか、触れていこう。

明治三二年八月上京「第二の故郷タル岐阜県を去リテ東京ニ出テ、単身空拳ヲ以テ麻布学館ヲ開キ……」③一一月

表3-1-1　岩田　東京居住地一覧表　〈筆者作成〉

	確認年月（居住）	住　　　所
㈠	M31 M32. 8 M40. 12 M41. 12 M42. 12 M44. 7	岐阜→上京 麻布区麻布霞町壱番地 ↓
㈡	T 2 . 3 T 3 . 10 T 3 . 11 T 4 . 12 T 5 . 1	麻布区桜田町2番地 ↓
㈢	T 5 . 4 T 6 . 7 T 6 . 11 T 7 . 8 T 8 . 10 T 8 . 11 T10. 7 T11. 3 T13. 4	麻布区材木町96番地 ↓　（岩田死亡）
㈣	S 32. S 33. 4 S 36. 3 S 45. 8	港区六本木六丁目76番地 妻 よね　年月日時及び場所不詳死亡 （全員除籍）

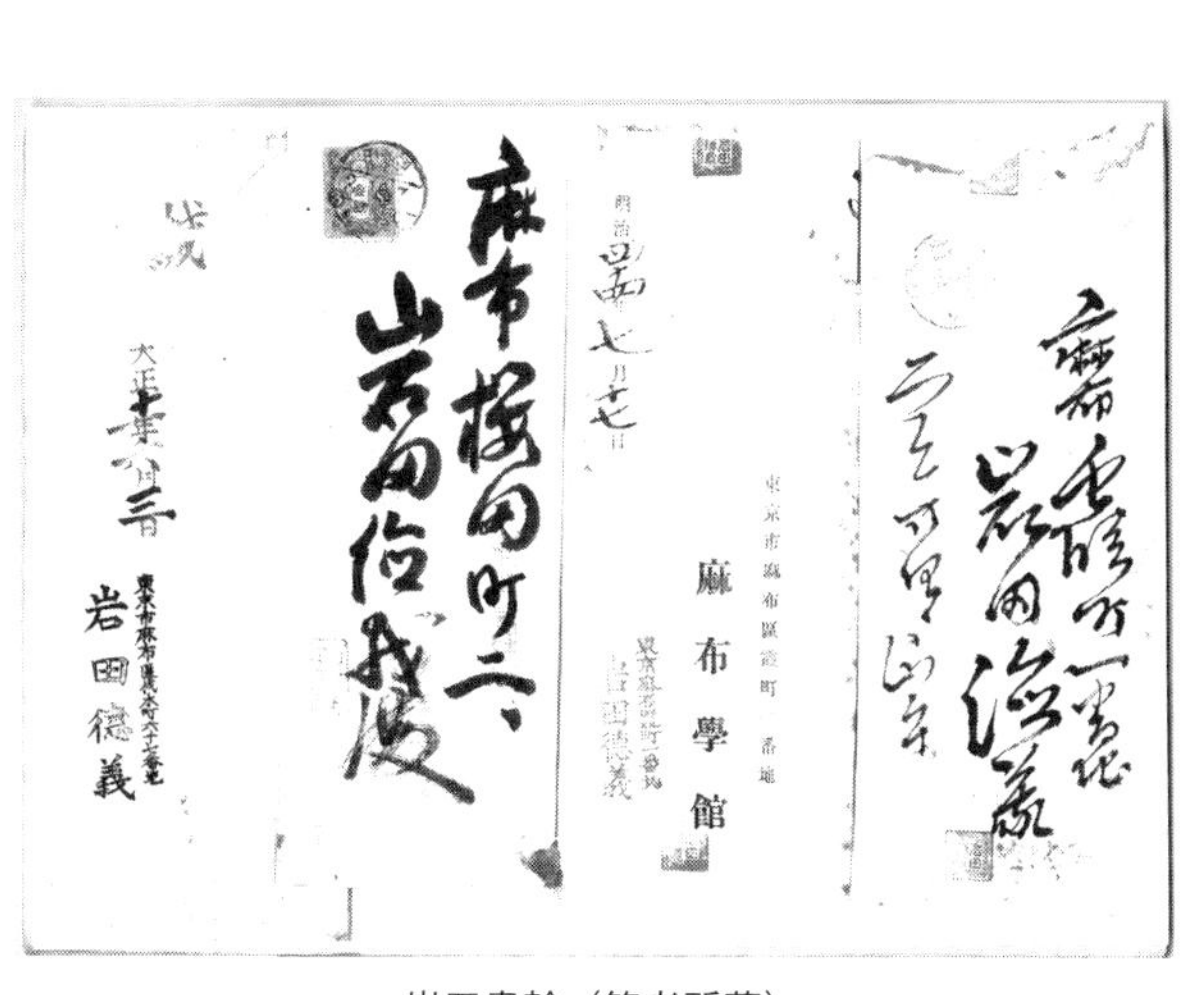

岩田書翰（筆者所蔵）

に設立した。

麻布学館の場所については、岩田の自宅兼教場であった事から、住所地を戸籍簿等及び新聞資料、刊本類等で調査すると、別表のようになる。

岩田は、左の㈠㈡㈢と転居し死亡、後、妻よねが、戸籍によれば、昭和四〇年代前後まで現在の東京港区六本木六丁目七六番地に居住したが後、不明となり戸籍から抹消となっている。

岩田の住居した麻布界隈は次のような場所であった。

㈠麻布霞町（かすみ）

◎位置

麻布霞町は。東の方龍土町の一部と。材木町并に櫻田町に縁接し。西は小渠を隔て丶笄町に隣り。南は道路を界して同町の南部と相対し、北は新龍土町に連れり

◎町名の起源

麻布霞町は。もと阿部播磨守の下屋敷の跡にして。そは隣町に櫻田あり。霞山神社あるに因る。

◎景況

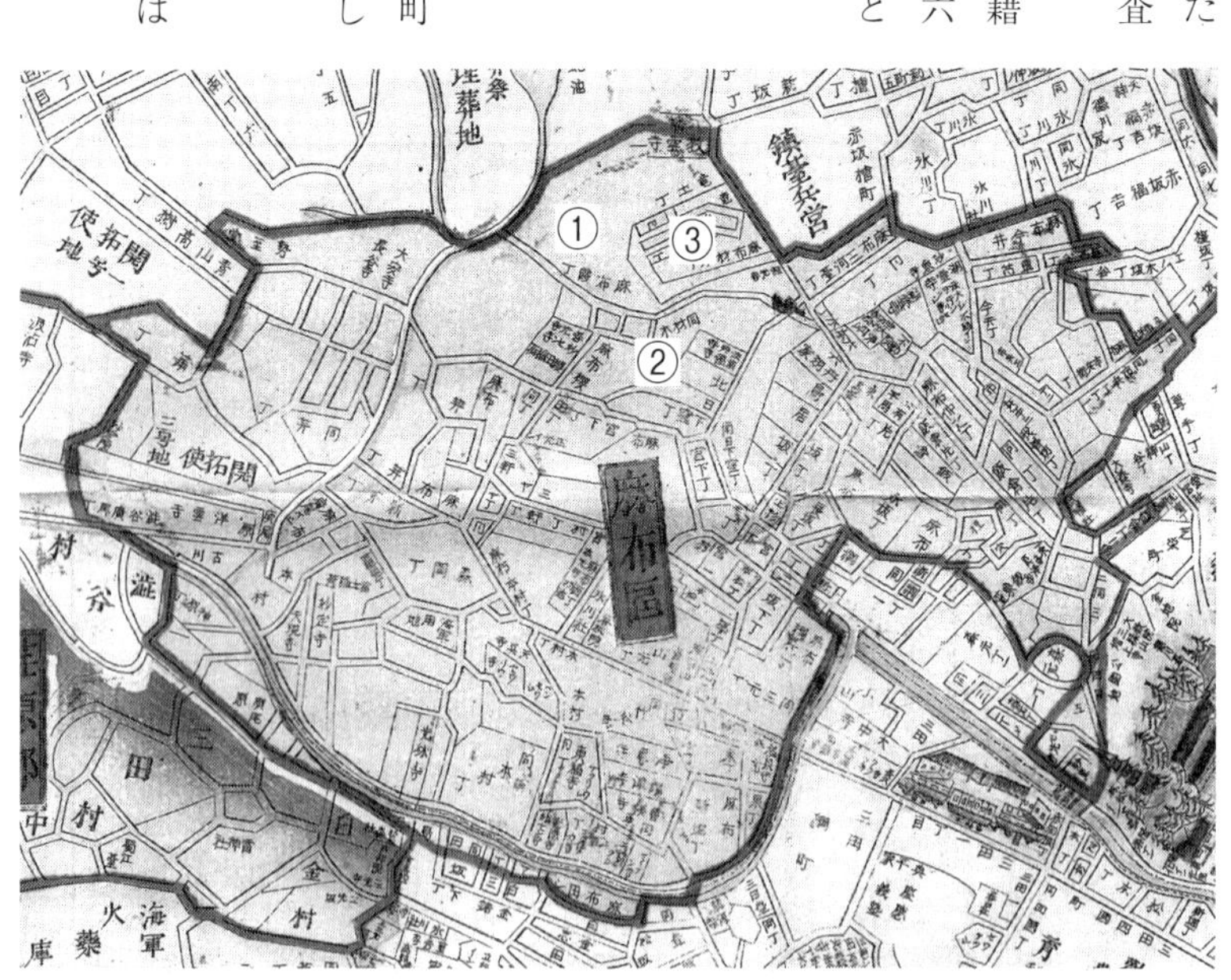

地図（新撰東京名所図会麻布区之部）（筆者所蔵）

当町は青山墓地に至る要路なるを以て。墓地に近き北部には……

㈡麻布櫻田町（さくらだ）

◎住所

麻布櫻田町は。今の麹町区の櫻田（内外）の農夫に賜りし代地なり。故にもとは俚俗に百姓町と唱へたり。新編江戸志に。御入国の時内外櫻田の百姓に此所にて代地を賜り。百姓の町造りせしより百姓町といふよしを記せり。證とすべし。但御入国の時は天正十八年なり。彼の霞山神社を溜池の臺に移せしは慶長にて。此地に転せしは寛永のよしなれば。其の代地を賜りしは恐らくは慶長なるべし。……

◎景況

当町は一神社九寺院ありて之を擁し。市況は繁華ならず。

……霞山神社は。麻布櫻田町八二番地に在り。

㈢麻布材木町（ざいもく）

（記載なし）

学館設立書は、当時のものは見当らないが明治四〇年に再発行されたものがある。④

同書中、設立は明治三三年とある事からほぼ三二年末から三三年初といえる。（麻布学館創立二〇年記念号が大正七年八月に発行）

同館の館報は別表の通りであるが、館報の初号発行は、学館が軌道にのった明治四二年頃と推定でき、次に示す「麻

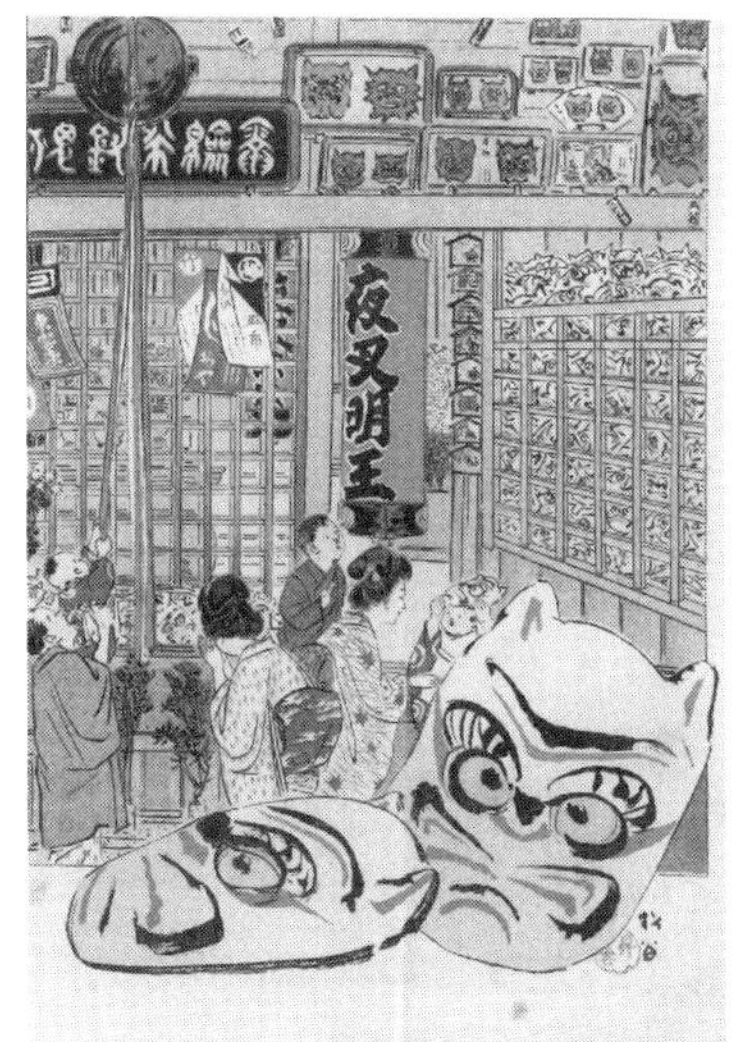

麻布の長谷寺内夜叉神堂（筆者所蔵）

布学館設立の旨意」書の後と言える。

麻布学館設立の旨意⑤

今や学事隆盛の機運に会し、全国子弟の学に就き業（わざ）を習ふもの、日に衆（ひろ）きを致せるは大に欣（よろこ）ぶべし、然れ共小学よりして中学に入り、中学よりして高等学校若くば大学に移れるの際に臨（のぞん）で、最も必要を感ずるものは実力養成なり、然るに如何せん、現時小学又は中学に於て、之を学び得る所の科目の極て多端なるを以って、遂に限あるの時日にして限なきの学科を修るに暇なく、是がため卒業の暁に至て往々落第者あるの遺憾を来し、且は小学より中学に、中学より進で他の学校へ移転するに際し、之が試験を要するには、必ず之に応用すべき学力研究の必要あり、本館の教授は専ら之が必要に応ずるを旨とし、即ち主として英語、数学、漢文の三科を特定して之を教授し、是がため各専門教師を置て之を担当せしめ、各生徒随意の書に依りて個人教授の法に取れり、授業者の便益恐くは此上に出ず、其他初学晩学を問ず、苟（いやし）くも学に志あるの人は何人と云トモ随意に入学することを得べし、抑も本館の創立は明治三十三年にして、既に八年の星霜を得る、此間に於る入学者の数実に三千八百余名、就中（なかんずく）立身成功者数百名、国家に貢献せしもの亦尠しとせず、今や国運隆盛の時機に投じ、倍々（ますます）奮って事業の拡張を謀らんと欲す、其規則左の如し

麻布学館規則

◎目的

第一條　本館ハ諸学生ヲシテ諸官立及ビ公私立学校即チ各中学校ハ勿論陸海軍学校商工学校其他凡テ授業料ヲ授ケ以テ専ラ試験入学ノ目的ヲ達シムルニアリ

◎学科

第二條　本館ニ於テ授ル学科ハ英語、数学、国語、漢文、理化学、及び諸外国トス

◎教授ノ方法

第三條　本館ノ教授ハ総テ随意教授トシ各専門教師之ヲ分担ス

第四條～十五條（筆者略す）

明治四十年十二月　東京麻布区霞町一番地

麻布学館　館長　岩田徳義

麻布学館設立目的は、「漢学の素養による仁義忠孝を基礎とし国家有用の人物を陶治（とうや）せん」にあった。この精神は、岩田の岡崎時代からの四恩（親恩・師恩・君恩・国恩）に基づいており、終始一貫、継続している。精神は漢学を本位とし、実用は英語、数学とを以って併行、教授法は昔の「寺子屋式」で、個人教授である。同館設立から大正七年までの約二〇年間に六〇〇〇数名の館生を育成の実績を持つ。

学館の状況は、麻布の岩田の自宅が教場であり、しかも借家で入口わずかに二畳、座敷六畳、勝手四畳半の合計一三畳ほどの広さで教鞭をとり、生徒を養成した。

岩田の「麻布学館」のモデルとなったのは、吉田松陰の「松下村塾」だった。岩田の理想の同塾は入口三畳、中の間七畳半、坐敷八畳の狭隘な教場から、有為な志士、伊藤博文、山県有朋、品川弥三郎ら総勢約九〇名の輩を養成、出世させている。

入塾希望者が、麻布学館の下見に訪れ同館を探し当てると「コレが麻布学館かいな」と一様に驚いたという程、時代とかけはなれた教場であった。

しかし、同館の講演陣の質の高さは、評判も高く、塾生達の人気があったという。

名士伊東元帥、土屋大将、徳川伯、大木伯等が講師となり、岩田のこれまでの地道な人間関係の構築によるものが大きい。

例えば、大正三年一〇月二五日には、名誉会員大木達吉伯爵が演説、「特別寄書」は、その講演内容を伝えている。⑥

また同館名誉会員の曽我祐準（そがすけのり）（陸軍中将。柳河藩藩士曽我祐興の次男）と岩田との往復書翰――（麻布学館講師演説依頼書）――も残っている。⑦

岩田が曽我に学館の講演依頼したが、得手でないとの断りの文（ふみ）である。

貴札拝見仕候陳ハ本月中貴館ニテ小生講話可仕旨御請求ニ候得共
元来如是事柄全ク不慣ニテ何分ニモ謝絶致来居候次第ニテ折角ノ儀
と候得共御断申上候条不悪御了承奉願候　将亦会費之件モ拝受仕候
請取人御差出可相成奉ヌハ持上可申候御示シ下被候匆々
大正三年十月七日　　曽我祐準
岩田様

こうした岩田の軍人人脈の形成は、岡崎の允文館同門の軍人土屋光春の力も大きかったといえる。

大正九年一一月一七日逝去した土屋大将に向け、岩田は

「同じ窓に学びし友の交はりは、その情こそ世には深けれ」（岩田徳義翁小伝）

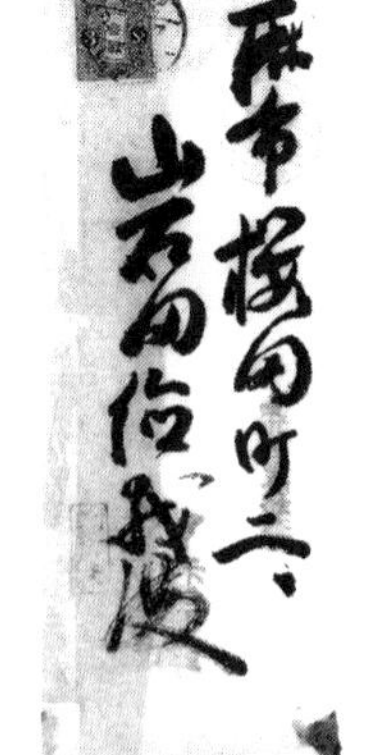

曽我祐準書翰（筆者所蔵）

と感謝の念を詠んでいる。[8]

また、学館経営については、各有志者に書翰を送り

「……老人之事業として……飽迄教育事業ニ尽力仕度決心ニ御座候幸ニ上京以来新ニ御近附を増し学館建築ニ付多少義捐を受て拘合ト相成申候従来何カニ付厚ク御配慮を蒙リ候……」[9]

と義捐金に頼っている。

現代でのクラウドファンディングであろうか、対価として、麻布学館々報巻頭に特別会員、名誉会員として義捐金

早川千吉郎君　竹内綱君

故伊東元帥　本多忠敬子

土屋光春男

（麻布学館々報より）

額と氏名を掲載、また岩田の著作類、館報等の返礼品があった。

大正三年「麻布学館建築寄付人名」によれば、四四名、約一〇五六円五銭の義捐金が集まった。

麻布霞町から櫻田町に移転したこの時期に、新学館が完成したと推定される。

この状況に、岩田は感謝の念を語っている。

「……上京後已ニ廿余年何等無所為モ幸ニシテ政界以外ニ新たなる交を為す名士の多きは意外之幸福ニ存候……」⑩

多士才々の名誉会員外に板垣岐阜遭難時の竹内綱、後藤新平、内藤魯一の子乾蔵等、允文館同門の土屋光春、岡崎福寿町の尾崎益太郎、稲葉正雄、法律研究会時代の岐阜県笠松有志者、薩摩義士関係の西田芝寿、軍人東郷平八郎、伊東祐享、経済界の早川千吉郎、伯爵本多忠敬など、岩田の良好な人間関係の履歴が反映している。

私塾運営のノウハウは、すでに岩田は「岐阜私立学館」「各法律研究会」等で錬磨されており、

表3-1-2　麻布学館館報　〈筆者作成〉

	1907	1908	1909	1910	1911	1912	1913	1914	1915	1916	1917	1918	1919	1920	1921	1922	1923	1924
年月	M40·12·	M41	M42	M43	M44	M45 T1	T2	T3·11·28	T4·12·6	T5	T6·11·23	T7·8·8	T8·10·22	T9	T10	T11	T12	T13·4·5
巻号	麻布学館設立の旨意	①巻—⑤巻 ～(未見)～	第初号発刊(カ)					第6巻第5号	第7巻第7号	⑧巻 ～(未見)～	第9巻第9号	第10巻第10号 学館創立二十年紀念号	第11巻第11号	⑫巻—⑮巻 ～(未見)～				第16巻第16号(合本)震災記念誌 宜ク震災ニ鑑ムベシ
所蔵	岐阜県立図書館							秋田県立秋田図書館 最上義広氏寄贈本	秋田県立秋田図書館		鹿児島大学図書館	著者所蔵	著者所蔵					国立国会図書館 静岡大

上京八年後の姿に余裕さえ感じさせる。

明治四〇年に入ると発刊活動に入る。

同一二月二日「東京大阪義太夫芸評上巻、附録義太夫評論」（序文は板垣退助）⑾である。

「……君は大に感ずる所ありて、政界を去て教育界に入り、直ちに上京して育英の業に従事しつつあり。猶且社会改良の急務なるを感じ思へらく、社会を改良するの道は音曲に如かず、而して其音曲の内に於て、最も汎く世に普及するものは浄瑠璃なり。彼の謡曲、琵琶の如きは、稍高尚にして俗耳に入り難きも、独り此浄瑠璃の如きは、老幼婦女に容易く得られて、勧善懲悪の道に誘うの趣味を伝ふ。……随って今日に於ても、政治上の改良は既に成りて、社会の改良未だ之に及ざるを見る。是既ち吾人同士が今日に在って、政治よりも寧ろ社会の改良を重しとする所以にして、而かも予が君の志に同感を評して已まざる所以也」⑿

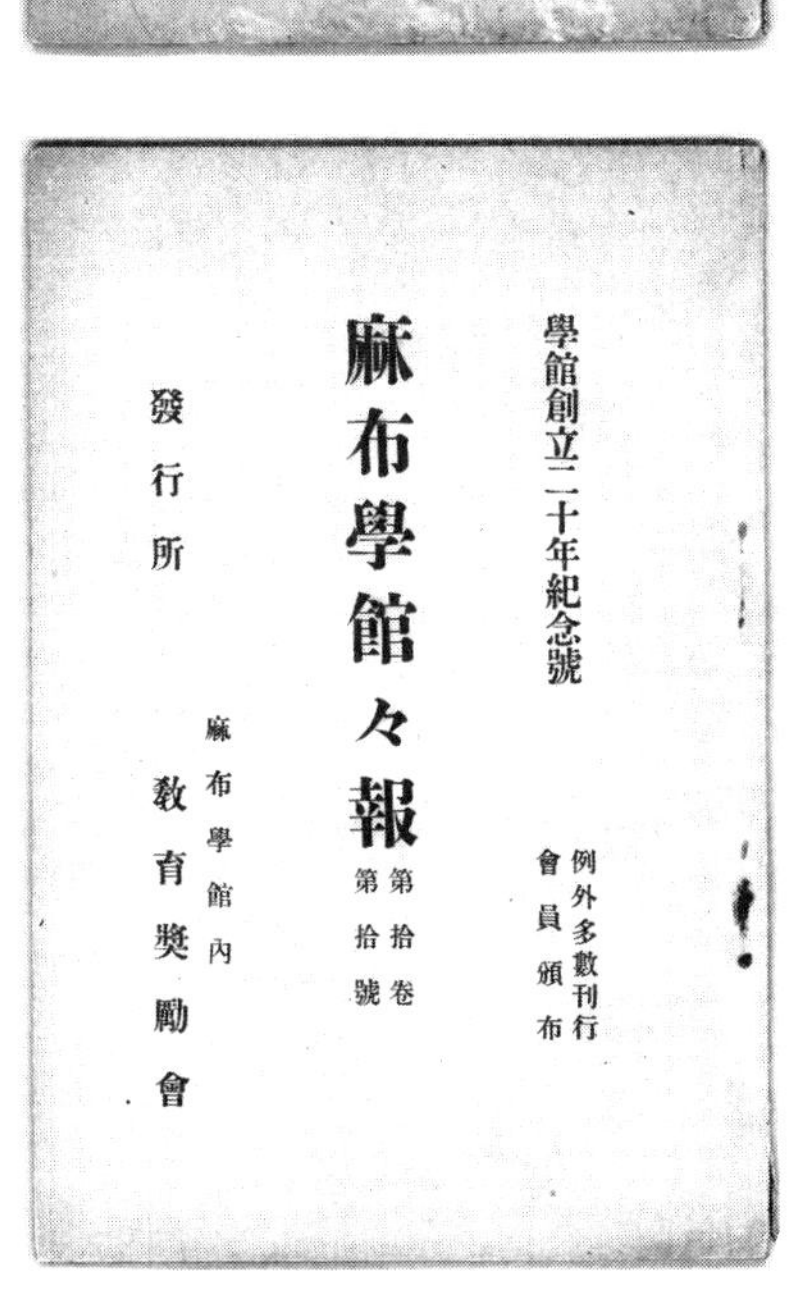

岩田德義著
麻布學館々報
第拾壹卷
第拾壹號
貳千部刊行
會員頒布
發行所　麻布學館
學館創立二十年紀念號
麻布學館々報
第拾卷
第拾號
例外多數刊行
會員頒布
發行所
麻布學館內
教育奬勵會

本表紙「麻布學館々報」二種（筆者所蔵）

翌年三月一四～一六日「京坂義太夫大会」開催、客員は板垣、渡辺、嶋田、竹内、林小一郎で御招待扱いとなっていて、それ以前の二月二五日より準備、「摺物三千枚印刷」用意したという。[13]

岩田もまた「序言」にいわく「サレば今此浄瑠璃をもて詩となし三味線をもて楽となし此機関によりて社会教育風俗改良の基と為す亦善らずや」

岡崎地方史研究会の嶋村博氏によれば、岩田の岡崎藩は昔から浄瑠璃文化が根づいており、浄瑠璃寺（光明院）がある。

光明院は、当初岡崎城内にあったといい、その場所は「浄瑠璃曲輪」と呼ばれていたと言う。[14]

明治四一年には、板垣退助遭難事件に関する「板垣伯岐阜遭難録」を発刊、翌四二年一一月三日に再版発行するなど等、極めて順調であった。[15]

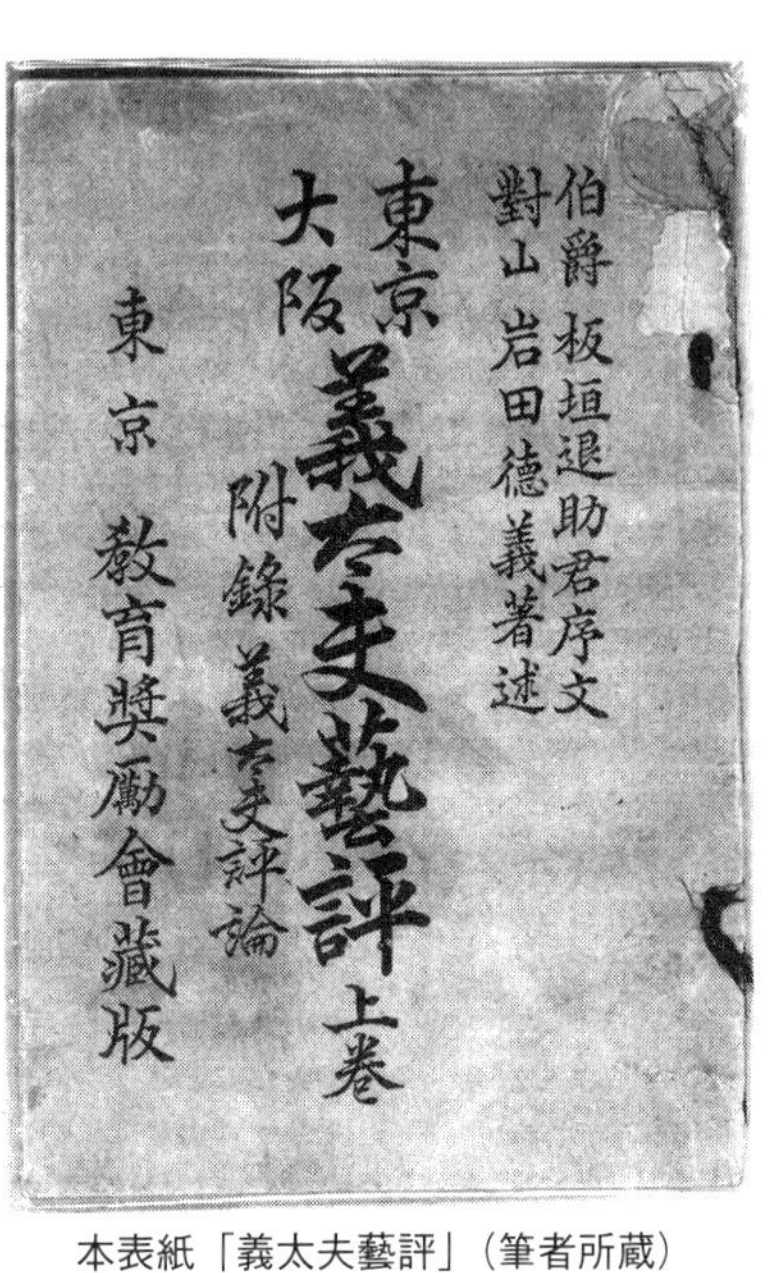

本表紙「義太夫藝評」（筆者所蔵）

本表紙「板垣伯岐阜遭難録」（筆者所蔵）

同四一年、帰岐阜した際、「同書ヲ著ハス此編是ナリ」と再版の序文小久保喜七はいう。

翌四二年は創立一〇年に当り、校舎狭溢（きょうわい）に付、学館建設、規模拡大を目標としている。

薩摩義士表彰を思い立ったのは、明治四四年で、「板垣に相談」⑯した事による。

同年六月二九日には、盟友内藤魯一が死亡、八月に内藤の「追悼の会」開催、県下全部の有志参加し、席上、岩田は内藤の「追悼ノ辞」を述べた。⑰

この追悼文中、岩田と内藤の出会い、そして明治一二年の二人の盟約、岐阜へ岩田が向かった理由など

岩田徳義

「岐阜公園壽像除幕式に故伯演説す」
池田永馬「板垣退助君略伝」（筆者所蔵）

「岐阜公園壽像除幕式に故伯演説す」絵葉書（筆者所蔵）

内藤魯一
（麻布学館々報）
（筆者所蔵）

が連綿と筆記されている。

この時期に、岩田は「薩摩義士顕彰運動」を思い立ち、大正元年から同運動に集中、精力的な活動を展開、大正六年頃には、大盛況となるが、その内容については後述する。

後々、数多くの義士録本が現在出版されているが、この中で、特に興味を引いたのが高橋直服氏の「宝暦治水薩摩義士顕彰百年史」まえがきである。

「……大正の中頃岩田徳義翁から宝暦治水工事の義歿者八〇余名が明治になるまで一五〇年の間秘匿湮滅（ひとくえんめつ）されていたということを聞き、また翁の著書や薩摩義士顕彰の講演記録を読んで強い感動をうけたことを思出し……」

高橋氏が、大正中旬に岩田徳義と会い、話しを聞いておられたとの件（くだり）である。氏はすでに鬼籍に入られ、直にお話しは聞けないが、岩田の死亡年月日が大正一三年であるからこの件の真偽は疑問だが本当なら興味津々の逸話である。

大正七年四月二日、岐阜で開催された板垣伯銅像除幕式について、「麻布学館々報」中、板垣の除幕式に就て（漫録岩田対山）書いている。⑱

岩田の一首（文苑　対山樓主人）

「さまざまに過ぎ越方を数ふれば
身に積むことのいとどおほけれ」

この板垣伯銅像建設に主たる力を発揮した山田永俊（眼科医、県医師会長、政治家、明治五年一〇月一三日生）は、その経緯を次のように語っている。

「少時已ニ板垣伯ノ率ユル自由党ニ憧憬（どうけい）シ其ノ将星タル片岡健吉竹内綱栗

中教院（遭難当時の懇親会場）建部氏所蔵

原亮一林有造植木技盛杉田定一等諸先輩ガ自由民権ノ為ニ身命財産ヲ賭シテ藩閥政府ト闘ハレタル意気精神ニ感激シテ地方ニ於テ犬馬ノ労ニ服シ党ノ機関紙濃飛日報ノ記者トナリ大ニ活躍シタルモ人トシテ一定ノ職業ヲ確保スルノ必要ヲ痛感シ上京シテ医家ノ食客トナリ修業ニ務メタルガ為ニ其間政治運動ヲ中止シタルモ岐阜市ニ帰リテ医術ヲ開業スルヤ業務ノ傍再ビ同紙ノ社説ヲ担当シテ十有余年ニ及ベリ其間伯ノ生前其碧血（へっけつ）ヲ流サレタル岐阜公園ニ同志ト共ニ伯ノ銅像ヲ建設」

岐阜日々新聞記者武藤貞一は、大正七年「自由の碧血」を発行するが、当時存命中の岩田に対し板垣岐阜遭難事件の取材を、東京の岩田に書状を通じ行っている。

武藤は岩田との、同書発行の際の交流について、次のように記している。

「本著者がこの稿を起すや、寸毫（すんごう）の誤謬（ごびゅう）なきを期したしとの婆（は）心（しん）より二十余通の書状を寄せて扶語掖言（ふごえきご）頗（すこぶ）る努められた一事は著者の大に感謝する処である。」

同書の事件の信憑性は高い。

岩田と同門で後の陸軍大将の土屋光春との往復書翰（大正七年四～七月頃）によれば、岩田は日本全国各地に「私立

麻布學館創立廿年紀念
岩田德義翁小傳
發行所　教育奬勵會編纂

（非賣品）
大正七年十一月麻布學館創立廿年記念
大正十年三月再版
教育奬勵會編纂
岩田德義翁小傳
發行所　麻布學館

本表紙「岩田徳義翁小傳」（筆者所蔵）

漢文専門学校」設立構想を抱いていた事が窺える。⑲

土屋は（当時岡崎市明大寺町居住）、岩田の友人で麻布学館のよき理解者であり、岩田の軍人人脈づくりに寄与している。曽我祐準との交際も土屋を介してのものと思われる。

土屋大将に呈す　岩田徳義
「同じ窓に学びし友の交はりは
その情こそ世には
深けれ」
（岡崎城下に顕彰碑有）嘉永元年八月二六日生

大正七年一一月一七日には、麻布学館設立二〇周年記念に用意した自叙伝「岩田徳義翁小伝」を発行する。（再版は一〇年三月）

翌四月三日には、「麻布学館創立二〇年祝賀

表3-1-3　<亜細亜時論>　岩田投稿　〈筆者作成〉

大正8.3	第3巻第3号	雑纂　時弊矯正之請願
大正8.4	第3巻第4号	時論　国際連盟覚束なし
大正8.4	第3巻第4号	和歌　時に感じて
大正8.12	第3巻第10号	板垣伯の生涯
大正9.3	第4巻第3号	歌壇　時に感じて
大正9.8	第4巻第8号	今昔の感
大正9.8	第4巻第8号	漢詩・和歌　尼港事変
大正9.9	第4巻第9号	政界革新の急務

<弘　　道>　岩田投稿　〈筆者作成〉

大正8	329号 331号	責任論 薩摩義士

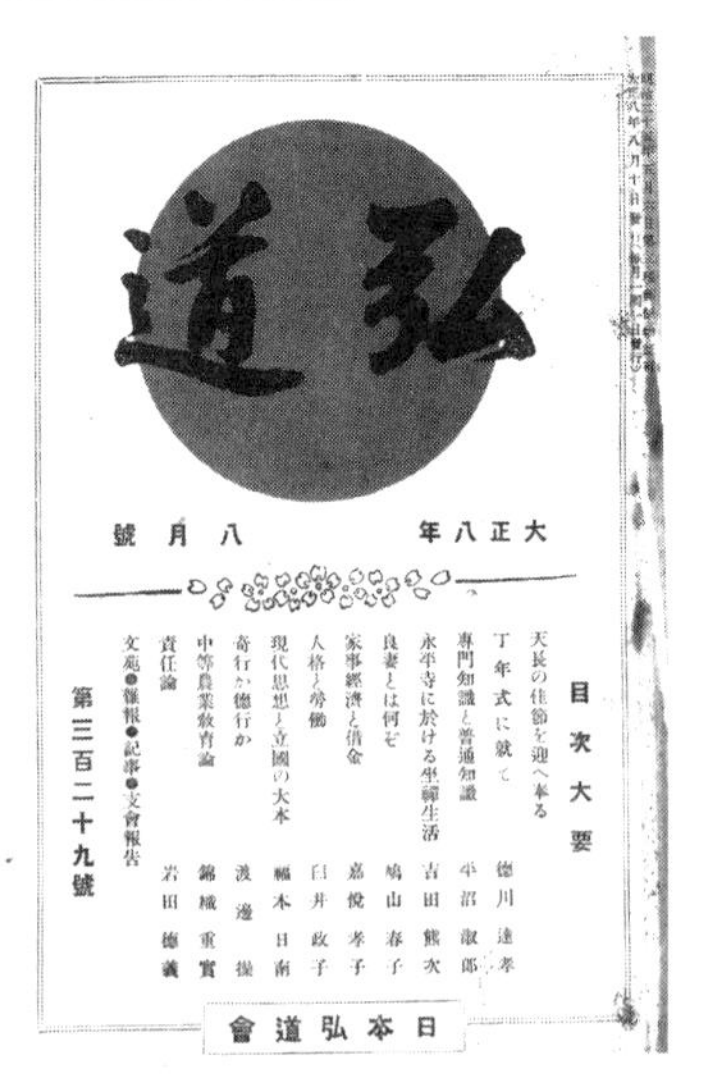

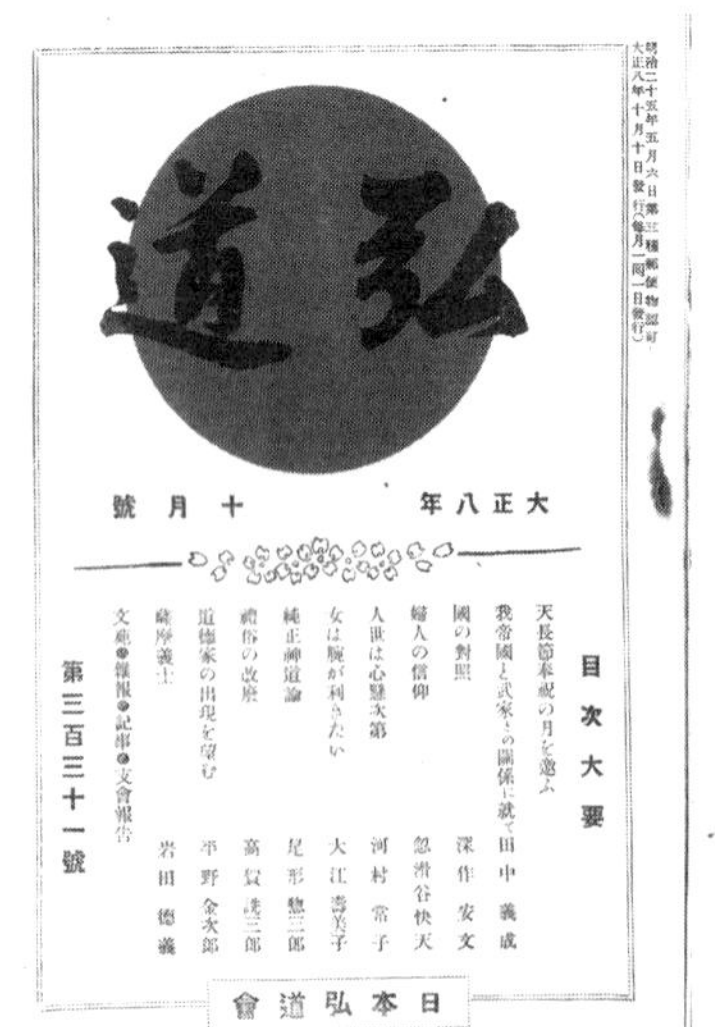

雑誌表紙「弘道」二点（筆者所蔵）

会」を東京麹町星ケ岡茶寮にて開催、「岩田徳義翁小伝」を披露する。

「……自身の事乍ら当時左之伝奇を作り今ニ公本ト致候……」⑳

堂々たる実績を築きあげた岩田は、大正八～九年には、「弘道」㉑や「亜細亜時論」㉒への投稿もしている（別表）

「弘道」は、当初、徳川達孝伯が岩田に贈呈した雑誌である。

「亜細亜時論」は、大アジア主義を唱えた黒龍会機関誌で、日本がアジア民族興隆の指導者になる事を宣告し、藩閥官僚主義弊害除去、天皇主義、国防の充実、国粋主義的国民教育建設など主張した。

「　岩田徳義翁の小伝を読む㉓

その昔自由党の熱血児、今日東都北堂の風流児、四〇年の公生涯を其前半は経国の政業に送り、其後半は育英の教事に励んで以て今日に至る。東京麻布学館の創設者岩田徳義翁の一生は、誠に一編の志士伝たり、奮闘史たり。

氏は弘化三年三河国岡崎に生る。明治一〇年郷閥を辞してより名古屋岐阜に操觚の業に従ひ自由民権を痛論し国会開設の要を力説す。明治一四年遂に国会開設の下詔を見るに至りしは蓋し氏等の努力の功多きに処る。

明治三〇年志を政界に断ちて上京して麻布学館を創設し傍ら岩田図書館を経営して専ら子弟の教育に努め、修業者既に六千人を出せり。而て麻布学館の特色は、其の組織が漢学本位にして英数学等を之に並行せしめ、

機関誌表紙「亞細亞時論」（筆者所蔵）

又た教授法は昔の所謂寺子屋式にして全然個人教授なるにあり。
氏最近時弊を痛嘆して措かず、之が矯正を貴衆両院議長に請願せしが、其矯正要領とする所のもの次の如し。

一、社会政策として世道人心に益すべきものと認むる諸団体に対しては事実調査の上相当の補助を与ふる事

二、教育勅語をして学校以外に普及せしむべき方法を講ずる事

三、精神教育に重きを置くと同時に科学の発展を期する事　」

大正八年、岩田は、「時弊矯正之請願」を松平頼孝（貴族院議員）佐々木文一（衆議院議員）の紹介で貴衆両院議長に提出している。㉔

また現下の政治に対して辛辣な批評を述べている。

「……自由党時代之后よりして視連バ後継者たる政友会之情態実ニ言語同断也眼中一点之徳義心なくして多数高壓を試みなバ其毒専制時代よりも甚し原（原敬）之駅頭青年之タメニ刺る、ハ（大正一〇年原敬暗殺事件）天命也高橋（高橋是清）之如キ御ハ斗針之小人不足数政弊之極端いづれ改るのときあるべし余は不省苦ろうも上京以来第二の社会を形造らんと欲するがタメ老骨努力朝夕無所倦斃死而後亡之決心ニ御座候……」㉕

この頃行動なき批評家的発言が増したのは、老生の余裕と迫りくる老衰の前兆だったのかも知れない。すでに盟友内藤魯一は、明治四四年六月二九日に逝去、栗原亮一も同年三月没、政友板垣退助も大正八年七月一六日逝去し、寂漠たる思いの晩年であったろう。

「――茫々一夢の如し――

遭難当時、板垣伯は四十七才、余は三十八才、竹内綱は四十五才、又遭難後伯を見舞った後藤新平男は其時未だ二十七才の青年医師であったが茫々一夢の裡に歳月は空しく過ぎて早や今年板垣老伯は八十二才、余は七

十三才、竹内は八十才の齢を重ねるに至って居る。而も伯と最も親しみあり、兇変を真先に見舞はれし、副島伯は、既に青山の墓地高く丘土を築きて白玉楼中の人と化し、伯が故国以来の友たりし後藤伯も亦芝公園内一個の銅像を留むるのみ。又彼の中島信行君の如き、不幸疾に罹りて不帰の客となり、壮圖を抱いて掻く世を去った。斯くして余等の環境は日を経る毎に現代より遠かり行くを覚える。……」

大正八～九年の他雑誌への寄稿時代も終り、大正一〇年から一一年頃の閑散な終末期に入るや、自由党時代の政友との交信が盛んになる。

レジェンド岩田は、政友との書翰の中で老後の寂しさを訴えている。

「……一子なければ余一代ニテ御家ハ断絶を考え候……」[26]

「一家は断絶、相続人は唯ダ岩田図書

内藤魯一
（長谷川昇氏所蔵）

栗原亮一（板垣退助自由党史）
（筆者所蔵）

内藤魯一銅像（知立市）

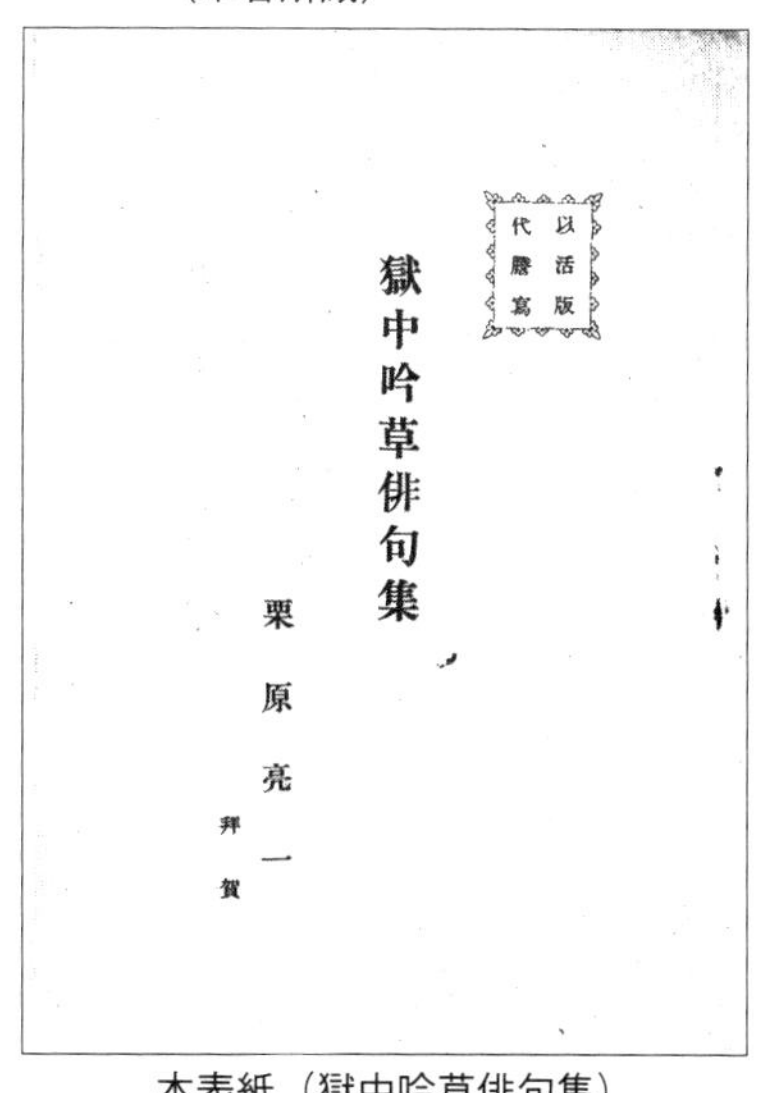

以活版代謄寫
獄中吟草俳句集
栗原亮一
拜賀

本表紙（獄中吟草俳句集）
明治四四年一月発刊（筆者所蔵）

館ニテ名を末代ニ伝ふニ過す……」㉗

子も無い岩田は、岩田図書館を我が子と考え、末代まで伝承させる意欲を示した。

大正一二年五月一二日には、「麻布学館開設二五周年を祝う記念会を計画。

東京朝日新聞に「昔鳴らした自由党の名士岩田翁」とレジェンド岩田の見出しが躍った。

「翁は七八歳の今日まで妻子その他の係累は一人もなく、畢生の事業として一般に公開する岩田図書館の設立に尽力しているという」

岩田徳義　七四歳（筆者所蔵）

なお亡くなった糟糠の妻がいたのだが、士族籍以外の先妻（たぶん平民籍の女）だったのだろうか、戸籍に記載はされてはおらず、外見的には、妻子はいない事になる。

しかし驚くなかれ、その一カ月後の六月、岩田は婚姻届を提出する。㉘

大正十二年六月二十日岩田徳義と婚姻届出

神戸市兵庫切戸町（現兵庫駅南東付近）五十九番地加藤奈良枝戸籍より同日入籍

父加藤市十郎

母　せき　　長女　　よね　明治二年四月十九日

良き伴侶を得、順風満帆で幸福な老後の日々となるはずであった。

入籍三カ月後の九月一日一一時五八分頃震度七の関東大震災が発生した。

当時、東京麻布区材木町七拾六番地に居住していた岩田にとって、岐阜時代の明治二四年一〇月二八日の濃尾地震（震度八）に続き、二度目の罹災となった。

死者、行方不明者一〇万人以上、全壊家屋一〇万棟以上、旧東京市（人口二五〇万人）約一三ケ所より一斉出火し、その死亡者内訳は、火災死者八六％、家屋倒壊等圧死者一二％、その他二％。

㊤銀座　㊦神田駿河台　関東大震災惨害二点（筆者所蔵）

自身持病の脳病持ちと相まって岩田の身体には苛酷な状況となったが、幸い、岩田夫婦は生命に別条はなかったらしいが、子孫も無い岩田の子がわりの「岩田図書館」の多大な蔵書は、火災の発生により、焼失したと推測される。さぞかし無念の極みであったろう。

震災後まもない一〇月一三日岩田は「宜く震災に鑑むべし」と第一章～第八章を書き上げる。

序文
「今次の震災は前古未曽有の変、其惨状一々数フベカラス、従テ是ガタメニ被リタル損害ハ如何ゾヤ、容易ニ恢復スベカラズ、上下一般慄然トシテ恐怖ノ念ニ堪ヘザルベケンヤ」

翌大正一三年一月岩田は、復興に始動し「麻布父兄会」を組織する。㉙

幹事は、代議士佐々木文一と田丸金七、枻川甚蔵の三名で、この内、枻川は、当時「誠至堂」という本屋を麻布区六本木に一大書店を開業、岩田曰く「東京市有数の書店」と言う。当時、麻布兵舎向けの兵書を中心に取り扱っていた。（枻川氏子孫聞取り調査）。

現在の東京都港区六本木三―一〇―九枻川誠至堂ビルの枻川書店誠至堂がそれである。

同書中（「宜ク震災ニ鑑ムベシ」）では、麻布区父兄会を計画する中㉚で、

「然るに今余は年齢既に八十、いかに志は切たりと雖も、身体次第に衰弱して、事の志と階はざるを遺憾とす。

況や余や赤貧洗ふが如く事業の進捗せざるものあるや。

願わくば、諸君は深くその意を體して、応分のご助力を乞う」

と、震災後の生活の困窮ぶりを訴えている。

「　　麻布区父兄会規則

第一条　本会は区の内外を問はず麻布学館に入学せし父兄の関係を有し又は汎く同志者を以て組織す

第二条　本会員は館長岩田徳義先生が多年教育上又は国事に尽されたる功労を嘉し猶有終の美を済さしむるため各自応分の補助を為すへし

但、会員は一ヶ年会費金壱円を出し併て麻布学館々報の配布を受くへし

第三條　本会員は夙に岩田先生が抱持せる精神教育の主義を賛成すると同時に大に尽力すへし

但、本会に関する記事は麻布学館々報に掲載すへし

第四條　本会は岩田先生の晩年を祝福するため又は会員相互の親睦を期するがため毎年一回懇親会を開くへし

但、其場所及時日は其都度幹事より通知すへし

第五條　本会に幹事三名を置くへし

幹事は会員の推薦に依り任期二年とす再任に妨なし

幹事　佐々木文一

田丸　金七

梱川　甚蔵

東京市麻布区材木町六十七番地

麻布父兄会本部発起人

一四名記載あり（佐々木、田丸、梱川他一一名）会員諸君（三〇名記載あり）」

翌年の麻布学館々報（大正一三年四月五日）発行の一六巻一六号は、異例の合本となり、「震災に鑑むべし震災記念号」として発刊された。

麻布学館門下生梱川甚蔵と田丸金七は、同書巻尾で岩田の病状と本書にかける情念について告知している。

「　謹告

先生近年能く病む八十の老体事に耐へざるの観あり況や震災後病勢益々加はる然るに先生が忠君愛国の至誠

と精神教育の主義は一代を貫きて已まず乃ち本書は身病中にあると兇変に会するとに拘らずして其意見を徹底せられしもの也不肖吾々門下生たるもの此境遇を目撃して感殊に深し謹て茲に是事を述て記念とす

大正十三年三月

三十一日

田丸金七

椥川甚蔵」

同書は、岩田最後の遺作となった。

岩田徳義七九歳[31]。

二度の天災と数多の政治的奇禍に遭遇しつつも、不屈の精神で乗り越えた岩田は、大正一三年八月三〇日午前六時三〇分逝去した。

現在、岩田の麻布学館跡地には、大東京の一つのシンボル、六本

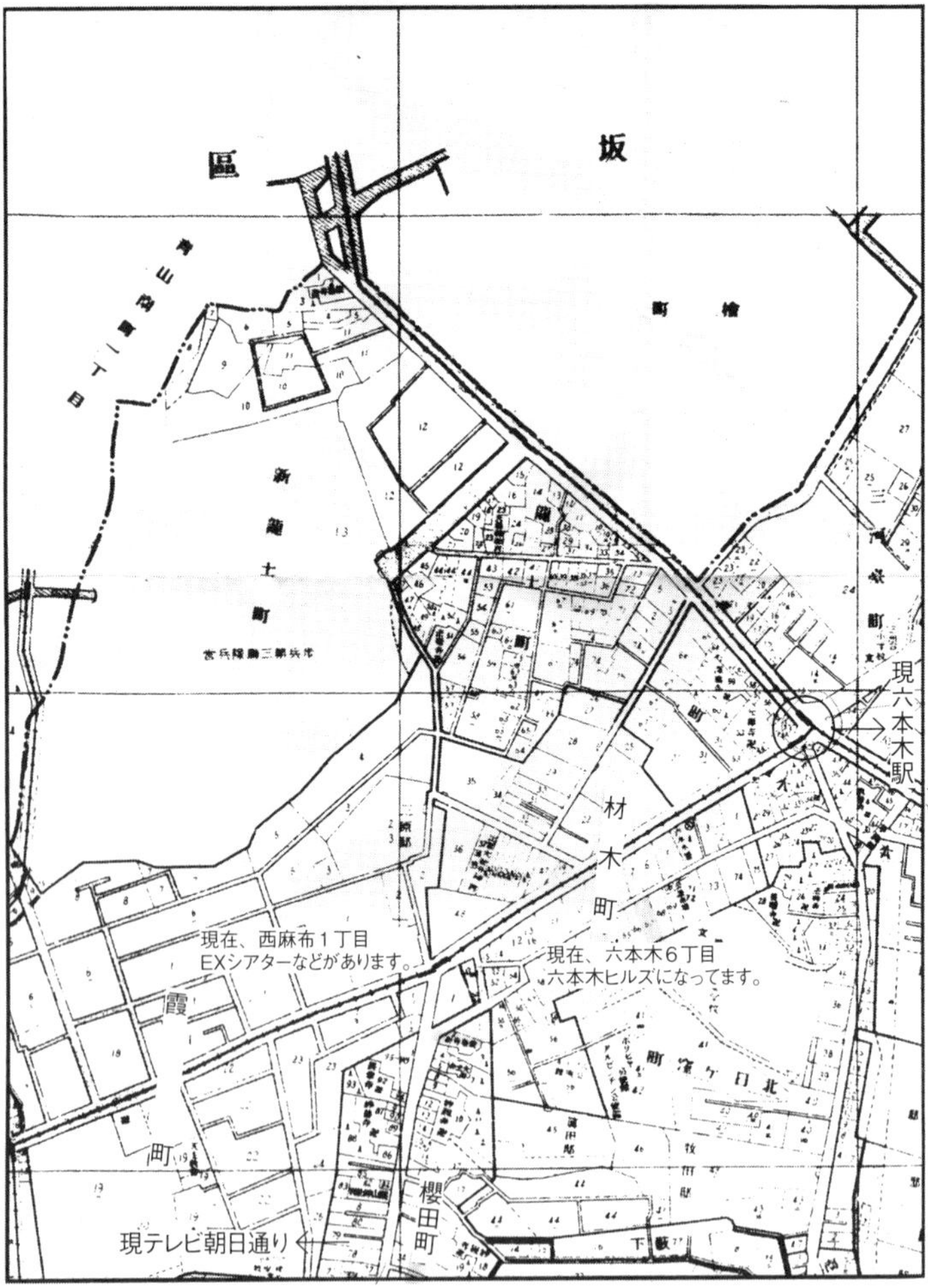

大正一三年住宅地図（港区立麻布図書館所蔵）
岩田「麻布学館」は現在、六本木ヒルズになっている。

木ヒルズがそびえ建っている。[32]

註

①「三島通庸文書」
②「岩田徳義翁小伝」（筆者所蔵）
③「麻布学館々報」一〇巻一〇号　（同　）
④「麻布学館設立の旨意」　岐阜県立図書館所蔵
⑤「　同　」　同
⑥「麻布学館々報」六巻五号　秋田県立図書館所蔵
⑦「曽我祐準書簡」（筆者所蔵）
⑧「岩田徳義翁小伝」（同　）
⑨「岩田書翰」（同　）
⑩「　同　」（同　）
⑪「東京大阪義太夫芸評上巻」（同　）
⑫「　同　」（同　）
⑬「岩田書簡」（同　）
⑭岡崎地方史研究会紀要参考（同　）
⑮「板垣伯岐阜遭難録」初版・再版　（同　）
⑯「社会政策」（同　）
⑰「内藤文書」　長谷川昇氏所蔵

⑱「麻布学館々報」一一巻一一号　（筆者所蔵）
⑲「土屋光春書簡」　（同　）
⑳「岩田書翰」　（同　）
㉑「弘道」　（同　）
㉒「亜細亜時論」　（同　）
㉓「　同　」第三―第二（大正八年二月）
㉔「　同　」第三―第三（大正八年三月）
㉕「岩田書翰」　（筆者所蔵）
㉖「　同　」　（同　）
㉗「　同　」　（同　）
㉘「戸籍簿」　（同　）
㉙「麻布学館々報」第一六－一六　国立国会図書館所蔵
㉚水谷英志「薩摩義士という軛（くびき）」　（筆者所蔵）
㉛「戸籍簿」　（筆者所蔵）

なお余談ではあるが、本稿脱稿時に東京の柵川氏ご子孫より入電があり、祖父柵川甚蔵氏のお話しや「麻布学館」の場所の証言をいただいた。

残念ながら、史料、写真関係は戦災で焼失してしまったと言われるが、そこに岩田徳義がいるように感じた。

㉜「大正十三年の六本木住宅地図」東京都港区立麻布図書館所蔵　同館副館長神崎氏のご教示による。
同館には、岩田や麻布学館に関する資料はない。

2. 薩摩義士顕彰運動

岩田の「薩摩義士殉節録」[1]は、別表の通り明治四五年初版から大正一一年の第九版を数え、当時のベストセラーになっている。

翌年九月一日の関東大震災直前まで発行されていた事になる。

岩田の同書に触発された小西可東（勝次郎）は大正四年五月「薩摩義士録」[2]を発行するが、同書の緒言に、岩田

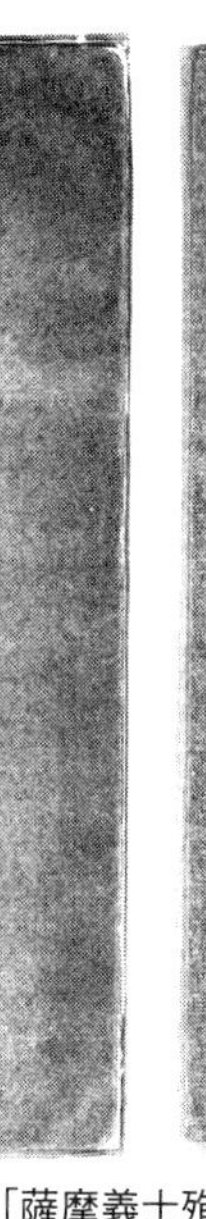

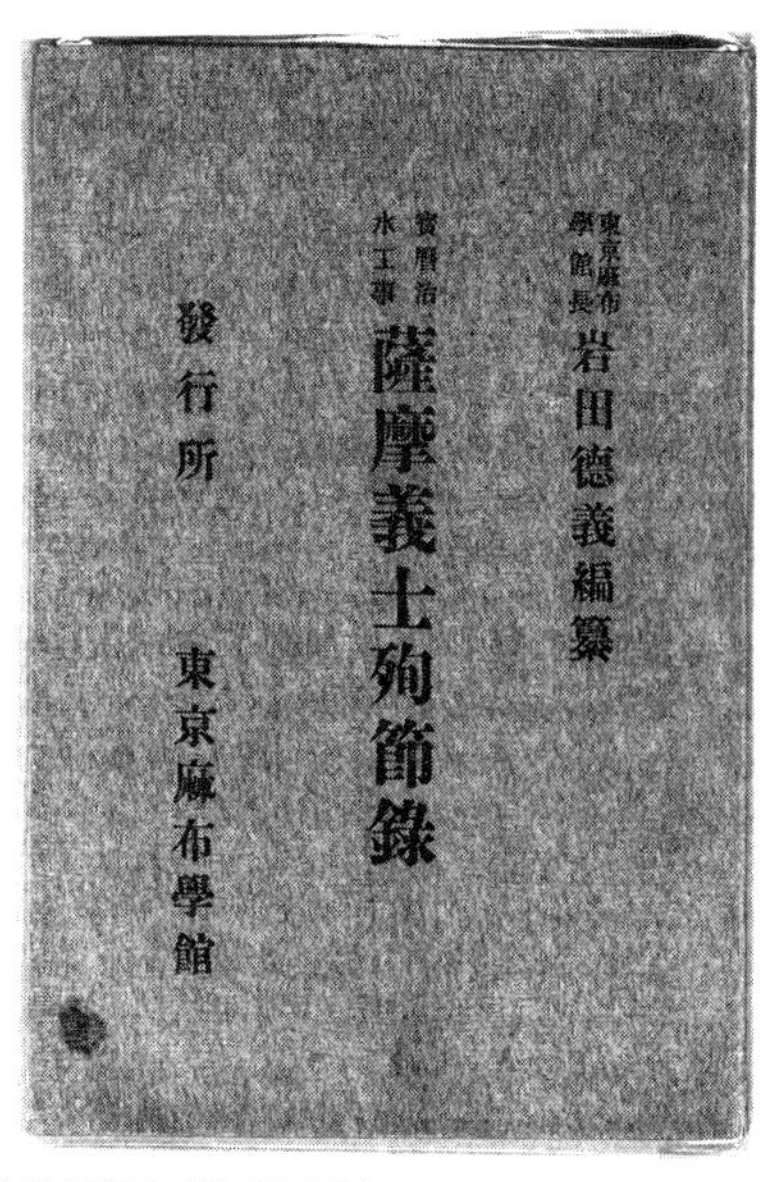

本表紙３点「薩摩義士殉節録」（筆者所蔵）

との対面の場面がある。

紹介しよう。

「……予は（小西）其次第を男爵（小牧昌業・鹿児島藩士）に図ると、男爵は麻布の岩田徳義と云ふ人を訪ねて見るやうに教へられたが、岩田氏は麻布学館と云ふ私塾を開いて、育英事業に力を注ぐ人であった。

一體予が此事件を知って人一倍感を深うしたのは、不肖は同じ岐阜県下の生れで、木曽川支流の水源地方面に育った者であるのに、斯る大事件を毛頭知らなかったのは、何か非常に重い罪を犯したかのやうに思はれたからである。……（略）……

扨予は麻布に岩田氏を訪ふ可く電車に乗り途中……宝暦年間尾濃勢地方治水事件文学士本多辰次郎……予は之を見ると共、飛び立つ程に打ち驚いた。この記事は実に予が今から麻布に岩田氏を訪ねて聞き糺す可き目的の調査事項ではないか。

斯る奇遇に依て予は、岩田氏を訪ふに先立って、より一層詳しく事件の真相を知ることを得た。やがて麻布の岩田氏宅を探り当て、刺を通じて対面を遂ぐること、成ったが、打ち見た所氏は六十を二つ三つ越した（岩田六八歳）かとも思はれる年令で、未だ矍鑠たる老翁であった。

翁は一応予が来意を聞いて、去らばとて自著薩摩義士録を授けられたが、それは三十頁許りの書冊で、事件の内容は可なり詳しく記されてあった。

予は本多氏の記事と岩田氏の記事とに依って……（略）……

但し岩田氏は義士の為め帝国教育会で一場の講演を試み、且つ贈位を議会へ請願するなど百万奔走し……

表3-2-1　岩田徳義「薩摩義士殉節録」〈筆者作成〉

版	発行日	発行所	住所（東京市）
1	M45. 1. 20	麻布学館	
2	T元. 10. 14		
3	T 2. 3. 4	麻布学館	麻布区桜田町2番地
4	T 3. 5. 20		
5	T 5. 1. 25		
6	T 6. 7. 1		
7	T 6. 7. 20		
8	T 8. 11. 3	麻布学館	麻布区材木町67番地
9	T11. 5. 20	〃	〃

（略）……」

小西が岩田に面会した時期は、実地調査（大正二年一〇月）以前と推測される事から「薩摩義士録」第二〜第三版の大正二年春頃と思われる。

小西の言うごとく、殉節録の材料は、「美濃大垣町の金森吉治郎氏及び伊勢国多度村の西田喜兵衛氏の許から出て居る」と出典の根拠を明かしている。

薩摩義士については、今日まで多くの刊本が発行されているが、そもそも薩摩義士をメジャーにしたのは、岩田徳義の顕彰運動の影響力が極めて大きい。

木曽三川に関わる一地方の事績を全国発信し、知らしめたのは岩田であり、岩田があって初めて義士は歴史の表舞台に登場し衆知に認識され、顕彰活動を以って光り輝き魂の浄化がなされたと言える。

その詳細な内容については、鹿児島県薩摩義士顕彰会[3]や岐阜県薩摩義士顕彰会の「研究紀要」、或いは高橋直服「宝暦治水薩摩義士顕彰百年史」[4]、水谷英志「薩摩義士という軛」等[5]の研究発表があるので、各氏に譲りたい。

むしろ筆者は、岩田の通史を目的とするため、「麻布学館々報」史料を中心に岩田の義士顕彰運動を検証していく。

同運動は、大正元年（明治四五年）から約一〇年間程の期間継続するが、これまで岩田が為してきた各活動、自由民権運動期の一〇年、法律研究会活動の一〇年、麻布学館教育活動の一〇年等の辛苦と比較すれば、まさに順風満帆かつ満願成就の手応えを感じた充実した活動期間であったろう。

勿論、岩田の民権期から東京上京麻布学館までの苦節の歴史があったからこそその成功で、社会改良の一大イベントを為し遂げたといえよう。

明治四五年一月二〇日「宝暦治水工事薩摩義士録」が発刊され、ベストセラーになった理由は、別表の通り

①「第一回薩摩義士顕彰講演会」の成功

②「薩摩義士贈位請願」運動の成功

③「京都伏見薩摩義士顕彰講演会」の成功と盛上がり

鹿児島県での「義士祭典及び県内各地義士講演会」では、岩田の人生の最高潮の刻(とき)を迎えている。

「薩摩義士録」初版発行になった経緯について、板垣退助の機関雑誌「社会政策」によれば、前年内藤の「追悼の会」が開催された四四年に義士表彰思い立ち、岩田は板垣に相談を入れている。⑥

この理由は、同年八月中に金森吉治郎が東京麻布学館に旧知岩田を訪ね、一〇年前に宝暦治水碑建立後、遅々として進まぬ平田靱負(ゆきえ)贈位請願と治水神社創設についての話であり、顕彰運動の中心的役割りを岩田に懇願したい旨であった。

岩田の在岐阜の実績が契機となり、勿論、文筆力に秀で、演説にもたけ、人脈も豊かな岩田を見込んでの事であろう。岩田は明治一二年

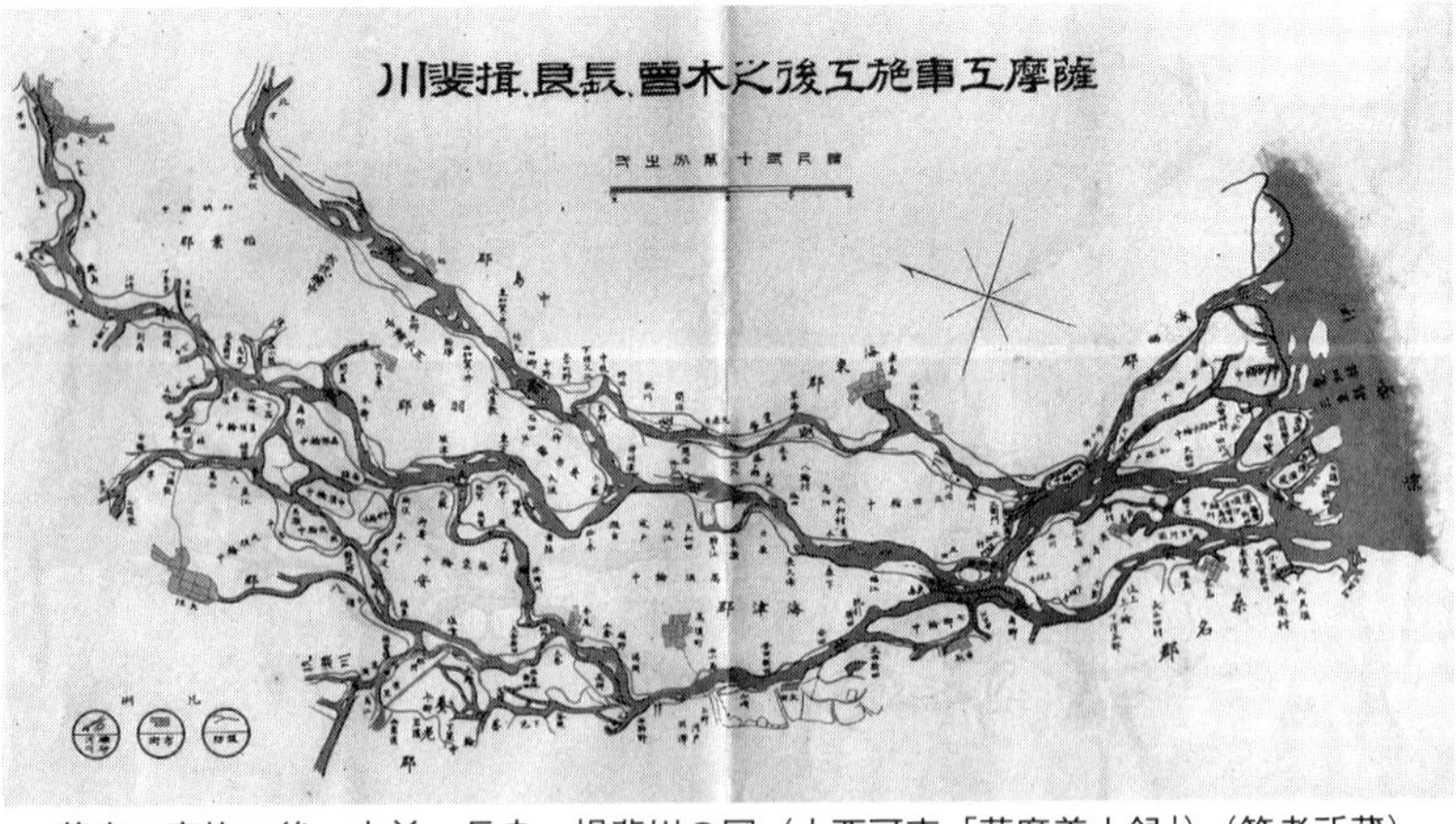

薩摩工事施工後　木曽・長良・揖斐川の図（小西可東「薩摩義士録」）（筆者所蔵）

入岐阜以来、岐阜県の山岳水場論争に代表される水場地帯の大水害問題（明治一五・二一・二九年の大洪水）の良き理解者でもあり、的を射た人選であった。

雑誌表紙「社會政策」（筆者所蔵）

例えば、明治三〇年一〇月の水害における「高津警部長の水害地巡視談」によれば、

「東濃と西濃の水害状態は大に異れるものなり……（略）……西濃地方の洪水に至りては則はち然らす高地より送り来りたる水停滞して雨やみ日晴れたる後永くその惨害をこうむらざるを得ざるなり……（略）……高須地方にては尚ほ救助船よ焚出米よとさわぎ居るにあらずや東濃地方の水害は之を急性の病に比すべく西濃地方の水害は之を慢性の痼疾にたとうべし。」⑦

義士顕彰運動の動機について、岩田は再版冒頭に次のように言う。⑧

表3-2-2　岩田の薩摩義士顕彰運動　〈筆者作成〉

①	大正元.12.8	第1回 顕彰講演会	東京神田帝国教育会館
②	大正2.1	贈位請願	貴衆両院･内閣
③	大正3.1	第2回 顕彰講演会	京都伏見
④	大正3.	新作浄瑠璃「薩摩義士」	
⑤	大正5.10	第3回 顕彰講演会	東京神田和強学院
⑥	大正5.12.28	平田靭負に従5位贈位	
⑦	大正6.4.3〜4.16	義士祭典及び鹿児島各地 義士講演会	鹿児島県各地
⑧	大正6.5.18	義士贈位報告講演会	東京神田帝国教育会館
⑨	大正6.7.3	「薩摩義士劇･木曽川治水記」公演	東京神田帝国教育会館
⑩	大正6.9	〃	大阪 浪速座
		薩摩義士講演	大阪 中之島ホテル
⑪	大正9.4.13	京都薩摩義士表彰会	京都市岡崎公会堂
⑫	大正9.11.24	宝暦義士碑竣工記念講演	鹿児島

「古来義人の表彰頗る多し。その最も顕著にして汎く人の知る所のものは水戸光圀の楠公、室鳩巣の赤穂義士なり。

然るに宝暦治水工事薩摩義士の事績は、世絶えてこれを知るものなく、はなはだ遺憾にあらずや。然るに遂に之が建碑をなし、または之が弔祭式を執行して世に表彰したるものあり。誰ぞや。

すなわち岐阜県美濃国大垣町の志士金森吉治郎氏（前代議士）及び三重県桑名郡多度村の有志西田喜兵衛氏等なり。

然るに昨明治四四年八月中右金森氏が余の許へこのことを報じ来れるが動機となり、かかる忠烈比類なき義士の事績をして記念碑建立及び弔祭式に止めずして、あくまで汎く世に紹介してその名を顕著ならしめ、遂には御追賞の恩典をも仰ぐに至らば、ひとり地下の英霊を慰むるに止らず、大に世道人心に裨益する所あるべしと思惟し、須らくまず諸新聞雑誌に依るに如かずと決心をし、これを板垣退助伯に詢りしに、伯は大に賛同せられしにより其機関雑誌「社会政策」に掲載せらる実に昨年一一月のことなり。⑨

尓来余はこれがために只管尽瘁し、或は著書出版に、或は演説に一意専心努むるものから、まず帝都にありて次第に人に知らるるに至り、また余の行為に同情せらるる士も多きを致せり。

就中薩摩出身の古老元帥伊東祐亨の如きは屢々書を以て余が労を謝せらるると共に余が著書「薩摩義士録」を人士の間に頒つの労を執られたり。

伊東元帥よりの書翰⑩

拝復御懇書被下拝見仕候処薩摩義士の件につき貴衆両院へ相謀処大賛成之趣誠に大幸之至りに候就ては過日御廻しの雑誌は去る十三日鹿児島県人集会の席へ差出候処いづれも事新らしく感じ中には初めて見分の衆も有之該誌は残らず銘々持帰られし有様大いに賛同の体に被察候いづれその内拝眉万縷可申述先者不取敢草々敬具

一月廿八日　祐亨

岩田徳義殿貴下

かようにして薩摩義士の事績は先づ以てその桑梓（そうじょう）の契（ちぎ）りある薩摩の人々のうちに伝えられ、段々世上に伝播するに至りぬ」

この伊東との出会いは大きかったが、板垣の適確な示唆も大きかった。

岩田の義士顕彰運動の大成功には、板垣の後援と義士運動方策の適確さ、更に、薩摩義士地元の伊東による鹿児島県への宣伝情報活動等があげられる。

①新聞、雑誌に記事掲載
②著作出版
③講演会
④贈位請願
⑤浄瑠璃、演劇を仕組む

以上五点に基づく活動を開始した。

この活動の最大の成功の理由は、取り上げたテーマの素材の良さにもよるが、これまで義没者とか、自殺者、死者、致命諸士等としていたネーミングを、赤穂義士を意識して岩田が「薩摩義士」とした事だろう。[11]

非業の死をとげた西郷の薩摩藩の臭いと、時代に犠牲になった殉職者を義士と呼び薩摩義士の名は人の心の琴線にふれるものであったろう。

伊東祐亨元帥
「麻布学館々報」より
（筆者所蔵）

尚かつ、これまで秘匿にされ、歴史の中に埋没した事実に興味津々の状況が創り出された。

①から⑤の活動は大正元年からは複合的に行われ、一気可成の高揚となり最高潮は、大正六年に現出した。

第一回の講演会に、岩田は「第一回薩摩義士顕彰講演会記録」というパンフレットを作成し、用意周到の行動も幸いする。

同会に先立ち東京電報通信社主任権藤震二記者は、前月一一月一日より東京始め全国の新聞紙に掲載、各新聞社に連絡し、同日より同会開催までの一カ月間に「感謝状」が岩田のもとに二〇〇余通も到来した。

また同日朝、東京各新聞紙が同会開催のＰＲ活動をしたため、いやがうえにも盛り上がり遠方より聴衆者かけつけ、開会時刻より先に満場となり立錐の余地なき光景が現出した。

当日講演会には、新聞記者席も設けられ、一五～一六名の記者が内容を速写、翌日朝刊に、同会の記事がにぎわい、東京中に薩摩義士の件は伝播された。⑫

まさに、元操觚者としての実績を持つ岩田の面目躍如の場面であった。

因みに同会主催は岩田、幹事佐々木文一、応援演説板垣（「武士道と自殺」）、大木達吉伯（「神州の精華」）、小久保喜七代議士（「今日の急務」）、寺尾亨博士、客員は徳川達孝伯、土屋光春大将、松平頼寿伯、小牧昌業（こまきまさなり）議員。

聴衆者は、身分資格のある人多く華族、貴衆両院議員、官吏、陸海軍人、諸学校の教員生徒など五〇〇人余聴衆、都下一〇〇の講演会中、「此程の盛会は曽（かつ）て見聞せざる所なりき」という程の大盛況で大成功を収めた。

この大会が、後の義士顕彰運動の成功を決定づけ、岩田念願の同運動による社会改良の教育に資した事は、極めて意義深い。

岩田は次のように話している。⑬

「（過去）義士表彰には、是迄種々ニ実行を試み来りしことは実に容易ならず、乃ち或は著書出版をなしたるうへ非売品にて汎く世の有志に頒ち、或は各所の演説に於て頻りに多くの人に伝へたりき、然れども是れよく世人一般に伝播せしむるに足らず。

（今）然るに今般挙行したる表彰会の大運動こそ実に著しき勢力を以て社会全般に紹介すべき機会を得たりき。」

因みに、義士調査は金森吉次郎、西田喜兵衛両氏が始め、祖先の遺訓「吾が子孫たる者、必らず薩摩義士の恩を忘れず表彰せよ」に基づき美濃・伊勢両国有志が、明治一七年から三二年までの一六年間、金森氏と協力し濃州千本松に「義士記念碑」建設（明治三二年～三四年頃）したが、全国に伝播できず、一地方の運動に止っていた。⑭それを全国レベルに押し上げたのは、岩田であった。

岐阜在地民権家堀部松太郎の日記「一日一筆」に次の記載がある。⑮

「文禄年中（ママ）（文禄元年ヨリ明治六年迄二八二年）幕府薩摩藩主島津候ニ命ジ木曽川下流ノ工事ヲ為サシム、功成ラズ時ニ出張ノ武士七八名桑名地方ノ寺院ニ於テ割腹シテ罪ヲ謝ス、幕府之ヲ聞キテ功事（ママ）ヲ免ス、後年明治三四年有志相計リ油篤ニ一大紀念碑ヲ建立シ、大法会ヲ営メリ」

この有志とは金森・西田の事である。

平田靭負像（複製）
平田靭負終焉の地に建立。
（鹿児島県黎明館「薩摩義士と岐阜の名宝」より）

この情況を遺憾に思った岩田が、

「偖（さて）こそ是迄に有らん限りの私財を擲ち勤労を辞せずして朝夕此事に従い、以て或は著書出版に、演説に或は各新聞雑誌に投書して之が記載を求め一意専心之が成功を期したる次第……」⑯

油島千本松原

この間の事情を小久保喜七は、次のように言い当てている。

「宝暦年中平田靱負の事は約二百五十年程、忘却され、明治三十二年、義士ノ紀念碑設立及び弔祭ノ事あり、一部地方ノ人ニ知ラルルニ止ル未ダ天下ニ知ラルルニ至ラズ、岩田ガ天下ニ炳焉（あきらかなり）タリ」⑰

また翌二年の「薩摩義士贈位請願書」は、徳川達孝、佐々木文一の両院議員の紹介の基に、両院議長徳川家達、大岡育造に提出するが、時の山本～大隈内閣において却下された。

「内閣諸公に接して懇請すること数回、然かも容易に採用せられざりき」⑱

薩摩工事役館跡　岐阜県指定史跡
昭和三年建立（筆者所蔵）

翌三年二月岩田は、次のように言う。

「調査遂げてその事跡を世に紹介せんと欲し是が為め一意専心（いちいせんしん）殆ど寝食を忘れ漸（ようや）く以て其目的を達するに至り」[19]

この岩田の贈位請願の働きを、在岐阜の堀部松太郎は「一日一筆」の日記中で木曽川油島工事ニ付自殺者の件と記し、新聞記事を切り抜き興味深く、見守っている。（新聞名日時不明）

○忘られた烈士

△七十九名の贈位請願

「麻布区櫻田麻布学館長岩日（ママ）義徳（ママ）氏（注岩田徳義）ハ昔木曽川の改修工事に與って国家の為め大功を建てた旧薩摩藩の烈士七十九名の為めに贈位請願の手続中であるが……之れを彼の赤穂義士等に比して国家に貢献せる点は必ずしも劣るものでない、忘れられたる英霊を慰むべきであると言ふのが岩田氏の意見である。」

同年辻男爵経由で貴族院に提出、大多数賛成し両院通過した。

この功績により、京都伏見での義士表彰講演会に招聘された岩田は、途中参加予定であった岐阜での有志懇親会を病欠し、第一義目的の京都伏見入りを優先させる。

明治二三年「帝国議会貴族院之図」（筆者所蔵）

左は岩田不参加の同紙掲載の詫び文である。（大正三年一月二日岐阜市万松館有志懇親会に於て）

吾が処世の本分　岩田徳義演説

「余が這般地方漫遊を試むべき目的は専ら伏見行に在りて、而て此行先帝の桃山御陵に参拝を遂げざる間は、何事も本年に於て為し行はざることに決心せり。猶且岐阜滞在中微恙に罹れるものから、切角招待を受たる岐阜懇親会を辞したるは頗る遺憾の次第なりし。故に後ち該演説の腹稿をば印刷に付し一々有志に頒布して以て其責を免れき左の演説筆記乃ち是也」

満を持しての京都伏見入りである。

別表は、大正三年一月の岩田伏見紀行のスケジュールである。

一月四日には平田靫負の墳墓地山城伏見町尋常小学校で講演、地元名士発起による開催で、記者は、大阪朝日新聞、大阪毎日新聞、京都日出新聞、明治新聞等が取材し、地元京都は勿論、関西方面に、同活動は伝播され、前回の関東方面に引続き全国的スケールに拡がっていく。

伏見帰途に、名古屋で名古屋通俗図書館長倉岡勝彦氏に会い、「岩田図書館」構想に一層拍車がかかる。

更に、生地岡崎に凱旋帰国、岡崎駅で同志尾崎益太郎氏等と待合せ、自宅に帰り、思い出にひたりつつ写真師を呼び寄せ旧庭園内で自身の写

表3-2-3　大正3年1月　伏見紀行　〈筆者作成〉

日	行程
1	（元日）早朝家出る　新橋から汽車 → 夜 岐阜着　岐阜泊
2	「有志懇親会」　岐阜万松館予定　欠席（病気）
3	岐阜出発 → 京都へ　4：20 稲荷駅着 出迎え　人見・木谷・鹿野・百萬氏 外数名 →電車にのり　澤文旅館 止宿
4	早朝「桃山御陵」参拝 → 大黒寺参拝　講演会（2千名参集）
5	送別　京都発
6.7	岐阜 止宿
8	名古屋へ　倉田勝彦氏に会う（「名古屋通俗図書館」設立） 岡崎へ　岡崎福寿旧邸へ　有志談話会 → 懇親会
9	尾崎益太郎宅 泊
10	岡崎公園 本多映世公参り　岡崎 → 東京へ

真を残した。
その後、地元岡崎の同市主催の歓迎会懇親会に招待され、旧交を温めあった。⑳
岩田至上の喜びであったろう。その夜は、尾崎氏宅に止宿、翌日、本多映世公の参拝をすませ、岡崎駅より東京への途に就いた。

同年一〇月頃から岩田招聘の件に関し、鹿児島市報徳会の山田、花田両幹事と盛んに岩田と私信往復、玉利博士、服部内務部長も賛成し、翌年の薩摩義士祭典に繋がっていく。

日出新聞

M18・4・10付　京都日出新聞紙面（筆者所蔵）

大正六年二月一七日、鹿児島報徳会委員会は、岩田招聘議決、岩田に依頼し、四月三日薩摩義士祭典を決定、岩田は三月三〇日東京を単身出発した。

「……晩年之事業ニ付、大ニ志を伸し申候儀ニ候薩摩義士表彰之如きハ岐阜県人を代表する第一之運動ニ御座候、其度昨年も能々鹿児島県一般之有志より招待を受　大ヒニ面目（めんもく）を施したる次第……」㉑

岩田が崇拝する西郷隆盛（南洲）の生地、薩摩（鹿児島）での「薩摩義士祭典」及び県内講演、テーマが義士だけに岩田の心情の満足度は、いかばかりであったろうか。

威風堂々（いふうどうどう）、まさに岩田徳義満願成就の至福の刻であった。

一連の岩田の行動は、鹿児島新聞に連載され、鹿児島県内中を熱狂させ、薩摩は義士一色に染められた。

別表のごとく約二〇日間の鹿児島紀行となったが、その主たる目的は次の三点である。㉒

①義士に対する御贈位の請願の事
②義士に関する著書出版及演説に従事する事
③薩摩義士の浄瑠璃新作を試むる事

岩田講演の主旨（義士表彰）

社会教育に志し、以て世道人心を正し道徳の発展を期した。

同鹿児島紀行中、目的の一つである四月一五日に自作、新浄瑠璃「薩摩義士」の一部を岩田は披露する。

「徳川の末路に当りてや、旗本八万騎は只に名のみなりしなり、参河武士の子孫にして、長唄、うたい、浄瑠璃に耽り、亦曽て兵を談ずる者なし」㉓

岩田は、同年六月末に、「浄瑠璃新作宝暦薩摩義士」を出版、同月末までに完稿した浄瑠璃新作実録薩摩義士義士切腹の段三段目を第七版「薩摩義士殉節録」に載せ、翌八年の第八刷には、実録薩摩義士浄瑠璃三段、演劇三幕九場

鹿児島武徳殿に於る薩摩義士祭典（圖面上段首席岩田德義）
「麻布学館々報」第九巻九号（鹿児島大学附属図書館所蔵）

の内実録薩摩義士初段平田靫負出立の段も登場する。㉔なお二段は木曽川工事場の段、三段は義士切腹の段大切となっているなど、空前の義士ブームというべき感が到来した。

六年七月に、これらを受けて義士顕彰会及義士記念碑の設立があり、毎年祭典の企画も出された。

鹿児島公園内の義士記念碑について、岩田が詠めるは（文苑岩田対山稿）㉕

「城山に建る薩摩の隼人らが
　動は世々に朽ること
　なき」

麻布学館一〇巻一〇号中の史蹟には、岩田徳義稿の中学生向け読本草案の「薩摩義士」の文章が掲載され、教科書の素材としての提言も行ってい

表3-2-4　鹿児島紀行（大正6年）　〈筆者作成〉

3/30	東京単身出発	前もって家事整理
3/31	大阪－門司（泊）	小倉より報徳会員 阿部迎乗
	門司発	人吉まで 花田幹事出迎え
4/1 夜	鹿児島到着	10人 停車場迎え
4/2	同市　投宿	照国神社前 千歳館
4/3	義士祭典及び講演	市中央武徳殿　700余名
4/4	投宿	千歳館
4/5	講演	第7高等学校 造工館講堂　1千余名
4/6	講演	加世田小学校講堂
4/7	講演	伊集院小学校講堂
4/8	講演	薩摩郡隈之城村　2千名
4/9	岩田　病欠席	（鹿児島市 村田病院）
4/10		
4/11	＜病癒へぬ＞	
4/12		
4/13		
4/14	講演	師範学校
4/15	講演	始良郡加治木町（犬童氏宅）
4/16	講演	鹿児島（婦人会）　山下町 浩然亭
4/17	送別会	
4/18	鹿児島出発	→ 至東京へ

表3-2-5　岩田刊行本　〈筆者作成〉

附 ⑦ 序文	同じ	35P～47P	浄瑠璃 新作 実録薩摩義士　義士切腹の段　三段目
附 ⑧ 序文		65P～94P	実録薩摩義士　浄瑠璃三段　演劇 三幕九場の内
附 ⑨			実録薩摩義士　初段　平田靭負出立の段
壇恢復　時弊矯正論 1P～29P		別に	二段　木曽川工事場の段　未見
静岡大　鶴舞図書館蔵 岐阜県立図書館蔵			三段　義士切腹の段　大切　未見

る。

大正八年七月三日開演の新富座「薩摩義士劇」をみて、詠めるは次の四本である。㉖

「武士の則を示せる薩摩義士
教草をば世にぞ残せる」
「今は世に亡き人の俤を
活けるわざにて現はせるなり」
「わが仕業年をば積めるかひありて
朽せぬ道を世々に伝へぬ」
「今の世のひとのこころをためなんと
思ひてなせることと知らずや」

また大阪浪花座の義士劇をみて

「見るひとのいやがうへにも重りて
やまを築けるごとくにぞある」

高橋氏は、レジェンド岩田について次のように言う。

「岩田は主として大正年間、その顕彰運動を精力的に行ない各地で講演会を開き、文章による浄瑠璃を作り、大谷竹次郎松竹社長を動かして薩摩義士劇を公演し、貴族院議長徳川達孝らにも働きかけ大正五年平田靫負の従五位の追贈を果している。戦後、岐阜県と鹿児島県との関係は大変親密となり、町村合併に際し平田町と名をかざし旧恩に報いることなど行なわれている。」㉗

岩田と東郷平八郎の因縁のエピソードを語る一つに、薩摩義士顕彰運動があり、共に同運動を推進しているが、大正九年に、多くの献金をもとに、宝暦義士碑が建設され、大正一四年、岩田死亡の翌年に個人の寄進で常夜燈が作られた。常夜燈碑文は、東郷平八郎で（常夜燈碑文下書）鹿児島黎明館の所蔵である。（薩摩藩士、日露戦争連合艦隊司令長官「陸の大山、海の東郷」）㉘

岡崎藩士、岩田徳義の生涯は、まさしく義士そのものであった。

東郷元帥

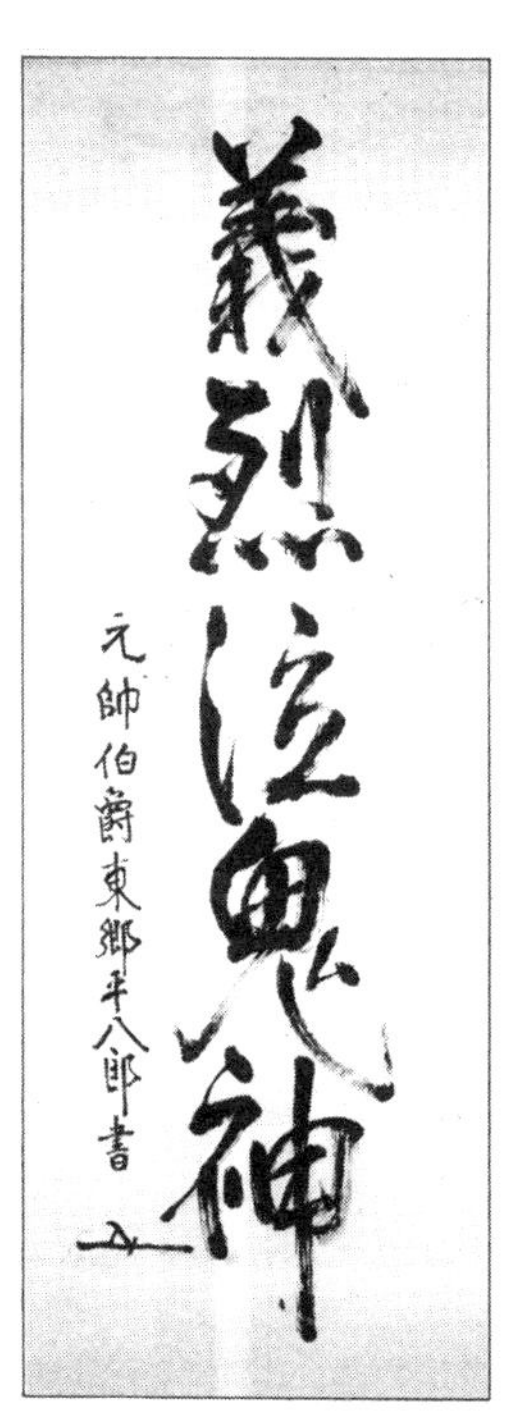

義烈位鬼神
（東郷平八郎筆 大正一四年）

寶暦治水薩摩義士常夜燈

宝暦治水薩摩義士常夜燈
（東郷平八郎筆　大正一四年）
薩摩義士碑の常夜燈に刻んだもの

註

①「薩摩義士殉節録」岩田徳義　（筆者所蔵）
②小西可東「薩摩義士録」　（同　）
③「薩摩義士」鹿児島県薩摩義士顕彰会第二～六号　（同　）
④高橋直服「宝暦治水薩摩義士顕彰百年史」　（同　）
⑤水谷英志「薩摩義士という轍」　（同　）
⑥「社会政策」　（同　）
⑦「岐阜日々新聞」明治三〇年一〇月付
⑧「薩摩義士殉節録」再版、岩田徳義　（筆者所蔵）
⑨「社会政策」　（同　）
⑩「伊東書翰」
⑪水谷英志「薩摩義士という轍」　（筆者所蔵）
⑫「麻布学館々報」　（同　）
⑬「　同　」　（同　）
⑭高橋博「木曽三川の特集に当って」地学雑誌97－2　一九八八年
⑮「堀部文書」（青木健児氏筆写ノート）　（筆写所蔵）
⑯「麻布学館々報」　（筆者所蔵）
⑰「　同　」　（同　）
⑱「　同　」　（同　）
⑲「　同　」　（同　）

⑳「麻布学館々報」　秋田県立図書館所蔵
㉑「岩田書簡」明治七年四月二七日付　（筆者所蔵）
㉒「麻布学館々報」　（同　）
㉓「文明之利器一三号」明治三〇年二月二〇日　国立国会図書館所蔵
㉔「麻布学館々報」　（筆者所蔵）
㉕「　同　」一一巻一一号　（同　）
㉖「　同　」一〇巻一〇号　（同　）
㉗高橋博「木曽三川の特集に当って」地学雑誌97-2　一九八八年
㉘鹿児島県歴史資料センター黎明館「薩摩義士と岐阜の名宝」（筆者所蔵）

3. 岩田図書館

岩田図書館設立構想は、大正二年一一月三日である。翌年の設立旨意書がある。①

図書館設立の旨意

（略）

規約

第一条　本館設立の主義目的を賛助せらるる人は総て賛助員と為すべし

第二条　本館主義目的を賛助せらる丶人は資金又は書籍を贈付せらるべし

第三条　本館設立のため資金又は書籍を贈付せられたる人に対しては麻布学館々報に掲載して其事績を表彰すべし

其他の細則は本館設立の上に於て之を定む

大正三年一一月三日　岩田徳義謹述

岩田は大正三年の岩田図書館の蔵書について、次のように言っている。

岩田図書館現在ノ蔵書

「本館ハ未ダ設備アラザルモ、一タビ之ガ冀望ヲ述ルヤ、兼テ我ガ麻布学館名誉会員諸氏ハ深ク同情ヲ表セラレ、以テ頻ニ巨多有益ナル書籍及資金ノ御恵贈ヲ忝クスルニ至レリ、本館ノ光栄何者カ之ニ若カン、爰ニ謹デ其高義ヲ謝シ、併テ長ヘニ之ヲ記念トス

（略）

表3-3-1　T3.11 岩田図書館蔵書
（内、岩田著作関係本）〈筆者作成〉

①	日本憲法解釈	全一冊
②	日本外史論文講義	全一冊
③	板垣岐阜遭難録	全一冊
④	文章規範解釈	未刊
⑤	社会改良論	全一冊
⑥	文明の利器	四冊
⑦	薩摩義士殉節録	全一冊
⑧	麻布学館館報	合本数冊

爾後益々之ガ目的ヲ達スベキガタメ汎ク世ノ同情ヲ請ントス、此段謹告

大正三年十一月　　岩田徳義」

図書館創立委員は園田孝吉、早川千吉郎、佐々木文一、井上敬次郎らで、賛成員は、大木遠吉、徳川頼寿等数一〇名の記名があり、活動を行っている。

これらの政治・経済人脈は、岩田の至誠一貫の人柄や人生（民権活動や法律研究活動、教育活動）から得たものも大きいが、軍人人脈ができた理由は土屋の貢献と麻布地区の土地柄が（陸軍）があったのも大きかったろう。

全蔵書冊数は、約八〇数冊であり、この内岩田著述の関係本は別表の八点である。②

丁度、同時期に岩田の伏見紀行があり「義士表彰講演会」に招聘され、紀行帰途に名古屋に立ち寄り、旧知の名古屋通俗図書館長倉岡勝彦との懇談は、岩田にとって刺激的かつ啓発を受け、蔵書増大活動に拍車がかかった一因となっている。③

「八日、名古屋に至りて、図書館長倉岡勝彦氏に会す。此日同地に於る有志懇親会の催しありたるも、猶微恙（びよう）あるを以て、心ならずも之を辞し、旅館にありて頻りに静養し、独り一室に於て倉岡氏に相見へ、以て恕に平生の情を述べたりき。抑も余が君と交を締ぶこと爰に六裘葛（ろくきゅうかつ）、其時日知しとせず、此間文書往復互に交誼を通ずるも、未曽て（いまだかつ）相面せざりき。於爰乎始めて握手歓欣の礼を為し、其交情頓に加倍す。嗚呼回顧すれば余は明治十年の頃、郷里岡崎より名古屋に出て愛岐日報の主筆となり、始めて操觚者（そうこしゃ）の任を負びて今日の境遇に至るまで前後殆ど四十年、往事茫々與（とも）に昔を語るの人なし。然るも幸にして今や君の名古屋に在りて図書館設立の業を営る丶ありて、爰に新なる交友を得たるは、余の最も悦ぶ所なるべし。

君は元と熊本県人にして、曽て愛知県警部長と為りたりしが、後ち官を辞して民間の人となり、以て明治四

十二年自ら奮て「名古屋通俗図書館」を設立せると同時に図書館報をさへ発行し、爾後綿々継続して今日の場合に達せしなり。ア丶我が東京の大都府に於る図書館に於てすら、猶且館報を発行し得るものなきに拘らず、其一地方部落にありて此事を為す、深く君の労を多とす。君真摯質実言行一致の人たるを失はず、故に其事業頗る著実にして益後来に望あり、余の君を信ずる以なきあらず、旅窓一夜語り尽して談漸く闌に、覚ず微恙を忘れたりき」

早川千吉郎君　竹内　綱君　松方　巖君
最上直吉君　園田孝吉君　川崎寛美君

(麻布学館館報」より（筆者所蔵）

特に大正六年四月になると薩摩義士祭典及び鹿児島各地義士講演会が開催されるや、義士ブームが起り、岩田の対人関係は大幅に拡大、多大の理解者、後援者が出現する。

岩田図書館は義士顕彰運動の拡大と共に、蔵書数を増やしていった。

大正六年一一月には、寄贈蔵書数は四五〇冊、寄付金額三二〇円となっていく。特に早川千吉郎（三井銀行常務取締役）のバックアップ力が大きい。④

井上敬次郎君　岩田徳義　佐々木文一君
渡邊勘十郎君　小久保喜七君　廣澤辯二君

麻布学館内にある岩田図書館現在の蔵書について館報の記載は次のとおり。

岩田圖書館現在ノ藏書

本館ハ未ダ設備アラザルモ、一タビ之ガ冀望ヲ述ルヤ、兼テ我ガ麻布學館名譽會員諸君ハ深ク同情ヲ表セラレ、以テ頻ニ巨多有益ナル書籍及資金ノ御惠贈ヲ忝クスルニ至レリ、本館ノ光榮何者カ之ニ若カン、爰ニ謹デ其高義ヲ謝シ、併テ長ヘニ之ヲ記念トス

書籍寄附各位

海軍中將有馬良橘殿寄贈

一日露戰爭批評　全一冊
一宋名臣言行錄　前篇一冊
一七　書　上下二冊
一偉人ノ跡　全一冊
一中東戰紀本末　全一冊
一國際法　上下二冊
一太平洋ノ優越者　全一冊
一帝國々防史論抄　全一冊
一偉人クロムウエル　全一冊
一獨逸軍政要義　全一冊
一回顧錄　全一冊
一捕獲審檢定所　全一冊
一ラグビー在校記　全一冊
一安德天皇御事績論　全一冊
ブラツキー社發行
一帝國英語字典　全四冊
メクールジヨン氏著
一比較地理學　全一冊
ウイブスター氏原著
一英和字典　全一冊
インブリー氏著
一英和會話獨習　全一冊
ジヤパン、タイムス社發行
一ジヤパン、タイムス、日本號　全一冊
一實際的敎育學　全一冊
一國際法要論　全一冊
一近時外交史　全一冊
一長州之天下　全一冊
一海軍趨勢　全一冊
ジエン氏編纂
一鑑名錄　全二冊
一七十八日記　全一冊
一戰地寫眞帖　全一冊
一先哲像傳　全三冊
ルートレージ社發行
一男女偉人傳　全一冊
ブリンクリー氏著
一和英字典　全一冊
シドニーウイツトマン氏著
一パピスパーク王國　全一冊
スミス著
一英語類語字典　全一冊
ワード、ロツク社發行
一リバプール案內記　全一冊
ブラツセー氏編纂
一海事年鑑　全五冊
チヨージ博士著
一地理ト歷史トノ關係　全一冊
コルクホン氏著
一南亞細亞ニ於ル露國　全一冊

伯爵　大木遠吉殿寄贈

一大日本者神國也　全一冊
一明治之天皇　全一冊
一聖代四十五年　全一冊
一奮闘ト敎訓　全一冊
一華胄大鑑　全一冊
一代表的人物　全一冊
一天理農法　全一冊
一日本之精華　全一冊

伯爵　德川達孝殿寄贈

子爵　曾我祐準殿寄贈

男爵　土屋光春殿寄贈

一赤裸々の大石良雄　全一冊

子爵　小笠原長生殿寄贈

一乃木大將言行錄記念　全一冊

男爵　後藤新平殿寄贈

代議士佐々木文一殿寄贈

一西洋全史　全一冊

侍從武官若見虎治殿寄贈

一國體擁護　全一冊
一御聖德　全一冊
一七卿落　全一冊
一盡人事待天命　全一冊
一社會辭彙　全一冊
一帝國之選良　全一冊
一御即位式大典錄　全一冊
一東京府市名鑑　全一冊
一泊翁叢書　全一冊
一橫井小楠遺稿　全一冊
一拙者ハ大石良雄ぢや　上下二冊
一獨逸國民の將來　全一冊
一日露戰爭軍事談片(自著)　全一冊
一靑年訓(自著)　全一冊
一山鹿素行修養訓　全一冊
一奇傑傳　全一冊
一明治天皇御聖德　全一冊

男爵　辻新次殿寄贈

一謝恩祭記念　全一冊

海軍大臣八代六郎殿寄贈

十五銀行頭取園田孝吉殿寄贈

一吉田松陰　全一冊
一本箱　一個

三井銀行取締早川千吉郞殿寄贈

一常陸帶　全一冊

鐵道院總裁添田壽一殿寄贈

前代議士渡邊勘十郎殿寄贈

一宇宙開闢論史　全一冊
一野中兼山　全一冊
一維新雜史 櫻田義擧錄　全一冊
一日露戰爭寫眞帖　全一冊
一世界歷史之裏面　全一冊
一達人達觀　全一冊
一讀史百話　全一冊
一帝國議會史　全一冊
一偉人之跡　全一冊
一一代之修養　全一冊
一信松先生錫爵錄　全一冊
一續古神道大義　上下二冊
一赤心一片(自著)　全二冊
一橋本左內　全一冊
一同天詩史　全一冊
一新論　全一冊
一井上伯傳　全九冊
一熊澤蕃山　全一冊
一孔子論　全一冊
一井伊大老ト開港　全一冊
一露艦隊來航秘錄　全一冊
一萬國史綱　全一冊
一賴山陽及其時代　全一冊
一人物論　全一冊
一世の中　全一冊
一七卿落　全一冊
一英雄崇拜論　全一冊

一最近之大阪市　全二冊
一歷代四十五年史　各二冊
一寫眞帖　全一冊
一南亭史說集　全一冊
一三島通庸　全一冊
一石田三成　全一冊
一日本戰史（大阪役補傳）　全一冊
一日本戰史（關原役）　全一冊
一日本山水論　全一冊
一櫻痴文集　全一冊
井上敬次郎殿寄贈
一偉人史叢　全三冊
一傑士之花　全一冊
星野錫殿寄贈
一乃木大將傳　全一冊
攝津大掾殿寄贈
鈴木充美殿寄贈
一東阜全集　全一冊
小野利教殿寄贈

一日本社會年鑑　全一冊
一臺灣統治綜觀　全一冊
一商業要論　全一冊
一伊藤公實錄　全一冊
一朝鮮王國　全一冊
一日本戰史（大阪役）　全一冊
一日本戰史（大阪役附表）　全一冊
一日本戰史（關原役）　全一冊
一柳北文集　全一冊
一小華外史　上下二冊
一前賢故實　全一冊
一西鄉南洲翁（扁額）　一個
一軍艦金剛廻航記　全一冊
一海軍（毎號寄附）
一書裝（祝岩田翁山古稀自筆）二幅
一自由黨史　二冊
一通俗佛教要義　全一冊
一日本對外小史　全一冊

一婦人產科論　二冊
高見健一殿寄贈
青木倉藏殿寄贈
一古文眞寶　全一冊、
伯爵　松平頼壽殿寄贈
一靖献遺言　全三冊
貴族院議員澤柳政太郎殿寄贈
伯爵　德川達孝殿寄贈
一梧窓漫筆　全六冊
一國民日常訓　全一冊
三上七十郎君寄贈
男爵　川崎寛美殿寄贈
一川崎畫報毎月一回寄附
侯爵　德川圀順殿寄贈（水戸家御藏版）
伏見十六會長　人見喜三郎殿寄贈
一金五拾圓　園田孝吉殿
一金拾五圓　海軍大將　出羽重遠殿

一日本對外小史（自著）　全一冊
一赤穗義人傳　全一冊
一大日本史　全部廿五冊
一弘道館述義　全二冊
一孝道（自著）　全二冊
一靖献遺言　全三冊
一巴里籠城日記　全一冊
一名家演說集　全一冊
一支那文小學讀本　全六冊
一柿本人丸肖像　一個
右ハ特許川崎式混凝土鐵網ノ說明記念
一大日本史　全部壹百卷
一伏見義民傳　全一冊

一金拾圓　海軍中將　加藤定吉殿
一金貳拾五圓　海軍大將　瓜生外吉殿
一岩田德義ノ古稀寫眞肖像（額面壹個）　園田孝吉殿
貴族院議員古市公威殿寄贈　一能樂畫報　一卷十冊
二卷十二冊、三卷十三冊、四卷十冊、五卷五冊、六卷十四冊、七卷十三冊、
一國諷（十冊）　一謡曲界（九冊外ニ七冊）　一能樂新報（二十一冊）　一謡曲新報（二十部）
東京市電氣局長井上敬次郎君寄贈
一歐米人之日本觀　上中下三編
一大英國民　全一冊
一近世歐州文化史論　全一冊
一近世歐羅巴之基礎　全一冊
一最近埃及　上下二編
一佛國人之佛國　全一冊
一土耳其帝國　全一冊
一英國產業革新論　全一冊
一社會政策二編　全一冊
一近時の經濟變動　全一冊
一婦人と經濟　全一冊
一恐慌論　全一冊

一國民性情論　全一冊
一米國民　全一冊
一現代獨乙の發展　全一冊
一國民功業論　全一冊
一英國殖民史　全一冊
一西班牙人之西班牙　全一冊
一近世泰西英傑傳　全四編
一英國政策二編　全一冊
一社會の經濟的基礎　全一冊
一產業社會の進化　全一冊
一社會經濟學　全一冊
一租稅論　全一冊

一日米交涉五十年史　全一冊
一歐洲現代政治家　全二冊
一十九世紀科學の進步　全一冊
一十九世紀末年史　全一冊
一近世名婦傳　全一冊
一民族發展の心理　全一冊
一現生活の新問題　全一冊
一歐洲道德史　上下全二冊
一世界の宗教　全一冊
杉山茂丸君寄贈
一美聲法及雄辯法　全一冊
一藤田翁言行錄　全一冊
一歐氏經濟論　全一冊
一支那觀　全二冊
一日本政体史　全一冊
一殖民政策　全一冊
一兒玉將軍逸事　全一冊
一政治學史　全一冊
一國法學　全一冊
一臺灣事情　全一冊

一現代文明史　全一冊
一政治的發展の一世紀　全一冊
一人性論　全一冊
一家族論　全一冊
一近世泰西英傑傳　第五卷
一米國の對東外史　全一冊
一比較文明史　全一冊
一世界教育史要　全一冊
一第二十世紀豫想論　全一冊
一安政疑獄　月照薩摩落　全一冊
一日本憲法提要　全一冊
一北海道史稿　全一冊
一政治學原理　全一冊
一外交政策　全一冊
一軍政及軍備　全一冊
一來嶋恒喜傳　全一冊
一生理學講義　全一冊
一經濟通論　全一冊
一後年の誡　全一冊

杉山　茂丸君自著
一英人ノ日米戰爭觀　全一冊
一靑年訓　全一冊
一屑籠　全一冊
一其日庵叢書　全一冊
一乞食の勤王論　全一冊

一金五拾圓　男爵中島久萬吉殿
一金五拾圓　無・名氏
一金貳拾圓　海軍大將瓜生外吉殿
一金參拾圓　無名氏
一金拾圓　加藤善次・郞殿
一金參圓　竹內卯助殿
一金五拾圓　最上直吉殿
一金五圓　柳田節殿

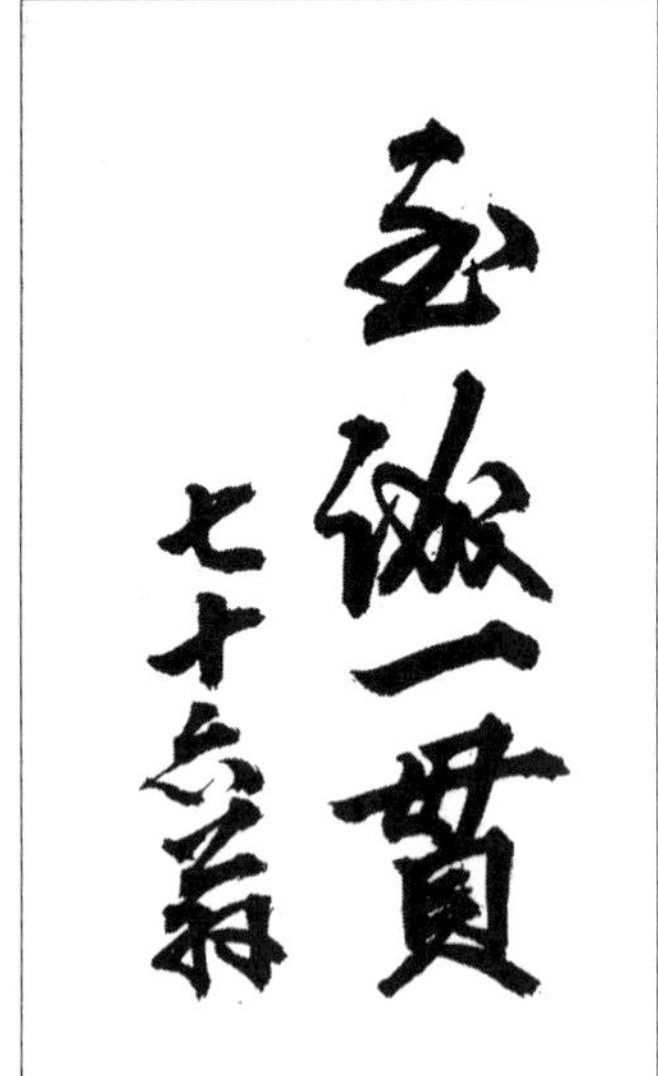

至誠一貫「岩田徳義翁小伝」
（筆者所蔵）

貴重な岩田図書館所蔵図書は、増加の一途にあり、すべてが順風満帆かと思われた。

　われは世に亡らんのちも此ふみを
　おほくのひとに残し伝へん
　対山樓主人（文苑）[5]

しかし大正一二年九月一日の関東大震災の火災や、家屋倒壊等の被害により、図書類は消失したと思われる。岩田は、わが子代りの岩田図書館を想いやっていた。
岩田の矜持たる「至誠一貫」の精神は、岩田の「自省録」[6]に発揮されている。紹介しよう。

　自省録　　岩田徳義
「余や資性鈍くして何事をも為し得ず、酔生夢死（すいせいむし）の間に覚ず古稀（こき）の歳を迎えぬ。顧みて過去の歴史を討（たず）ね、次で前途の事を想へば、深く吾を鞭撻（べんたつ）することのいとゞ多きを感ず。

左に記せる一二警句の如きは、たゞ朝夕自ら省みて之れが実行を期せんと欲するもの、み。

学問の片端

一、毎朝盥嗽を終りたるのち食前に方りて、先づ慎みて上帝を拝し、後ち祖先の霊前に謝すべし

一、勉めて善を為して悪を避くべし、それには先づ吾が良心に対して何事をもよく相談すべし、善を為せば心自ら愉快にして顔色共に和らぎ、悪を為せば終日不愉快にして飲食の味をも弁ぜざるに至る、良心の明は煌として日の如し、世を欺き人を欺くとても自ら欺きがたし、君子慎独の教はくれ〴〵も服膺すべし

一、吾が世に立て為すべきことは、先以て自信の念を堅くすべし、サレバ一旦吾心に信じて為し行はんと欲することは、他人の毀誉に関せず、断乎として之を進行すべく、決て躊躇すべからず。また何事に拘らず、一時を為し遂ざる間は、他に心を触るべからず、否らざれば、二兎を逐ふ者は遂に一兎を獲ざるの悔を招くべし

一、人と交るには凡て真実の心を以てすべし

一、人と約束したることは必らず実行すべし

一、人の吾に過あれば、心を広くして之を許すべし、吾が身に過あれば、心を小にして之を責むべし

一、知己朋友よりして受たる信書は、務めて之を保存し置くべし

一、人より贈与せられたる書は大切に保存せると共に、其実受たる年月日を記し置き、又之を読終りたるときは其時日を記し置くべし

一、凡そ書を読むには終始一貫其主義を心に弁ぜしむべし、一書を読み終らざるうちに他書に移るべからず、乱読軽過は事に益なくして害あり、歴史的の書に於て殊に然かり

一、吾が身に病あらざる限りは、二六時中怠りなく物に勉強すべく、貴重の光陰を徒費すべからず。人間一生何程の齢を保ち、思ひ切り働らきても充分の仕事を為し得ず、況して其身を怠り時間を空過せるをや、男子

世に生れたる甲斐なし

一、富貴固より冀ふべく、務めて之を求むべし。然れども、人間生涯富貴より猶貴むべきものあり天爵なり。曽子謂らく晋楚の富は求むべからず、彼は其富を以し、吾は吾が義を以す、吾何ぞ怨みんやと、士君子世に立て行を励む、如此き高潔の気風こそ願はしけれ。サレバ人は毎に玉砕瓦全の語をば克々味ふべし

一、古の学問は躬行実践なりしも、今の学問は啻に文字の学のみ。躬行実践は其人を玉にすべく、文字の学は人を凡にすべし。昔は雋偉英傑の士に富みしも、今は一向世に聞ゆるの士なきは、職として学問に名と実との差あるに由る、諺に謂ふ「六十の手習」と。余は今七十にして漸く論語の片端を窺ふことを得る、亦実に迂なる哉

一、能々用事のある外は、成丈人に対するの返書は、直に之を為し、若しくは遅くとも翌日を過すべからず、是れ人々交際の道に取りて、須らく守るべきの本分なるべし

一、来客をして成丈久しく待たしめざるやう注意すべく。また能々気の合へる朋友の外は同席せしめざるを善しとす」

最後になった。

岩田の薩摩義士顕彰運動成功後の大正八年一〇月の「麻布学館々報（第拾壱巻第拾壱号）」に、岩田の人脈を伝える同館特別名誉会員や名誉会員等の名簿がある。

紹介しよう。

特別名譽會員各位

侯爵　徳川　頼倫殿

伯爵　徳川　達孝殿

伯　爵　大木　遠吉殿
伯　爵　松平　頼壽殿
子　爵　本多　忠敬殿
男　爵　川崎　寛美殿
男　爵　伊達　宗曜殿
海軍大將　加藤　定吉殿
海軍大將　島村　速雄殿
海軍大將　名和又八郎殿
海軍中將　有馬　良橘殿
海軍中將　土屋　光金殿
代議士　佐々木文一殿
竹内　綱殿
前十五銀行頭取　園田　孝吉殿
現任十五銀行頭取　松方　巖殿
三井銀行常務取締　早川千吉郎殿
東京市電氣局長　井上敬次郎殿
秋田縣　最上　直吉殿
前代議士　廣澤　辯二殿

特別名譽會員規定（教育奬勵會規則參考）

第六條　普通名譽會員ハ一時限金五圓トス但特別ノ高義ニ基キテ補助ヲ與ヘラル、所ノ諸君ヲ以テ特別名譽會員トシ毎年會費金五圓ヲ受ク

名譽會員各位（次第不同乞御宥恕）

元帥伯爵　東郷平八郎殿
元帥子爵　川村　景明殿
陸軍大將　土屋　光春殿
陸軍大將　大迫　尚敏殿
陸軍大將　一戸　兵衛殿
陸軍大將　上村　勇作殿
海軍大將　出羽　重遠殿
海軍大將　加藤　定吉殿
海軍大將　島村　速雄殿
海軍大將　名和又八郎殿
侯　爵　徳川　頼倫殿
伯　爵　徳川　達孝殿
伯　爵　大木　遠吉殿
伯　爵　松平　頼壽殿
伯　爵　柳原　義光殿
子　爵　本多　忠敬殿
子　爵　曾我　祐準殿
男　爵　後藤　新平殿
同　牧野　伸顯殿
同　田　健次郎殿
同　徳川　　厚殿
同　安場　末喜殿
同　川崎　寛美殿
同　伊達　宗曜殿
同　高木　兼寛殿
同　中島久萬吉殿
同　島津　久賢殿
同　島津　長丸殿
同　島津　隼彦殿
同　島津　忠夫殿
貴族院議員　古市　公威殿
同　小牧　昌業殿
同　折田　彦一殿
同　杉田　定一殿
同　川上　親晴殿
衆議院議員　小久保喜七殿
同　佐々木文一殿
同　匹田　鋭吉殿
前代議士　岡崎久次郎殿
同　福岡　精一殿
同　牧野彦太郎殿
同　後藤文一郎殿
同　古井　由之殿

同　金森吉治郎殿
同　渡邊勘十郎殿
同　星野　錫殿
同　廣澤　辨二殿
同　淺見與一右衛門殿
海軍中將　山屋　他人殿
海軍中將　有馬　良橘殿
海軍中將　土屋　光金殿
陸軍中將　田中　義一殿
海軍中將　吉田　貞一殿
海軍少將　小笠原長生殿
陸軍少將　若見　虎治殿
陸軍大佐　朝久野勘十郎殿
陸軍大佐　齋藤常三郎殿
海軍大佐　西尾雄次郎殿
前鹿兒島縣知事　高岡　直吉殿
鹿兒島縣知事　橋本　正治殿
岐阜縣知事　鹿子木小五郎殿
京都府知事　馬淵鋭太郎殿
從四位　河野主一郎殿
廣島縣内務部長　服部　教一殿
鹿兒島縣高等農林學校長　玉利　喜造殿

前十五銀行頭取　園田　孝吉殿
十五銀行頭取　松方　巖殿
三井銀行常務取締　早川千吉郎殿
前内務次官辯護士　鈴木　充美殿
前南日本精糖會社社長　竹内　綱殿
日本赤十字病院長　平井　政遒殿
南日本精糖会社社長　山本　久顯殿
文部省圖書局長　渡邊董之介殿
文學博士　服部宇之吉殿
京都大學教授　松下　禎二殿
第七高等學校教授　山田　準殿
東京市電氣局長　井上敬次郎殿
辨護士　安田　要六殿

特別會員各位（次第不同乞御宥恕）

細谷　鈴馬殿
多門猶治郎殿
和田　有殿
淺尾鋏三郎殿
太地周三郎殿
山木松五郎殿
柴田　清吉殿

林　竹船殿
細谷　資國殿
三上七十郎殿
伊藤　博治殿
池田　彪一殿
久保田儀助殿
人見喜三郎殿
福西忠治郎殿
加藤善次郎殿
吹山忠十郎殿
山田三次郎殿
田丸　金七殿
横井　弘勝殿
西田　芝壽殿
尾崎益太郎殿
青木友四郎殿
竹内　卯助殿
中村　平輔殿
杉野　惣一殿
犬童　英輔殿
宇都宮虎二殿
加藤小兵衛殿
井上萬次郎殿
北川伊三郎殿
河本庄兵衛殿
高原善七郎殿
山下　コマ殿
竹村　タカ殿

麻布學館及圖書館建築寄附人名

一　金壹百圓　本多　忠敬殿
一　金壹百圓　竹内　綱殿
一　金壹百圓　大木　遠吉殿
一　金貳百圓　園田　孝吉殿
一　金貳百圓　早川千吉郎殿
一　金五拾圓　後藤　新平殿
一　金五拾圓　徳川　達孝殿
一　金五拾圓　山本　久顯殿
一　金五拾圓　松方　巖殿
一　金五拾圓　中島久萬吉殿
一　金五拾圓　最上　直吉殿
一　金五拾圓　無　名　氏
一　金四拾二圓　瓜生　外吉殿
一　金參拾圓　土屋　光春殿

一　金參拾圓　伊東　祐亭殿
一　金參拾圓　東郷平八郎殿
一　金參拾圓　大迫　尚敏殿
一　金參拾圓　小久保喜七殿
一　金參拾圓　渡邊勘十郎殿
一　金參拾圓　添田　壽一殿
一　金參拾圓　無　名　氏
一　金貳拾圓　松平　頼壽殿
一　金貳拾圓　佐々木文一殿
一　金貳拾圓　金森吉治郎殿
一　金貳拾圓　福岡　精一殿
一　金貳拾圓　牧野彦太郎殿
一　金貳拾圓　岡崎久次郎殿
一　金貳拾圓　高橋　義信殿
一　金拾五圓　出羽　重遠殿
一　金拾五圓　齋藤常三郎殿
一　金拾圓　加藤　定吉殿
一　金拾圓　田　健次郎殿
一　金拾圓　辻　新次殿
一　金拾圓　杉田　定一殿
一　金拾圓　飯田新右衛門殿
一　金拾圓　澁谷　良平殿

一　金拾圓　安田　要六殿
一　金拾圓　松原芳太郎殿
一　金拾圓　古井　由之殿
一　金拾圓　小笠原長生殿
一　金拾圓　下郷　傳平殿
一　金拾圓　加藤善次郎殿
一　金拾圓　橋本　正治殿
一　金五圓　谷　義久殿
一　金五圓　千賀千太郎殿
一　金五圓　西田　芝壽殿
一　金五圓　桑田久次郎殿
一　金五圓　江口駒之助殿
一　金五圓　澁澤　篤二殿
一　金五圓　攝津　大椽殿
一　金五圓　服部　教一殿
一　金五圓　根岸治右衛門殿
一　金五圓　常陸山谷右衛門殿
一　金五圓　柳田　節殿
一　金五圓　内藤　乾藏殿
一　金五圓　鈴木　要三殿
一　金五圓　河内辰次郎殿
一　金參圓　長山　三舟殿

一 金參圓 深尾三太夫殿
一 金參圓 藤澤熊次郎殿
一 金參圓 桂　壽雄殿
一 金參圓 清岡　八郎殿
一 金參圓 齋藤　廣次殿
一 金貳圓五拾錢 稲葉　正雄殿
一 金弐圓 尾崎益太郎殿
一 金弐圓 服部　佐橘殿
一 金弐圓 臼井　義胤殿
一 金弐圓 近山與五郎殿
一 金壹圓 東郷　重清殿
一 金壹圓 向井　增吉殿
一 金壹圓 細谷　鈴馬殿
一 金壹圓 溝淵松太郎殿
一 金壹圓 奥田菊次郎殿
一 金壹圓 蘆屋　轍殿
一 金壹圓 千賀　又市殿

總計壹千七百八拾參圓五拾錢（總額一萬圓ヲ要ス）

本年度特別名譽會員會費受領

一 金五圓 島村　速雄殿
一 金五圓 名和又八郎
一 金五圓 大木　遠吉殿
一 金五圓 徳川　頼倫殿
一 金五圓 松平　頼壽殿
一 金五圓 川崎　寛美殿
一 金五圓 加藤　定吉殿
一 金五圓 有馬　良橘殿
一 金五圓 井上敬次郎殿
一 金五圓 竹内　綱殿
一 金五圓 伊達　宗曜殿
一 金五圓 土屋　光金殿
一 金五圓 園田　孝吉殿
一 金五圓 早川千吉郎殿
一 金五圓 徳川　達孝殿
一 金五圓 松方　巖殿
一 金五圓 佐々木文一殿
一 金五圓 本多　忠敬殿
一 金五圓 廣澤　辨二殿
一 金五圓 最上　直吉殿

合計金壹百圓（人員二十名）

同年度（名譽特別）會員會費受領

一 金五圓 馬淵鋭太郎殿
一 金五圓 上原　勇作殿
一 金五圓 平井　政遒殿

一　金五圓　　折田　彦市殿
一　金五圓　　松下　禎二殿
一　金參圓　　竹内　卯助殿
一　金參圓　　上田　萱彦殿
合計金百四拾三圓（人員五名）

麻布學館維持費トシテ本年度ヨリ義捐ヲ忝クスル所ノ各位

一　金二拾圓　　徳川　達孝伯
一　金二拾圓　　松平　頼壽伯
一　金拾圓　　本多　忠敬子
一　金二拾圓　　川崎　寛美男
一　金二拾圓　　園田　孝吉男
一　金二拾圓　　松方　　巖殿
一　金二拾圓　　早川千吉郎殿
一　金二拾圓　　竹内　　綱殿
一　金二拾圓　　佐々木文一殿
一　金二拾圓　　井上敬次郎殿
一　金拾圓　　最上　直吉殿
合計貳百圓（人員拾一名）

岩田圖書館建築寄附（本年度分）

一　金百圓　　早川千吉郎殿
一　金拾圓　　名和又八郎殿
一　金拾圓　　橋本　正治殿
一　金二十圓　　福西忠次郎殿

註

①「麻布学館々報」七―七　秋田県立図書館所蔵
②「　同　」六―五　同
③「　同　」六―五　同
④「　同　」九―九　鹿児島大学附属図書館所蔵
⑤「　同　」一〇―一〇　（筆者所蔵）
⑥「　同　」　（筆者所蔵）

あとがき

岩田徳義の長い生涯を語る時、岩田を最も理解し、共に民権活動をした盟友内藤魯一の岩田の性格分析は、極めて的を射ている。

この評伝は、「文明之利器」（第一二号、明治二四年八月二〇日）中、一周年祝辞として内藤が書いたものである。

「余や岩田君と数十年前にあって相識る事深し。抑も君が一度社会に立て力を国家に尽さるゝの上に於るや終始一徹言行一致飽迄堅忍不抜の気象と敢為勇往の精神とに基き以て其平生に抱持せる自由主義を貫徹せしめんと欲するの履歴節操に至ては頗る世人をして感服せしむる…」（愛知県内藤魯一）

岩田の気象とは気性の事で、生まれつきの性質を指していて、堅忍不抜、すなわち、堅い意志、我慢強く耐え忍び、心を動かさない、動かされない三河武士の魂を窺わせる。

精神は、敢為勇往、すなわち目的に向かって困難をものともせず、自ら思い切って、まっしぐらに進んで行く果敢なものである。

行動に至っては、終始一徹、言行一致とあるように、始めから終わりまで、態度や行動などを交えず貫きとおし、口で言うことと行動に矛盾がなく、主張どおりの行動派であった。

岩田の銘符は「至誠一貫」である。

常に相手の立場に立って、まごころを尽くすという意味の精神を言い、最後まで誠意を貫き通すこと、或いは一つの方針、方法、態度で始めから終わりまで貫き通す事を言う。

筆者は岩田の生涯を検証したが、まさに「至誠一貫」、岩田徳義ここに在りと感じる。

岩田の精神は、一〇年代の民権運動における理不尽な「新聞事件」や、二〇年代の金権撰挙や「出版差止め事件」など、数多の奇禍、困難、辛苦を乗り越え、最終的には、薩摩義士顕彰運動として、大輪の花を咲かせた、いわば大器晩成型の人生といえる。

勿論、「至誠一貫」の精神を貫徹したからこそ、晩年の多岐豊富の人脈に恵まれた事もうなずけるものであり、例えば岐阜での辛苦が、塞翁（さいおう）が馬（うま）となって岐阜木曽三川をテーマとする薩摩義士顕彰となって帰ってくるのも面白く、まさしく〝人生の醍醐味〟をここに観る。

ところで、本書のタイトルについて、大いに悩んだが、岩田を語る上で次の三点は、はずせなかった。

①三河岡崎藩出身の下級士族である事。

②自由民権運動の志士であった事。

③薩摩義士顕彰運動を成功させた事。

岩田に冠するに値するネーミングに烈士、志士等も考えたが、彼自身が人生を賭した義士であった点に着目し、自由民権義士とした。

岩田は、赤穂義士を愛し、後に薩摩義士命名者だが、岩田自身が歴史の中に埋没し、誰にも顕彰される事なく、郷里岡崎の人々にも忘却の彼方におかれた現実をかいま見る時、第一部冒頭にも記したが、一人でも多くの岡崎市民の方々に、壮絶なる岩田の事歴と波瀾万丈の生涯を周知していただく事こそが筆者の願いである。

岡崎藩下級藩士岩田徳義、彼こそが三河岡崎藩が生んだ偉大な自由民権義士と言える。

岩田徳義年譜（筆者作成）

弘化3（一八四六）年――――――――――――――
　8・21　岩田徳義生まれる。三河岡崎藩、岡崎福寿十四番士族

嘉永5（一八五二）年――7～8歳――――――――――
　岩田七～八歳、志賀悾堂・曽我耐軒の塾へ、大学の書を習い四書の素読をする。

安政3（一八五七）年――12～13歳――――――――
　岩田十二～十三歳頃、文選の全部熟読し、孝行にも親しむ。

文久元（一八六三）年――18歳――――――――――
　岡崎藩小役人（御勘定見習役）に取り立てられる。

明治2（一八六八）年――22歳――――――――――
　岡崎允文館入門、同門に土屋光春や志賀重昂がいた。

明治4～5（一八七〇～一八七一）年――26～27歳――――
　岡崎藩士各其方向を定るの機会に遭遇する。
　岩田、豊橋札木町士族大塚光治郎の養子となる。
　吉田藩・田原藩士族らと交流。

明治6～7（一八七三～一八七四）年――28～29歳――――
　岩田上京、東京芝中門前寓（東京寄留）、新思想を学ぶ。

明治7（一八七四）年――29歳
　10・24「日新真事誌」に初投書

明治8（一八七五）年――30歳――――――――――
　2・23「郵便報知新聞」投書
　8・8「東京曙新聞」に寄書

明治9（一八七六）年――31歳――――――――――
　11・11　名古屋の「愛岐日報」へ入社

明治10（一八七七）年――32歳――――――――――
　2月頃　西南戦争勃発、岩田禿（とく）筆を振ふ
　4・13「愛知新聞」へ寄書
　6月中旬　岩田主筆となる。
　9・24　西南戦争終結、西郷南洲に向け一首詠う。
　10・29　岩田、保護税説を論じた廉で、禁獄二ヶ月、罰金十円に処せられる。
　11・13　宮本千萬樹、演説会を開催。

明治11（一八七八）年――33歳――――――――――
　6月頃　岩田、「愛岐日報」投書の筆禍に関連し禁獄三十日、罰金二十円。
　7月頃「愛岐日報」社内で、内藤魯一と初めて会う。民権家岩田への転機となる。
　9月頃「愛国社」再興会議、宮本千萬樹が愛知県代表となる。
　12・24「羈立社」創立、岩田も参加。

12月末　岩田、「愛岐日報」退社。

明治12（一八七九）年—34歳

2・18「羈立社趣意書」提出

4～5月頃　岩田、演説会活動盛ん。

羈立社瓦解

5月　岩田「米利堅合衆国政体并国会規律」発刊。

岐阜知識人グループと接触有。

5・24　岩田岐阜入り「岐阜新聞」発行。岩田約一カ月で退社。

明治13（一八八〇）年—35歳

3・1　岩田、拡知社他オルグ活動展開

4月　「岐阜（県）演説社」創立

明治13～14（一八八〇～一八八一）年—35～36歳

岐阜県民権運動低迷

明治14（一八八一）年—36歳

9月　自由党沼間守一岐阜に入る

10月初旬　岩田「加納町会議」開催

10・10　岐阜県下五郡士族代表として上京

10・18「自由党」創立

12月末　加納町会議組織崩壊、再オルグ活動展開

明治15（一八八二）年—37歳

1～2月　板垣来岐下工作をする。

「山県郡自由党」「岩村自由党」誕生

3・10　板垣東海道遊説スタート

3月中旬　「濃飛自由党」創立

3・31　板垣岐阜入り多治見懇親会開催

4・1～4・4　岩村・中津川・太田懇親会

4・6　板垣岐阜遭難事件起る

岐阜県自由民権運動高揚する

6・3「濃飛自由党」解党

明治16（一八八三）年—38歳

1・29　岩田満一カ年「演説禁止」される。

10月　岩田「新聞事件」で収監される。

明治17（一八八四）年—39歳

入獄中

明治18（一八八五）年—40歳

出獄

9月頃　出獄、東京遊学　東京京橋区日吉町北田正董方寄寓

10・3　明治法律学校入学

明治19（一八八六）年—41歳

5・10　岩田、岐阜の堀部、村山、本田宛書翰送付

6・6　岩田、旧自由党員懇親会出席

明治20（一八八七）年—42歳

2・7　明治法律学校退学　基督教に接近（ワデル氏に師事）植村正久・島田三郎・小崎弘道と交友
6・12「社会改良論」起稿
9・28「社会改良論」脱稿

明治21（一八八八）年――43歳
1・24「社会改良論」出版（江藤書店）
1・24　東京麻布区市兵衛町転居　「東京徳育館」設置
6・10「岐阜日々新聞」に郵便寄稿　「囚人保護会社を賛す」
9・28「基督教ト社会トノ関係」出版（東京聖教書類会社）
10月頃「国会開設の準備」出版（未見）

明治22（一八八九）年――44歳
7〜8月　岩田、帰岐後「濃飛日報」入社　一ヵ月くらいで退社
8月「地方自治制度」「日本憲法論」出版（未見）
9月「政治社」設立、法律研究会活動へ
10・29「町村制詳解」出版（啓文社）

明治23（一八九〇）年――45歳
4・20「自由の光」出版（益友社）
5・3　岐阜中教院前益友社にて法律教授
6・24「文明之利器」出版（益友社）
6月頃　法律研究会活動盛んになる
10月頃「大日本憲法詳解」出版（益友社）

明治24（一八九一）年――46歳
6〜7月頃「法律研究会」増加
10・28　濃飛震災
11・24　岩田、益友社で震災救済請願に係わる　請願書調印集会開催
「西別院事件」起こる
12・28「岩田徳義被告事件」判決　岐阜区裁判所公廷にて

明治25（一八九二）年――47歳
9・3〜10　郡上郡漫遊へ、岩田、山田、堀部
11・12「政談演説集」出版（益友社）

明治26（一八九三）年――48歳
3月　小崎利準辞任
12・10　岩田に「感謝状」贈られる

明治27（一八九四）年――49歳
1〜2月　岩田を撰挙に推薦　岐阜県郡上郡、武儀郡有志者
2・24　岩田を松田に改姓
3・1　落撰
4月「文明之利器」再発行

6・15 岩田自由党脱党
7月 日清戦争開戦 岩田、対外硬演説へ
明治28（一八九五）年―50歳
1月 「文明之利器発禁事件」起こる
明治29（一八九六）年―51歳
4月 「岐阜私立学館」設立
明治30（一八九七）年―52歳
岐阜私立学館漢学教授と雑誌発行
4月 岐阜私立学館岐阜市室町へ移転
5・20 「郡制注釈」発刊（益友社）
明治31（一八九八）年―53歳
8・24 同館移転岐阜市岐阜県庁裏通西野町
12月頃 「日本憲法講義」発刊（未見）
明治32（一八九九）年―54歳
2・8 「日本外史論文講義」出版（教育奨励会）
8月頃 上京
11月頃 「麻布学館」設立 東京麻布区麻布霞町壱番地
明治40（一九〇七）年―62歳
12月 「麻布学館設立書及び規則書」あり
12・2 「東京大阪義太夫芸評」（教育奨励会）
明治41（一九〇八）年―63歳
3・14～16「京阪義太夫大会」開催 客員御招待板垣、
渡辺、嶋田、竹内ら
明治42（一九〇九）年―64歳
12・27 「板垣伯岐阜遭難録」出版（対山書院）
「麻布学館々報」初号発刊、大正13年まで
明治44（一九一一）年―66歳
6・29 盟友内藤魯一死亡
8月 内藤「追悼の会」で岩田追悼の辞
8月 金森氏岩田に会い顕彰運動懇願 義士表彰思
い立ち板垣に相談
明治45（一九一二）年―67歳
大正元年となる
1・20 「薩摩義士殉節録」出版（麻布学館） 板垣の
「社会政策」に掲載
大正2（一九一三）年―68歳
12・8 第1回顕彰講演会（東京神田帝国教育会館）
同館移転麻布区櫻田町2番地
1月 贈位請願
大正3（一九一四）年―69歳
11月 岩田図書館設立構想
1月 第2回顕彰講演会（京都伏見）・岡崎帰郷
新作浄瑠璃「薩摩義士」発行
大正5（一九一六）年―71歳

4月　麻布区材木町76番地へ転居
10月　第3回顕彰講演会（東京神田和強学院）
12・28　平田靭負に従五位贈位
大正6（一九一七）年――72歳――
4・3～16「義士祭典」（鹿児島武徳殿）及び「鹿児島各地義士表彰会」
5・18　義士贈位報告講演会（東京神田帝国教育会館）
7・3「薩摩義士劇・木曽川治水記公演」（東京神田帝国教育会館）
9月「薩摩義士劇・木曽川治水記公演」（大阪浪花座）
大正7（一九一八）年――73歳――
「薩摩義士講演」（大阪中之島ホテル）
4・31　板垣銅像除幕式（岐阜）
11・17　麻布学館創立20年紀念（自伝配布）
大正8（一九一九）年――74歳――
「亜細亜時論」「弘道」等に投稿
大正9（一九二〇）年――75歳――
4・13　京都薩摩義士表彰会
11・24　宝暦義士碑竣工記念講演
大正12（一九二三）年――78歳――
6・20　岩田婚姻届（加藤よね）
9・1　関東大震災
大正13（一九二四）年――79歳――
1月「麻布父兄会」組織
4・5「震災に鑑むべし震災記念号」発刊
8・30　岩田徳義逝去（満八〇歳）

〈研究ノート〉

脱兎　宮本千萬樹

―長谷川昇氏の問に答えて―

はじめに

本稿で取り上げる宮本千萬樹（ちまき）について長谷川昇氏は、「愛知県自由民権運動史」（東海近代史研究第二号）の中で、次の問いかけをされた。

『愛知県地方「民権政社」（羈立社）の最初の動向を知り得る資料は、明治一一年九月一六日、大阪「愛国社再興会議」の席上、宮本千萬樹によってなされた「愛知名古屋ノ実況」という報告である。

この報告を見ると「愛知県名古屋委員」として会議に出席している宮本千萬樹のグループは、未だ正式に結社を創立するに至らず、八―九名の同志が「政社」創立の一歩手前で奔走している段階にあることがわかる。

〈問題点一〉

中心人物宮本千萬樹はどこの出身の、どんな経歴をもった人物であったか。

宮本の経歴は未だ不明のまゝである。私としても種々の資料に当ってみたもの、手掛りが得られない。東大新聞資料室におられた西田長寿氏（西田長寿「明治時代の新聞と雑誌」）にも問合せてみたが不明であった。是非とも明らかにしたいものである。』

〈問題点二〉

この八―九名の同志というのはどういうグループであったのか。

明治一一年一月一三日の「愛知新聞」に「（名古屋）袋町の明治義塾に於て演説会開催、弁士は愛岐日報の幹事鈴木才三、宮本千万樹、萱生奉文、前島長発等、聴衆殊に多し」とあることから、この演説会の弁士グループは「愛岐日報」の記者を中心としたものであり、このグループが〃八―九名の同志〃の中核をなすものと思われるが確証はない。

以上の二問について、筆者が知りえた事実を報告（現段階の研究成果）したい。

四〇年程前の余談だが、長谷川先生のご自宅での勉強会で、常々この宮本の事歴を知りたいと語っておられた。

そもそも、民権家宮本の発掘は、長谷川先生が端初であり、「内藤魯一文書」（内籐泰彦氏所蔵）からの研究発展延長線上にあった。

現在、知立市発刊「内藤魯一自由民権運動資料集」中に宮本千萬樹関係資料が散見できる。

子孫内籐泰彦氏のご厚意で同文書は知立の資料館に保存、内藤魯一の生家の近隣で同氏は内藤居宅を守っておられる。

佐藤尚「釧路歴史散歩（上）」
（筆者所蔵）

ところで、たまたま今回、筆者が宮本の新事実と遭遇できたのは、彼の特異な名前、〃千萬樹〃にあった。

これまで文献等には、千真木とも千万木とも千巻とも記載されているが、現段階で筆者の手元にある「東京華謡（はなうた）新聞」（筆者所蔵）の奥付に編集長兼印刷人宮本千萬樹とある事、或いは明治二三年七月一日「官報」第二一〇〇号（国立国会図書館所蔵）に宮本千萬樹とある事から、宮本の正式名は〃千萬樹〃である。

今年六月、筆者は自由民権義士岩田徳義の執筆活動の最中、たまたま北海道「釧路歴史散歩」（佐藤尚著）を読んでいた。

同書一〇九頁目、筆者の目に飛び込んで来たのは、次の文字だった。

「宮本千万樹釧路初代郡長」

驚愕し、血液は逆流、心臓はバクバク、半世紀にわたる歴史的事実発見に狂喜した。

なる程、だから宮本は愛知県初民権政社羈立社の創始者にして、明治一三年一二月一八日の愛知新聞記事を最後に、突然、名古屋から消息を絶った訳だった。

長谷川先生が、常々「〃謎の人物〃是非とも知りたい」と語っておられたのが印象深い。

宮本は、第二の人生を北海道釧路の大地に求め移住、民権活動から転変、行政家釧路初代郡長として釧路開拓に、その生命を燃やしていたのだ。

現状の研究段階は宮本の出自等知りうる詳細かつ決定的史料は未発掘のままである。

例えば、「北海道移住士族名簿」とか「釧路行政郡役所書類」（これは後日、釧路中央図書館にて発見された）とか、彼の功績を称え釧路市内に昭和七年宮本町が行政区域として誕生するのだが、必ずや「自叙伝」的なものが釧路の中に残っている筈である。

釧路港及び中心地区俯瞰図「釧路市史」（筆者所蔵）

残念ながら、筆者の愛知県から北海道はあまりに遠く、得意のフィールドワークの史料収集は、ままならない。しかし、幸い釧路中央図書館のスーパーサブ司書のレファランス諸氏は、筆者の思いを汲み取られ、釧路の功労者宮本に理解と興味を抱かれ調査協力、宮本の生涯の一部を朧げながらも知る事ができたのは幸甚であった。

本稿執筆中の一一月同館菅原氏より大きな吉報が入った。なんと、これまで誰も知らない宮本千萬樹の写真を発見したとの事、まさに大発見、まさしく初見で飛び上って喜んだ。

釧路中央図書館抜群の調査能力が光る。

まずは恩師長谷川先生に報告、そして釧路市民（特に宮本町）の方々に宮本千萬樹の事歴を周知、再評価していただく魁（さきがけ）としたい。

また函館市立博物館の保科智治氏には、宮本書翰（笹野文書）についてご協力いただいた。この宮本直筆の書翰も初見で貴重な資料である。

本稿の第三章釧路時代は、ひとえに地元釧路中央図書館のお力添えで資料紹介いただき成稿できた。

また、稲田雅洋、後藤一成両氏論考には、大いに刺激をいただいた。深く感謝申し上げる。

令和三年一一月一八日

第一章　東京時代

1．宮本千萬樹とは

宮本千万樹「釧路百年　開基一〇〇年記念写真史」釧路新聞社事業委員会編集、釧路新聞社（現北海道新聞社）
（釧路中央図書館所蔵）同館発見宮本千萬樹の写真。これまで宮本の写真は不明で謎だった。

北海道に収監された民権家を主とした北海道に関わる民権家人物文献目録（人名総索引）と言える「北海道民権史料集」の（北海道大学図書刊行会）（永井秀夫氏他編集）に宮本の記載がある。

「宮本千真樹（生没年不詳）
愛知の人。一八七八年九月、愛国社の再興大会出席羈立社に加盟。一八七九年三月、愛国社第二回大会出席。のち北海道に渡り釧路外四郡長となる。」

同書の性格は、民権家手引き書的なもので一九八六年出版時、他論文等の孫引きの可能性は強く、総花的で宮本に関する信憑性は薄い。

「民権家経歴」の八六一頁に名古屋事件の皆川源左衛門、或いは静岡事件の湊省太郎、宮本鏡太郎等と共に、宮本に関する四行の記載があるが出典は不明。宮本の出身地が愛知の人というのは、これまで、長谷川氏が宮本の出自を尾張藩と推定された（確定資料はない）事に基づいている。

このため筆者は宮本出自に関する確たる調査の必要性が発生し、釧路中央図書館に協力を求めた。

同館は、筆者の質問の回答を次のように発信された。

《宮本の生年月日》

「釧路叢書」第三五巻（釧路市総務部地域資料室編、出版者釧路市）「写真絵葉書に見る遠い日のくしろ」に、嘉永四（一八五一）年生れ、東京都出身、出典不明、没年不明。

《宮本の没年》

没年については「釧路市史資料集」第二・三号合本製本（著者名、出版社　釧路市）「釧路戸長役場時代以降」八二頁にある。

昭和五年七月　　釧路郡第一次郡長宮本千万樹氏東京市に於て逝去す。

同館調査によれば宮本千万樹は、東京出身、嘉永四（一八五一）年生れ、昭和五（一九三〇）年逝去（東京市）、七九歳となる。

今、宮本の出自について東京と愛知の二説が立った。

「釧路市史」は、次の記載から愛知説としている。

「釧路市の農業にようやく定着性を与えた原因は……愛知県人……の移住を見てからのことである。愛知県の人々が……入植したのは……はじめ長谷川武三郎……ら四戸は……どうせ開墾で苦労するなら後々地主になりたい……そこで同郷の先輩河合某（㊟銀次郎カ）に相談したところ、『それなら釧路に行くがよい、釧路の郡長宮本千万樹というて国（㊟愛知県）の人だし、郡書記の熊沢亮輔と

釧路市史
釧路市役所刊

釧路市史（筆者所蔵）

いう人も国のものだから』というのが、そもそもこの人々が釧路にくる動機であった。……オンネビラは……『尾張団体』と呼ぶようになり……」

宮本を、国の人＝尾張出身と言うが、確かに尾張名古屋で活躍した事実はあるが、生まれの特定の確証までには至ってはいない。

「羈立社の研究」（東海近代史研究第五号）の後藤一成氏もまた長谷川氏同様愛知新聞明治一一（一八七八）年一〇月一一日記事中の「愛知士族宮本千萬樹」を根拠に愛知県説としている。

釧路中央図書館資料に依拠する東京出身説か、長谷川・後藤両氏及び「釧路市史」の資料に依拠する愛知出身説か、いずれにせよ宮本の活動拠点が東京、愛知にあっただけに興味深い。

しかし、両説の根拠資料は決定的一次資料とは言えず、エビデンスとして公用での研究目的のため、宮本千萬樹の「戸籍調査」が必要不可欠となった。

特に、釧路市にとって釧路行政の創始者、初代郡長宮本の正確な経歴調査は必須で、重大な歴史的発掘作業である。

言うまでもなく、宮本は釧路初代郡長の功績がたたえられ、昭和七（一九三二）年八月一五日治政功宇記念とし宮本町が誕生したのは、釧路市民及び宮本町民の方々の周知の事実であり、宮本は郷土の誇りでもある。

にも拘わらず、釧路地方法務局は（学術的調査研究のための「閲覧申請」）、反応は鈍く、二カ月近く、待たされ続け、令和三年一二月一〇日付の回答は閲覧不許可だった。

筆者は、大いに意義ありとしていた年明け二月に、この問題に結着できる一冊を発見した。

稲田雅洋氏「自由民権の文化史」中の「朝野」一八七六・二・二日付「府下雑報」である。

「有名なる魯国（ろしあ）伝導教師ニコライ氏の門人東京府士族宮本千万樹さんハ采風（さいふう）新聞へ「雖在縲絏（るいせつ）之中非其罪也」新聞記者の文章を投ぜられたることより一昨日裁判所へ御呼出しの上本山殿より御取調べの処なんだか議論が六ケ敷（むつかしく）なり遂に腰縄を掛けられ拘留となったよし。」

この貴重な資料から、次の三点を読み取る事ができた。

㈠宮本は東京府士族
㈡ロシア伝導教師ニコライ氏の門人だった
㈢采風新聞投書により拘留
（采風新聞　一八七六・二・二四日付　明治八年三月　二〇円　宮本千万樹官吏職務への讒毀にあたる讒謗律第四条に当該）

これが長谷川氏問題提起一の答えである。

宮本千萬樹は東京府士族で間違いないと思われるが、決定的資料として、戸籍閲覧の必要性があり釧路市の公用申請が最も適正だろう。

なお小川原正道氏によれば、田原の村松愛蔵は明治五年廃藩後、解職、東京神田駿河台ロシア人宣教師ニコライ塾に学んだとあるが、このニコライとは、門下生宮本千萬樹を指導したニコライを指すのだろうか。時機的、場所的にも符合するが資料的確証を得ていない。

ところで、宮本町のみならず、北海道開拓の歴史において、開拓者名や開拓者の郷里の知名を冠した場所は、多く存在する。

岐阜県美濃市移住者の「美濃町」。

尾張八雲の開拓団は「八雲町」と付し、筆者の居住地小牧市の姉妹都市となり現在も交流がある。

釧路の米町（こめまち）。

命名の起源は旧クスリ場所請負人・米屋佐野家の開拓功業を記念したもので、明治七年以降は米町（よねまち）と読む。

松本町。

ニコライ師　旧大聖堂（筆者所蔵）

松浦武四郎の徳を讃えた命名で厚岸町の太田は、この地域の開拓功労者太田紋助の名、浜中町榊町はキリタップ場所請負人、（山田屋）榊富右衛門の名に因んでいる。

しかし、昭和七年の地番改正以後個人の名を取り上げて町名に冠したところは、この宮本町を除いてはないと言う。（佐藤歩「釧路歴史散歩」）

宮本の釧路に対する貢献度の程が知れる。

「わがマチの人物地図第一集」（著者名釧路新聞社事業委員会編集、出版社　釧路新聞社）の「宮本町の巻」において次の指摘がある。

「宮本千万樹郡長の治績はややわかるが、その履歴などつまびらかでない。釧路で発行された書物には名前だけがのっているが、かんじんの履歴がはっきりしないのは残念だ。調べてわかったことは現在の釧路を創る上においては重要なポイントを持った人であるということだった。」

釧路においても、名古屋においてもやはり宮本は〝謎の人物〟かつ、重要な人物に他ならない。

宮本の思想形成にかかわる重要部分の、出生後どのような家庭環境で幼少期に何を学んでいたかは、現在、研究は何も進展していない。

宮本は嘉永四（一八五一）年生れであるとすると、内藤魯一や岩田徳義が弘化三年生れだから六歳下という事になり、明治維新時は一七歳となり、相当の知識人で出自は東京府士族とみる。名古屋羈立社創立時は二八～二九才であった。

宮本千萬樹が歴史の表舞台に登場するのは、采風新聞の「投書筆禍事件」という事になる。

2. 采風新聞への投書

宮本千萬樹の初見は、「新聞集成明治編年史」によれば、明治九年二月、「采風新聞」投書筆禍事件により禁獄三カ月罰金二〇円に処せられたとある。（五月出獄）

岩田徳義同様、投書活動からの操觚者への胎動が見られる。

同紙は、杉田定一が明治八年東京で創刊、藩閥専制の弊害を痛論、自由民権を唱えた民権新聞である。

「緒言」には次の記載がある。

「広ク内外ノ奇事異聞ヲ報シ洽（あまね）ク江湖ノ新論明説ヲ録シ専ラ都鄙（とひ）ノ昧者ヲ奨励シテ之ヲ文明ノ境域ニ誘導セント欲ス是レ新聞各社ノ自ラ責任トスル所ナリ」（采風新聞）

杉田定一もまた同年三月一二日「日本亡滅論」掲載のため、禁獄六カ月罰金三〇円を喰らった。（九月出獄）

このため、すでに顔見知りの二人は、三～六月位の約三カ月同じ収監体験を味わう事になる。生れ年も宮本と杉田は同じ嘉永四年生れの二六歳という共通点もあった。

この「采風新聞」の系列は、「草莽雑誌」「湖海新報」等、民権運動家の拠点であり、自由民権思想の牙城であった。（松岡八郎「日本における政党の成立についての一考察」東洋法学）

第1表　明治8年～9年頃「采風新聞社受難」一覧　〈筆者作成〉

年月日	事項	内容	処分
明治8年11月22日	采風新聞創刊	第1号　（編輯　加藤九郎）	
明治9年1月20日	采風新聞　編集長	加藤九郎（政府を攻撃して共和政府樹立を説き）	禁獄3年
〃　2月23日	采風新聞　仮編集長	本木貞雄（前編集長の処刑曲庇）	禁獄2年半
〃　2月28日	〃　〃	矢野駿男（讒謗律および検事を讒謗）	禁獄10月 罰金100円
〃　2月	〃　投書	宮本千萬樹	禁獄3月 罰金20円
〃　3月12日	〃　仮編集長	杉田定一（日本亡滅論）	禁獄6月 罰金30円
〃　3月15日	〃　編集長	中島泰雄（讒謗律誹毀）	禁獄2月 罰金20円

本局　東京府第一区　鎗屋町七番地　采風社

指原安三の「明治文化全集第二巻」二八七頁によれば、

「今年の初に当り、為に法に触れ律に当り、朝野新聞の成島柳北、末広重恭、沢田直温、采風新聞の加藤九郎、木本貞雄、天野駿男、中島泰雄、杉田定一、報知新聞の岡敬孝、植木枝盛、評論新聞の横瀬文彦、山脇巍、小松原英太郎、東清七、中島勝義、岡本清一郎、満木清繁、柴田勝又、田中直哉、日々新聞の甫喜山景雄等三十

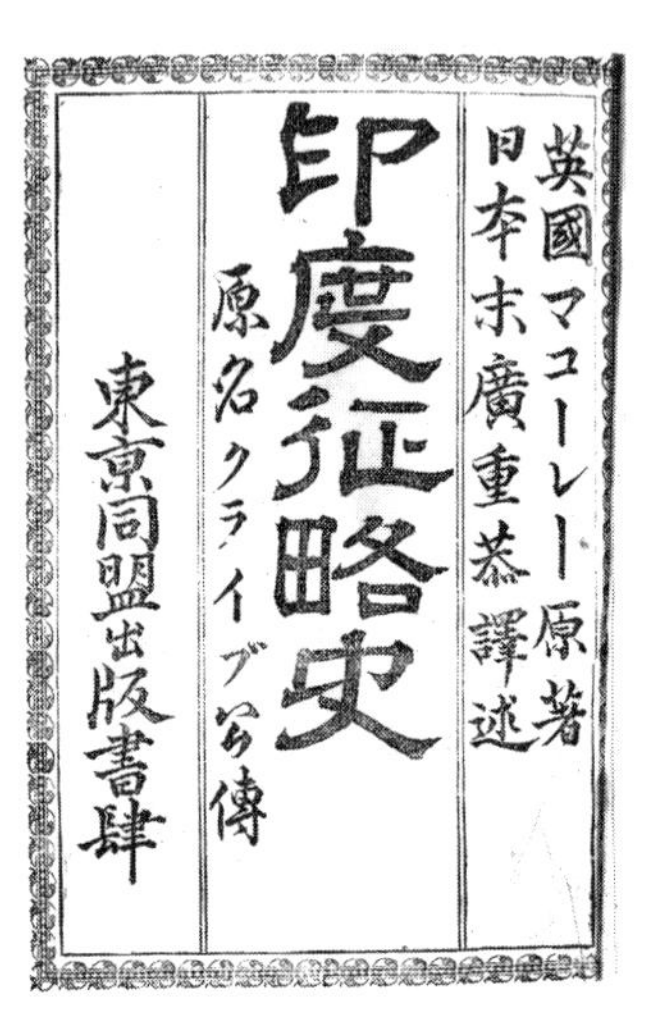

第2表　柳北遺稿（筆者所蔵）より　〈筆者作成〉

評論新聞	小松原英太郎	禁獄2年
〃	山脇　魏	1年
〃	中島富雄	1年
〃	東　清七	4月
〃	鳥居正効	4月
〃	横瀬文彦	3月
〃	満木清繫	3月
〃	柴田勝文	3月
〃	岡本清一郎	2月
〃	中島勝義	2月
〃	高羽光則	2月
〃	渡辺敬之	2月
〃	小松正胤	2月
〃	田中直哉	1月
〃	石田知彦	1月
報知新聞	岡　敬孝	禁獄1年半
〃	箕浦勝人	2月
〃　（投書）	植木枝盛	2月
朝野新聞	澤田直温	禁獄1年
〃	末広重恭	8月
〃　（投書）	西河通徹	3月
日　報	甫喜山景雄	禁獄3月

※明治11年7月2日付読売新聞（筆者所蔵）には、満期になった小松原が「旧評論新聞の小松原英太郎同新聞のことで禁獄二ケ年になって居たが此程満期で無事に出られ久々にて同業記者に面会したのは喜ばしいことで有ました。」とある。

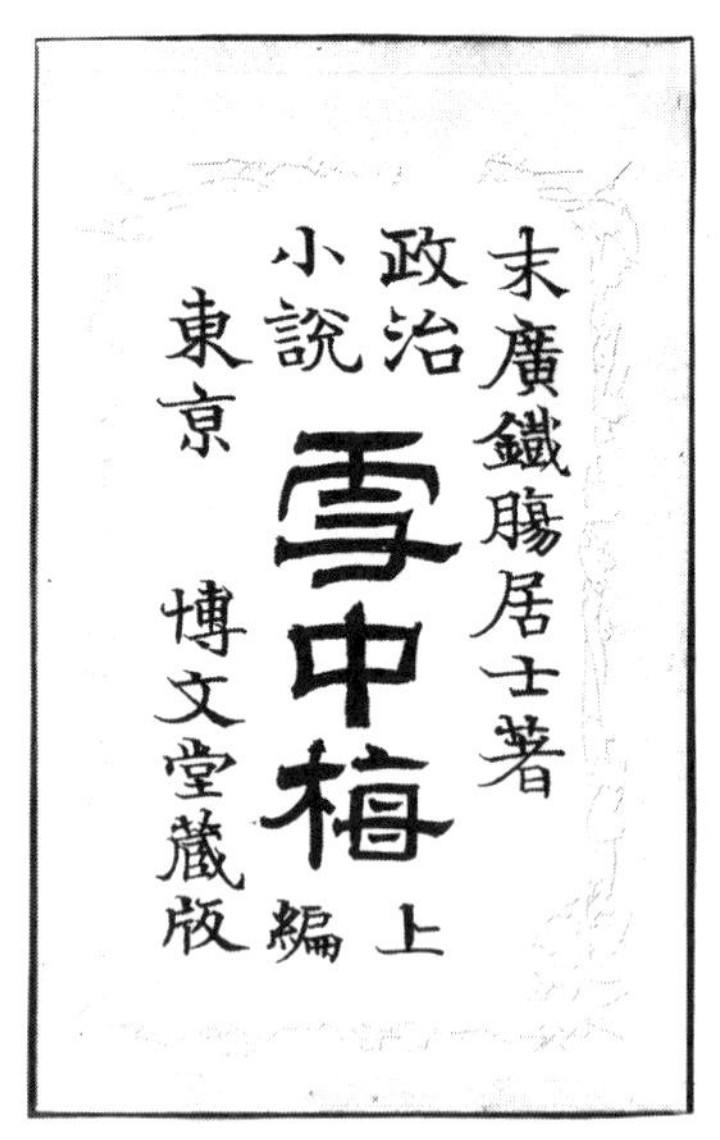

末廣鐵腸居士著
政治小説
雪中梅
上編
東京
博文堂蔵版

末広重恭「印度征略史」「雪中梅」（筆者所蔵）

余人の多きに及んだ……」

とあり、いかに政府の弾圧の激しかったかがわかる。

これは、明治八年六月、悪名高き讒謗律、新定新聞紙条例の布告を指している。

このため、「東京曙新聞」末広重恭の筆禍を皮切りに後一〇年末までに処刑者延一〇〇人を超す言論恐怖時代ともいうべき惨状を呈し、後に村山照吉の「酒屋会議事件」を主導した植木枝盛も「郵便報知新聞」への投書（猿人君主）のため、鍛治橋監獄で獄中生活を、明治九年三月一五日から五月一三日まで送るが、この時なんと艮下第二一号入獄者に宮本千萬樹がいた。

同房に「評論新聞」の田中直哉、東清七がいて、植木の入獄を契機に宮本は東と共に第二二号へ移管、ここには「朝野新聞」成島柳北、「評論新聞」岡本清一郎、柴田勝又、そして入獄まもない植木という、まさに錚々たる面々がいた。（家永三郎「植木枝盛研究」）

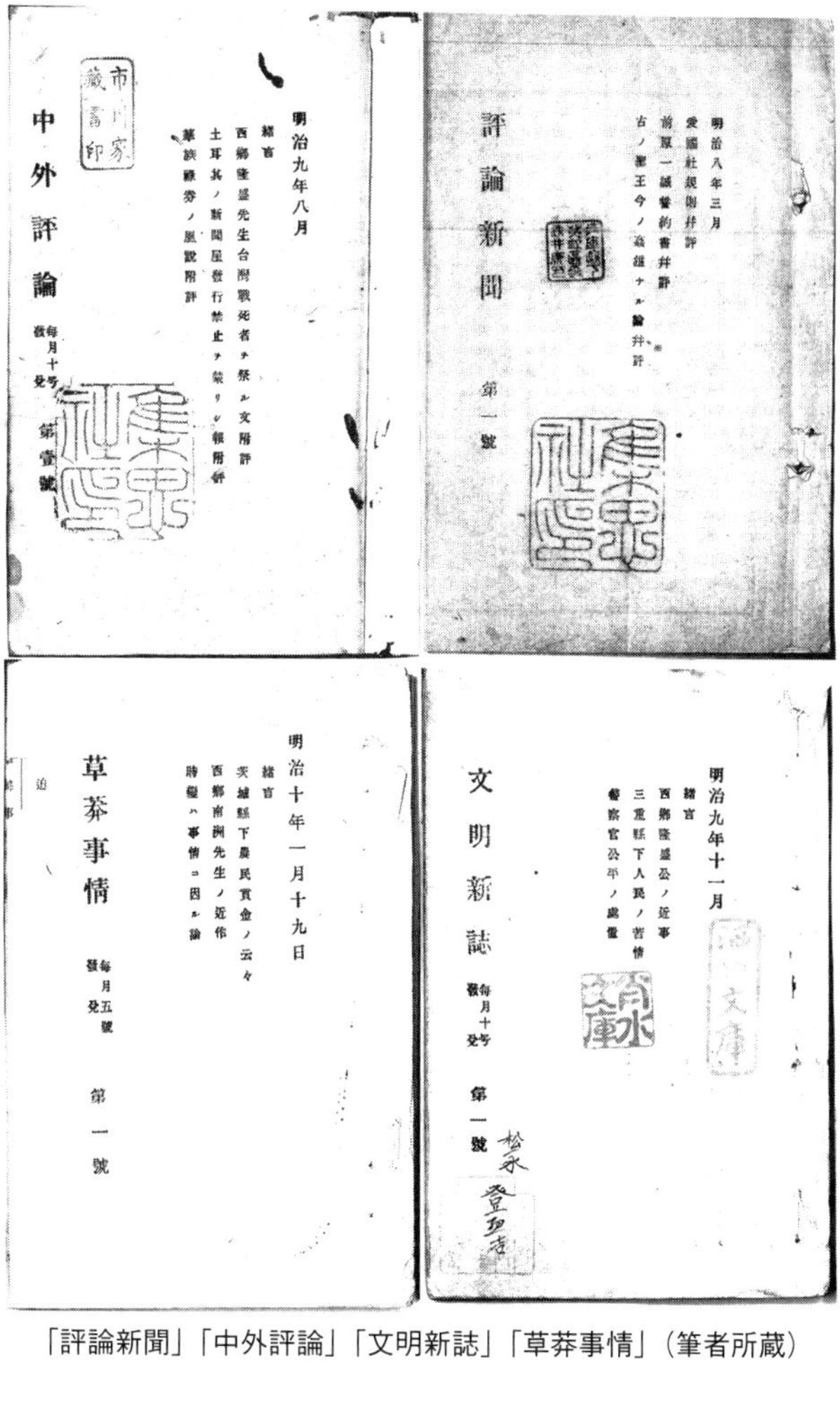

「評論新聞」「中外評論」「文明新誌」「草莽事情」（筆者所蔵）

「柳北遺稿」成島復三郎編（筆者所蔵）

「……僕ノ（成島）二十二号ノ房ニ入ルヤ集思社の横瀬氏対面ノ房ニ在リ其他該社ノ小松原山脇二氏采風社ノ加藤氏皆同区ニ分居ス他囚其中ニ雑居スル者モ亦数名ニ過ギズ各房寥々トシテ形影相吊スルノミ既ニシテ各社ノ記者陸続法網ニ罹リテ此中ニ堕ツ房々処トシテ新聞記者ナラザル無ク故ニ記者自ラ一房中に同栖セザルヲ得ズ是ニ於テ平遂ニ禁獄世界ノ景況ヲ一変スルニ至リシナリ僕（成島）ト前後同ジク獄中ノ妙味ヲ喫シタル者ヲ左ニ列セシ……」（第一・二表がその名前）

なお、鍛治橋監獄での獄中生活については、稲田雅洋氏「自由民権の文化史」に詳しい。なお宮本の罪科の事情について、同書を引かせていただいた。

「采風への対応は、その後いっそう過酷になった。…（略）…第四六号に載った投書について…（略）…その筆者が宮本千萬樹であるとしたことから、さっそく宮本にも出頭の命が下りた。宮本は同月十日、訊問の上で拘留となった。宮本の罪科は、投書の中に「雖在縲絏之中非其罪也」という一節があったからである。それが讒謗律第四条、つまり官吏の職務への譏毀にあたるというのである。だがこの語句は宮本自身によるものではなく、『論語話』の「公冶長」の昌頭にあるもので、「縲絏の中に在りといえども、その罪にあらさるなり」と読む。「縲」とは黒い縄、「絏」はつなぐことをそれぞれ意味するので縲絏とは縄につながれること、すなわち「獄に入れられる」…（略）…全体の意味は、〝獄に入れられたとしても、それは罪を犯したからではない〟…（略）…宮本は、政府による当時の言論弾圧を『論語』の一節をもって批判したのであるが、そのことによって囹圄の人となった。捕える側の学識のなさが罪を作りだす…（略）…宮本の例は、讒謗律が近代日本の弾圧法令のなかで占める位置のあり方を示している。彼も二月二四日、罰金二十円、禁獄三か月に処せられて入獄させられた。」

宮本は「采風新聞」への投書で入獄するが、獄中での「評論新聞「采風新聞」の反骨隆々たる操觚者や民権家たち集思社グループと同じ運命、境遇の日々を送ったのは、宮本の生き方、ひいては愛知の民権運動や釧路での行政活動に大きな影響を与えた。

杉田定一は収監中での集思社グループとの接触で、後にグループに入っていく。宮本もまた同グループの影響を受けて、後々杉田定一の集思社グループへ接近する。（杉田は後に第七代北海道長になる。）杉田は「評論新聞」の記者となり（「中外新聞」）「草莽事情」の編集長となる。

第3表「評論新聞」ほか集思社定期刊行物記事総覧
（塩出浩之　琉球大学学術リポジトリ参考）　〈筆者作成〉

1	評論新聞（第1次）	1873.1（明治6年）～1873.2（全2号）
②	〃（第2次）	1875.3（明治8年）～1876.7（明治9年）（全109号）
③	中外評論	1876.8（明治9年）～1876.10（全28号）
4	文明新誌	1876.11（明治9年）～1877.6（全41号）
5	草莽事情	1877.1（明治10年）～1877.6（全9号）

※宮本千萬樹の集思社グループへの参加は、「評論新聞」発刊期明治九年三月に②禁獄六カ月収監で不可能だった。又、出獄時の九月の時点でも③「中外評論」発刊には参加できず自ら「華謠新聞」を発刊していく事になる。

第4表　集思社グループ新聞　一覧表
〈筆者所蔵〉

評論新聞（第2次）（3月）
1号
10号
14
16
17
18,18
19
20
29

中外評論（7月）
1号
2
3
4
5
6
7
8
9
10
11
〈12～14欠〉
15
16
17
18
19
20
21
22
23
24
25
26
27
28号で廃刊

文明新誌（明治9～10年）
1号
2
3
4
5
6
〈7～10欠〉
11
〈12～18欠〉
19
20
21
22
23
24
25

草莽事情
1号

3. 東京華謠新聞

宮本は出獄三カ月後の同年八月二日、東京華謠新聞編集長となり、創刊号発刊。

「今度浅草三好町二番地の風香月影社にて東京華謡新聞と云ふが刷行になり毎水曜日に発兌になり升(ま)す編集長ハ皆な五存知(ごぞんじ)の宮本千万樹君なれバ嘸面白(さぞおもしろ)いことが沢山あるで五座りましよふ」（報知一八七六・八・三付「府下雑報」）

別紙の通り同新聞の第二号、三号筆者所蔵で第四号は早稲田大学図書館にある。（東京大学所蔵は第六〜四二号である。）第一号、五号は欠。

宮本の編集長期間は、創刊号から一二号まで在社し退社、一三号からは編集長を松島次郎が、世話方は東清七がなっている。

同紙は、毎週水曜発刊の週刊紙で、あえて政治性を見せてはいない。

かの宮武外骨は「明治奇聞」中で、奇妙な新聞紙として明治九年発刊の同紙を取り上げている。

華謠(はなうた)とは〝鼻歌(はなうた)〟の宛字としていて、例えば、黒岩涙香の「萬朝報(よろずちょうほう)」は、〝よろず重宝〟の宛字という。

あえて宮本は看板の社名を〝鼻歌〟とし斜に構えているように感じる。

無論、庶民に対し「おもしろそうだから買ってみよう」という購買意欲を高め売上げを意識している事も理解できる。

現在、「華謠新聞」第一号は欠だが、成島柳北の「柳北遺稿」に華謠新聞題言とする同新聞発行の祝辞がある。

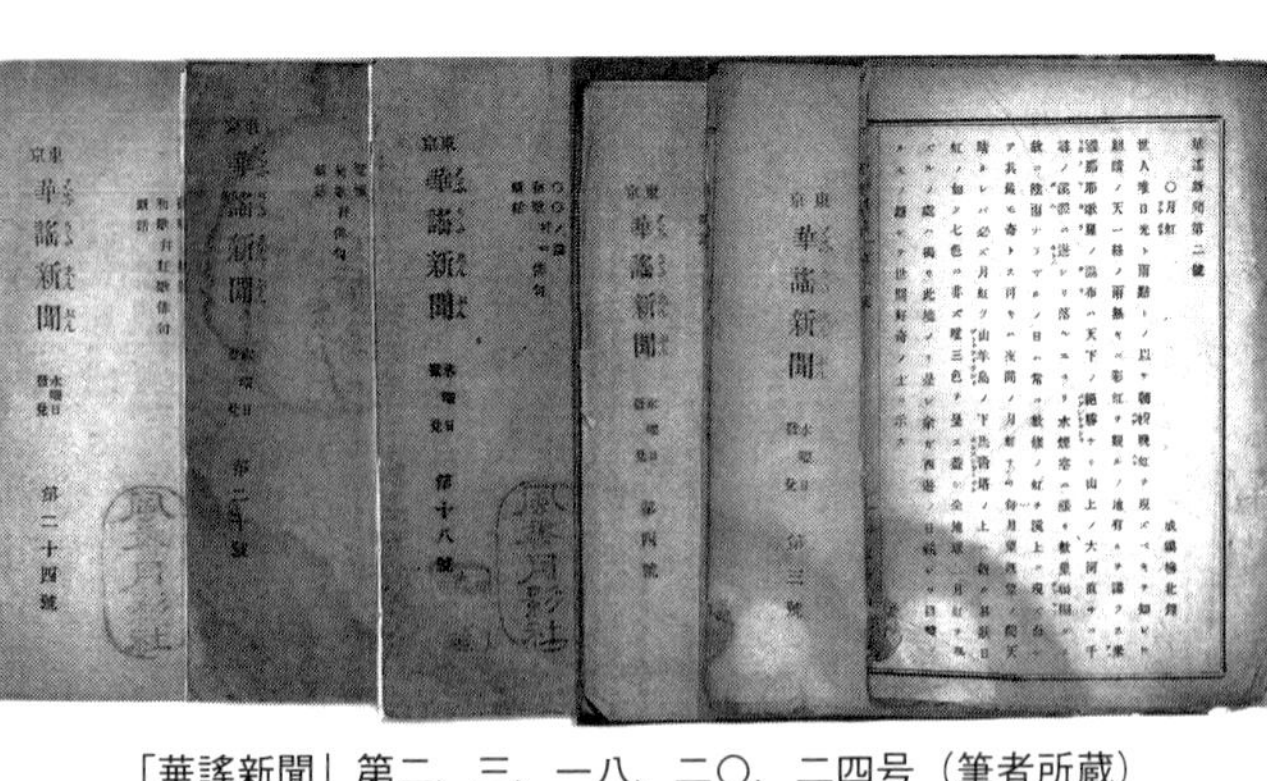

「華謠新聞」第二、三、一八、二〇、二四号（筆者所蔵）
第四号は早稲田大学図書館所蔵

成島柳北「柳北遺稿」
明治二五年一〇月（筆者所蔵）

恐らく第一号に掲載されたと思われ、第二号巻頭文も、成島柳北の「月虹」が掲載され、第三号には宮本と共に同紙を立ち上げた小松正胤が、また第二・四号には、評論新聞の横瀬文彦の文が掲載されている。

華謡新聞題言（注）巻頭の上部にしるすことばの事、題辞）

「花ニ聲有リヤ。曰ク無シ。古詩ニ云ハズヤ閑花落レ地ニ聴クニ無シレ聲花ニ聲無キヤ。曰ク有リ。古歌ニ云ハズヤ雨かすむ山桜戸の曙に花の音をきくかな。……今ヤ我ガ社友中扼腕切歯慷慨非歌（やくわんせつぱこうがいひか）シタル諸子ガ。往日ノ失策ヲ懺悔シ。幡然（ヒラリ）ト旧套ヲ脱シテ。はな謡新聞ノ一社ヲ開ク。豈之ヲ奇々妙々と称賛セザルヲ得ンヤ。而メ諸子ノはな謡ヲ采録スルハ亦宣尼（せんじ）ノ遺意ナリ。然

華謡新聞　2〜4号目次（1号欠）

号	内容	所蔵
2号 （表紙欠）	月虹　成島柳北 東清七 英国人撒格斯比爾（サキスヘール）ノ捷機　横瀬文彦（※評論新聞編集長）	筆者所蔵
3号 （奥付欠）	安字説　埼玉県下　橋楊洲 古代男女間ノ模様　小松正胤 二猫新話 新曲 詩 深夜通リ辺ニ会スルノ書 和歌 新話	筆者所蔵
4号	讀華謡新聞　埼玉県下　橋楊洲 売淫ノ風習ヲ禁遏スルノ策　横瀬文彦 新曲　荻江露友 詩　春濤髯史 富士土産　西清大 力落しばなし　篠田仙果 和歌　3首福羽美静　1首成島柳北 新話	早稲田大学図書館所蔵

レトモ今ノ天地善クはな謠ヲ作ル者幾人有リヤ。縦令諸子曰ニ四方ニ奔走シテ浴室ニ捜シ梳舗ニ求ムルモ。亦以テ頻々発行ノ冊子ニ盈ルヲ得ザラン。願ハクハはなうたニ交フルニ寐言ヲ以テセヨ。若シ寝タ時寝言ヲ採リ。覚ムル時ニはなうたヲ録セバ。即チ是レ坡翁ノ所謂無尽蔵ニシテ。以テ本社ノ繁昌ヲ無窮ニ保ツ事ヲ得可シ。諸子若シ余ガ言ヲ以テ。理有リト為サバ。是レヲ以テ題言ト為シ且ツ以テ祝辞ト為サン。諸子決メ復タ例ノ慷概非歌ノ故態ヲ現ハス勿レ。若シ余ガ言ヲ用ヒサレバ。或ハ恐ル余ガ祝辞モ亦祝辞理ノ一端トナラン事ヲ。若シ夫レ花ノ聲有ルト聲無キト社ノ鳴ルト鳴ラザルトニ至テハ。世間ノ風ノ吹キ廻ハシニ任カセテ可ナラン」

隅田の庵にほとときすのなく比ひとやに
在る末広重恭を思ひてよめる　成島柳北

きくわれも血にそ啼くなり柴の戸に
　たれを待乳のやまほとときす

（華謠新聞　第四号）明治九年八月二三日

形態は全て同一サイズの和綴じ小冊子（17×12）、現在の基準では雑誌分類になるが、当時は刊行形態（週刊紙）＝（華謠新聞）による新聞・雑誌の区分はなく、ジャーナリズム一般が新聞と捉えられていた事こそ草創期の特徴といえる。

（興津要「明治新聞事始め」）二〜四号の内容も別表の通り。

（本局）　風香月影社　東京浅草三好町二番地　（定価）一冊　二銭五厘

（売捌所）　集思社　同　尾張町二丁目六番地　五冊　一二銭
伊勢屋忠次郎　同　東福田町二番地　一〇冊　二三銭
菱屋藤吉　同　浅草並木町一〇番地
前田富三郎　同　麹町四丁目六番地
恵美須屋庄七　同　照降町

同じ集思社グループ発刊の「中外評論」が政治性の役割を荷ない、「華謠新聞」は文学性を持ち、それ由宮本の攻撃性を隠蔽（いんぺい）する事ができえていたとみる。

宮本の性格について、同紙第四号に埼玉県下橋楊洲の記事があり、良く宮本を言い当てている。

「讀華謠新聞」

兵書ニ曰ク始メハ處女ノ如ク終リハ脱兎（だっと）ノ如シト嗚呼我ガ宮本（宮本千萬樹）小松（小松正胤）二君ノ為ス所ノ如キハ此語ト反対スルモノカ曩（さき）ニハ二君脱兎ノ如キ

東京華謠新聞　水曜日発刊　〈筆者作成〉

号	年月日	編輯長兼印刷人	所　　蔵
1	M9・8・2	(宮本千萬樹)	(不明)
2	M9・8・9	宮本千萬樹	筆者所蔵
3	M9・8・16	〃	筆者所蔵
4	M9・8・23	宮本千萬樹	早稲田大学所蔵
5	8・30	〃	(不明)
6	M9・9・6	〃	東京大学所蔵
7	9・13	〃	
8	9・20	〃	(6号)
9	9・27	〃	～
10	10・4	〃	(42号)
11	10・11	〃	
12	10・18	〃	
13	10・25	松嶋　次郎	
14	11・1		
15	11・8		
16	11・15		
17	11・22		徳島県立文書館所蔵
18	M9・11・29	松嶋　次郎 (世話方)東清七	筆者所蔵
19	12・6		
20	M9・12・13	松嶋　次郎 (世話方)東清七	筆者所蔵
21	12・20		
22	12・27		
23	12・10		
24	M10・1・17	松嶋　次郎	筆者所蔵

急激ナル言語ヲ以テ政府ノ罪因トナリ獄中ニアルコト幾旬ナリシモ客月（七月）限満チ再ビ娑婆ニ出ルヤ忽チ處女ノ如ク其名モ優シキ華謠新聞ノ社ヲ開キ詩ヤ文ヤ歌ヤ発句ヤよしこの雑話総テ華謠ノ調子ニ適合スルモノハ蒐輯登録シテ世人ノ睡リ醒シトナサントス嗚呼二君始メハ脱兎ノ如ク終リハ處女ノ如シト云フベキナリ然レトモ二君豈ニ畢生處女ノ如クニシテ止ムノ人ナランヤ顧フニ其獄中ニアルヤ糞桶ノ悪臭ヲ嗅ぎ苦楚ヲ嘗ルモノ数月ナリト雖トモ胸中自ヲ雄壮ナル膽力アリテ苦中ノ苦ヲ苦トモ思ハズ華謠ヲ謠ヒ洒然自適セシヲ以テ期満チテ娑婆ニ出ルモ馴調忘ル能ハズ曽テ二三同囚ト共ニセシ華謠モ寧ロ今日遍ク娑婆世界ノ人ニ與ヘテ見聞セシメンニハ如カスト一時余響ノ及ブモノアツテ然ルナランカ然則チ與興尽キントスルニ至レバ又慷慨非歌一世ヲ睥睨スルノ豪語ヲ吐露シ復タ脱兎ノ如キ形状ヲ現出センモ未ダ測知スベカラザルナリ然レトモ是レ見テ変ニ応ズル兵家ノ常法ノミ何ゾ怪シムニ足ンヤ世人唯其華謠ヲ以テ其人ヲ軽視シ併セテ其新紙ヲ蔑棄スル勿レ」

この〝脱兎のごとき〟宮本とは、孫子の兵法にある「はじめは処女の如く、後は脱兎の如し」の意味で、初めはおとなしく弱々しく見せて敵を油断させ、のちには見違えるほどすばやく動いて敵に防御する暇を与えない兵法のたとえで、宮本の俊敏さや、臨機応変に行動する様子を捉えている。

脱兎宮本千萬樹なかなかのものである。

華謠新聞での宮本とは、官憲に対する仮の姿で、本性はあくまで処女でなく〝脱兎〟にあった。

同新聞奥付に印刷所が未記入であるが、外見や内容文の外枠囲いは「評論新聞」「中外評論」「文明新誌」と続く、集思社印刷スタイル仕様となっていて、当時の住所も東京浅草黒船町三番地で「華謠新聞」の浅草三好町一番地の至近距離にあった。

集思社編集長横瀬文彦の宮本の華謠新聞への投稿もあり、宮本が同紙退社後、集思社の東清七が世話（松島次郎編集長）をしている処をみると同紙や宮本は、同志同根のグループと見做していいだろう。

脱兎宮本は、

「……慷慨非歌一世ヲ睥睨スルノ豪語ヲ吐露シ復タ脱兎ノ如キ形状ヲ現出セン……」

と、激闘家の一面を見せ、文筆というより豪語を得手(えて)としているように見える。

宮本が関与した集思社が展開した言論活動の中でも「評論新聞」は、明治期定期刊行物で最大の筆禍者を出す事になる。

ここで筆者の「東京華謠新聞」資料収集中のエピソードを一つ。

大阪古書店の「古書楽人館」で同新聞二〇、二四号二冊を発見し購入依頼した。同書が自宅到来し開封するやなんと依頼分二冊の他に二、三号のおまけ付、しかも、なんと奥付に、宮本の名前入りの貴重なお宝で、二号は表紙欠、三号は奥付欠の不良状態だったが、最高のプレゼントとなり、ごきげんな一日となった。

更に集思社横瀬文彦の本も発見したので、参考に記しておく。

「　横瀬文彦・阿部弘国訳　明治六年刊

「西洋養生論」米国コーミング原著

明治一五年八月一四日　兵庫県御用掛　月俸百三拾円

被命ノ件　　松方正義

太政大臣三條実美殿

明治一三年　「英京倫敦新誌」第一編

横瀬文彦口訳　末広重恭筆記

東京府稲田政吉

一月二九日　評論新聞

小松原英太郎　禁獄二年（圧倒政府顛覆論）

横瀬文彦　禁獄三年罰金五〇円

山脇　巍　禁獄二年　」

宮本が東京を離れる直前には、各新聞社は讒謗律・新聞紙条例の言論弾圧の受難の刻を迎え、同年六月二八日には、（「新聞供養略記」）東京日々新聞を始め、報知、横浜毎日、あけぼの、読売、東京絵入、かなよみ、評論、草莽、近事、問答、東京新誌各社で「新聞供養大施餓鬼会」を浅草観音堂で営んだという。

この弾圧により、自由な活動には制約が加わる事となり、各新聞社は、婉曲な筆法に転換を余儀なくされる。しかし、末広重恭あるいは「評論新聞」の集思社グループは、筆鋒は相変らず鋭く、投獄者はあとを絶たなかった。ましてや宮本はキリスト教徒であり、当局から着目されている身であった。宮本は、これらの状況から脱出して名古屋へ来たのだろうか。

第二章　名古屋時代

1．愛岐日報との関わり

華謠新聞一二号発刊後退社した宮本の理由の一つに、厳しい新定新聞紙条例や讒謗律（ざんぼうりつ）からの退避。二つに、脱兎者宮本の覚醒があったのだろうか、宮本の姿は、東京を離れ名古屋にあった。

そもそも宮本が、東京の華謠新聞編集長を辞し、明治九年一〇月二五日頃名古屋に来ねばならない理由は何だろう。宮本が集思社グループで杉田定一（采風新聞）等と関連していた点は指摘しておいた。

後藤氏の「羈立社の研究」での指摘の次の一文は興味深い。

「采風新聞紙は、名古屋に支局をもっており愛知県内の記事も見受けられるし、同紙売捌所四カ所のうち三カ所が愛知県下であった。そのようなことも宮本が同紙……無関係ではないように思われる。」

つまり、采風新聞支局長的存在または、同紙営業広報的存在とし同紙拡張のため、名古屋に出張して来たのだろうか。

或いは、稲田氏のご指摘の説だろうか。

「宮本が名古屋での演説会の開始者となったのは、筆禍事件およびその後の東京での生活を抜きにしては考えられない。政府による新聞・雑誌への規制を批判したことにより筆禍事件にあった宮本は、出獄後しばらく東京にとどまって、演説・集会が次第に増えていった時期の東京の空気を吸ったことにより、さらに新たな使命感を抱いたものと思われる。『植木枝盛日記』には、植木と宮本が出獄後、頻繁に往来している様子が書かれている。」

愛知県民権グループ解明の前に、宮本が関わった「愛岐日報社」について触れておこう。

明治九年八月田原の鈴木才三（鈴木春山孫）が編集長として「愛知日報」を発刊、福沢門下生の鈴木は同年一一月に「愛岐日報」と改題する。鈴木は三河人脈の岩田や萱生奉三・鈴木麟三を自らの周辺に集めている。

鈴木才三
「名古屋印刷史」より

この時期、社主鈴木が招聘したのが三河岡崎藩出身の岩田徳義で、宮本も同時期、東京での華謡新聞編集長としての実績のもと同社に関わったと考えられるが、彼の記載の記事を同紙上では確認できていない。（ペンネームで掲載か）

名古屋での宮本の初登場は、先程の演説会の記事に確認できる。

「門前町の天寧寺へ宮本千萬樹氏が出張にて毎土曜日に演説会を催ふされしが氏にはチト去り難き訳あって岐阜へ移られしに依て跡は悉皆萱生奉三さんが引受け日並も場所も是れまでの処にて演説会を開かれ宮本氏にも亦時々岐阜より顔を出されます由」（明治一〇年一一月一三日付愛知日報）

まさに東京退去してからの「変わり身の早さ」は〝脱兎〟の如くである。

筆者は宮本が名古屋に来た理由について、後藤・稲田両氏の説に加え、稲田氏検出による、宮本がロシア正教に入っていた点を大いに評価したい。

有名なる魯国伝導教師ニコライの門人とあるが、いつ宮本と接触したのだろうか。

日本の亜使徒大主教で日本正教会の創建者である。明治四年九～一〇月頃ニコライは函館へ再入国し、露和辞典編

愛岐日報

明治11年10月7日付「愛岐日報」
（筆者所蔵）

集（旧仙台藩真山温治と）翌明治五年一月東京築地に入り、布教活動開始、府内活動では九月にダニイル影田隆郎ら数十名に極秘に洗礼機密を授け、翌七年東京市内各地に伝教者配置し講義所を設け、東京に正教伝導者を集めて布教活動を開催したと言う。

宮本は、明治九年二月に入獄するが、宮本はすでにニコライ門人として有名だったと記事にある事から、明治五～八年の間にはすでに門人になっていたと推察される。（門人帳の発見が待たれる。）

ニコライは、明治七～八年頃から神奈川、伊豆、愛知などの東海地方で伝導したと言い、稲田氏は明治八年頃には愛知県へ来ていたと指摘される。

秦基氏「草創期の豊橋ハリストス教会」（東海近代史研究会会報12号）中、八町通りの豊橋ハリストス正教会についての論述によれば、ニコライ上京後の布教は、明治八年頃豊橋に持たらされ、明治一〇年七月豊橋で最初の洗礼が行われ、以来信徒の数はしだいに増していったと言う。（明治一二年四月中八町に最初の会堂が新築）

ちなみに名古屋に伝導されたのは明治七年で、最初の洗礼は近藤瀬兵衛で、明治一〇年には市内に六カ所に講義所が開かれていた。

明治七～八年の東海地方の名古屋、豊橋には、ニコライ門人達による布教活動が流布していた事になる。

筆者は、後藤・稲田氏の両説の二刀流どころか、門人宮本の布教活動という三刀流の理由での愛知県入りだったのではないかとの仮説を立てる。

宮本の腰の据わらない民権活動の裏には、多忙で多用な宮本の一面が見られる。

再度、愛知新聞「雑報」を検討しよう。宮本出獄後の一八七七・一一・一三日付の話である。

「門前町の天寧寺へ宮本千万樹氏が出張にて毎土曜日に演説会を催ほされしが氏にはチト去り難き訳あって岐阜へ移られしに依り、…（略）…宮本氏にも亦時々岐阜より顔を出されます由」

宮本は、全く名古屋に腰は据わらず、つまり、腰が浮いているのである。

〝チト去り難き訳〟とは、政治以外の私的理由つまり、布教活動目的での岐阜入りであろうか。稲田氏は明治八年頃に宮本は名古屋にいたとされている。

脱兎と呼ばれる如く、宮本の動きは面白い。何かを目指してエネルギッシュに動き回っている姿が感じとれる。

後の釧路郡長時代の宮本の行動を検証してみると、彼の底流には、宗教的行動に基づいた痕跡を見る事ができる。

民権家の前に宗教家であり、その具現化が民権運動や北海道釧路での行政活動であったと思われる。

さて話を鈴木才三の愛岐日報に戻そう。

「去る十二日袋町の明治義塾に於て演説会の発会（はじめ）にて愛岐日報の幹事鈴木才三及び宮本千萬樹、萱生奉三、鈴木麟三、前島長発の諸先生達が例の明弁を揮ッての演説にて聴衆殊に多かりしと云ふ」

鈴木自身登場しての「演説会」発会とは、いわば鈴木が名古屋に東京の福沢門下生として学んだ三田演舌会を明治義塾とは、慶応義塾を意識した私塾的なもの、或いは愛岐日報社の公堂的なものだろうか。

愛岐日報社内には、意図的棲み分けが成立したと考えられ当初の演舌会は宮本が、新聞は岩田が、取りまとめは幹事鈴木才三が仕切る。

宮本主導による「羈立社」の「趣意書」或いは演説会規則の作成は、実は宮本でなく、岩田徳義の手によるものだった。（拙稿「自由民権義士岩田徳義」）

愛岐日報社において、岩田徳義は鈴木の後に編集長を任せ切れる程の操觚者（そうこしゃ）レベルにある。

岩田に比して宮本は脱兎の如き行動家だった。

慷慨（こうがい）非歌し（意）世間の悪しき風潮や社会の不正などを、怒り嘆き、悲しむこと）

一世を睥睨（へいげい）する（意）にらみつけて勢いを示す）いわゆる闘士型人間、かつ

豪語を吐露する（意）実現が容易でないような大事を成し遂げてみせると自信たっぷりに表明する）

弁士型人間を想起させるアジテーターである。

いずれ社長鈴木自らも奮起して、宮本主導の演説会に、明治一一年一月一二日、出席している。

2. 羈立社創立

さて、もう一問である。

長谷川昇氏の「愛知県自由民権運動史」の羈立社の創立の、同社の八～九名の同志とは、どういうグループであったのかの（解）は、「大島宇吉翁伝」中に詳しい。

「大島宇吉翁伝」に、次の記載がある。

「明治十一年九月十一日大阪…（略）…愛国社再興第一次大会の開催されるに先立ち三河には内藤魯一、村松愛蔵等を中心とする交親社が結成され、名古屋には大島宇吉、祖父江道雄、近藤寿太郎、美濃部貞亮、岡田利勝、久野幸太郎、庄林一正等を中心として、羈立社が創立され…（略）…大阪に於て開催された愛国社第一次大会には、愛知県を代表して宮本千眞木が出席した。」

この一文からすれば、同志は愛岐日報記者グループというより、むしろ大島の姻戚関係である祖父江道雄、近藤寿太郎や後の「愛国交親社」副社長庄林一正、美濃部、岡田、久野らの跋行的メンバーとある。

跋扈とは、思うままに行動する事で、飛揚跋扈的同志といえよう。

長谷川氏の〈問題提起二〉についての答えは、羈立社八～九名の同志とは、明治一〇年頃から愛知県下の

大島宇吉翁伝（新愛知新聞社（現）中日新聞社）（筆者所蔵）

自由民権論者の一五名中の七〜八名（宮本以下）を指すのであろうか。

大島宇吉の記述の信憑性は高いと評価する。

勿論、彼らは宮本の演説会の周辺で繋がった同志であって、ちなみに庄林は演説会開催されていた大須の門前町に居住している。

第一回愛国社大会（明治一一年九月一一日）に宮本は参加、愛知県代表委員の大役を果す。

これに基づき、宮本は同年末、羈立社を立ち上げるが、「創立趣意書」の提出は翌一二年三月一八日。岩田徳義が同書作成の中心となっている。

宮本千萬樹は岩田徳義と共に同社設立する。構想は明治一一年一二月二四日だが、正式な同書提出は翌一二年三月一八日になる。

「羈立社創立趣意書」（明治12年3月「内藤文書」内藤泰彦氏、知立資料館寄託）

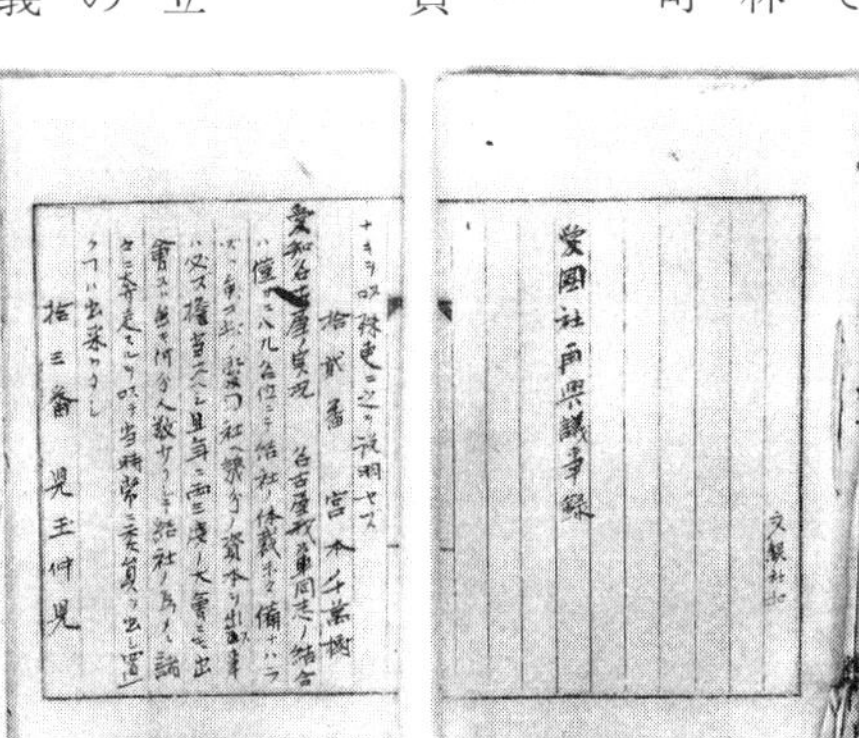

愛國社再興議事録

「愛国社再興議事録」（明治11年9月14日「内藤文書」内藤泰彦氏所蔵、知立史料館寄託）

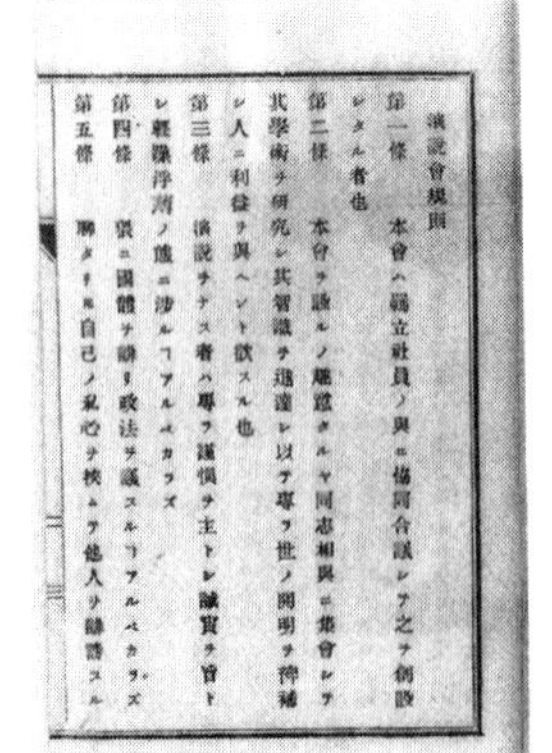

演説會規則

第一條　本會ハ羈立社員ノ與ニ協同合議シテ之ヲ創設シタル者也

第二條　本會ヲ設ルノ趣意タルヤ同志相與ニ集會シテ其學術ヲ研究シ其智識ヲ進達シ以テ專ラ世ノ開明ヲ裨補シ人ニ利益ヲ與ヘント欲スル也

第三條　演説ヲナス者ハ專ラ謹慎ヲ主トシ誠實ヲ旨トシ輕躁浮薄ノ態ニ渉ルヿアルベカラズ

第四條　猥ニ國體ヲ誹リ政法ヲ議スルヿアルベカラズ

第五條　聊タリトモ自己ノ私心ヲ挾ミテ他人ヲ誹謗スル

「演説会規則」九カ条、「文学会規約」一一カ条

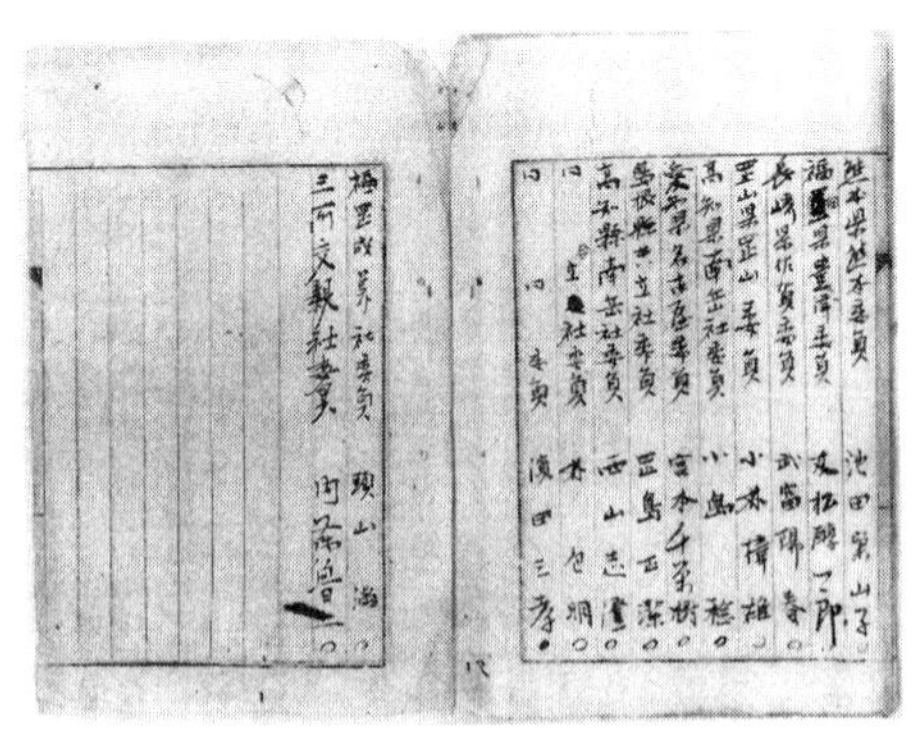

「愛国社再興会議書」（明治11年9月「内藤文書」）愛知県名古屋委員宮本千萬樹とある。

明治一二年一一月公会決議録によれば、資金欠乏その他の事情で同社瓦解。
明治一二年一一月　まずは、愛国社への参加となり、参加後、羈立社への立ち上げとなる。（表）
この周（あた）りに関しては長谷川昇氏の各種論文に詳しい。（「愛知県自由民権運動史」）

羈立社創立までの流れ　〈筆者作成〉

M10年頃 （M11・4	愛知県自由民権論者、同志糾合中　宮本他 〈演説会活動〉 愛国社再興）
M11・9・11	大阪愛国社第１回大会 宮本愛知県代表
M11・12・24 M12・3	羈立社創立 〃　創立趣意書発表

〈宮本千萬樹〉年譜①　〈筆者作成〉

生年月日　嘉永四（1851）年生　東京府下　士族に生まれる	
M５～８頃	ニコライ門人となる
M８頃	名古屋にいた（稲田氏教示）
M９・２（26歳）	采風新聞 第46号投書筆禍　禁獄3か月罰金20円 〈入獄〉5月出獄（新聞集成明治編年史）
M９・８・２	東京華謡新聞　創刊号発刊　編集長兼印刷人 （筆者所蔵2号から特定）
M９・８・９、16日	2号、3号　〃 （筆者所蔵）
M９・８・23	4号　〃 （早稲田大学図書館所蔵） ※6～42号（東京大学所蔵）、18・20・24号（筆者所蔵）
M９・10・25	12号で退社　13号からは松島次郎、世話方東清七 ※〈名古屋へ〉愛岐日報　参加

宮本千萬樹の名古屋での活動

M10・11・13	門前町天寧寺で演説会（岐阜に移転し名古屋も出張）	（愛知新聞）
M11・１・12	袋町明治義塾で演説会	（愛知新聞）
M11・９・11	大阪愛国社再興会議出席　宮本愛知県代表（大島宇吉翁伝）	（自由党史）
M11・12・24	羈立社創立	（愛知新聞）
M12・２・18	〃　趣意書	（　〃　）
M12・３・19	〃　趣意書提出出願	（　〃　）
M12・４・８	演説会	（　〃　）
M12・４・15	〃	（　〃　）
M12・４・25	〃	（　〃　）
M12・５・４	〃	（　〃　）
M12・９・12	宮本　東京→静岡へ	（　〃　）
M12・11	羈立社瓦解の記述（明治12年11月公会決議録） 5月岩田、岐阜入り　8月萱生、栃木へ　同鈴木、帰郷	（内藤文書）
M13・６・19	演説　岐阜伊奈波国豊座	（岐阜日々新聞）
M13・12・18	国会期成同盟第2回大会参加	（愛知新聞）

※大島宇吉の記述によれば、明治10年頃より宮本ら自由民権論者、同志糾合に努めつつあった（大島宇吉翁伝）

第三章　釧路時代

1. 釧路初代郡長

宮本は、いつの間にか名古屋から釧路（北海道）に渡っていた。

鳥取藩士移住者は、釧路の初上陸の印象を次のように語っている。

「上陸してみると斯うだろうとはおおよそ覚悟はしていたが、海岸に三、四十の家が立ちならび、上の方にはアイヌの小さな草小屋が散在し、其余は目も届かぬ茫々とした原野で、年寄どもの内には声をあげて泣くものさえあり、全く胸のつぶれるような気がした。」（「鳥取町誌」）

これが、宮本千萬樹が見た東京、名古屋時代とは全く異なる北海道釧路の原風景だった。

明治一七年当時の釧路の宮本の様子を、鳥取藩士松原貞一の長女キヌは、次のように回顧する。

「……今の幣舞橋もなく、付近に渡船が通っていた。夜ともなればオオカミの遠吠えがきこえた。……

家一つない柳やアシの繁る湿地帯のドロ道である今の北大通りを通り、一銭の渡船賃を払って釧路川を渡り、今の宮本町にポツンと建っている一軒家の（宮本）郡長官舎に着き十八～十九歳の二年間（家事見習いとして住み込み）……」（昭和二七年五月二一日付北海道新聞（釧路版）「生

幣舞橋から北大通りを望む「釧路市史」
（筆者所蔵、釧路中央図書館所蔵）

きている郷土史中江キヌさん八〇歳」）と言う。

東京から名古屋、そして釧路と、まさに脱兎の如き宮本の転身である。

それにしても釧路の役人（初代郡長）に列していたのは、どういう経緯、理由があったのだろう。

宮本の記事中、気になる部分は、名古屋から上京した際、途中静岡に「靴を止めた」とある点で、静岡に何等かの人脈があったのか。

いずれ、通常の北海道士族開拓団や収監による北海道移住とは違う、宮本人脈による特殊な斡旋があったと考える。

またそれに応えうる能力が宮本にあったのは間違いない。

宮本の釧路移住時期の特定については、「北海道公文書館」に調査依頼をしたが、回答は芳しくなかった。

明治一六年北海道移住士族募集があり、（公文書）明治一六士族の北海道移住事業の資料がある。そこに北海道転籍移住者渡航手続き保護願雛形（農商工商）があるが、宮本の名前を筆者はまだ調査出来ていない。

どのルートから、或いは誰の紹介で北海道釧路入りしたのだろうか、是非共知りたい。

現状では明治一三年一二月一八日国会期成同盟参加（愛知新聞）の名古屋を最後に、明治一七年八月釧路外四郡長被命の間、おそらく明治一四年～一六年の頃の移住だろう。

ここの部分は「釧路郡長文書」（釧路中央図書館所蔵）等を精査すれば今後の研究で確定できると思われる。

さて、現在知りうる宮本の郡長時代の行政手腕と事跡は余りに膨大である。

別表の通りまとめてみた。

明治18年設置の釧路郡役所、当時は警察署と同居だった「釧路百年　開基100年記念写真史」釧路新聞社（現北海道新聞社）釧路中央図書館所蔵

明治一七年八月から明治二四年の退官までの約八年間にわたる行政履歴である。（表）

釧路郡長（初代）　宮本千萬樹（明治17〜24年）略年表②　〈筆者作成〉

No.	年月日	事項
①	M17・8	釧路外四郡長宮本被命
②	9・16	釧路戸長役場廃止に付、米町出張所長になる
		初代出張所長　宮本千萬樹
③	10・7	米町出張所を厚岸郡役所釧路出張所に改称
		建築費寄付金宮本千萬樹金30円
④	M18・5・9	同所廃止、釧路外四郡役所設置　郡長宮本
⑤	5・1	宮本、釧路アイヌ開墾授産　同書提出
⑥	5・30	宮本、釧路村旧土人移住者並移住地取調伺
⑦	7・3	同上、許可
⑧	9・5	郡役所新庁舎完成
⑨		初代郡長宮本　釧路外四郡役所
		(釧路、白糠、川上、阿寒、足寄郡管理)
⑩	M18〜19年	釧路公園造成計画
⑪	M19	郡内川上・阿寒・足寄三郡各村ニ扱所設置ノ儀上申
		(悪徳商人からアイヌを護る扱所設置)
⑫	M19	釧路下架橋、道庁に提言→実現せず
⑬	M19・12	釧路共同牧畜会社　資本金7500円
		(宮本他4名にて) 庶路原野未開地200万坪貸付を受けて
⑭	M20	米町、真砂町に丁数設置（1〜3丁）
		釧路、幣舞、洲崎、山越、浦見、花生、城山の各町に新設上申
⑮	M20・5	鳥取村戸長役場設置
⑯	M20・10	釧路に洲崎町、浦見町、幣舞町など新設上申
⑰	M21・7	前項3町設置許可
⑱		春採湖を中心とした大公園地予定を含む
		山越町、釧路町、城山町、花生町設置上申→不可
⑲	M22・5・11	釧路川左岸水面埋立工事
		約7千坪の水面を官費埋立
		釧路市財産に下付編入
⑳	M22	愛北橋架設（愛北合資会社の手による）
㉑		奈良十津川村移住（9/28宮本・北海道移住説明会）
㉒	M23	釧路消防組設立
㉓	M23・3	鳥取村移住士族開墾地処分　宮本訓令
		無償で下付、授産のため10年年賦返納をもって貸与
㉔	M24・5・20	「共有鳥取牧場」に標茶集治監飼育の牛売買の世話、開場式
㉕	M24・8	宮本郡長退官

本稿に於ては、宮本の行政事績を追うには余りに膨大すぎる量であり、その一つ一つに関しては、釧路の歴史家の方々の記述に任せたい。

この内、民権家宮本の影響が色濃く現れているものは、明治一九年「北見釧路国巡回日誌」に見られるところだが、悪徳商人からアイヌを護る「扱所」の設置した事。

「　郡内川上阿寒足寄三郡各村ニ扱所設置ノ儀上申

釧路郡長三澤秀二代理郡書記

宮本千万樹　」

「新釧路市史第一巻」によれば、明治一八年雪裡（セツリ）川上に強制移住させられたアイヌ人について、次のように記している。

「27戸がフシココタンとピラカコタン（釧路村内）に移住した。しかし農耕を厭うアイヌたちの農業自立は容易でなく、また和人による鮭遡上の妨害による飯料の入手難……」

（米町にある戸長、町役場）
「釧路百年　開基100年記念写真史」
釧路新聞社（現北海道新聞社）釧路中央図書館所蔵

或いは、現在の環境問題の先駆けと言える明治一八年～一九年の釧路の「春採湖の水はテームズ河に通ずる」と公園造成計画の提案をした事。（「新釧路市史」釧路中央図書館所蔵）

更には、釧路の人々の利便性を考慮し、実現できなかったものの郡長宮本は釧路川架橋を道庁に提言、明治二三年の愛北橋架設。治安防災対策として丁数の付設や釧路消防組設立に動いている事。

これらの事績の数々は、通常の郡長の職務の枠を超越して人民のために滅私奉公する姿を、筆者は、ひしひしと感じる。いずれ、通常の体制側の官僚＝郡長とは異なる民衆の目線に立って働いた郡長であったことは間違いない。

また釧路外の人々に対しても、宮本の役割は影響力が大きく、鳥取県士族の入植や、災害に苦しむ奈良県十津川村の人々に対し、明治二二年二月宮本は「北海道移住説明会」を現地十津川で開き、入植への手引きをしている。

抜群の行動力が眼をみはる。

キヌが鳥取藩士の釧路移住民（第一回）一番組として現在の同市黒金町付近に当る沼沢地のトンケシに父松原貞一と共に上陸したのは、宮本が釧路出張所長時代の明治一七年、一二歳の時だった。

> 「……上陸第一歩から釧路川左岸の番屋にいて、のち今の三共地区に五町歩カクのなかにポツン〳〵と建てられた開拓小屋に落着き翌日からさっそく一家総出で開墾のクワを振ったそうだ。キヌさんも幼いながら手伝いに出、母親などの旧士族婦人たちは長袖にタスキをかけて働き、時折クワにカチリと当る鹿野ツノを、オモチャといって野に遊ぶこども達に投げてよこしたも

白糠先駆者アイヌ弔魂碑の序幕を祝ってアイヌのおどりを舞うウタリの青年たち

「北辺に立って　釧路の民権家たち」
自由民権百年釧路実行委員会（筆者所蔵）

「アイヌ民族弔魂碑」厚岸町国泰寺外側に立つ1977・8・28建立

のだ……」（筆者注アイヌ人は魚のほかに鹿を食料とした）

「……士族農法は慣れない人達のために鳥取から農民が師範人としてついて来ていたが、気候が本州と相当にちがうためあまり役に立たなかったので、だん〳〵苦しい開墾から小売商人などで開けかけた釧路方面に移転する者も出、野ネズミ、野ウサギが拓いた畑を荒らし、野ギツネが家の回りをウロつく開拓部落では住みにくさも一通りのことではなかった。……」

と、ぼうぼうたる北辺の荒原地の釧路を回顧している。

宮本の性格については、次の記載から知る事ができ、また冴えた行政手腕で如何に釧路に貢献したかが窺い知れる。

中江キヌ氏
北海道新聞　S27.5.21日付
（釧路中央図書館所蔵）

（「宮本千萬樹の頌徳」釧路中央図書館所蔵）

「往克ク人ヲ征ス、我築港ノ今日アルハ實ニ氏ノ恩澤ノ冷然所ト謂ツヘシ。
今茲ニ開港公布三十五周年記念式典ヲ擧行スルニ當リ頌徳表ヲ呈シ併テ其ノ後嗣ニ記念品ヲ贈リ以テ謝恩ノ意ヲ表ス。

故　宮本千万樹

明治十七年厚岸郡役所釧路出張所長トシテ來任、同十八年五月釧路外四郡役所新設ト共ニ郡長ノ椅子ヲ占ム、在勤七年此間鋭意地方開發ニ力ヲ傾注シテ倦ム所ナシ、本市ノ大計ハ君ノ理想ニ依リテ基礎ヲ築ケルモノ頗ル多シ、事ニ當リ勇往英斷本市基本財産ノ如キハ主トシテ君ノ處斷ニ依リテ得タル所ナリ、名利ニ恬淡毫モ私セズ洒然トシテ光風齊月ノ如シ古老集マレバ談君ニ及ブ以テ其ノ徳ヲ窺フニ足ラン。

今茲ニ開港公布三十五周年式典ヲ擧行スルニ當リ其ノ功ヲ追憶シテ頌徳表ヲ呈シ併セテ後嗣ニ記念品ヲ贈リ以テ謝恩ノ意ヲ表ス。」

宮本の凄さは、常に地域住民に賛えられている点にある。この点は、名古屋で民権活動を共にした岩田徳義も同様であった。

宮本の性格については次のようになる。

名利ニ恬淡（欲がなく物事に執着しないこと。またそのさま）

毫モ私セズ（私益に）

洒然トシテ（さっぱりとして物事にこだわらないさま。あかぬけている）

光風齊月ノ如シ（心がさっぱりと澄み切ってわだかまりがなく、さわやかなこと）

宮本の「清らかな心があり、地位や利益にこだわらない」生き方そのものが宗教体験に基づく自由民権思想の発露であったのだろう。

「古老集マレバ談君ニ及ブ」とその良い意味での人たらしとしての魅力を持ち得ている。

また「宮本町の巻」に次の記載がみられる。（釧路中央図書館所蔵）

「大正九年十一月二十七日、ときの区会の決議により、林田則友区長が感謝状を贈っている。この感謝状は実に四千五百五十字に達するというものである。その一節にいわく「しかし一朝、官を罷むるや、寸地の私せることなく、一貫の貯蓄せるにあらず活淡洒然として顧み、自らその赤貧を一笑に付し去る、その高風誠に古の高士の如きものあり、なお古老、相会するごとに、話頭、必ず君に及ぶは、もって君の徳の尋常ならざるをみべきなり」とあり、金盃を一組贈っている。

宮本千万樹はこうして釧路の現在の基礎固めをした人だが、二十四年十一月に退官し、標茶集治監に出る。当時の役人には土地を持たせることができたが宮本郡長は一坪の土地も私しなかったという清廉な人物であった」

釧路新聞も「元郡長として釧路町の開発に功績少なからざりし宮本千万樹氏」と社会的評価を与えている。まさに、自由民権運動家宮本の真骨頂を示す、生き様と言えるだろう。

多くの民権家が民権以降、活躍の場に恵まれずに埋没していく中で、宮本は、自らの情熱を相当の熱量を持って全力で行政に発揮できたのは、釧路にとっても宮本にとっても、良好な因縁であったろう。

宮本の私生活に少し触れておこう。東京・名古屋時代については不明であるが、郡長となった釧路時代から、宮本の家族履歴が散見できる。

中江キヌ氏談話（前掲「北海道新聞」釧路中央図書館所蔵）によれば、宮本には賢夫人がいたとの証言が、

「18～19歳の2年間、釧路唯一の知識婦人である宮本夫人から技芸の手ほどきを受け、後、裁縫教授を始めた。」

とある。宮本の妻は、たぶん地元出身の夫人であろうか。

宮本家は一男一女の家庭と推測され、およそ下の家系図となる。

宮本千萬樹家系図
〈筆者作成〉

嘉永4年生れ　東京府生まれ（士族）
宮本千萬樹
昭和5年7月死亡　東京にて79歳

妻（釧路唯一の知識夫人）
氏名・出自不祥　地元出身か
技芸にたける

生年月日不祥
（長男）宮本八千松
大正2年5月死亡（東京市牛込区若宮町15番地自宅にて）

（長女）（釧路英和女学校在学）
氏名・生年月日不祥
永久保秀二郎娘と同級生　死亡年不祥

宮本夫婦は教育熱心で、郡長退官前後の二五年頃、娘を「釧路女学校」（明治二

二年四月米町開校）に入学させている。

当地の宮本は標茶集治監勤務で典獄大井上や教誨師原の影響もありキリスト教に着目している。勿論、原体験としてロシア伝導教師ニコライの門人の履歴も関係しているだろう。

同校の設立者はアンデレース長老で主任教師はペイン女史、創立当時は一七名の生徒がいた。

「宮本（旧郡長）氏ノ室　娘其他英和女学校女学生一同―後略」（永久保日誌　明治二五・七・一一）

ペインは、明治二四年春採に土人学校創立、アイヌ人児童教育を始めた。（「春採小学校沿革史」）

「……時の宮本郡長の承認を得……開校式を挙ぐ、来会する者宮本郡長外３名……宮本郡長祝辞を兼土人父兄其児の入校を勧め、且将来を訓告せられたり、……」

春採のアイヌ部落の中央に間口三間奥行四間の校舎が建てられ、同校には永久保秀二郎も就任している。（同氏頌徳碑あり）

ところで釧路女学校は釧路最初の女学校で、学校の特徴はキリスト教を根底としており、生徒数は多い方ではないが、内容は充実、この学校の洗礼第一号は有馬ミサホ（釧路第一公立病院長有馬无函の娘）だったという。（「永久保秀二郎の研究第二八巻」中村和枝著）

生徒の中には、永久保秀二郎の娘キヨもいたといい、幼児教育から中等教育まで一貫の女子教育を行った幼中一貫、釧路最初の女学校で、後の「釧路英和女学校」がそれである。（「永久保秀二郎の研究」（釧路叢書第二八号））

長男八千松にも、厳格な教育をしたと思われるが、学歴等は不詳、だが東京の学校に通わせていたと推測され、大正二年東京市牛込区若宮町一五番地自宅（現東京都新宿区若宮町）で腹膜炎で死亡とある。（「釧路新聞」大正二年五月二七日付、釧

釧路英和女学校の図「釧路市史」より（筆者所蔵）

路中央図書館所蔵）

明治二四年九月四日釧路郡長文書に宮本千萬樹の引継書が残っている。（釧路中央図書館所蔵）

彼の残した「郡長引継ぎ書」の一文である。函館の「笹野文書」と比較すれば、筆者は素人ながら筆跡鑑定的に、やはり「本」「樹」など特徴がある事から、宮本本人の直筆と考えられ、また資料の出方からいっても宮本文書に問題ないだろう。

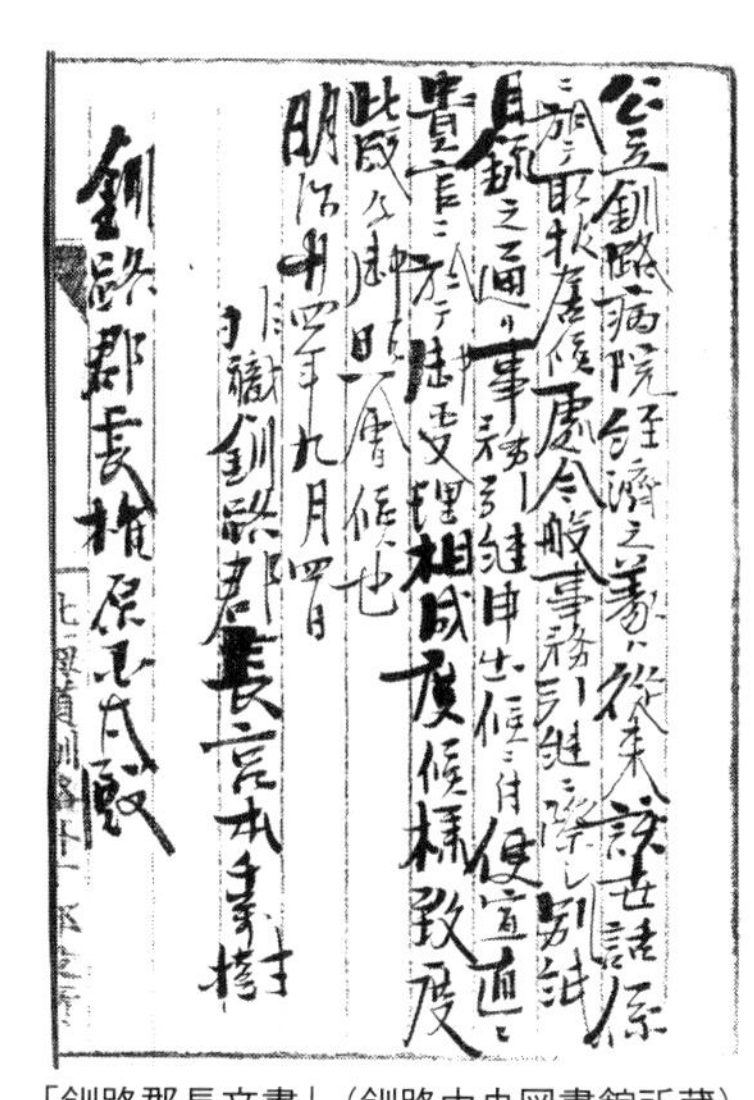

「釧路郡長文書」（釧路中央図書館所蔵）
宮本千万樹引継書

歴代首長名

〈「釧路百年」（釧路新聞社（現）北海道新聞）より〉

明治５年	釧路出張所長	土屋久礼	（開拓使根室支庁時代）
〃　９年	所長	石井武雄	（第24大区第2小区釧路区務所時代）
〃　12年	郡長	三沢秀二	（厚岸郡役所時代）
〃　13年	第１次戸長	樋口雄藏	（戸長役場時代）
〃　14年	第２次戸長	石塚操	
〃　15年	第３次戸長	佐々木与兵衛	（根室県時代）
〃　17年	第４次戸長	長沢嘉義	
〃　17年	釧路出張所長	宮本千万樹	（厚岸郡役所時代）
〃　18年	釧路郡長	宮本千万樹	（四郡役所時代）
〃　24年	第２次郡長	推原国太郎	
〃　26年	第３次郡長	二瓶正惟	
〃　28年	第４次郡長	桐野弘	
〃　33年	初代町長	白石義郎	（北海道1級町村制施行）
〃　37年	２代町長	大森長三郎	（赴任せず）
〃　37年	３代町長	秋元幸太郎	
〃　41年	４代町長	上野直温	
〃　43年	５代町長	秋元幸太郎	
〃　44年	６代町長	武富隆太郎	
大正３年	７代町長	林田則友	
〃　９年	初代区長	林田則友	
〃　11年	臨時市長代理	林田則友	（釧路市政施行）
〃　12年	初代市長	二木千年	
〃　15年	２代市長	岡本佃	
昭和２年	３代市長	酒井隆吉	
〃　３年	４代市長	佐藤国司	
〃　７年	５代市長	茅野満明	
〃　11年	６代市長	佐藤国司	
〃　15年	７代市長	臼井拾	
〃　19年	８代市長	佐藤国司	
〃　21年	９代市長	菊池三之助	（申し合わせ選挙）
〃　22年	10代市長	佐熊宏平	（戦後第1回の統一地方選挙）
〃　24年	11代市長	〃	
〃　28年	12代市長	〃	
〃　32年	13代市長	山本武雄	
〃　36年	14代市長	山本武雄	
〃　40年	15代市長	山口哲夫	

歴代首長名に宮本の名がある。

宮本と志を伴にした白石義郎は明治三三年、初代町長、佐藤は昭和一九年八代市長となっている。

二人の履歴等が「北辺に立って」（筆者所蔵）にある。

「福島事件に連座した自由党員の白石義郎は一八九八（明治三一）年、釧路支庁長に就任しているし、朝鮮独立運動に参加した佐藤国司は白石義郎を援け、釧路町長になっている。憲政会の流れをくむ釧路町議、後藤文平は、同じく民権運動の経歴があったといわれている。

北海道新聞釧路支社
「釧路市史」より（筆者所蔵）

白石義郎は一八八一（明治一四）年、折から昂揚していた国会開設の請願運動に若い情熱を燃やした。その年に二〇歳にして自由党に入党している。星亨の部下として活躍した白石は、一八八七（明治二〇）年には条約改正運動、翌年には後藤象二郎の大同団結運動に参加し、東北地方に遊説している。その後、福島県の県会議員、福島県選出の衆議院議員に当選したが、隈坂内閣のとき民権運動の先輩、杉田定一が北海道庁長官となるや杉田が白石を釧路支庁長に任命したのである。かくて白石の釧路時代が始まる。」（白石は、衆議院議員、北海道釧路支庁長、釧路町長、釧路新聞社長等を歴任）

丹頂鶴と釧路原野放牧（北海道新聞釧路支社提供）

2. 標茶(しべちゃ)集治監に出る

宮本は、釧路郡長退官後の明治二四年一一月、「標茶集治監に出た」とある。（「わがマチの人物地図第一集」八八頁、釧路新聞社事業委員会編集）

この二〇年代前半に、北海道の集監所の看守長や看守を補佐した下級の職押丁(おうてい)の募集が見られた。

岐阜の大垣戸長役場でも空知の押丁の募集が、地元新聞紙「警世新報」（明治二一年一〇月二三日付）に次の広告が出た。

「　広告

北海道空知監獄署押丁(おうてい)募集相成ニ付検査員出張之旨電報ヲ以申来候ニ付志願者至急当役場へ御申出有之度候也

十月　大垣戸長役場　」

小池勇は、名古屋愛岐日報社社員で宮本が退いた後の入社となり、面識については不明だが、先輩後輩関係になる。

小池勇によれば、

「集治監は皆内務省ノ直轄ニテ、此ノ監獄モ亦明治十五年ノ創立ニ係ル。地ハ札幌ヲ隔ツル十七里余、石狩原野ノ中央ニシテ、東海ハ遥カニ十勝嶽ヲ控へ、西ハ幽カニ垂舞山ヲ望ミ、南北及ヒ西ノ三面ハ蜿蜒タル小山脈ヲ以テ去ル僅カニ半里程ナル幌内炭山ニ通スル鉄道ニ倚る。当時、在監ノ囚徒ハ二千余ニシテ、其内八、九百人ハ炭礦会社へ貸渡シ、幌内ニ分監ヲ設ケテ之ヲ外役所ト称シ、此所に出張シテ石炭ノ採掘ニ従事セシム。爾余ノ囚人ヲ容ルゝニ四棟ノ監房及軽重二棟ノ病監ト炊所、浴堂アリテ規模甚タ大ナラサリシモ、漸次ニ其数ヲ増シ、廿二、三年頃ニ至テハ殆ント三千五、六百人ニ達セシヲ以テ、更ニ二棟ノ獄舎ヲ新築シ、其区域モ亦大ニ之ヲ広ムルニ至レリ。構内ニハ第一ヨリ第七迄ノ工場有テ……」（小池勇自叙伝、村上貢「自由党激化事件と小池勇」、筆者所蔵）

郡長経験者の宮本の格から言って、押丁程度の役職とは考えづらく、より上席の職と推定されるが、当時（別表）の囚人の増大に対応した、組織拡大に乗っての「標茶集治監」転職だったのだろうか。あるいは自らの意志による転身だったのだろうか。あるいは自らの意志による転身だったのだろうか。

空知集監所は、囚人増加のため、各地に囚人を分散させた。

「而テ廿四年以来、釧路、網走、十勝等ノ監獄ヘ転送シタル囚徒多クシテ漸ク其数ヲ減シ、予（小池）カ出獄セシ頃ハ千五百名余に至レリ。」（小池勇自叙伝）

宮本は、自身が明治九年二月の采風新聞投書筆禍事件により禁獄三カ月の獄中体験を持っての転職と、後述するクリスチャン民権家原教誨師が、石川島監獄の獄中体験を持っての集治監側への転職は、全く同じ履歴を持ちうる事となる。

川上郡熊牛村標茶（現標茶町）は、釧路と跡佐登（アトサヌプリ）硫黄山の中央にある。同集治監は、明治一八年一一月に釧路集治監として建設されたもので、用地面積は八、三三三町三反余という広大なものであった。

集治監とは、普通監獄とは異なった行政施設を言い、維新後の士族反乱、例えば佐賀の乱や西南戦争等で逮捕された国事犯を北海道開拓や跡佐登硫黄山や幌内炭鉱で使役させる目的のものである。（「標茶町史」釧路中央図書館所蔵）

この空知集治監については、東京の小菅集治監から移送された静岡事件の小池勇の記録がある。

標茶集治監本館（塘路湖畔に移転保管）「北辺に立って釧路の民権家たち」より、自由民権百年釧路実行委員会（筆者所蔵）

「……予等（小池勇等）同志ハ残ラス二百余名ノ囚徒ト共ニ北海道ニ押送サル、コトトナリ廿一年十月七日……小菅（監房）ヲ発シテ海路ヲ取リ十四日、小樽湊ニ着シ、其レヨリ汽車ニテ三十哩余ヲ走リ、午后八時頃、石狩国空知集監所に到レリ。」（小池勇自伝）

そして、使役についての記録もある。

「……外役中採炭ノ業ハ甚ダ危険ニシテ磐石ノ崩落、瓦斯ノ爆発等ニ因テ負傷死亡スル者年ニ多ク、且坑内ニ於テハ自由坑夫ト相混シテ業ヲ執ルカ故、密ニ礦山用ノ硝薬、器械等ヲ竊取シテ酒烟草ト交換シ或ハ賭博ヲ為ス等種々ノ弊害アルニ因リ、廿八年以来、幌内ノ外役所ヲ廃シ、更ニノ紋別ト云ヘル三里許ヲ隔ツル地ニ仮監ヲ設ケテ、四、五百名ノ囚徒ヲ専ラ開墾ニノ従事セシム。」

この使役によって、特に硫黄山での鉱害は悲惨を極め、囚人の多くが失明や生命の危機にさらされた。（小池喜孝「鎖塚」筆者所蔵）

「囚人を斃死（へいし）させるは、一挙両全の策」とする維新政府は政商と結び、この方針を押し進める。その苛酷さは、明治九年の宮本の入獄体験のレベルとは格段の差であった。

その苛酷さについて、小池は録している。

「監獄則ニ定ムル一般普通ノ臥具衣服ニテハ、到底耐フ可キ所ニ非サレハ、多少ノ酌量ヲ加ヘサル可ラス。罷役後ハ賭博を監房ノ廊下ニ於テ絶ヘス煖炉を焚キテ温ヲ保ツモ、衾中猶寒ニ耐ヘスシテ終夜眠ルヲ得サルコトアリ。如斯風土気候ノ激変ハ、囚徒ノ身体ニ影響ヲ及ホスコト頗ル強ク、十五年ヨリ廿九年ニ至ル十五年間ニ病没セシ者凡ソ一千百余人、此内炭坑ニテ落盤火焼ノ為メ死亡シタルト逃走シテ斬殺サレシ者ヲ除クモ、十五年間ニ於テ此監ニ出入セシ総囚四千二百余人ヲ以テ除スレハ、殆ント二割強ニ及フ。身苟モ司獄ノ官ニ在ル者ハ賭博を宜ク恩ヲ致スベキ事ニ非スヤ。入浴ハ当初、毎日之ヲ許セシモ、近年減シテ五、六日目トシ、盛夏三伏ノ候、入浴セサル者ニハ冷水ヲ以テ身体ヲ拭ハシム。髪斬リ鬚剃ハ一週一回位ナリ。通信ハ極メテ緊要ト認ムルモノ、外ハ、一年僅カニ二回ト限リシモ」

別表は、各集治監各年末収容囚表で、各監とも冷酷な懲戒主義の囚遇方針の厳達を背景に密林の伐木開墾、主要幹線道路の開鑿等に当るが、釧路は主として政策の屯田兵屋の建設や跡佐登硫黄鉱採掘等、特殊な事業をになった。

(供野外吉「獄窓の自由民権者たち—北海道集治監の設置」筆者所蔵)

この跡佐登の採鉱労役は悲惨を極め、ついに二〇年一一月廃止され、後、明治三四年九月、同集治監は当初目的の役割を終え廃止となった。

二四年といえば、板垣退助一行が獄窓にいる民権家達を、北海道空知

各集治監収容者数　　　（「北辺に立って　釧路の民権家たち」より）

	樺戸	空知	釧路	網走	十勝	計
開監年末	460	291	192	1,200	1,313	
明治16	1,225	792				2,017
18	1,534	1,259	192			2,985
20	1,383	1,966	791			4,140
22	2,365	2,975	1,117			6,457
24	2,357	2,630	663	1,200		6,850
26	1,497	2,502	1,943	1,288		7,230
28	1,393	1,713	1,383	1,220	1,313	7,022
30	1,028	1,003	965	閉鎖	797	3,793
32	946	893	923	閉鎖	699	3,460
34	1,066	767	921	797	900	2,763

標茶集治監死亡者之墓（標茶町共同墓地）「北辺に立って　釧路の民権家たち」より、自由民権百年釧路実行委員会（筆者所蔵）

標茶町の墓地にひっそりとたっている囚人合葬者之墓
高野作太郎、湊省太郎らもここに眠っている

集治監に慰問した時期とも重なっており、また二四年七月「大津事件」の津田三蔵も釧路に送獄され（重松一義「北海道行刑史」）、釧路に注目が集まっていた頃である。

宮本が集集治監勤務であったなら獄内風紀を含め、どう対処していたのか、職務権限、期間を含めて筆者は知りたい。

同所には、宮本が以前「靴を止めた」静岡から、「静岡事件」の湊省太郎が、明治二四年五月空知集治監から転獄、更に二六年二月空知から樺戸集治監経由して清水高忠（清水綱義の養嗣子）もまた転獄してきた。

静岡事件は、明治一九年、静岡自由党の湊省太郎らの大臣暗殺計画が発覚し、処罰された事件を言う。（手塚豊「静岡事件裁判記録」静岡地方史研究会）

湊らの入監と宮本との在職時期は重なり合っており、静岡で「靴を脱いだ」宮本と湊は民権家同志、知らぬ仲ではないだろう。

この清水について二九年一二月二八日付で、釧路分監長が樺戸本監典獄（監獄の長の事）に宛てた「仮出獄上申書」（清水高忠）がある。

「右之者入監以来能ク獄則ヲ守リ役業ニ勉励シ改悛ノ状顕著ニシテ既ニ賞表四個、有シ来ル三十年四月十二日ヲ以テ刑期四分ノ三ニ達シ未ダ一回ノ犯則ナク身体健全ニシテ入監中指定シタル大工職ハ以テ出獄後ノ生計ヲ立ツルニ足リ且ツ本囚ノ親族ニシテ引取リ相当ノ保護ヲ与フベキ者モ有之将来ニ於テ再犯ノ慮無之者ト確認仕候而シテ其罪質タルヤ自巳ノ私ノ利益を貪ルノ為ニアラズ政党一派之勢力ヲ払張セントノ目的ニシテ情状稍憫涼スベキ点モ有之候条假出獄之義其筋へ上請相成候様致度……。」

態々の釧路分監長の「仮出獄上申書」の配慮は、慈愛あふれるものである。この前後して同志湊省太郎は、同所にて病気（肺結核）にて死亡。現在、標茶墓地に、ひっそり眠っている。

「彼は徒刑一五年の判決を受け、空知集治監に押送され、その後、一八九一（明治二四）年釧路集治監に送監さ

「自由党史下巻」より（筆者所蔵）

れてきた。しかし五年後、肺結核で獄死している。三六歳であった。事件後、彼の母親は病死、妹は入水自殺している。世間の冷たいまなざしに耐え切れなかったのであろうか。省太郎の骨は、失った家族に代り同志によって引きとられている。」（「北辺に立って　釧路の民権家たち」自由民権百年釧路実行委員会、筆者所蔵）

筆者は、異例の「上申書」に関係もしくは影響力を与えた人物の一人を（上申書の署名がなくても）宮本ではないかと考えている。

以前、初代郡長経験者の格から言っても、分監長宮本の線は考えられるが、残念ながら現在確定資料はみつからない。いずれ、この周辺に宮本は存在してたと推慮される。

釧路集治監初代典獄は、行刑改良に挑んだ大井上輝前（おおいのうえてるちか）で（明治一八年）、人道主義的立場から囚人労役や遷善教化の在り方に着手していた。

小池勇は、大井上典獄着任後の変化を次のように言っている。

「獄則改正後（通信）ハ賞表ヲ有スル者毎月二回、無賞者一回トナリ、大ニ便ヲ得シ……教誨モ亦、石川島、小菅ト同ク真宗派ノ僧アリテ、毎日曜日、大祭日ニハ教誨堂ニ総囚ヲ集メテ改心帰善ノ説話ヲナセリ。後チ典獄ノ交迭アリテ渡辺惟精氏去リ、大井上輝前氏来ルニ及ヒ、基督教ノ教師ヲ傭ヒシ」

その後、明治二四年、北海道集治監樺戸本監典獄に栄転、標茶集治監内跡佐登（アトサヌプリ）鉱山での囚人の惨状に際し、鉱山労働の禁止をはじめ人道的遇囚に努力し、明治二〇年に廃止した。（重松一義「北海道行刑史」釧路中央図書館所蔵）

ちなみに、「明治二二年監獄則並細則及ヒ看守獄下勤務心得」（永楽屋所蔵）によれば、著者は、

典獄大井上輝前
（供野外吉「獄窓の自由民権者たち」みやま書房）
（筆者所蔵）

内閣総理大臣　黒田清隆
典獄　大井上輝前
網走分監長　有馬四郎助
釧路分監長　八田哉明
となっている。

大井上は、一〇代で渡米、キリスト教精神を身につけ、帰国後、箱館戦争に官軍方として加わったという。幼名井上弥三郎だが明治になり、大洲藩の大を加え大井上と名乗った。後、開拓使官吏となり、明治一八年標茶集治監着任。

輝明と共に勤務し影響を受けたクリスチャン教誨師原胤昭や看守長有馬四郎助は、後に日本の更生保護活動において大きな足跡を残している。（近代日本の社会事業雑誌「教誨叢書」室田保夫関西学院大学人権研究）

典獄大井上の人道主義は、「監獄改良運動」として、原らの実践活動とし花咲き、民権家に配慮した。

「流石粗暴な囚人も半年位から序々によくなり、一年半位たつと改革の実も見られるようになったと、河野広体は語っていた。

渡辺典獄は、学房の教師に河野や鯉沼、塚原、久野ら五・六の者を当らせ、誘工・傳告等の役付に殆ど同志の囚を命じてしまった。

掲示　郵税拂濟

甲第貳号
當使管下釧路國厚岸郡落石驛ト同郡濱中驛ノ
間初田牛ヘ新驛設置初田牛驛ト稱シ里程左ノ
通候條此旨布達候事
明治十三年三月八日　開拓長官黒田清隆
自落石驛至初田牛驛　四里、
自初田牛驛至濱中驛　五里〃

「開拓長官　黒田清隆」（筆者所蔵）

誘工者、傳告者等の役付となるには、最初誘工補となり誘工者となり傳告者となるので、その間二・三年から三・四年を経て漸次進級するのであったから、従来の誘工、傳告者を転役させて、同志の囚を抜擢した破格の措置には、同志の囚は素より総囚もただ驚くのであった。監獄でも、原田正之助第二課長の如き剣道指南役で教養ある人物を選んで警護に当らせ、監獄自体この改革に並行する囚遇方法を改めたのであるが、この大改革に囚情は穏かでなく、構内の通行、監房内の起居、理髪、入浴等にも警戒怠りないという有様で、宮本鏡太郎は石をもって額を割られたのをはじめ、鯉沼の如きは屢々、また中野次郎三郎や薮重雄らも、身に迫害を加えられることがあった。」（供野外吉「獄窓の自由民権者たち」筆者所蔵）

釧路監獄在任した基督教誨師は、原胤昭（一一年四月～一五年一一月）、大塚素（一六年九月～一八年八月）、水崎基一（一八年七月～一八年一一月）である。

この内、特に原の経歴は特異である。

原は、神田須田町で絵草紙屋を明治一四年開店、明治の安藤広重といわれた小林清親の錦絵新版三二相を版行。明治一六年九月福島事件の被告肖像画天福六家撰を版行、発禁処分となり石川島監獄に収監され後、教誨師として釧路にやってくる。

「　だが同じ渡道した者のなかで、自由民権運動の影響を受けたことによって、人権を守ることを生涯の使命として生き抜いた者もいた。釧路集治監の教誨師、原胤昭がその人である。原が自由民権を関わりをもったのは福島事件であった。

一八八二（明治一五）年、福島自由党をつぶすために山形県から派遣された県令・三島通庸は、県会において大がかりな道路工事を提案し労務を提供させ経費を県民に課そうとしたので、議会は激しく抵抗した。議会の対決から農民の大衆行動へと運動が展開するなかで、自由党幹部が逮捕され、内乱罪が適用されて六年から七年の体刑を受ける。

キリスト教徒でもある原胤昭は、この裁判が拷問と虚構によることを知るや憤慨して抗議の街頭演説をはじめた。しかし、たちまちとらわれの身となり、裁判の結果、軽禁錮三ケ月の処分を受け石川島監獄に送られる。彼はこの監獄で人間扱いされなかった体験を通して、囚人の人権を守ることを自らの使命として自覚するようになったという。出獄した彼は兵庫仮留監の教誨師となり、そこから釧路までの囚人護送に同行したことをきっかけに一八八八（明治二一）年四月、釧路集治監の教誨師となる。

原が釧路で見たものは、アトサヌプリでの硫黄採掘の惨状であった。亜硫酸ガスに毒されて意識がもうろうとしている囚人が転倒すると、それをみた看守が故意に怠けてころんだとみて、起き上ろうとしても起き上れなかった場合、反抗するかといきなり一刀のもとに斬られ悲鳴をあげて起き上ろうとする。なおもそれが囚人の反抗の証拠とみて二刀で斬殺してしまうという地獄的様相を現出していた。硫黄山はまさに血にまみれていたのである。しかし釧路における原の教誨活動は大井上典獄の心を動かすところとなり、硫黄採掘労働は一年にして取りやめとなった。原は体制内にありながら囚人の人権を守……」（「北辺に立って─釧路の民権家たち」筆者所蔵）

小林清親「日報社の画」（筆者所蔵）

次の資料は同所の獄中生活の教誨師原の活動の一部を伝えている。

明治二四年五月空知から釧路へ転獄した甲田子寅次郎は、次のように語っている。

「……釧路監獄で、明治二十三年ですが原先生の基督教のお話を伺ひまして、それから改心の動機が起って参りまして、段々と聖書を読む気になり追々研究をして参りました。世の中から棄てられて、北海道の原野の中に建ってゐる淋しい牢屋に入ってゐる者は、口では勝手な事をいって居ますが、心の中には空虚があります。だから自然に神にあこがれる、仏さまでもよいが、何か人間以上の或る絶対者に頼って行かうといふ気が起って参ります。そこへ持って来て私は基督教にピタリとあてはまりました。所が、あゝいふ所では、善い事をするとあの男は改心をするなんて、大方役人のスパイだらう、牒者だらうといふ事になりまして、どうしても改心をするといふ事は難いのです。けれども宗教の力といふものは恐しいものです。所がもうあの人は改心したと見られたやうな時に油断が出て来ます。さういふ時は神様に祈りをする事を怠ったんです（中略—ここで、帰房後捜検する官吏に抗弁し、馬鹿野郎と云って入牢させられた一件を語り）。……勝手にしやがれこの馬鹿野郎ッと怒鳴ったんですが……その一言で三尺の石の牢へ五昼夜入れられました。けれども是は自分が馬鹿といったからだ、仮にも聖書を読んだ者がそんな事がいへるものでないと、また考へ直し、そんな事では神の恵みを受けたとはいへないといふ気になり、石の牢の中で五昼夜祈りを捧げました。それから二畳の牢へ入れられましたが、ハメ板がすいて、風が入る、畳などはなく、薄縁一枚、そこで二年間考へました。それから網走へ移され、こゝで一生懸命に基督の傳導をしましたので種々と迫害され、或る青年は私を殺さうとした。悪漢が青年を唆かしてやった仕事ですが、併し私は恨まれる訳もなし、容易に殺す機会もなく、却てその青年を善導してやった事があります。その時に私は基督の十字架を思ひました。あれを思ふ時、これは悪漢のする事でなく、神様がどれ位私が心を入れて居るかを試す為にやったのだなと考へまして、私の心は平和でした。さうして私はその青年から受けた負傷で二週間寝ました。……と。」（供野外吉「獄窓の自由民権者た

ち）

慈愛あふれる大井上典獄は、囚人に対する懲罰より心の改革を求め標茶の宮本も同じ空気を吸ったろう。

筆者は、この事実を知った時、即座に「レ・ミゼラブル」（ビクトル・ユーゴー）の作中人物、ジャンバルジャンの人生を根底から変革するミリエル司教を想像した。二人の解逅はあまりにも有名すぎ、美しすぎるのである。

慈愛に満ちた行為に筆者は感動する。

しかし、この良き囚人更生方針も、体制の変化により明治二七年の「御真影の不敬事件」を理由に、石沢典獄が着任。五人の教誨師は、キリスト教から仏教者となり、原をはじめ全員辞職し北海道を去った。

明治二八年北海道集治監教誨方式の改革断行により大井上は非職となり特色ある明治期の教誨は終わり、三大バンドの熊本、横浜、札幌（クラーク）の他に四大バンドとして追加される、極めて特異な日本人（大井上、原）の手による北海道バンドは終焉を迎える。

他集監所のほとんどの教誨師が仏教者であるのに拘わらず、北海道においてほぼキリスト教の教誨者が占めていた。

勿論、この体制の変化の中で、宮本の姿もそこにはなかった。

明治キリスト教布教（イメージ写真）（筆者所蔵）

3．退官後と宮本町

筆者は、不明の宮本の集治監の退官の時期を、大井上典獄や原教誨師の去った明治二一八年前後とみている。（住所に真砂町とある）

明治二八年四月に、宮本は福井県敦賀の大和田荘七を通じて、函館の商人笹野栄吉宛に書翰（硫黄山の開発について）を送っている。（函館博物館所蔵）

笹野は函館の経済人で函館汽船㈱、函館銀行、樺太漁業㈱、日魯漁猟㈱等の役員を歴任している。

大和田は、釧路郡長時代の職務上の知り合いだが、同氏を通じて、同年二月五日付では、明治二〇年一一月に廃止した釧路硫黄鉱経営について笹野に相談をもちかけている。

要件は、五月より秋田からの同鉱山入植者到着予定にそなえて、

「当地（釧路）硫黄山ニ於而使用ノ米噌其他雑品買入区方之義」であった。（函館市立博物館研究紀要第二一号〇二四四番、保科智治（資料紹介）館蔵「笹野家関係文書の紹介」）

同計画は、試掘したが中止となった模様である。

そもそも、宮本郡長時代の明治一七年春、幣舞町の野坂良八が別保の官林内に石炭層を発見、宮本に報告。宮本は江政敏と共に実地踏査をし確認している。

明治一九年に船頭手林長蔵の元に通称彦という男がアイヌを伴い炭塊＝石炭を持ち込み、試掘したのが春採炭鉱の嚆矢（こうし）で、安田財閥の経営に至るが、その経営については硫黄山と関係があったと言う。

また「釧路市史」には、次の記載がある。

「別保炭山の開坑は明治26年であるが、はじめ宮本千万樹、江政敏および発見人野坂良八がこれに従事して着手されたのである。その後同27年鳥取戸長であった田中虎がその職を辞し、江政敏の代人となって、石丸松蔵

を坑夫長として引続き試掘を行っていた。しかるに同28年に至り試掘の個所に断層を発見したため、宮本および江政等は同山との関係を離れ、田中虎、石丸捨蔵が敦賀の大和田荘七の資本をもって継続することになり、同29年1月には特許を得て運炭道路まで造ったが、しかし事業成功までの出資を得られず、ついに同年9月これを山県勇三郎に当時4万円の価格をもって譲渡した……」

この時期、宮本から笹野に宛てた書翰は、次のとおりである。この硫黄山とは、別保炭山とは別の案件があったという事だろうか。

函館市立博物館　（保科智治氏読み下し）

（表）

函館旅篭町

笹野栄吉殿

親展

（ウラ）

釧路真砂町

宮本千万樹

別保大阪炭鉱「釧路市史」（筆者所蔵）

拝啓未タ拝顔不仕
候得共先以愈御
清穆奉賀上候陳者
当地硫黄山ニ於而
使用ノ米噌共他雑
品等買入区方
之義ニ付兼而敦賀
大和田氏ヨリ御依頼
甲上□由右ニ付過日
東京ヨリ帰釧ノ際
三四日滞函候間鳥
渡御尋申上種々御
打合願上度存候処生
憎御旅行中ニ而拝
顔候得ズ其儘出発
仕候次第尤モ硫黄山
着手ハ来五月ヨリノ事
ニシテ坑夫ハ本月末秋
田ヨリ到着ノ筈ニ付右

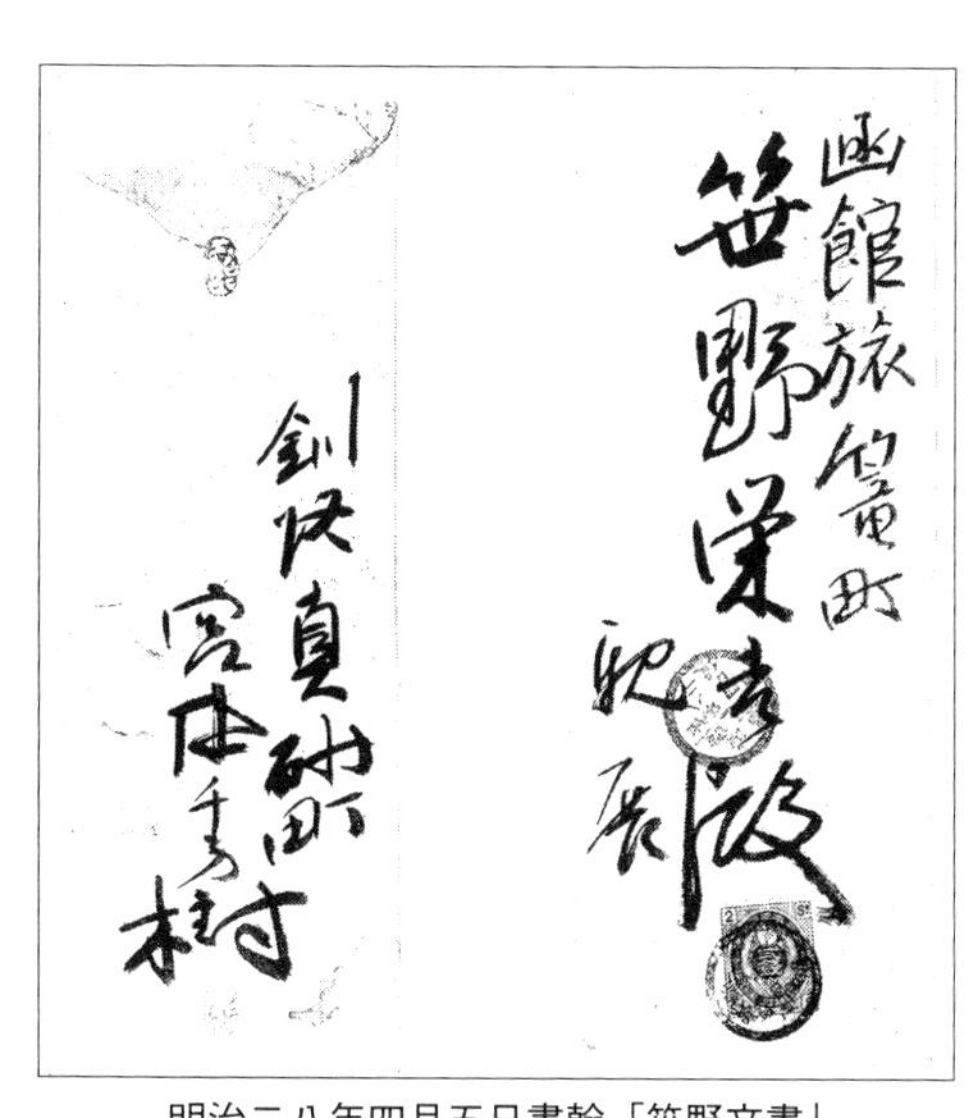

明治二八年四月五日書翰「笹野文書」
函館博物館所蔵

御□ニ而御準備被行
様願上□候最早御
帰函被為成候事ト存ジ
得貴意□候　早々
　不備
四月五日　宮本千万樹
笹野栄吉殿

明治三〇年頃には、宮本は江政敏と共同で「釧路屈斜路湖畔一帯御料林資源開発計画」構想を抱き、開墾事業の為め釧路土人を移転せしむる儀伺を提出している。

貴族院議員前田正名（まさな）と通じ前田パルプへと進むが、宮本は事業から途中、退陣した。

前田正名は、鹿児島藩出身、政治家。

明治三一年釧路で最初のパルプメーカー前田製紙合資会社を設立。社長で専務は江政敏。

明治四〇年阿寒湖に居を構え同年武富善吉と伴に釧路銀行設立、北海道東部開発に貢献。

阿寒国立公園は前田の個人資産のうえで指定されている。

（前田一歩園）

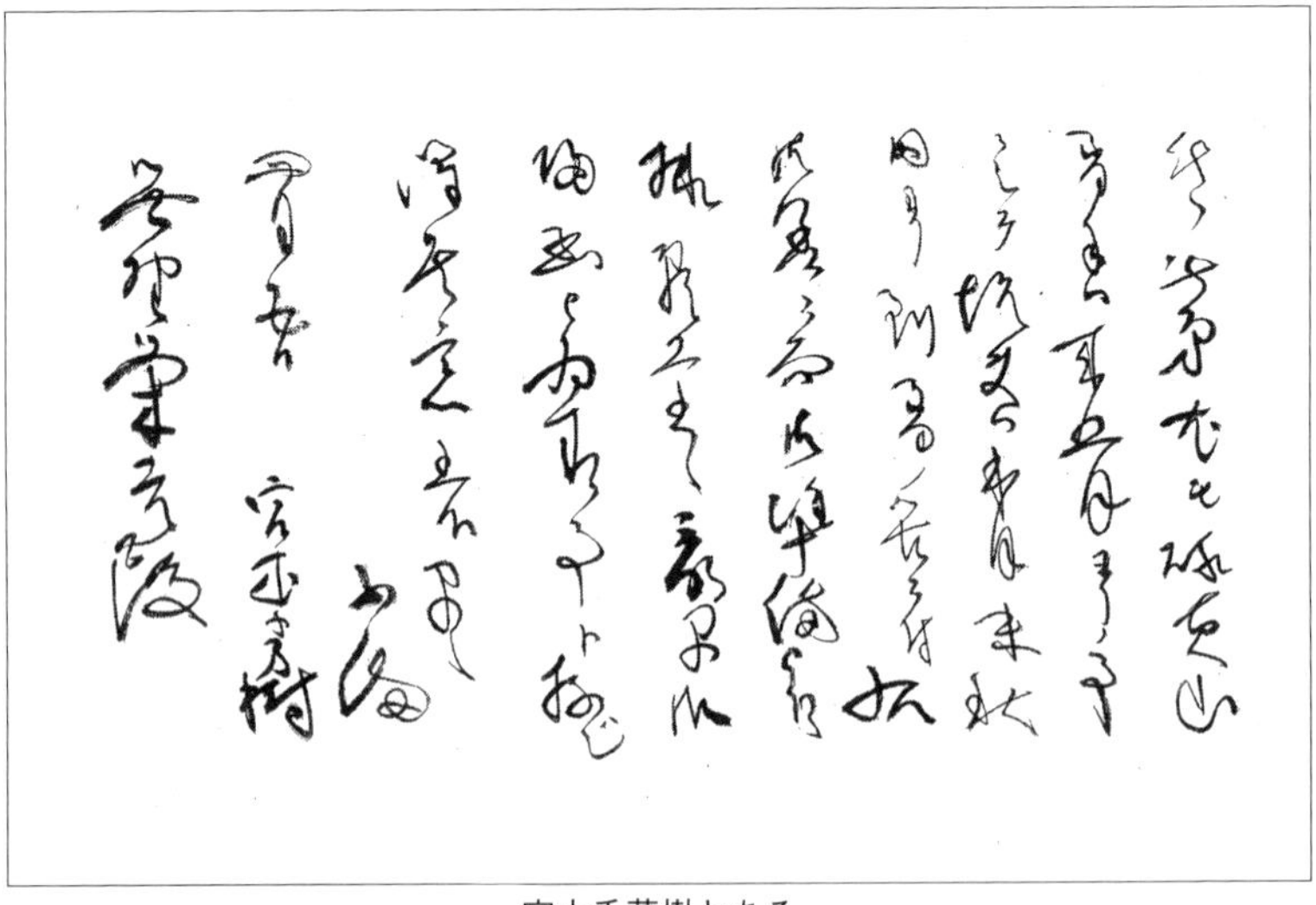

宮本千萬樹とある

前田正名「王子製紙社史」より
（春日井図書館所蔵）

この後の動向は別表の通りであるが、佐藤国司と交流があり政治活動に傾いていった節がある。

明治三七年一月五日付によれば（釧路新聞）宮本は、佐藤国司と函館にて会合して、衆議院道議員の議員候補運動のため、上京している。

「次に運動に着手したるは、宮本氏にして東京より自ら当地の豊島庄作氏に書を寄せ推選を依頼し、また東京の中戸川平太郎氏よりも各有志に書を寄せ同氏推選を依頼し来れる由」

なお佐藤国司は明治八年生れ、大正から昭和にかけての政治家であり、第四代、六代、八代釧路市長を歴任、また「釧路実業新聞」の新聞経営も手がける実業家でもあった。

元釧路新聞記者の実績を持ち、石川啄木と佐藤が市内料理店喜望楼で歓談したのは有名なエピソードとなっている。（明治四一年一月二四日「啄木勉強ノート」より）

宮本の晩年の行動も不明だが、釧路から離れ、東京牛込区（現新宿区）の方に移住した形跡がある。

ところで宮本町の命名は、宮本死亡（昭和五年）二年後の、昭和七年八月一日釧路市制施行十周年記念式典挙行、同一五日町名地番改正実施に伴ない、北海道庁告示第一〇九五号で、浦見町の一部と春採の一部を分割し、宮本町（一八万一二〇〇平方米）が誕生した。

四代・六代・八代市長
佐藤国司「釧路市史」

「釧路郷土史考」は「宮本千萬樹の徳を記念する意味により宮本町と命く」と伝えている。

宮本邸が現在の宮本町にあったという。（今の北大通りを通り、一銭の渡舟費を払って釧路川を渡り）と「北海道新聞」にある。

「釧路市宮本町内会四十年のあゆみ」（釧路中央図書館所蔵）は、次のように書いている。

「中江キヌ氏（中江技芸学園創設者）は、……釧路郡長であった宮本千萬樹氏の官舎に家事見習いとして住み込むことになった。

家一つない柳やアシの繁る湿地帯のドロ道である今の宮本町にポツンと建っている一軒屋の郡長官舎につき、18～19歳の2年間釧路唯一の知識人である宮本夫人から技芸の手ほどきを受けた。

――ちなみに今、市営住宅の建ちならぶ宮本町は、宮本郡長の清廉潔白な草創時代の施政を慕って、その姓を町名として出来たもの。

キヌさんの住み込んだ当時（明治24～25年）は、今の東栄小学校付近から北は一軒の家もなかった――」（「釧路地方の地名を

啄木時代の釧路新聞社「釧路市史」より

宮本年譜③　北東新聞、釧路新聞記事〈釧路中央図書館調査〉　〈筆者作成〉

①	M34・2・4	兵庫丸にて上京	（北東新聞）M34・2・5
②	M35・9・13	十勝経由で帰釧	（釧路新聞）M35・9・15
③	M35・10・13頃	病気にて寝床せる	（〃）M35・10・13
④	M36・1・13	上京中の処、帰釧	（〃）M36・1・19
⑤	M36・1・26	十勝丸にて上京	（〃）M36・1・26
⑥	M37・12・30	函館で佐藤国司と会見 二人で上京 （衆議院議員候補運動）→（同記事あり）	（〃）M37・1・5
⑦	T2・5	令息宮本八千松氏病死 東京牛込区若宮町15番地自宅 （現東京都新宿区若宮町　東京理科大学横）	（釧路新聞）T2・5・27
⑧	S5	宮本千万樹、東京市にて死亡	

考える会五周年記念誌」釧路中央図書館所蔵）

宮本町について「釧路新聞」は伝えている（「釧路新聞」平成一七年一一月一四日付、釧路中央図書館所蔵）

「宮本町の地形は東に傾斜し日当りがよくて、そのために西風の影響が少なくて、当時から官庁を含めた住宅が多い静かな街でした。

しかし、明治31年に釧路連隊区司令部が置かれ、戦時期には近寄りがたいところの印象があり、更に大正5年に釧路刑務所が設置されると、これがまた宮本町の代名詞みたいに思われる風潮もありました。（中略）昭和54年に現地改築が決定し、現在に至っております。」

高橋みち子氏（釧路地方の地名を考える会幹事）によれば、（「釧路新聞」平成一七年一一月一四日付）

「宮本町の古地名としては、明治五年に釧路村となった際の字名の一つでイヨロト（寄人）がありました。

これもアイヌ語地名ですが、アイヌの人々の着物として使用していたアッシ（オヒョウ楡の木皮）を、柔らかい繊維にするために浸していた沼の意味だとのことのようですが、この沼が今の法務局坂下辺り、新道路の宮本町側にあったのです。

戦後そのあたりに家を建てて居住していたという古老の話では、かなり広い沼だったということで、水鳥がよく飛来していたということです。

昭和30年代に撮られた、この辺りの風景写真にもその沼の痕跡がはっきり写っていたことを思い出します。」

と回顧される。

大正八年五月二七日付「釧路新聞」は、宮本の長男について

「元釧路郡長として釧路町の開発に功績すくなからざりし宮本千万樹氏今回長男八千松氏を喪ひたり。腹膜炎の

ため、東京牛込区若宮町15番地の自宅に於て病死したるなりと」愛息を亡くし情愛あふれる宮本は、さぞかし落胆した事だろう。

その一二年後の昭和五年七月、東京市にて七九歳にて逝去したとある。（「釧路市史料集」釧路中央図書館所蔵）

二年後の昭和七年八月一五日、第二の故郷となった思い出の地、北海道釧路市に彼の遺徳を忍び、宮本町と名づけられた。（「宮本町内会四十年の歩み」）

脱兎宮本の魂は北の大地に生き続けている。

あとがき

脱兎のごとき宮本千萬樹、まさにダイナミックでエネルギッシュな生き方である。

宮本は宗教家で編集長で民権家の三刀流のような生き方を東京、名古屋時代に経歴し、釧路時代においても更に行政家として活躍し、北海道釧路の発展に寄与し、人道主義的生き方を貫いた。


自由民権運動史を語る上で、体制側についた人間とあくまで抵抗した人間との二極化での是非論争は適切ではない。筆者は、宮本の生き様を追求するや、郡長＝体制側という見方は、短絡的答えと考える。

例えば、飯田事件後の村松愛蔵は、代議士から救世軍の道を歩む。岩田徳義は、新聞事件後、キリスト教から教育者「麻布学館」を創り薩摩義士顕彰へ。内籐魯一は代議士に、早川啓一は代言人に民権家たちの民権以降の生き方は、それぞれの人間模様を描いている。


彼ら民権家達の雲散霧消の動向について、津田左右吉（尾張藩士津田藤馬の子）の言葉は、検討に値する。

「人の出処進退を論ずることのむつかしさがそこにある。人はみなそれぞれに性格が違い境遇が違い閲歴が違い、業務も能力も知識も違い、処世観も人生観も違い、人の行動を左右する力の大きい偶然の機会とか、ある場合のふとした気分の動きとか、事のゆきがかりとかいうものもいろいろであり、そうしてそれらが互いにはたらき合っておのずから方向づけられる出処進退には、必ずしも一様な何らかの規準で是非しがたいところもあるからである。」

北海道という未開の地で、釧路という地域性で、初代郡長という特殊な地位の中ではあったが、ある意味自由奔放に体制内革命に情熱を捧げ毅然とした宮本の生き様は、二極化論争の枠は当てはまらない程の、凄まじさがあった。文中とりあげた典獄大井上輝前や教誨師原胤昭もそうだが、人道主義に基づいた体制内革命の努力には人として尊敬の念がやまない。

確かに釧路に眠る「静岡事件」の湊省太郎や、「秩父事件」の井上伝蔵等の壮絶な死に様も一つの意志の表現として評価できるが、宮本のように体制内権限をうまく利用する中で、〝国利民福〟を高めるやり方にも、一つの自由民権思想の発露と感じる。

「何をしてもらうかでなく、何ができるか」そして「誰のために何をするのか」こそ重要な事を教示している。

本稿で、取り残した課題は多いが、研究ノートとして現状の成果を伝える事ができて「よし」としよう。バトンを長谷川先生から受け継ぎ、釧路の方々につなげられた事、誠に「大慶」。

地元、釧路の方々が〝宮本千萬樹研究〟を深化させ、必ずや名古屋へフィードバックしていただける事を期待する。筆者には、この研究を通じて釧路のまちや釧路の人々が、とても身近に感じられる。

本書発行にあたり、多くの方々にお世話になった。資料等も北海道側のものを多く使用した。どうしても連絡がとれなかった発刊元や事務局の方々の名をここに記しておく。

・青英舎（東京都千代田区神田小川町3―11―2―501）

・みやま書房（北海道札幌中央区南8条11丁目2―8）
・自由民権百年釧路実行委員会事務局（委員長　丹葉節郎）（北海道川上郡標茶町字土唐路）

(1)宮本常一「日本における近代国家の形成と地域創出」（水科科学第2―3）
(2)「王子製紙社史附録篇」宮本千万樹　春日井図書館
(3)保科智治（函館博物館学芸員）「笹野家関係文書の紹介」
(4)後藤一成「羈立社の研究」東海近代史研究会紀要
(5)拙稿「自由民権義士　岩田徳義」
(6)長谷川昇「愛知県自由民権運動史」東海近代史研究会紀要
(7)長井英夫「北海道民権史料集」北海道大学図書館
(8)早稲田大学図書館「華謠新聞」
(9)東京大学明治雑誌文庫「華謠新聞」「愛知新聞」
(10)愛知県図書館「愛知新聞」「愛岐日報」
(11)岐阜日々新聞社「岐阜日々新聞」
(12)新釧路市史
(13)新釧路市史「北見釧路国巡回日誌」
(14)「北海道文書館」江別市
(15)「新聞集成明治編年史」
(16)「釧路市史」昭和32年9月15日釧路市役所
(17)稲田雅洋「自由民権の文化史」
(18)「官報」国立国会図書館所蔵
(19)供野外吉「獄窓の自由民権者たち」みやま書房
(20)「北辺に立って　釧路の民権家たち」自由民権百年釧路実行委員会

(21)「釧路郡長文書」釧路中央図書館所蔵
(22)「永久保秀二郎の研究」第28巻（中村一枝）釧路市
(23)「わがマチの人物地図」釧路新聞社
(24)「開港前後開発功績表彰記」釧路市
(25)「鳥取移住百年誌」曽根樫次　釧路市
(26)「鳥取町誌」釧路郡鳥取町役場
(27)「釧路市史資料集　合本」釧路市
(28)「郡長更迭ノ際引継書類」釧路郡役所
(29) 北海道新聞社（旧釧路新聞）
(30) 小池喜孝「鎖塚」現代出版会
(31) 拙編「岐阜県自由民権運動資料集」Vol.1
(32) 小川原正道「村松愛蔵における信仰と政治」

最後に、風媒社の劉永昇編集長ならびにスタッフの皆様には、たいへんお手数をおかけした。感謝多謝。

令和四年三月二五日

著者

［著者紹介］

若井　正（わかい・ただし）

1951年、岐阜県加茂郡（中山道太田宿）生まれ。

1973年、愛知大学文学部史学科（田崎ゼミ）卒業。

研究テーマは「愛知・岐阜県自由民権運動史」、長谷川昇先生の薫陶を受ける。

（研究会）岐阜史学会、東海近代史研究会を経て、現在岡崎地方史研究会所属。

（著書）『岐阜県自由民権運動史料集』（私家版）

（論文）「愛親社」「加茂可児地方草莽運動史」（『岐阜史学』掲載）、「岐阜県自由民権運動史」「村山照吉の酒屋会議事件」（『東海近代史研究会』掲載）他。

自由民権義士　岩田徳義

2022年6月30日　第1刷発行　（定価はカバーに表示してあります）

著　者　　若井　正

発行者　　山口　章

発行所　名古屋市中区大須1丁目16番29号
電話 052-218-7808　FAX052-218-7709
http://www.fubaisha.com/
風媒社

乱丁・落丁本はお取り替えいたします。　＊印刷・製本／モリモト印刷
ISBN978-4-8331-0630-6